DERNIER JOURNAL

DU DOCTEUR

DAVID LIVINGSTONE

A LA MÊME LIBRAIRIE

LIVINGSTONE (David): *Explorations dans l'intérieur de l'Afrique centrale*. Ouvrage traduit de l'anglais, par Mme H. Loreau. 1 vol. grand in-8, avec 45 gravures et 2 cartes,   10 fr.

LIVINGSTONE (David et Charles): *Explorations du Zambèse et de ses affluents*, et découverte des lacs Chiroua et Nyassa (1858-1864). Ouvrage traduit de l'anglais par Mme H. Loreau. 1 vol. grand in-8 avec 47 gravures et 4 cartes,   10 fr.

Les deux ouvrages précédents, abrégés par J. Belin de Launay. 1 vol. avec 20 gravures et 1 carte,   2 fr. 25

Le même volume, sans gravures,   1 fr. 25

Typographie Lahure, rue de Fleurus, 9, à Paris.

DERNIER JOURNAL
DU DOCTEUR
DAVID LIVINGSTONE

RELATANT

SES EXPLORATIONS ET DÉCOUVERTES
DE 1866 A 1873

SUIVI DU

RÉCIT DE SES DERNIERS MOMENTS
RÉDIGÉ D'APRÈS LE RAPPORT DE SES FIDÈLES SERVITEURS
CHOUMA ET SOUZI
PAR HORACE WALLER
Membre de la Société générale de Géographie de Londres

OUVRAGE TRADUIT DE L'ANGLAIS AVEC L'AUTORISATION DES ÉDITEURS
PAR Mme H. LOREAU

ET CONTENANT 60 GRAVURES ET 4 CARTES

TOME SECOND

PARIS
LIBRAIRIE HACHETTE ET Cie
79, BOULEVARD SAINT-GERMAIN, 79

—

1876

Tous droits réservés

DERNIER JOURNAL

DE

LIVINGSTONE

CHAPITRE PREMIER.

Mauvais commencement de l'année. — Maladie dangereuse. — Bonté des Arabes. — Arrivée au Tanganika. — En canot. — Ilot de Kasannga. — Poules cochinchinoises. — Arrivée à Oujiji. — Provisions et articles d'échange. — Mains pillardes. — Lente guérison. — Le docteur fait sa correspondance. — Les Arabes ne veulent pas se charger des dépêches. — Thani-ben-Souélim. — Une caverne de traitants. — Courant du lac Tanganika. — Envoi des lettres. — Projet de visiter le Manyéma. — Déprédation des Arabes. — Départ pour le Manyéma, le 12 juillet 1869. — Embarqué. — Kabogo de l'Est. — Traversée du lac. — Fâcheux effets de la dernière maladie. — Superstition des chasseurs d'éléphants. — Dagámmbé. — Le Loualaba. — Les fils de Moïnékouss. — Premières nouvelles du soko. — Coutume des Manyémas. — Maladie.

1ᵉʳ *janvier* 1869. — J'ai été mouillé des fois sans nombre ; aujourd'hui c'est une fois de trop. Je me sentais fort malade ; mais, craignant que le Lofoukou ne vînt à déborder, j'ai voulu le franchir ; l'eau était froide et montait jusqu'à la ceinture ; cela a aggravé le mal. Cependant j'ai fait ensuite une course de deux heures et demie — du côté de l'est.

3 *janvier*. — Arrêté au bout d'une heure : je n'ai pas pu aller plus loin. Pour la fièvre, l'exercice est une bonne chose ; mais j'avais une douleur dans la poitrine et mes crachats

étaient rouillés; les poumons, ce qu'il y a chez moi de plus fort, étaient pris à ce point-là.

Nous avons passé un ruisseau et construit des cabanes. J'ai perdu d'abord le jour de la semaine, ensuite le quantième du mois.

Très-malade de partout.

7 janvier ou à peu près. — Impossible de marcher : pneumonie du poumon droit. Je tousse jour et nuit, et crache le sang; ma faiblesse est désolante. Les idées flottent dans mon esprit, par groupes de deux ou trois; elles sont à la fois rapides et fixes. Si je regarde un morceau de bois quelconque, il me paraît couvert de figures qui me restent dans les yeux, bien que je regarde ailleurs, et que je retrouve à la même place dès que ma vue y retourne. Je me vois mort sur la route d'Oujiji; je vois les lettres que j'attends, je les vois là-bas, devenues inutiles. Quand je pense à mes enfants et à mes amis, ces lignes vibrent dans ma tête, où elles se répètent sans fin :

« J'aurai les yeux sur vos visages, j'écouterai vos paroles; et quand vous me croirez bien loin, je serai souvent tout près de vous. »

Bogharib est venu; il m'a procuré un indigène qui m'a mis des ventouses sur la poitrine.

8 et 9 janvier. — Je suis si faible, que je peux à peine me faire entendre, et j'ai accepté les porteurs que m'a offerts Bogharib. Nous sommes dans le Maroungou proprement dit, — jolie province, mais fortement ondulée. C'est la première fois de ma vie que l'on me porte; mais je ne peux pas même me mettre sur mon séant.

Pas d'autre nourriture qu'un peu de gruau. Toussé toute la nuit avec de grandes souffrances. Les pieds enflés et ulcérés.

On me porte tous les jours, ordinairement pendant quatre heures, sur une espèce de couchette, appelée kitannda. Une fois, la marche a été de huit heures, et l'on a campé dans un ravin. Le lendemain, étape de six heures, et couché sur un tuf volcanique très-inégal.

Nous paraissons être au bord du Tanganïka.

Seize jours de maladie. Il est possible que nous soyons au 23 janvier; c'est aujourd'hui le 5 du mois lunaire.

Pays très-accidenté; des éminences de toutes les formes. Un sol rouge et peu d'arbres; les érythrines abondent, ainsi que les éléphants.

Hier, porté pendant huit heures, et gagné le village d'un chef. De petites épines déchirent les pieds des hommes, que blessent également les aspérités du sol. Bien qu'il y ait beaucoup de pente, l'eau ne fuit pas rapidement; une chaîne de montagnes compacte flanque ce pays ondulé, et arrête peut-être l'eau dans sa course.

Bogharib est excellent pour moi; mais le voyage est pénible. Ce n'est que montées et descentes : la tête en bas, les pieds en haut, puis la tête en l'air, et d'affreuses secousses; tous les changements d'épaules entraînent des chocs d'un côté à l'autre de la kitannda. Le soleil est vertical et fait des cloches à la peau dans tous les endroits où elle est à découvert. J'essaye de me préserver la tête et le visage avec un bouquet de feuilles; mais, dans mon état de faiblesse, c'est horriblement fatigant.

Après une journée de très-grande chaleur, j'ai eu une grave rechute. Bogharib m'a donné des médicaments; l'un était un violent purgatif, les autres avaient pour but d'empêcher de tousser.

14 *février* 1869. — Arrivée au Tanganika. Le territoire qui est à l'embouchure du Lofoukou porte le nom de M'parra. A cet endroit, Saïd-ben-Habib a deux ou trois pirogues. N'ayant presque plus de perles, je lui ai fait dire que tous les Arabes m'avaient obligé, excepté lui; que Thani-ben-Souélim, dans une lettre qu'il m'avait écrite, se montrait désireux de m'envoyer un canot dès que j'aurais atteint le lac, et que je lui demandais à lui, Saïd, pour tout service, d'informer Thani de mon arrivée. J'ajoutais que j'étais fort malade, et que si je ne pouvais pas me rendre à Oujiji, pour y avoir des médicaments ainsi qu'une nourriture convenable, ma mort était certaine. Saïd m'a répondu qu'il voulait m'être utile aussi bien que les autres, qu'il viendrait dans deux jours s'entendre au sujet des pirogues. En attendant, il m'a envoyé de la farine et deux volailles.

15 *février*. — La toux a diminué, ainsi que la douleur de poitrine; je me sens plein de gratitude.

Saïd est venu aujourd'hui ; il consent à me faire traverser le lac. Grâces soient rendues au Père qui est dans les cieux.

24 *février*. — Très-peu de pluie dans ces deux derniers mois ; quantité d'une faiblesse remarquable.

25 *février*. — J'ai extrait de ma personne vingt *founyés*, insectes pareils à des larves, et dont les œufs avaient été déposés dans mes chairs, à mon entrée dans une vieille case qui était infestée de cette vermine, et où l'on m'avait colloqué.

En se développant, ces insectes s'agitent et produisent une sensation irritante ; si on les trouble, ils enfoncent la tête un peu plus avant. Un cataplasme paraît les contraindre à sortir, peut-être parce qu'alors ils manquent d'air. On peut les expulser en pressant le gros bouton dans lequel ils vivent ; mais ce bouton est douloureux. Ces founyés étaient principalement dans mes jambes.

26 *février*. — Embarqué et passé la nuit à Katonnga, après sept heures de pagayage.

27 *février*. — Mis une heure trois quarts pour aller à Bonndo ou Themmboué afin d'acheter des vivres. Rivage très-rocailleux, comme aux environs de Capréra, mais tout couvert de végétation. Nous devions traverser le lac, en nous dirigeant vers le Kabogo, massif montagneux de la côte orientale ; le vent, qui était trop fort, nous en a empêchés.

28 *février*. — Saïd a envoyé des aliments pour ses esclaves.

3 *mars*. — Une houle très-forte nous a retenus pendant deux jours ; nous n'avons pu nous remettre en marche qu'aujourd'hui, à une heure trente. Six heures et demie de pagayage nous ont fait rejoindre Bogharib, qui nous a largement traité.

6 *mars*. — Partis à cinq heures du soir, gagné la baie de Toloka, après trois heures de nage. Repartis à six heures du matin et arrivés en quatre heures à Ougouha, sur la côte occidentale.

7 *mars*. — En route à six heures de l'après-midi ; doublé une pointe de terre, et nagé vers Kasannga, avec une tempête à l'avant : quatorze heures de pirogue. Nous avons été reçus par un jeune Arabe de Mascate, qui, vers midi, nous a donné un repas somptueux.

8 *mars*. — Ile de Kasannga ; l'archipel compte dix-sept îles.

on voit de belles poules cochinchinoises[1], des canards musqués, et une multitude de petites chèvres non laitières.

Des baies nombreuses, d'une profondeur de quatre à cinq milles, découpent le rivage; elles sont encombrées de plantes aquatiques, au milieu desquelles les pirogues n'avancent que très-difficilement. Quand un ruisseau débouche au sommet du petit golfe, celui-ci est franchement saumâtre, bien que la rivulette soit douce. « L'eau est comme celle que nous puisons près du bord de la mer : un peu salée », disent les gens de Zanzibar, à propos de ces baies. Mais, en dehors de ces espèces de lagunes, l'eau du Tanganika est tout à fait douce : preuve qu'au milieu du lac passe un courant longitudinal.

Jamais la patience ne m'a été plus nécessaire que maintenant : je suis près d'Oujiji, et nous n'arrivons pas; les esclaves qui font marcher le canot sont fatigués; cela me paraît naturel : ils ne cessent pas de chanter, ou plutôt de rugir pendant toute la durée du travail, douze ou quinze heures nuit et jour. Je trouverais à Oujiji des médicaments, des vivres, du lait; mais nous flânons, et je ne peux rien faire. J'ai bon appétit et je dors bien, ce sont de bons symptômes; mais je suis d'une effroyable maigreur. Les intestins fonctionnent mal, et je n'ai pas de médicaments; les crachats augmentent, la toux s'aggrave. J'espère partir demain et tenir bon jusqu'à Oujiji.

9 *mars*. — Les oiseaux de Vouidah, les veuves, ont à présent la poitrine claire et le cou foncé.

Zahor est le nom du jeune Arabe qui nous héberge.

11 *mars*. — Gagné l'îlot de Kibizé : une heure et demie de Kasannga. Les bateliers ont grand soin d'éviter le mauvais temps; nous avons fait un peu de chemin; nous attendons maintenant que le vent nous favorise.

12 *mars*. — Les gens de Kibizé ont le même costume que les habitants du Roua : ils portent comme eux une étoffe faite avec les feuilles du dattier sauvage, qu'ils appellent mouabé; le lammba des Malgaches est aussi de la même matière.

Partis de Kibizé, et atteint la rivière de Kabogo, sur la rive

---

1. Chouma et Souzi, auxquels nous montrions d'énormes poules de Cochinchine dans une exposition de volailles, nous dirent qu'elles n'étaient pas plus grosses que les poules qu'ils avaient vues avec le docteur dans les îles de Kasannga. Les canards musqués abondent dans toute la région qu'ils ont parcourue. (WALLER.)

orientale, — dix heures de nage. Campé à l'embouchure. Saïd a passé devant nous cette nuit; ce matin, nous l'avons rejoint en quatre heures.

13 *mars*. — Campé à Rommbolé, et remis en route.

14 *mars*. — Croisé l'embouchure du Malagarazi et gagné Oujiji en trois heures et demie. Je n'ai trouvé chez l'agent de Thani qu'une partie de mon avoir : les médicaments, le vin, le fromage ont été laissés dans l'Ounyanyemmbé, à treize jours d'ici : on a pris le reste. Les vaches n'ayant pas encore vêlé, je ne peux pas avoir de lait; mais du thé d'Assam, que Mister Black, inspecteur des affaires de la Compagnie orientale, m'a envoyé de Calcutta, m'est parvenu, ainsi que le café que j'avais demandé et un peu de sucre. J'ai acheté du beurre : deux grands pots, qui m'ont coûté deux brasses de cotonnade bleue; et je me suis procuré de la farine (moulue depuis quatre ans), nous en faisons du pain. Je me trouve fort bien du thé et du café; encore mieux de la flanelle sur la peau.

15 *mars*. — Pris note des objets qu'on m'a laissés : soixante-deux pièces de cotonnade sur quatre-vingts, chacune de vingt-quatre yards; huit ont été volées, ainsi que la plupart de mes grains de verre des meilleures sortes. La route de l'Ounyanyemmbé, où sont restés les médicaments, est fermée par une guerre de Mazitous ou de Vouatouta; et il faut que j'attende que le gouverneur trouve l'occasion de me les expédier.

Le Mousa, que j'avais fait partir avec mes buffles, et qui devait les amener ici, est un franc spécimen d'Arabe détestant les Anglais. Je n'étais pas arrivé, qu'il me saluait de ces paroles : « Vous me devez cinq dollars par mois pour le temps que j'ai passé à votre service. » C'est-à-dire pour n'avoir rien amené (les buffles sont morts) et n'avoir fait autre chose que de recevoir, pour son compte, les objets que l'on m'a pris. J'ai essayé de l'utiliser en l'envoyant à un mille d'ici me chercher du lait tous les deux jours; une maladie feinte l'en a empêché; et il m'a fallu prendre une autre personne. Il est alors venu chez moi, épier ce que faisaient mes serviteurs, et a été répandre dans le village une foule de mauvais bruits contre eux : de faux rapports.

Je l'ai habillé; en retour il a cherché à me brouiller avec le bon Arabe qui m'approvisionne de lait, disant à cet homme respectable que je parlais fort mal de lui, et me rapportant que ce brave homme m'accablait d'injures! Je ne peux m'expliquer sa conduite qu'en l'attribuant à un cerveau mal organisé; je me vois obligé de le mettre à la porte.

Réparé une maison, afin d'être abrité contre la pluie; et installé le 23.

Notre jeune hôte de Kasannga a une pneumonie double; je lui ai donné de l'étoffe et une couverture.

28 *mars*. — La flanelle sur la peau et le thé m'ont fait le plus grand bien. Je ne tousse plus et je fais maintenant une promenade d'un millier de pas. J'écris des lettres pour l'Angleterre.

8 *avril*. — Rendu visite à Moïné Mokaya, dont j'ai reçu du riz et deux volailles; je lui ai donné deux brasses d'étoffe; il m'a envoyé un mouton.

13 *avril*. — Employé Soliman à écrire des notes destinées à Saïd-ben-Sélim Borachide, gouverneur de l'Ounyanyemmbé, pour que celui-ci fasse une enquête au sujet du vol dont j'ai été victime; mon intention est d'en appeler à Saïd Médjid; il faut que toute la vérité soit dite à l'égard de Mousa-ben-Séloum, le principal déprédateur.

Écrit également à Thani, afin d'avoir un canot et les rameurs dont j'ai besoin pour descendre le lac.

Saïd-ben-Habib n'a pas voulu permettre à ses hommes de porter mes lettres à la côte : il soupçonne que j'y ai parlé de la conduite qu'il a tenue dans le Roua.

27 *avril*. — Trois pirogues, appartenant à Saïd, ont fait naufrage en passant devant Themmboué; le vent et les vagues les ont chassées sur le roc et deux de ces embarcations ont été mises en pièces. Rien de moins gouvernable que ces énormes canots, et s'ils ne peuvent pas gagner à temps le fond d'une baie, où la végétation aquatique les protége, ils sont à la merci de la tempête. L'une de ces barques valait, dit-on, deux cents dollars.

J'ai été fort occupé de mes lettres; j'en ai terminé quarante-cinq, qui, dans une certaine mesure, dédommageront de mon silence prolongé. Les Arabes refusent de se charger de ces dépêches; ils prétendent que Saïd Médjid leur ordonnerait de m'apporter les réponses, en leur disant : « Vous savez où le prendre, allez le retrouver. » Mais je crois qu'ils redoutent l'exposé de leur conduite beaucoup plus que tout le reste[1].

16 *mai*. — Reçu hier un billet de Thani-ben-Souélim qui m'annonce son arrivée, et qui sera ici dans deux ou trois jours. Il paraît être le plus actif de tous les Arabes ; j'espère qu'il me fera obtenir le canot et l'équipage dont j'ai besoin.

A Katannga, la malachite s'ébranle au moyen du feu ; puis elle est enlevée à la pioche, de quatre collines ; quatre manehs de minerai donnent un maneh de cuivre ; mais ceux qui cultivent la terre gagnent plus que les mineurs.

17 *mai*. — Ben-Habib est arrivé aujourd'hui avec sa cargaison de cuivre et d'esclaves. Il me faut changer de demeure ; et, maintenant que j'ai repris des forces, je voudrais être parti. Des hommes du Parra, ou Mparra, compléteront ma suite.

18 *mai*. — Mohammed-ben-Séli, l'ancien prisonnier de Casemmbé, celui que les indigènes ont surnommé Mpari, vient d'arriver. Il était encore jeune lorsqu'il a quitté Oujiji ; c'est maintenant un vieillard.

Ce sont les Bakatala, riverains du Loualaba occidental, qui ont tué Sélim-ben-Habib. *Mém.* — s'éloigner d'eux.

Makouammba est l'un des chefs des habitants des cavernes ; Ngoulou aussi ; Masika-Kitoboué est chef des Balouba. Sef s'est attaché Kilolo N'tammboué.

19 *mai*. — L'émancipation de nos esclaves des Indes-Occidentales n'a été l'œuvre que d'un petit nombre d'Anglais : les philanthropes de l'époque et les penseurs les plus avancés du siècle. Numériquement, c'était un groupe infime, n'ayant de puissance que par la supériorité de ses chefs, et parce que le droit, la vérité, la justice étaient avec lui. Dans la nation, l'immense majorité se composait d'indifférents, qui n'avaient pas de sympathie à dépenser en dehors de leurs petits cercles de famille. Plus tard, surgirent des écrivains à sensation, qui, pour se donner un cachet original, condamnèrent toutes les mesures et tous les hommes qui les avaient précédés. « L'émancipation était une faute » ; et ces beaux diseurs entraînèrent avec eux beaucoup de gens qui auraient volontiers possédé des esclaves. Il ne faut pas perdre de vue ce fait, que,

---

1. Ces lettres ont été détruites par les Arabes et ne sont pas arrivées à la côte

bien que peut-être la majeure partie soit pour la liberté, un grand nombre d'Anglais ne s'abstiennent d'avoir des esclaves que parce que la loi s'y oppose. C'est là qu'il faut chercher le principal motif de la frénésie avec laquelle des milliers de nos compatriotes se sont rangés du côté des rebelles, dans la grande guerre des États-Unis. Le courage, il est vrai, nous est sympathique, alors même que nous désapprouvons l'objet pour lequel il se dépense. Nous admirons Stonewall Jackson comme un type moderne des Côtes de fer de Cromwell, et nous avons des éloges pour l'habileté du général Lee, qui a reçu, après tout, son principal relief de l'incapacité militaire de ses opposants; mais il est incontestable qu'en dehors de ces considérations, il y avait un désir ardent de voir triompher les autocrates du Sud et remettre les nègres sous le joug. Le secret penchant de nos esclavagistes s'est révélé d'une manière évidente à propos du soulèvement de la Jamaïque; et maint colonel Hobbs d'intention, à défaut de revolver, a trempé sa plume dans le fiel pour au moins injurier tous les nègres qui ne veulent pas être esclaves. Je me demande ce que ces gens-là ont pensé de leur héros quand ils ont appris que, par honte de ce qu'il avait fait, il s'était précipité dans l'autre monde sans y être invité[1].

26 *mai* — Thani-ben-Souélim est ici depuis quelques jours; il venait de l'Ounyanyemmbé. Ancien esclave, libéré par lui-même, c'est aujourd'hui un homme influent. Il louche en dehors, de l'œil droit, et d'une manière désagréable; ses dents font saillie entre des lèvres écartées l'une de l'autre; il a le teint clair et le type des Africains nerveux. Pour m'avoir apporté de l'Ounyanyemmbé deux caisses ne pesant pas beaucoup, il m'a demandé quatorze brasses de calicot, bien que le port de toutes les deux eût été payé à Zanzibar. Quand je l'ai soldé, il a essayé d'augmenter la somme, et y a réussi, en glissant une choukka à l'un des esclaves qui l'accompagnaient. Je lui ai fait présent de deux brasses d'étoffe et d'une couverture

---

1. On se rappelle qu'en 1865, un soulèvement des hommes de couleur éclata à la Jamaïque dans le district de Port-Morant et se termina par un horrible massacre, dont le colonel Hobbs eut à répondre. Un suicide mit fin au procès du colonel et à l'ardente polémique que ce procès fit naître.

(*Note du traducteur.*)

double. Il les a acceptées ; puis il a découvert, ce qu'il savait d'avance, que toutes mes marchandises avaient été avariées en venant ici, et m'a renvoyé couverture et cotonnade, ce qui, aux yeux de tout le monde, a passé pour une insulte. A la demande qu'il m'avait faite d'un peu de café, je lui en avais donné plein une assiette ; il en a demandé de nouveau ; j'ai répondu que je ne lui en donnais pas, pour lui éviter la peine de le renvoyer. Par vengeance, il a fait dire à tous les autres de ne pas se charger de mes dépêches, ce qui est d'accord avec leur conduite antérieure ; car, ainsi que les gens de Quiloa que j'ai rencontrés sur la route du Nyassa, ils ont tous refusé de porter mes lettres.

Gens de la pire espèce que ces négriers d'Oujiji ; les traitants que j'ai vus dans l'Ouroungou et dans l'Itahoua sont des gentlemen ; ceux d'ici : vils entre les plus vils, de même que ceux de Quiloa et du bas Zambèze. Ce n'est pas un commerce que le leur, mais un système de vols et de meurtres, pillage et capture ; chaque tournée commerciale est une razzia.

Moïné Mokaya, le chef d'Oujiji, a envoyé à Nzigé des canots, dont les équipages, se trouvant chez une population qui ne connaissait pas les armes à feu, et se sentant d'humeur à faire une prouesse, ont attaqué les indigènes ; ils ont été repoussés, et tous (ils étaient vingt) ont fini par être tués. Mokaya est maintenant en instances auprès de Saïd-ben-Habib pour l'entraîner à venger cette défaite ; il offre une quantité d'ivoire, en surplus de tout ce que Saïd pourra prendre. Celui-ci, en voulant venger la mort de son frère sur les Bakatala, m'a fermé une partie du pays que je voulais voir, et me fermera probablement le Nzigé. Il m'est impossible d'envoyer un message au Tchohouammbé ; je ne trouve personne qui veuille se rendre à pied au Karagoué et descendre ensuite jusque-là [1].

29 *mai*. — J'avais porté mes dépêches à Thani, et donné à l'homme qui devait les remettre au gouverneur de l'Ounya-

---

[1]. Le bruit avait couru, on se le rappelle, qu'un bateau à vapeur appartenant à un Anglais se trouvait sur le Tchohouammbé. Livingstone voulait probablement s'assurer du fait, et pensait d'ailleurs à suivre le Louapoula et à prendre la route du lac de Baker, route qui lui aurait permis de constater le rapport qu'il croyait exister entre sa rivière et le Nil. On a trouvé à la fin d'un de ses carnets un vocabulaire masaï, dont un esclave lui avait sans doute fourni les éléments, et qui a dû être fait dans la prévision du retour par ces contrées. (WALLER.)

nyemmbé deux brasses d'étoffe et quatre masses de perles. Une heure après, dépêches, étoffe et grains de verre m'étaient renvoyés; Thani avait peur, disait-il, des lettres anglaises, ne sachant pas ce qu'il y avait dedans; je les avais cousues dans un morceau de toile à voile, ce qui était suspect; il allait réunir tous les notables d'Oujiji pour leur demander s'ils croyaient prudent de se charger du paquet; si on lui conseillait de le prendre, il l'enverrait chercher; sinon, il me le laisserait.

Mohammed, à qui j'ai raconté cela, est allé trouver Thani et lui a dit que nous étions, lui et moi, des hommes du gouvernement, que Saïd-Médjid avait donné l'ordre de me traiter avec le plus grand respect, et lui a demandé si sa conduite était respectueuse. Sur ce, Thani a fait prendre les dépêches; mais le paquet arrivera-t-il? J'en doute.

Un grand nombre de maisons n'ont pas de locataires, par suite du départ de beaucoup de traitants pour l'Ounyanyemmbé. Logé dans un appentis qui appartient à Zahor, je voulais avoir une de ces habitations. Les deux chefs se sont disputé le loyer; Mohammed a triomphé de tous les deux; j'ai payé au propriétaire, et depuis ce matin, je suis dans la maison.

Presque tous les traitants d'Oujiji sont de misérables métis du Sahouahil, et ne possèdent ni les manières ni le jugement des Arabes.

Le Tanganika a empiété du côté d'Oujiji sur une distance de plus d'un mille; la rive, qui de mémoire d'homme était en jardins, est couverte d'environ deux brasses d'eau. En cela, le Tanganika ressemble à la plupart des autres rivières de ce pays, telles que le haut Zambèse, par exemple, qui, chez les Barotsés, a depuis trente ans gagné du côté de l'est; le lac, ou rivière Tanganika, s'est de même porté au levant.

1er *juin* 1869. — Je sens mes forces revenir, et je voudrais descendre le Tanganika; mais je ne peux pas trouver d'hommes. Ce n'est que dans deux mois que nous serons en face des grandes herbes et de l'eau surabondante qui se rencontrent sur la route du Manyéma; j'aurais bien le temps de faire mon exploration.

L'écume verte qui, dans cette contrée, se remarque sur l'eau dormante est d'origine végétale; elle provient des conferves. Quand les lagunes sont grossies par les pluies, cette écume est entraînée dans le lac; elle y est portée par le courant qui va du sud au nord, y forme de grandes lignes diagonales, alternant d'un côté à l'autre, toujours nord-nord-ouest ou nord-nord-est, et non pas chassées par le vent, comme le seraient des plantes flottant à la surface de l'eau.

Lignes d'écume.

7 juin. — Il est remarquable que tous les traitants d'Oujiji qui ont une opinion à cet égard, pensent que toutes les eaux du nord et toutes celles du midi affluent dans le Tanganika; mais où elles vont ensuite, ils n'en ont pas l'idée. Ils affirment que le Tanganika, l'eau d'Ousigé et le Loannda, sont une seule et même rivière.

Quand j'ai demandé à Thani un canot et des hommes pour explorer cette ligne de drainage, il y a consenti; mais il m'a prévenu que ses gens ne dépasseraient pas l'Ouvira; plus tard il a dit l'Ousigé; et, comme je lui demandais ce que j'aurais à faire lorsque ses gens me quitteraient, précisément à l'endroit où j'aurais le plus besoin d'eux, il m'a répondu : « Mes gens ont peur, ils n'iront pas plus loin; vous prendrez des hommes du pays. »

Moïnéghéré a envoyé une bande au Loannda pour forcer le passage; mais ses gens ont été repoussés et ont eu vingt morts.

Hier, trois hommes de Mokammba, le plus grand chef de l'Ousigé, ont apporté quatre défenses à Moïnéghéré et lui ont demandé plusieurs canots pour se rendre à l'extrémité de l'Ouroundi, où ils vont chercher du beurre et différentes choses qu'ils ne peuvent pas rapporter. Ceci me paraît un moyen : Moïnéghéré étant l'ami de Mokammba, j'aimerais mieux lui payer ce qu'il faudrait pour avoir un canot, que de dépendre des lâcheurs de Thani. Si, au delà de Mokammba, le chemin est fermé par la fatale escarmouche dont il a été question, je me rendrai chez Roumanika, éloigné de trois ou quatre étapes, et j'obtiendrai de lui des guides qui me ramèneront à la principale rivière au-dessus de Loannda; il n'y aura de cette façon que trois journées du courant qui n'auront pas été vues.

Thani évidemment aurait aimé à recevoir le prix du voyage, mais sans me garantir l'objet pour lequel j'aurais payé. C'est une pauvre nature, — caractère d'esclave. Saïd-Médjid, Cheikh-Soliman et Korodjé, lui ont écrit pour le presser de me venir en aide; ils l'ont fait en vain. Je ne l'ai jamais vu sans qu'il me demandât quelque chose; et jamais il ne m'a rien donné; peut-être attendait-il une demande de ma part. Moïnéghéré me servira de guide.

Je ne trouve personne qui puisse me dire où vont les eaux du lac qui est au couchant de celui-ci; quelques-uns supposent qu'elles vont rejoindre la mer occidentale, — je dirai le Congo.

Mohammed-Bogharib part dans un mois pour le Manyéma; si les choses tournent comme je le désire, j'explorerai d'abord la ligne du Tanganika.

Un Arabe qui est allé trois fois dans le Manyéma, et qui faisait partie de la première bande qui pénétra dans cette province, dit que les habitants ne sont pas cannibales, mais qu'une tribu de l'ouest mange certaines portions du corps des individus tués à la guerre.

Au sud de Moïnékouss, l'un des chefs manyémas, les indigènes font, en pisé, des demeures très-solides.

22 *juin*. — Après avoir écouté beaucoup de paroles, j'en suis venu à cette conclusion, qu'il vaut mieux ne pas aller avec les gens de Moïnéghéré; ce serait me faire écorcher, comme l'a été Speke : j'aurais d'abord à payer largement, sans être assuré de descendre la rivière. « Vous devez donner beaucoup, disent-ils, parce que vous êtes un grand homme; c'est ce que dira Mokammba. » Celui-ci ne me connaît pas du tout, et ne sait rien de ma grandeur.

Il est fort incertain que je puisse traverser le Loannda; je courrais, dans tous les cas, le risque d'être arrêté par ceux qui ont détruit les gens de Moïnéghéré; il vaut donc mieux partir dans une quinzaine pour le Manyéma, et, s'il est possible, descendre le bras occidental du Nil; cela me fera revenir par le nord, en supposant que cette branche soit bien celle du Nil, et non pas un bras du Congo. Ici, personne ne sait rien à cet égard; ni sur la ligne orientale, celle du Tanganika. Tous, sans exception, avouent que dans leurs voyages, ils ne pensent qu'à demander de l'ivoire, et ne s'occupent pas d'autre chose, si ce n'est à faire des esclaves ; chacune de leurs tournées se termine par une razzia. La dernière expédition de Moïnéghéré a fini d'une manière désastreuse ; vingt-six de ses gens ont perdu la vie. Pour atténuer le fait, il dit que cette guerre n'était pas la sienne, mais celle de Mokammba ; il ne voulait que traverser le Loannda, et comme les gens qui sont en face de Mokammba et d'Ousigé reconnaissent sa suprématie, il leur a fait dire : « Venez joindre vos forces aux miennes et ouvrons le chemin.» Ils sont venus et ont été tués.

Une démarche avait eu lieu auprès de Saïd-ben-Habib pour obtenir qu'il ouvrît le sentier, moyennant de l'ivoire ; mais Saïd n'aime à livrer bataille qu'aux gens qui prennent la fuite à la première décharge, en lui laissant le butin.

Les Manyémas, dit-on, sont d'un bon accueil dans tous les endroits où ils n'ont pas été attaqués. On rapporte qu'un grand chef a sa résidence au bord d'une rivière considérable, qui se dirige vers le nord. J'espère arriver jusqu'à lui, et je me sens tout joyeux à la pensée de trouver des gens qui n'ont pas été gâtés par les Arabes.

Dans l'Ousigé, en aval de Mokammba, il n'y a pas eu de sang répandu de fraîche date, et je n'aurais pas hésité à traverser le Loannda, n'était la dernière affaire ; aujourd'hui ce serait courir de grands risques, et pour explorer seulement quelque soixante milles de la ligne du Tanganika.

Si du Manyéma je reviens ici, les gens et les valeurs que j'ai demandés seront arrivés de Zanzibar, et alors je serai mieux en état de juger de la route que je devrai prendre. Mokammba réside à une vingtaine de milles au nord de l'Ouvira ; la scène de la défaite de Moïnéghéré est à dix milles plus loin ; il en résulte que la partie inexplorée ne peut pas être de plus de soixante milles ; disons trente, si l'on admet comme approchant de la vérité, l'estime que Baker a faite de la limite méridionale de son lac.

Sélim ou Palamotto m'a raconté qu'un chef de cesparages l'avait envoyé chercher pour combattre son frère ; il vint et se fit payer d'avance ; le frère menacé lui expédia trois dents pour empêcher l'attaque ; Sélim prit les trois dents et rentra chez lui.

28 *juin*. — Le courant du Tanganika est bien marqué à l'embouchure des affluents dont l'eau est d'une teinte plus claire et ne se mêle pas immédiatement à celle du lac. A Oujiji, le Louiché en est un bon exemple, et fait voir par de grandes pièces verdâtres qui flottent à la surface, un courant se dirigeant vers le nord, avec une vitesse de près d'un mille à l'heure. L'écoulement septentrional commence au mois de février et dure jusqu'en novembre ou décembre. A cette époque, l'évaporation est à son maximum, et l'eau revient doucement vers le sud, jusqu'au moment où les grandes pluies, qui tombent dans cette région en février et en mars, font monter la nappe et retourner le courant. Il semblerait qu'il y eût là un reflux annuel d'au moins trois mois; flux et reflux étant l'effet des pluies et de l'évaporation ; effet produit sur une rivière lacustre d'une longueur de trois cents milles, située au midi de l'équateur. J'ai journellement observé le flux septentrional; celui du sud repose sur le témoignage des indigènes; il m'a été confirmé par les Arabes, qui attribuent ce reflux méridional à l'effet du vent, dont la direction est alors vers le sud : rafraîchi par les pluies, il se précipite dans les chaudes vallées de ce lac fluvial ou rivière lacustre.

Pour arriver chez Moïnékouss, le grand chef des Manyémas, il faut quarante jours. Les maîtres des caravanes restent dans le village de ce chef, dont tout le monde fait l'éloge, et envoient leurs agents dans toutes les directions. Après avoir quitté Moïnékouss, on trouve une grande rivière, le Roboumba, qui devient le Louama, et se jette dans le Loualaba. Ce dernier garde son nom, même après s'être uni au Loufira et au Lofou, et va rejoindre le lac, toujours non visité, qui est au sud-sud-ouest d'ici[1]. En sortant de ce lac, le Loualaba coule au nord pour se rendre probablement dans la partie de la branche orientale du Nil qu'a découverte Baker. Lorsque j'aurai suivi le

---

1. *The still unvisited lake S. S. W. of this.* Il est possible qu'il y ait ici une faute d'impression ; le lac non visité que rejoint le Loualaba, *après avoir reçu le Loufira*, est certainement au *N.-O.* d'Oujiji. Le Kamolonndo, qui est au S.-S.-O., est bien également non visité; mais avant d'y entrer, le Loualaba n'a pas reçu les cours d'eau en question, et il est douteux que ce soit du Kamolonndo que le docteur fasse se rendre directement sa rivière dans le lac de Baker. « *It goes thence probably into M. Baker's part of the eastern branch of the Nils.* »

(*Note du traducteur.*)

Loualaba vers le nord aussi loin que je pourrai le faire cette année, et que j'aurai reçu les porteurs et les objets qui doivent m'arriver de Zanzibar, je serai apte à choisir la route qu'il me faudra prendre. Puisse le Très-Haut me diriger, afin que j'achève honorablement la tâche que j'ai entreprise.

C'est le 3 juillet que je me propose de partir pour le Manyéma.

Le dagala ou nsipé, petit poisson que l'on prend en grand nombre dans toutes les eaux courantes, et qui ressemble beaucoup à notre whitebait[1], émet, dit on, ses œufs par la gueule; l'éclosion est immédiate, et les jeunes pourvoient à leurs besoins dès leur naissance. Des gens disent avoir vu les œufs rester dans les côtés de la gueule, jusqu'au moment où ils vont éclore. Jamais les dagalas n'atteignent plus de deux ou trois pouces de longueur. Putréfiés, ils sont d'une amertume à faire croire que la bile est chez eux fort abondante. J'ai mangé de ces poissons dans le Lonnda ; ils avaient un goût piquant et amer, qu'ils devaient probablement à leur genre de nourriture. Le Lsoudi et le nghédé-négé, sorte de perche, ont, dit-on, le même goût, ce qui prouverait que cela tient à l'alimentation.

Les Arabes s'imaginent que le poisson tombe du ciel, excepté le requin, dont ils voient les jeunes quand ils ouvrent la mère.

10 juillet. — Après beaucoup de difficultés et de retard, j'ai enfin trouvé un canot dont je paye la location, à un nommé Habi, quarante yards de cotonnade, plus quatre yards à chacun des pagayeurs pour ramener la barque. Thani et Zahor m'ont blâmé de ne pas avoir pris leurs canots que j'aurais eus pour rien, à ce qu'ils prétendent ; mais jamais ils ne me les ont donnés, et l'offre qu'ils m'en ont faite vaguement témoignait d'une telle intention de m'écorcher que je me suis estimé fort heureux de me sauver de leurs mains.

Nous avions fait quelques milles, lorsque deux hommes, que j'avais emmenés par égard pour leurs maîtres auxquels j'ai des obligations, ont commencé à se battre ; j'ai déposé l'un à terre ; et, si je n'avais pas tenu à payer ma dette, l'autre

---

1. Petit poisson du genre clupe.

aurait été également congédié. J'ai envoyé des excuses au maître du débarqué, par mesure de politesse.

Partis à six heures du matin et croisé l'embouchure du Louiché, qui se jette dans la baie de Kiboué. Trois heures et demie de pagayage nous ont conduits à Rommbola ou Lommbola, qui fournit tout le bois de charpente que l'on emploie à Oujiji.

12 *juillet.* — En route à une heure et demie du matin; gagné à neuf heures la rive gauche du Malagarazi. Impossible de naviguer dans le jour, parce que vers onze heures commence à souffler un vent du nord-ouest, que ces lourdes embarcations ne peuvent pas affronter; il se lève plus tôt ou plus tard, suivant les phases de la lune. Depuis le lever du soleil jusqu'à dix ou onze heures du matin, nous avons un vent d'est qui remplace ce vent contraire.

Le Malagarazi, à son embouchure, est d'une étendue considérable; il y rencontre une grande île, couverte d'eschinomènes, dont la moelle est employée pour faire des chapeaux.

S'il n'avait pas de courant, le Tanganika serait revêtu d'une écume verte, qui actuellement roule vers le nord sur une longueur et une largeur de plusieurs milles. En outre, il aurait une eau saumâtre comme celle des baies fermées de ses rives.

Son niveau a baissé de deux pieds. Il nous a fallu douze heures pour remonter d'Oujiji à l'embouchure du Malagarazi; en descendant nous n'avions mis que sept heures pour faire le même trajet. Des quantités prodigieuses de conferves passent devant nous jour et nuit avec une majestueuse lenteur. On les appelle chouaré. N'était son courant, le Tanganika serait couvert de végétation comme le Victoria Nyanza.

13 *juillet.* — Départ à trois heures quinze du matin; cinq heures après nous étions à l'embouchure du Kabogo, d'où l'on traverse le lac: sa largeur est ici d'environ trente milles. Essayé de repartir à six heures du soir; mais à peine avions nous fait deux milles que souffla le vent du sud; et comme c'est un vent dangereux, celui qui produit la tempête, nos bateliers insistèrent pour revenir au Kabogo. Nous n'étions pas arrivés, que les nuages se dissipaient ainsi que le vent. La pleine lune répandit alors une vive clarté; ici, elle est gê-

néralement accompagnée d'un temps calme: les orages sont plus fréquents lorsqu'elle est nouvelle.

14 *juillet.* — Sondé dans l'ombre, en face de la montagne du Kabogo : trois cent vingt-six brasses ; mais la ligne se brisa en remontant, et nous n'avons pas vu la nature du fond, sable ou vase. Cela fait dix-neuf cent soixante-cinq pieds (près de six cent mètres) de profondeur.

Les indigènes qui s'éveillent avec effroi poussent des cris que l'on ne croirait pas de ce monde, et auxquels se joignent les hurlements des voisins ; les premiers rêvaient qu'ils étaient saisis par une bête féroce ; les autres hurlent parce qu'ils entendent hurler, — témoignage d'un excès de terreur.

15 *juillet.* — Nagé toute la nuit, et déjeuné dans une île faisant partie d'un groupe ; puis atteint l'îlot de Kasenngé où nous attendait Mohammed-Bogharib, qui venait de Tonngoué pour se rendre au Manyéma ; nous ne sommes plus qu'à trois cents yards de la côte occidentale. Notre voyage doit commencer le 21.

20 *juillet.* — Observations de lune. Préparatifs et approvisionnements.

21 *juillet.* — Retenus par la mouture du grain et autres préparatifs alimentaires.

Aujourd'hui grand vent d'est. Un courant du nord-est au sud-est fait le tour de notre île, et charrie les arbres et les plantes aquatiques sur le pied de plus d'un mille à l'heure, même lorsqu'il est croisé par une brise venant de l'ouest. Le vent qui souffle sur le lac, de n'importe quelle direction, fait monter l'eau ; et celle-ci, dans les calmes, s'éloigne du rivage. Dans sa violence, le vent fait parfois marcher le courant vers le sud.

A la hauteur de l'Ouvira, le Tanganika se rétrécit et s'enfonce à perte de vue entre des montagnes. Il paraîtrait ensuite former une cascade dans le lac de Kouanndo, qui a été aperçu par des Vouanyamouézi.

23 *juillet.* — Kasannga, le chef de Kasenngé, est allé combattre avec les gens de Goma ; j'ai donné pour lui une brasse de cotonnade qui lui sera remise à son retour.

1er *août.* — Bogharib a tué un chevreau en manière de sacrifice ; avant de manger la bête, ils ont prié Hadradji.

CHAPITRE I.

L'animal a été accommodé du mieux qu'ils ont pu; et, comme toujours, une portion m'a été envoyée. Je leur ai dit que j'aimais la cuisine, mais non les prières; ils l'ont pris en bonne part.

2 août. — Quitté l'îlot, gagné la côte, et bivaqué dans un taillis à épines crochues, où il y a une espèce de poivre noir que nous avons trouvé au sommet du mont Zommba, en 1859; cette plante témoigne de l'humidité du climat.

3 août. — Marché vers le sud, pendant trois heures et quart en longeant le Tanganïka, et dans un pays fort accidenté; ce qui pour moi est très-fatigant, vu mon état de faiblesse. Rencontré beaucoup de pandanus, et couché au village de Lobammba.

4 août. — Un parent de Kasannga s'est engagé à nous servir de guide, et nous l'attendons. Pendant ce temps-là, un forgeron mnyamouézi me fait des balles avec du cuivre que m'a donné Saïd-ben-Habib.

On a volé un agneau; tous les indigènes accusent du fait les Banyamouézi, attendu que « les habitants de l'Ougouha, ne volent jamais », je crois que ceci est la vérité.

7 août. — Le guide est arrivé hier. Ce matin, nous avons marché à l'ouest pendant deux heures et quart, et traversé le Logâmmba : environ quarante yards de large, de l'eau montant jusqu'au genou, et une course rapide entre des berges élevées. Cette rivière prend naissance dans la chaîne du Kabogo occidental et va au sud-ouest, se jeter dans le Tanganïka. Beaucoup de sorgho est cultivé sur ses rives, dont le sol est une alluvion d'une grande richesse.

8 août. — Route au couchant, à travers une forêt ouverte. Pays très mouvementé, et le chemin couvert de fragments de quartz anguleux. Montagnes à l'horizon.

9 et 10 août. — A l'ouest du village de Mékhéto. Fait la rencontre d'un parti d'indigènes qui, en venant à nous, s'est mis à battre du tambour : signal de paix; en cas de guerre, l'attaque se fait en silence et à la dérobée.

Les masoukos abondent et sont chargés de fruits, mais qui ne sont pas mûrs.

Bien que les nuits soient froides, comme il ne pleut pas, nos hommes couchent à la belle étoile, n'ayant qu'une palissade du côté de la tête; mais tous les soirs je fais construire un hangar pour protéger les ballots, et je vais y dormir.

Depuis ma pneumonie, si faible que soit la pente, une montée m'essouffle; l'angle est-il de 45°, je suis contraint de m'arrêter au bout de cent ou cent cinquante pas; et je suis là tout haletant, avec de vives souffrances.

11 *août*. — Gagné un village de Baroua; village entouré de collines s'élevant à deux cents pieds au-dessus de la plaine. Peu d'arbres.

12 *et* 13 *août*. — Villages de Mékhéto; les habitants sont des Vouagouha.

Séjour pour acheter des vivres, pour faire de la farine, et parce qu'il y a beaucoup de malades.

16 *août*. — Route au nord-ouest, la plupart du temps en forêt; et passé la nuit à Kalalibébé. On a tué un buffle.

17 *août*. — Gagné une haute montagne, appelée Golou ou Goulou, et campé à sa base.

18 *août*. — Traversé deux ruisseaux, affluents du Mgolouyé.

Le Kagoya et le Moïché se jettent dans le Lobâmmba.

19 *août*. — Atteint le Lobâmmba: largeur de quarante-cinq yards; de l'eau jusqu'à la cuisse; courant rapide. Le Logâmmba et le Lobâmmba viennent tous les deux des monts Kabogo; le premier se rend dans le Tanganîka; l'autre dans le Louamo, dont il est la principale branche; celui-ci renferme des crevettes.

Au levant du Lobâmmba, la contrée s'appelle Lobannda; à l'ouest, c'est le Kitoua.

21 *août*. — Campés au bord du Loungoua, qui s'est taillé dans le nouveau grès rouge une auge de vingt pieds de profondeur et seulement de quatre pieds de large à l'ouverture.

25 *août*. — Nous sommes tous fatigués, ce qui nous arrête; voyager dans cette saison est exténuant; il fait très-chaud, même à dix heures du matin; et au bout de deux ou trois heures de marche, les plus forts sont las, surtout les porteurs; à l'époque des pluies, une étape de cinq heures les fatiguerait moins.

Nous sommes maintenant au même niveau que le Tanganîka.

Coiffures de l'Ougouha et du Manyéma.

CHAPITRE I.

Les masses épaisses de fumée noire qui s'élèvent des rives du Lobâmmba, dont on incendie l'herbe et les roseaux, abaissent sensiblement la température des journées les plus étouffantes ; elles ressemblent à la fumée des tableaux de batailles de Martin.

Ici les flèches des Manyémas, faites avec les tiges d'une herbe, sont très-petites, mais empoisonnées ; les grandes flèches dont on se sert pour l'éléphant et le buffle le sont également.

31 août. — Course au nord-ouest parmi des hyphénés et des palmyras[1], et de nombreux villages regorgeant d'habitants.

Traversé le Kibila, source chaude d'environ 49°, et passé la nuit au bord du Kolokolo : quinze pieds de large, un et demi de profondeur. A moitié chemin, nous avions franchi le Kannzazala.

J'ai demandé le nom d'une montagne qui se trouvait à notre droite, on m'en a donné trois : Kaloba, Tchinèghédi et Kihommba ; un bel échantillon de la richesse des nomenclatures du pays.

1ᵉʳ septembre. — Route au couchant, dans une forêt plate ; ensuite passé le Kichila et atteint les villages de Kânndé. Celui-ci est un vieillard sans dignité et sans honneur ; il est venu mendier un présent et n'a rien offert.

Le Katammba, sur lequel sont situés les villages, est un joli ruisseau.

2 septembre. — Halte d'un jour pour chasser le buffle et me donner du repos, car je suis toujours très-faible. On a tué un jeune éléphant ; j'en ai eu le cœur ; les Arabes ne le mangent pas ; mais bien accommodé, c'est un fort bon morceau.

Un esclave du Lonnda, que j'ai fait délivrer du joug, a pris la fuite. Comme nous sommes près des Barnas, ses compatriotes, il trouvera facilement à se cacher ; mais il a confié ses plans à notre guide ; et sachant qu'il veut retourner avec lui au Tanganîka, celui-ci est pressé de le livrer pour avoir la récompense. Ils sont tous de même : avides de se plonger les uns les autres dans le bourbier où ils se débattent.

5 septembre. — Les gens de Kânndé ont refusé de nous

---

1. *Borassus flabelliformis.*

rendre les dents d'un éléphant tué par un de nos chasseurs, affirmant que la bête leur appartenait, « car ils l'avaient tuée avec une houe ». Ici, ils n'ont pas de probité.

7 septembre. — Marché à l'ouest et au nord-ouest dans une forêt entrecoupée d'immenses plantations de manioc, où les racines, d'environ trois ans, étaient grosses comme la jambe d'un homme vigoureux.

8 septembre. — Franchi cinq rivières et traversé beaucoup de villages. Le pays est couvert de gingembre, de fougère et de manioc, dont les champs se déploient sur des milles et des milles.

Atteint le village de Karoungamagao.

9 septembre. — Éléphants et buffles très-nombreux; nous restons pour que les chasseurs nous procurent de la viande. Les Vouasahouahili, gens de la côte, pensent que l'adultère empêche d'être heureux à la chasse; aucun mal ne peut advenir à celui qui est fidèle à sa femme et qui a les talismans voulus, insérés sous la peau de l'avant-bras.

10 septembre. — Nord et nord-ouest; passé quatre rivières, et laissé derrière nous le village de Makala pour nous rapprocher de celui de Pyana-Mosinedé.

12 septembre. — Nous nous sommes perdus, et il a fallu revenir à notre sentier, qui court sur un terrain montueux. Journées fumantes; on suffoque.

Atteint des villages de Pyana-Mosinedé. Le nombre des habitants est prodigieux.

Un sabre a été laissé au camp et pris aussitôt; on a suivi la piste jusqu'à un village, et retrouvé l'individu. Celui-ci n'a pas voulu restituer l'arme, jusqu'au moment où elle lui a fait une légère blessure; il a eu peur d'un mal plus grave, et a remis le sabre à ceux qui le réclamaient; ailleurs on l'eût rendu tout de suite. Pyana-Mosinedé est venu voir ce dont il s'agissait, et a fait preuve de beaucoup de sens.

13 septembre. — Marché vers le Moloni ou Mononi; traversé plusieurs ruisseaux. Les indigènes ont saisi trois esclaves qui étaient restés en arrière; mais, en entendant un coup de feu, — tiré sur des pintades, — ils les ont lâchés.

14 septembre. — Montées et descentes perpétuelles. Nous avons passé dans des gorges profondes qui étaient remplies d'arbres gigantesques; j'en ai mesuré un de vingt pieds de tour, dont la première branche était à soixante-dix pieds du sol; d'autres semblaient convenir pour des espars de vaisseau. De grands lichens les couvraient presque tous, et de nombreuses plantes nouvelles apparaissaient de tous côtés.

15 *septembre*. — Sortis des montagnes, après une marche d'une heure et demie; la grande vallée de Mammba s'ouvrit alors devant nous, vallée très-belle, dont une partie considérable a été déboisée.

Rencontré Dagámmbé, qui rapporte dix-huit mille livres d'ivoire achetées pour rien dans la nouvelle contrée d'où il arrive, aucun marchand n'ayant encore pénétré au delà du Bambarré, ou district de Moïnékouss.

Nous sommes maintenant dans la grande courbe du Loualaba, qui est ici beaucoup plus large que près du Moéro.

Au bord du Kisinngoué.

16 *septembre*. — Chez Kasannganngazi. Nous retrouvons des élaïs; ce sont les premiers que nous ayons vus depuis notre départ du Tanganika; ils ont été évidemment plantés dans les villages.

Un perroquet d'un gris clair, à queue rouge, devient commun; on l'appelle *keuss* ou *kouss*, et il donne son nom au chef, qui s'appelle Moïnékouss, littéralement : Seigneur du perroquet. Mais les Manyémas prononcent Monandjousé.

Sur la route et au sommet de la chaîne de Moloni que le sentier nous a fait gravir, nous avons trouvé beaucoup d'herbe pareille à des roseaux, — des tiges d'un demi-pouce de diamètre : les vallées sont impénétrables.

17 *septembre*. — Séjour au village de Kasannga, pour acheter des vivres et reposer les porteurs. Partout des élaïs; le pays est très-beau.

Les gens de la caravane n'osent pas s'éloigner du camp, même pour les choses les plus nécessaires; ils ont peur d'être tués par les Manyémas. Ici, jusqu'à l'an dernier, s'arrêtaient les marchands : les indigènes, ceux chez qui nous sommes maintenant, tuaient à cette époque quiconque emportait une défense; mais Katommba ou Moïné-Mokaya fit alliance avec Moïnékouss, homme généreux et sensé, qui protégea ses agents; et le pays fut ouvert.

Dilonngo, le chef d'ici, est venu nous voir. Il a perdu son frère et a été élu à sa place. Son deuil lui interdit tout débarbouillage, d'où il résulte qu'il est très-sale.

Les indigènes ont le corps tatoué de pleines lunes, de croissants, d'étoiles, de crocodiles et de jardins égyptiens.

Hier, on a tué deux buffles.

19 *septembre.* — Traversé plusieurs rivulettes de trois à douze yards de large, et où on a de l'eau jusqu'au mollet.

Le grand mont où nous avons passé la nuit s'appelle Sanngomélammbé.

20 *septembre.* — Ascension d'une chaîne de hautes montagnes, dont la roche est un granite d'un gris clair. Des gorges profondes, remplies de très-grands arbres et renfermant des ruisseaux d'eau vive, déchirent le sommet. Beaucoup de villages sur les pentes; l'un d'eux a été détruit, et montre la dureté des murailles faites en argile. Les maisons sont carrées.

Une partie de la route s'est faite le long d'une crête, ayant de chaque côté une vallée profonde. Dans celle de gauche, étaient de grands bois, où se retirent les éléphants blessés, qui alors sont perdus pour le chasseur. Forêt vierge, masse compacte : excepté au sud-ouest, on ne voyait pas un coin de terre. Le fond de la grande vallée était à deux mille pieds au-dessous du chemin. Des rangées de hauteurs, ayant des villages à leur base, s'élevaient à perte de vue. A droite, se trouvait une gorge, puis des montagnes beaucoup plus hautes que celle dont nous suivions la crête. Celle-ci, qui ressemblait à un glacier et qui faisait de nombreux détours, nous conduisit en serpentant à la lisière de précipices que nous avons eus d'abord à notre droite, puis à notre gauche, jusqu'à une descente qui nous fit gagner les villages de Monanndennda.

Ici, dans toutes les maisons, vous trouvez une provision de bois de chauffage, rangée sur des tablettes, et une seconde pièce, servant de chambre à coucher, où le lit est monté sur une plate-forme.

Les routes sont très-habilement établies au sommet des rampes, ce qui évite les ravins. Si le faîte n'avait pas été choisi, les distances auraient été plus que doublées, et la fatigue infiniment plus grande. Tous les chemins semblent être

CHAPITRE I.

suivis depuis des siècles : sur les crêtes, ils sont profondément creusés par la marche; dans les vallées, une banquette, formée par la terre que les pieds ont rejetée à droite et à gauche, s'élève de chaque côté de la voie.

21 septembre. — Traversé une demi-douzaine de ruisseaux et autant de villages, dont quelques-uns étaient brûlés ou abandonnés. Un grand nombre d'habitants sont accourus pour nous voir. Autour des cases et dans les environs se trouvent des arbres gigantesques.

Nous voici à Bambarré, chez Moïnékouss.

Près de quatre-vingts heures de marche. A raison de deux milles géographiques par heure, cela représente une distance de cent soixante minutes, en ligne droite : cent quarante. Direction au couchant, depuis le 8 août jusqu'au 21 septembre.

En persévérant, j'ai recouvré de la force, qui s'est accrue par l'exercice.

Du Tanganîka, rive occidentale, longitude est : 27° 10′, retirons 140′, qui font 2° 20′, il nous reste 24° 50′, pour longitude du chef-lieu de Moïnékouss.

Les observations indiquent une altitude un peu inférieure à celle du Tanganîka.

22 septembre. — Moïnékouss est mort tout récemment; il a laissé deux fils pour occuper sa place. Moïnemmbegg, l'aîné des deux et le plus sensé, porte la parole dans toutes les grandes occasions; mais c'est Moïnemmgoï, le plus jeune et le moins intelligent, qui est le chef, l'héritier du pouvoir central.

Les deux frères étaient inquiets de notre arrivée; ils nous tenaient pour suspects et l'ont fait voir. Mohammed-Bogharib a demandé l'échange du sang, cérémonie qui se borne à faire une petite incision à l'avant-bras de chacun des échangistes et à mêler les deux sangs, en se déclarant amis l'un de l'autre. « Tes gens ne doivent pas voler, nous ne volons jamais », a dit Moïnemmbegg, et il a dit vrai. Quelques gouttes de sang ont alors été portées de l'un à l'autre sur une feuille de figuier, et mêlées, avec la feuille, à celui qui coulait de l'incision. « Il ne sera pas pris de volaille, ni d'homme », a ajouté le chef. — Qu'on saisisse le voleur et qu'on me l'amène, a répondu Bogharib; celui qui vole est un porc. » Ce sont nos gens qui ont commencé le vol. Ils avaient raison de se méfier de nous. Leur crainte d'ailleurs est naturelle : nous tombons chez eux comme d'un autre monde; nul avertissement, pas de lettre, pas de message pour leur dire qui nous sommes et quels sont nos projets; ils pensent que nous venons pour les piller et pour les tuer. On ne se figure pas leur état d'isolement, leur entier abandon, sans autre appui que leurs charmes et leurs fétiches, — de simples morceaux de bois. J'ai pris un grand coléoptère, qui était suspendu devant une idole placée dans une maison bâtie pour elle; le gardien était là, mais le village était détruit[1].

Donné à chacun des deux frères deux tapis de table, quatre masses de verroterie, et un rang de perles à colliers; ils ont paru très-satisfaits.

Il y a ici un bois qui, en brûlant, émet une horrible odeur de matière fécale; un seul brin de cette espèce dans l'un des feux, et l'on croirait que le bivac est souillé.

Je me suis fait bâtir une maison, celles du pays n'étant pas commodes; elles ne sont pas assez hautes d'étage, et ont la porte trop basse. Ce sont les hommes qui les construisent; les femmes les approvisionnent de combustible et d'eau, ce qu'elles font abondamment; hommes et femmes cultivent la terre. Le bois, comme la plupart des fardeaux, est porté dans des hottes.

Hier au soir, à la nuit close, un homme a longuement prié le Moloungou, prié à haute voix, pour obtenir de la pluie.

Les fils de Moïnékouss n'ont qu'une faible partie de la puissance de leur père; mais ils tâchent d'imiter sa conduite à l'égard des étrangers. Néanmoins tous nos gens ont peur des Manyémas, qui passent pour être cannibales. Un enfant de notre bande s'est introduit dans une hutte, où il est resté coi pour manger une banane; sa mère, ne le trouvant pas, en a conclu aussitôt que les indigènes l'avaient pris pour le dévorer; et s'est mis à courir dans le camp en poussant des cris affreux : « Oh! les Manyémas ont pris mon enfant pour le faire cuire! Oh! mon enfant mangé! oh! oh! oh! oh! »

---

1. N'y a-t-il jamais eu de villages détruits près d'une église?
(*Note du traducteur.*)

28 septembre. — Bogharib a envoyé une jeune Imebozhoua pour être échangée contre une dent d'éléphant; mais, ainsi qu'on nous l'avait dit dans le Lonnda, les Manyémas n'achètent pas d'esclaves; pour les travaux serviles, généralement ils se contentent des voleurs et autres criminels.

Le ciel est maintenant couvert de nuages et tout prêt à donner de la pluie quand le soleil passera au-dessus de nos têtes. On l'attend avec impatience; les jardins ont grand besoin d'eau. Pour les indigènes, un soko vivant est un charme qui fait pleuvoir; on s'en est donc procuré un; et le captureur a eu deux doigts et deux orteils rognés. Le soko ou gorille[1] cherche toujours à mordre les extrémités de celui qui l'attaque; on l'a vu terrasser un jeune homme et lui enlever la dernière phalange des doigts et des orteils. J'ai rencontré un nid de soko, pauvre bâtisse : pas plus d'habileté architecturale que dans celui de nos pigeons.

29 septembre. — Visité une source chaude, située à une heure au couchant du bivac; la fontaine se fait jour en cinq endroits; sa température est de plus de soixante-cinq degrés et demi; elle est un peu saline et fume constamment; on l'appelle Kasougoué Colammbou. Les tremblements de terre sont bien connus dans le pays; d'après les indigènes, les oscillations se produiraient du levant au couchant; elles mettent les pots en branle sur les étagères et font caqueter les poules.

2 octobre. — Un rhinocéros a été tué, et une bande envoyée au bord du Louamo pour y acheter de l'ivoire.

5 octobre. — On a tué un éléphant; toute la population est accourue pour avoir de la viande, qu'on a d'abord distribuée gratis; mais quand on a vu l'avidité avec laquelle les indigènes la recherchaient, on a demandé six ou huit chèvres pour une autre bête qui a été tuée, et on les a obtenues.

9 octobre. — Dans tout le Manyéma, la circoncision est d'une

---

1. Le *soko* paraît être un chimpanzé et non pas un gorille. Chouma et Souzi n'ont pas reconnu ce singe dans le gorille qu'ils ont vu au *British Museum*, et Cameron, dans la dépêche où il annonce la découverte de l'émissaire du Tanganika, dit avoir vu deux sokos, qu'il appelle chimpanzés. Enfin la description qu'on verra dans l'un des chapitres suivants se rapporte beaucoup plus au troglodyte qu'au gorille. (*Note du traducteur.*)

pratique générale; elle a lieu dans le premier âge. Quand il s'agit du fils d'un chef, l'opération est essayée d'abord sur un esclave. Certaines époques de l'année passent pour être plus favorables, par exemple pendant la sécheresse. Au bon moment, ils se rendent dans la forêt, battent du tambour; et comme partout ailleurs, c'est l'occasion d'une fête. Contrairement à l'usage africain, ils parlent sans honte de la cérémonie et de tout ce qui la concerne, même devant les femmes.

14 *octobre*. — Un éléphant de la petite espèce a été tué par nos chasseurs : cinq pieds huit pouces seulement au garot, (un mètre cinquante-cinq). L'empreinte du pied avait une circonférence de trois pieds neuf pouces; doublée, elle donnait sept pieds six pouces; ce qui est une déviation à la règle générale : deux fois le tour de l'empreinte donnent la hauteur de la bête. Le cœur avait un pied et demi de long; les défenses, six pieds huit pouces (deux mètres trois centimètres).

15 *octobre*. — Moins de fièvre, et reconnaissant. Temps pluvieux et très-froid.

Deux beaux jeunes gens sont venus me voir aujourd'hui. Après différentes questions relatives à mon pays, à l'endroit où il se trouve, etc., ils m'ont demandé si l'on mourait chez nous et où allaient nos défunts; puis; « Quel est celui qui les tue? — N'avez-vous pas de *bouannga*, c'est-à-dire de charme, contre la mort? » On n'a à répondre à de pareilles questions que dans les pays qui n'ont eu la visite d'aucun étranger. Ces deux jeunes gens avaient les organes de l'intelligence largement développés. Je leur ai dit que nous adressions nos prières au Mouloungou, Père de tous les hommes, et qu'il nous écoutait tous ; ils ont trouvé que c'était naturel.

13 *octobre*. — Notre Hassani est revenu de chez Moïné Kirammbo; au moment de partir, l'un des agents de Dagâmmbé qui porte également le nom d'Hassani, a pris dix chèvres et fait dix esclaves, bien que dans le village on l'eût accueilli avec bonté ; c'est la tactique des gens du Sahouahil. Pour se venger, les indigènes lui ont tué quatre hommes.

Tout un régiment de fourmis noires, qui habitait ma case, a été mis en déroute par un détachement de ces fourmis rougeâtres que dans l'Ouest on appelle *drivers*, et que les indi-

Récolte des fourmis blanches.

gènes nomment *sirafous*. Les attaquées, fourmis guerrières [1], tchoungous des gens du pays, ont pris la fuite, en emportant leurs œufs et leurs jeunes, qu'elles déposaient à quelques pas, afin de revenir chercher les autres.

Une douzaine de sirafous se jetaient sur une guerrière et l'exterminaient. Les tchoungous sont allées se fixer dans un autre endroit.

Quand un essaim d'émigrants ailés sort de la demeure des termites, un grand baldaquin est dressé comme un parapluie au-dessus de la fourmilière. Aussitôt que, dans leur vol, les fourmis se heurtent contre cette toiture, elles tombent — c'est une averse — et leurs ailes se détachent. Étourdies et gisantes, les bestioles sont balayées et recueillies dans des corbeilles pour servir de comestibles; frites dans la poêle, elles constituent un mets fort agréable.

24-25 octobre. — Fait des anneaux de cuivre, cet article ayant beaucoup de valeur chez les Manyémas.

Le temmbé de Mohammed s'est écroulé; il avait été com-

---

1. *Soldier ants*, fourmis soldats, qui font une guerre déclarée aux termites, dont elles attaquent les forteresses et prennent les œufs; elles reviennent en outre chargées de morceaux friands enlevés aux corps des vaincus. Voy. *Explorations du Zambèse*, p. 177. (*Note du traducteur.*)

2. « Jamais, dit ailleurs Livingstone en parlant des *drivers*, jamais l'humeur batailleuse n'a été portée plus loin ni chez l'homme ni chez la bête; approcher d'elles, même par hasard, est un *casus belli;* quelques-unes sortent des rangs, se dressent, les mandibules ouvertes, se jettent sur vous, les mâchoires tendues, vous saisissent la peau et tournent sur elles-mêmes en emportant la pièce; leur morsure est tellement douloureuse que l'homme le plus brave est obligé de s'enfuir. » (*Explorations du Zambèse*, p. 178.) Le nom de *driver* que leur donnent les Anglais sur la côte occidentale, et sous lequel Livingstone les désigne, nom qui signifie *pousser, chasser devant soi*, leur a été donné parce que toute créature fuit devant elles. « L'éléphant, le gorille, les indigènes, dit Du Chaillu, tout se sauve devant cette poursuite redoutable, car il y va de la vie; en un rien de temps, souris, chien, léopard ou gazelle est dévoré, sans qu'il reste autre chose que la carcasse toute nue.... Elles balayent tout sur leur passage et montent jusqu'à la cime des plus grands arbres pour y atteindre leur proie.... Rien ne les arrête; un ruisseau est-il sur leur chemin, l'avant-garde se roule en une espèce de tunnel vivant, qui s'accroche par chaque bout à un arbre ou à un buisson. Le travail est vite fait : chacune des fourmis attache ses pattes de devant au corps ou aux pattes de sa voisine.... Elles forment ainsi un pont tubulaire, élevé et solide, à travers lequel passe avec ordre le bataillon tout entier.... Elles ont un demi-pouce de long, la tête plus grosse que le corps, pour mâchoires des tenailles aiguës, les pattes antérieures très-fortes, l'odorat très-fin; et marchent en nombre incalculable : j'ai vu passer une colonne qui allait assez vite et qui a mis douze heures à défiler ! » (Voy. Du Chaillu, *Voyages dans l'Afrique équatoriale*, Michel Lévy, Paris, 1863, Fourmis bashikouaïs, p. 351.   (*Note du traducteur.*)

mencé le 26 de la lune, jour néfaste ; à pareille date, cinquante esclaves lui avaient été enlevés dans l'Obéna par l'arrivée subite d'une rivière dont le lit était à sec, et où il était campé. Ces Arabes sont grands observateurs des jours heureux et malheureux.

CHAPITRE II.

Le docteur se prépare à explorer le Loualaba. — Beauté du Manyéma. — Irritation produite par les agissements des Arabes. — Ravages commis par Dagâmmbé. — Arrivée d'une horde de traitants. — Fièvre grave. — Piége à éléphant. — Maladies. — Un bon Samaritain. — Mamohéla. — Épuisement. — Effets bienfaisants du nyommbo. — Longue maladie. — Un éléphant ayant trois défenses. — Tous les gens de Livingstone désertent, excepté Souzi, Chouma et Gardner. — Départ avec ces trois fidèles pour le Loualaba. — Meurtre d'un Arabe. — Déception. — Retour à Mamohéla. — Longues et terribles souffrances. Cannibalisme douteux. — Livingstone entend parler de quatre sources de rivières très-rapprochées les unes des autres. — Résumé des découvertes. — Explorateurs contemporains. — Le soko. — Ses habitudes. — Le docteur se sent défaillir.

1er novembre 1869. — M'étant bien reposé, je résolus de me rendre au Loualaba et d'acheter un canot pour explorer la rivière. Notre marche fut à l'ouest d'abord, puis au sud-ouest, dans un pays d'une beauté qui surpasse tout ce qu'on peut dire : des montagnes et des villages accrochés aux pentes de toutes les grandes masses, villages situés de la sorte pour que l'eau n'y séjourne pas. Les rues sont fréquemment orientées de l'est à l'ouest, afin que le soleil puisse les sécher promptement; elles sont généralement alignées, et ont à chaque bout une maison destinée aux réunions publiques et bâtie en face du milieu de la chaussée. Les toitures sont basses, mais très-bonnes : couvertes avec des feuilles qui ressemblent à celles du bananier, seulement plus résistantes, et qui, d'après le fruit de l'arbre qui les donne, paraissent provenir d'une espèce d'euphorbe. Une entaille de deux à trois pouces est faite au pétiole dans le sens de la longueur; par ce moyen, la feuille est agrafée au chevron, qui, lui-même, est souvent fait de la tige d'une fronde de palmier, fendue de manière à être assez mince. L'eau coule rapidement sur cette toiture; et la muraille, qui est en pisé, est parfaitement protégée contre la pluie.

Dans les maisons, il y a propreté et comfort; avant l'arrivée des Arabes, les tiquets y étaient inconnus. Ainsi que je l'ai précédemment noté, on peut savoir par l'absence ou la présence de cette dégoûtante vermine si un pays a eu la visite des traitants.

Le tiquet humain, qui, sur la côte, infeste toutes les habitations des Arabes et des Vouasahouahili, n'existe pas chez les Manyémas.

Où prédominent les pluies du sud-est, le derrière de la maison est tourné de ce côté, et la toiture se prolonge assez là pour que la pluie n'atteigne pas la muraille. Ces demeures en terre battue restent debout pendant fort longtemps; il arrive souvent que des hommes reviennent au village qu'ils ont quitté dans leur enfance, et réparent le mur qui s'est endommagé. En général, le sol est argileux et fournit des matériaux convenables pour ce genre de bâtisse.

On trouve dans chaque maison de vingt-cinq à trente pots de terre, suspendus à la voûte au moyen d'échelettes en corde d'une fabrication très-soignée; il s'y ajoute souvent un nombre égal de paniers, suspendus de la même manière, et beaucoup de bois de chauffage.

4 *novembre.* — Traversé le Louila cinq fois pendant la marche : vingt yards de large, et dans une forêt où l'eau ruisselait de toutes les feuilles.

Les hommes de chaque village refusaient de nous accompagner jusqu'à la bourgade suivante. « Ils étaient en guerre, disaient-ils, et avaient peur d'être mangés. » Souvent ils venaient avec nous dans la forêt; mais dès qu'ils approchaient des clairières cultivées par l'ennemi, ils nous quittaient poliment et nous invitaient à revenir sur nos pas, disant qu'ils nous vendraient les vivres dont nous aurions besoin.

Tout le pays des Manyémas est admirable. Des palmiers couronnent les plus hauts sommets, où leurs frondes aux courbes gracieuses, agitées par le vent, ondulent avec une beauté souveraine. Les grands bois, ordinairement de cinq ou six milles de large, qui séparent les groupes de villages sont d'une richesse indescriptible. Des lianes sans nombre, de la grosseur d'un câble, suspendent leur réseau à des arbres gigantesques; partout des fruits inconnus, quelques-uns de la grosseur d'une tête d'enfant; partout des oiseaux étranges et des singes.

Le sol est d'une extrême fécondité; et les habitants, bien que divisés par d'anciennes querelles qui ne s'apaisent jamais, cultivent largement la terre. Ils ont obtenu, par sélection, une variété de maïs dont l'épi a un pédoncule recourbé comme une faucille. Pendant la formation du grain, l'arc de la tige est tourné de manière que l'enveloppe retombe sur l'épi et le recouvre. De grandes haies, de quelques dix-huit pieds de hauteur, sont faites à travers ces champs, en y plantant des perches qui reprennent racine, émettent des rejets comme celles de Robinson Crusoé, et jamais ne dépérissent. On tend des sarments de liane d'une perche à l'autre; et, après la cueillette, les épis de maïs s'accrochent à ces cordons par leur tigelle arquée. Ce grenier vertical forme autour du village un véritable mur; et les habitants, qui ne sont pas avares, y prennent largement pour donner aux étrangers.

Les femmes sont très-nues. Elles viennent, sous l'averse, nous apporter des provisions et mettent beaucoup d'ardeur à les échanger contre des perles.. La banane, la cassave et le maïs constituent le fond de la nourriture des indigènes.

Les premières pluies ont commencé; pour les fourmis blanches, c'est le moment d'essaimer et de fonder de nouvelles colonies.

6, 7 et 8 novembre. — Traversé depuis trois jours beaucoup de grands villages où nous avons été diversement accueillis. Un chef m'a offert un perroquet; sur mon refus de l'accepter, il en a fait présent à un de mes hommes. En quelques endroits, on nous a ordonné de partir; mais, avec de bonnes paroles, nous avons obtenu de rester et de passer la nuit.

Ces gens-là n'ont aucune réserve; pendant que je repose, ils ouvrent la porte de ma hutte avec un bâton et se plantent devant moi comme devant une bête curieuse. Je ne demande pas mieux que de satisfaire l'envie qu'ils ont de me voir; mais devenir la proie des regards insatiables de la laideur aussi bien que de la beauté, est chose fatigante. Je supporte les femmes; mais les vilains mâles sont peu intéressants; et être suivi par la foule, quand je suis dehors, est tout ce que je peux supporter.

Ils ont entendu parler des actes d'Hassani et suspectent nos intentions : « Si vous avez de la nourriture chez vous, disent-ils, pourquoi venir de si loin dépenser vos perles pour en acheter ici. » Les gens de Mohammed leur répondent : « Nous avons besoin d'ivoire »; mais ne connaissant pas la valeur de cette matière, ils supposent que ce n'est qu'un prétexte pour venir les piller.

Aujourd'hui, de nombreuses libations de vin de palme les empêchaient de pousser leur raisonnement plus loin; ils semblaient incliner au combat; toutefois, après des flots de paroles, nous sommes partis sans collision.

9 *novembre*. — Gagné des villages où tout le monde a été poli; mais arrivés plus tard où les palmiers et le toddy abondaient, nous avons trouvé des gens abrutis et, par suite, mauvais accueil.

Toutes les montagnes environnantes sont hautes et couvertes d'arbres.

Vu un homme qui avait deux gros orteils au même pied; en pareil cas, le surnuméraire est ordinairement petit.

11 *novembre*. — On nous avait dit que les Manyémas étaient avides d'esclaves; ils ne recherchent que les femmes, et pour les épouser; quant aux hommes, ils leur préfèrent des chèvres. Bogharib avait acheté des esclaves dans le Lonnda pour les échanger contre de l'ivoire; mais, informations prises à cet égard, ici et ailleurs, il lui a été démontré que les Manyémas laisseraient plutôt pourrir leur ivoire que de le troquer pour des hommes, qui généralement (tout au moins les captifs du Lonnda) sont des criminels. J'ai conseillé à mon ami de renoncer à acheter des esclaves qui « mangent leurs propres têtes » et de faire des achats de cuivre; il a reconnu plus tard que j'avais raison.

15 *novembre*. — Le pays regorge de villages. Hassani, l'agent de Dagâmmbé, a fort mal agi envers cette population, qui me regarde comme appartenant à la même tribu; cela m'occasionne beaucoup d'embarras. Ce misérable a poussé le chef à contracter des dettes, et lui a ensuite volé dix hommes

et dix chèvres pour se payer de la créance. Les Hollandais faisaient de même dans le midi de l'Afrique.

17 *novembre*. — Des pluies copieuses nous ont arrêtés chez Mouana Balannghé, dont le village est au bord du Louamo.

Moïrikarammbo est mort dernièrement ; son lieutenant a pris sept chèvres aux gens qui sont de l'autre côté de la rivière, afin d'amener leurs chefs à se réunir et à nous attaquer à propos de l'affaire d'Hassani.

20-25 *novembre*. — Ici le Louamo est une rivière profonde, d'une largeur de deux cents yards. Nous ne sommes plus qu'à dix milles de l'endroit où il débouche dans le Loualaba ; mais tout le district a été pillé par les gens de Dagâmmbé, qui ont même tué plusieurs personnes ; et tous les chefs ont été priés de nous refuser le passage. Les femmes surtout sont exaspérées ; elles ne veulent pas faire de différence entre nous et les autres. Comme je demandais à l'une d'entre elles, au milieu de ses vociférations, de voir si j'étais de la même couleur que Dagâmmbé, elle me répondit avec un petit rire amer : « Alors, c'est votre fils. »

Il est inutile d'essayer d'acheter un canot ; tous ces gens-là sont nos ennemis. Nous sommes maintenant dans la saison pluvieuse ; et il ne faut marcher qu'avec beaucoup de prudence. Ceux des indigènes qui nous en veulent le plus, n'ayant pas réussi à nous faire déclarer la guerre, ont formé un corps nombreux d'hommes armés de grandes lances et de boucliers de bois, et nous ont suivis jusqu'aux limites de leurs cantons. Mais cela n'arrive que dans les endroits où les agents des Arabes ont trompé leur confiance ; ailleurs, ils sont tous bienveillants. Comme nous étions au bord du Louamo, un de nos hommes fut envoyé de l'autre côté de la rivière pour acheter des vivres ; au moment de gagner le village, il fut pris de panique et ne revint pas ; tout notre monde prétendait qu'il avait été tué, lorsqu'il fut ramené par des gens que nous n'avions jamais vus ; et qui, l'ayant trouvé dans le bois mourant de faim, l'avaient rassasié et nous le rendaient sain et sauf.

Les dispositions hostiles nous ont fait revenir à Bambarré, où nous sommes depuis hier, 19 décembre. Je suis heureux toutefois qu'il n'y ait pas eu de conflit.

20 décembre 1869. — Pendant mon absence, une horde de Vouajiji s'est abattue sur Bambarré, avide de se procurer de l'ivoire au bon marché fabuleux dont la nouvelle s'est répandue au loin[1]. Ces gens comptaient cinq cents fusils et invitèrent Bogharib à se joindre à eux; mais celui-ci préféra attendre que je fusse revenu de l'ouest. Il est maintenant décidé que nous irons au nord: lui, pour acheter de l'ivoire; moi, pour atteindre le Loualaba et faire acquisition d'un canot.

Où la forêt vierge a été défrichée, une herbe gigantesque usurpe l'éclaircie. Aucune essence forestière ne résiste à l'incendie annuel des herbes mortes, excepté un bauhinia, et par hasard quelque gros arbre qui produit de nouveaux rejets et refait du bois à la place brûlée[2].

Les perroquets établissent leurs couvées dans ces grandes cimes; pour les dénicher, les hommes se font des échelles de cent cinquante pieds de hauteur avec des lianes appelées binayobas, qu'ils nouent autour de l'arbre de quatre pieds en quatre pieds. Près de l'embouchure du Louamo, les habitants, pour échapper aux flèches de leurs ennemis, se construisent des huttes sur des arbres du même genre que ceux où nichent les perroquets.

21 décembre. — L'herbe épaisse et résistante des clairières sèche jusqu'à la racine, et le feu ne lui fait aucun mal.

Si quelques-uns des vieux géants de la forêt bravent l'incendie, il n'en est pas de même des plantes grimpantes: aucune d'elles ne résiste; mais disparues du fourré, ces plantes n'en restent pas moins dans le pays; elles sont apportées des bois et placées le long des champs, où leurs brins, tendus comme des fils métalliques, protègent les cultures contre les animaux sauvages. Les poteaux qui soutiennent ces fils li-

---

1. « La fièvre qui pousse là-bas les traitants, dit Stanley, est la même qui entraîne en Californie, au Cap et autres lieux, les chercheurs de diamants et de pépites. » La livre d'ivoire se payait alors dans l'Ounyanyembé cinq francs cinquante centimes; à Zanzibar, de sept francs à huit francs soixante; dans le Manyéma, on avait le premier choix pour six ou sept centimes. Voy. Stanley, *Comment j'ai retrouvé Livingstone*, Paris, Hachette, 1874, p. 362.
(*Note du traducteur.*)

2. Voy. pour l'influence que l'incendie des herbes mortes a sur la végétation, partant sur le régime des eaux et sur le climat, Schweinfurth, *Au Cœur de l'Afrique.* Paris, Hachette, 1875, vol. I, p. 323. (*Note du traducteur.*)

gneux prennent souvent racine, de même que ceux des échelettes du maïs.

22, 23 et 24 décembre. — Mohammed-Bogharib m'a donné une chèvre pour le repas de Noël.

J'ai fait faire, par des forgerons indigènes, des bracelets de mon cuivre; ces bracelets ont ici une grande valeur; ils ont mis les bracelets de fer tout à fait hors de mode.

25 décembre. — Nous partirons demain; il faut que je tâche de finir mon exploration avant le retour de Noël; j'y mettrai tout mon pouvoir.

26 décembre. — Une fièvre très-forte m'a fait garder le lit toute la journée d'hier. Nous n'en sommes pas moins en route; car ainsi que je l'ai observé, la marche est le meilleur remède pour la fièvre; les médicaments toutefois seraient nécessaires, et je n'en ai pas.

Nous avons traversé le col du mont Kaïnaïma, qui est au nord-ouest de Moïnékouss, cheminé dans une forêt très-glissante, et campé au bord d'une rivulette nommée Louloua.

28 décembre. — Partis pour nous rendre au village de Monanngoï, situé près du Louano qui, en cet endroit, est profond et a plus de cent cinquante yards de large.

Un indigène a passé près de nous, portant une feuille dans laquelle était enveloppé un doigt; c'était le doigt d'un homme tué par vengeance; et il devait servir de talisman. Les Arabes ont vu dans ce fait une preuve de cannibalisme; j'hésite néanmoins à croire les Manyémas anthropophages.

29, 30 et 31 décembre. — Pluies abondantes. En amont de l'endroit où nous sommes, le Louamo porte le nom de Louassé; pour le franchir, il nous a fallu des canots.

1ᵉʳ janvier 1870. — Veuille le Tout-Puissant m'aider à finir la tâche que j'ai entreprise, et permettre que je revienne par l'Ousanngo avant que cette année s'achève. Grâces lui soient rendues pour toutes les preuves de bonté et d'amour que j'ai reçues de lui l'année dernière.

Marché directement au nord, ayant à notre droite le Louassé, qui arrose un pays doucement ondulé et tapissé de verdure; à notre gauche, s'élevaient les montagnes arrondies du territoire de Mbonngo.

Nous avons passé un jour au village de celui-ci, où nous a retenus l'honnêteté des habitants.

3 janvier. — Trouvé, à la lisière d'une grande forêt, des gens dans un état de vive surexcitation, et qui toutefois n'étaient pas mal élevés. Ils ont couru près de nous, le long du sentier, jetant de hautes clameurs et se faisant mutuellement sur notre compte des remarques énergiques, mais non pas malveillantes.

Dans un village où nous avons demandé notre chemin se trouvait un couple nouvellement uni. Ils se tenaient enlacés très-tendrement, et personne ne songeait à les plaisanter.

Cinq heures de marche dans la forêt; franchi trois rivulettes et beaucoup d'eau stagnante, que le peu de soleil qui traverse la feuillée ne parvient pas à tarir.

Croisé plusieurs piéges à éléphant, construits de la sorte : une pièce de bois, d'une essence très-pesante et d'une vingtaine de pieds de longueur, est perforée à l'une de ses extrémités et suspendue à une branche, au moyen d'une liane passée dans le trou; à l'extrémité inférieure, une mortaise pratiquée sur le côté reçoit une lance en bois de quatre pieds de long et de deux pieds de large, sur un et demi d'épaisseur. Par terre est placé un trébuchet auquel s'attache le câble qui retient la poutre; lorsque l'éléphant touche ce trébuchet du pied, le câble se détache, la pièce de bois lui tombe sur le corps, et, par sa pesanteur, fait pénétrer la lance qui tue l'animal. J'ai vu une de ces lances, tombée accidentellement : elle était entrée dans le sol argileux et ferme à deux pieds de profondeur.

4 janvier. — Les villageois chez lesquels nous avons passé étaient polis, mais comme des enfants bruyants et curieux, tous parlant et regardant. Quand il se voit entouré de trois ou quatre cents individus dont il est le point de mire, celui qui n'est pas habitué aux manières des sauvages s'imagine qu'une attaque est imminente; mais, pauvres gens! ils n'y pensent jamais les premiers : c'est nous qui commençons.

Presque tous les hommes de Bogharib ont une peur effroyable d'être tués et mangés; l'un d'eux, en quête d'ivoire, parut s'être égaré : on l'avait vu se jeter dans un bois où il n'y avait pas de chemin, et l'on se mit à sa recherche. Au bout de quelques jours, ne l'ayant pas retrouvé, on abandonna la poursuite : le malheureux avait été victime du cannibalisme des Manyémas; cela ne faisait aucun doute. La semaine écoulée, notre perdu fut ramené par un chef, qui l'avait trouvé errant, et qui non-seulement ne l'avait pas tué, mais l'avait hébergé, nourri et reconduit à son monde.

Ici les femmes se coiffent de manière à former derrière la tête une espèce de panier; elles font d'abord de leur chevelure une très-longue torsade; puis elles l'enroulent sur quelque chose jusqu'à ce que le chignon, qui se projette en arrière, ait une longueur de huit à dix pouces [1].

5, 6 et 7 janvier. — Être mouillé continuellement par les averses et par les grandes herbes qui dominent le sentier, et boire de l'eau vaseuse, ont amené chez moi des symptômes cholériformes; Bogharib m'a donné de l'opium qui n'a produit aucun effet; lui aussi est malade, il a des rhumatismes. Soupçonnant que le mal pouvait être causé par la mauvaise qualité de l'eau, j'ai fait bouillir toute celle que nous employons et le moyen a été efficace; mais je suis singulièrement décharné; ce qui m'est commun, du reste, avec beaucoup de gens de notre bande.

Nous avons marché droit au nord, traversant une solitude, puis de nombreux villages et des ruisseaux permanents. On laisse souvent la végétation encombrer les sentiers; le lit des cours d'eau, seul endroit où la passe soit libre, est alors adopté comme chemin, ce qui a l'avantage d'empêcher l'ennemi de suivre vos pas. En fait, on cherche toujours à rendre difficile l'accès des habitations, qu'on s'efforce de dissimuler autant que possible; non-seulement les palissades qui entourent les villages deviennent d'énormes haies vives; mais leur muraille

---

[1]. *The hair is first rolled into a very long coil, then wound round something till it is about 8 or 10 inches long....* Nous ne sommes pas très-convaincue de l'exactitude de la description; il faudrait que la torsade fût excessivement longue pour former un pareil chignon, et l'effet produit ne serait pas celui que représente le dessin du docteur. Dans tous les cas, la longueur exceptionnelle de la chevelure, longueur très-remarquable chez un peuple nègre, ne fait pas de doute; et l'on sera frappé de ce trait de ressemblance avec les Mombouttous, qui forment également de leurs cheveux un chignon monté sur une carcasse et projeté en arrière. Voy. Schweinfurth, *Au Cœur de l'Afrique*, Paris, Hachette, 1875, vol. II, p. 92. Ce n'est pas d'ailleurs le seul trait de ressemblance que présentent les deux peuples. (*Note du traducteur.*)

est recouverte d'un rideau touffu d'une espèce de calebasse à larges feuilles, de telle sorte que l'enceinte n'apparaisse pas du dehors.

11 *janvier*. — Les habitants sont honnêtes; mais n'ayant jamais vu d'étrangers, notre passage les jette dans un état d'excitation des plus bruyants. Ils viennent de loin avec leurs grands boucliers de bois, pour nous voir[1]; beaucoup d'entre eux sont de haute stature et ont de beaux traits; quant aux femmes, elles sont plus laides qu'à Bambarré.

12 *janvier*. — Passé le Lolinedé, qui va s'unir au Louamo à une grande distance en aval : trente-cinq yards de large, un pied et demi de profondeur; eau d'une teinte foncée.

13 *janvier*. — Traversé la chaîne de collines de Tchimounémouné; vu beaucoup d'albinos, de lépreux et surtout de syphilitiques.

C'est une chose trop pénible que de voyager pendant les pluies.

14 *janvier*. — Le dattier sauvage, *mouabé* des indigènes, s'est emparé d'une grande vallée; en tombant, les pétioles de ses frondes, pétioles de la grosseur du bras et de vingt pieds de longueur, ont fermé tout passage, excepté à un endroit où les éléphants et les buffles se sont ouverts un chemin. Dans ces pistes, chaque pas d'éléphant a creusé des fosses où l'on entre jusqu'au-dessus du genou, ce qui est exténuant; trois heures de ce bourbier ont fatigué les plus robustes.

Un courant d'eau brune passe au milieu; il vous monte jusqu'à la ceinture et enlève un peu de la fange tenace qui vous guêtre jusqu'à la cuisse.

Nous avons ensuite traversé une rivière couverte de tika-tika, pont végétal et vivant, composé d'une herbe à feuille lustrée qui se feutre d'elle-même et forme un tapis assez solide pour supporter le poids d'un homme; mais, à chaque pas, vous enfoncez de douze à quinze pouces. Une canne de six pieds de longueur, passée dans différents trous de ce radeau n'a pas rencontré le fond. Le lotus ou lis sacré, que

---

1. Nous ferons observer que les Mombouttous ont également des boucliers en bois, plus remarquables par la manière dont ils sont taillés que par leur efficacité comme armes défensives. Voy. Schweinfurth, *Au cœur de l'Afrique*, vol. II, p. 101. (*Note du traducteur.*)

vous trouvez dans toutes les eaux basses du pays, étend par endroits ses larges feuilles sur le pont, et tout d'abord vous pourriez croire qu'il en est le constructeur; mais l'herbe citée plus haut est le véritable agent de cette formation; ici on l'appelle *kinetéfouétéfoué;* les gens du lac Victoria la nomment *tikatika.*

15 janvier. — Nouvelle cholérine, dont les accidents ont continué tant que j'ai fait usage d'eau qui n'avait pas bouilli.

20 et 21 janvier. — La faiblesse et la maladie augmentent; nous sommes trop souvent mouillés.

Tous les gens de notre bande souffrent plus ou moins, et disent qu'ils ne reviendront jamais ici.

Le Manyanngo, simple rivulette, a une eau douce et limpide; mais tout le pays est encombré d'une végétation luxuriante.

27, 29 et 30 janvier. — Resté au camp: trop malade pour marcher. Le pays n'est que jungles, herbe impénétrable, qui ne permettent pas de le décrire; il n'y a que l'éléphant qui puisse traverser de pareils fourrés, dont il fait son quartier général. Des roseaux vous entravent: les tiges d'herbe ont jusqu'à un pouce et demi de diamètre, et les feuilles de ces tiges vous écorchent le visage. On ne voit rien dans ces grandes herbes; mais les collines sont toujours charmantes; et lorsqu'on arrive au flanc d'une vallée, ou bien à un ruisseau, dont on suit le cours, on a une jolie vue.

Nous avons gagné un village entouré de maïs, d'arachides, de bananiers et de manioc: «Allez au village voisin, vous serez mieux»; nous ont dit les habitants; ce qui veut dire: nous ne voulons pas de vous ici. Le gros de la caravane m'avait dépassé d'environ trois milles. Mais je me sentais si faible que je m'arrêtai au premier hameau, et demandai une case où je pusse me reposer. Une femme dont les mains étaient lépreuses me donna la sienne; la case était propre et jolie. D'elle-même, la pauvre créature me prépara une sorte de poudding avec du maïs vert, — chose très-bonne. Et voyant que je n'y touchais pas (crainte de la lèpre), elle insistait avec bonté: « Mangez, disait-elle, c'est la faim qui vous rend faible; mangez, cela vous donnera des forces. » Je mis le poudding de côté sans qu'elle le vit, et bénis son cœur maternel.

. Depuis déjà quelque temps, j'en suis venu à conclure que, dans mon état de faiblesse, je ne dois pas me risquer à aller plus loin par ce temps de pluie ; il pourrait en résulter quelque chose de grave, comme au bord du Liemmba.

La horde de Vouajiji, qui a passé à Bammbarré, est venue dans ces parages, et il est impossible d'obtenir des indigènes qu'ils nous disent où est le Loualaba.

2 *février*. — Hier, en allant au nord, nous avons rencontré quelques membres de la susdite horde : des gens de Katommba ou Moïné Mokaya ; ils m'ont dit que leur chef était en quête d'un avis relativement à la traversée du Loualaba, et à ce qu'il devait faire ensuite.

Katommba suppose que cette rivière est à sept jours de l'endroit où il se trouve, endroit qui paraît être à cinq jours d'ici ; d'où le Loualaba serait à douze jours de marche. La direction au nord-ouest, et l'infériorité de son niveau m'intriguent ; il est possible que ce soit le Bahr-el-Ghazal de Pétherick [1].

Pas moyen de relever la latitude.

Mes forces reviennent et je repense à acheter un canot pour mon exploration. Quant à présent, nous gravissons les collines hardies de Bininanngo et nous tournons au sud-ouest pour rejoindre Katommba, afin de nous renseigner ; le pays lui est mieux connu qu'à tout autre, et ses gens sont maintenant, de tous côtés, à la recherche de l'ivoire, ce qui m'arrange : je n'aimerais pas leur compagnie.

3 *février*. — Pris par une averse, et n'en pouvant plus, je m'assis sous mon parapluie, tâchant d'abriter au moins le haut du corps. Pendant que j'étais là, sous ce déluge, une petite rainette d'un demi pouce de long sauta sur la feuille d'une herbe, et se mit à chanter d'une voix mélodieuse, non moins sonore que celle de beaucoup d'oiseaux. Il était surpre-

---

1. On sait maintenant que cette possibilité n'existe pas. Le Bahr-el-Ghazal est formé du Diour et du Bahr-el-Arab ou Bahr el-Homr ; or celui-ci paraît avoir sa source dans les montagnes du Rounda, au sud de l'Ouadaï, et le Diour naît au mont Baghinzé, où Schweinfurth l'a vu sourdre entre le 4ᵉ et le 5ᵉ degré de latitude nord. Le Loualaba ne pourrait donc rejoindre le Nil que par le lac Albert, la ligne de faîte qui sépare le bassin du Ghazal de celui de l'Ouellé se trouvant au-dessous du 5ᵉ parallèle nord. Voy. Schweinfurth, *Au Cœur de l'Afrique*, vol I, p. 452.   (*Note du traducteur.*)

nant d'entendre une si grande musique d'un si petit musicien.

Je bus un peu d'eau de pluie qui, dans les sentiers, vous arrive au mollet; puis je traversai un bourbier de cent yards en suivant le canal du milieu, plein de trous d'éléphant, et où j'étais dans l'eau jusqu'à la ceinture. Souvent l'herbe des deux rives se rejoignait, toute ruisselante, et me mouillait la tête. Au village, j'ai tordu mes habits; pendant la nuit, avec du feu, ils ont presque séché. Je me suis frotté les jambes avec de l'huile d'élaïs; et le matin, j'ai fait un délicieux déjeuner d'un porridge, arrosé de petit lait de chèvre.

5 *février*. — La trempade de l'autre jour m'a cruellement éprouvé; et elle s'est renouvelée le lendemain. Nous avions traversé beaucoup de villages, puis les petites rivières de Moulounkoula. Très-fatigué, je m'étendis sur un quartier de roche, à l'ombre d'un dattier sauvage, et dormis pendant sept heures, sous une pluie battante. J'avais encore sept jours de marche pour atteindre Mamohéla, où Katommba est établi, et j'étais exténué.

9 *février*. — Au camp du chef de la horde qui est à la recherche de l'ivoire; j'y prends mes quartiers d'hiver. Katommba, ainsi qu'on appelle Moïné Mokaya, est seul; ses associés vouajiji sont tous en voyage; et, sans crainte des autres marchands d'esclaves, qui détestent ma présence, il est pour moi toute bonté. Le repos, un gîte, la précaution de ne boire que de l'eau qui a bouilli, et par-dessus tout le nyommbo, très-renommé dans ces parages comme aliment réparateur, m'ont déjà remis sur pied. Katommba m'a largement approvisionné de ce légume, qui, sans un léger goût médicinal, dont on le débarrasse d'ailleurs en le faisant bouillir à deux reprises différentes, vaudrait les pommes de terre anglaises.

11 *février*. — Avant tout, il fut résolu d'aller au Loualaba, vers le nord-ouest, pour acheter de la farine de sorgho, qui, dans l'opinion des Arabes, est presque aussi bonne que celle de froment, ou, comme ils disent, est *réchauffante*, tandis que celle de maïs refroidit.

13 *février*. — J'étais trop malade pour me replonger dans la vase jusqu'à la ceinture; j'ai donc laissé partir Bogharib

(lui-même souffre beaucoup). L'abri et le nyoumbo continuent à me faire du bien.

22 *février*. — Des cataractes, situées entre l'Ouvira et le lac de Baker, ont été vues par des Vouanyamouézi. Ceci me confirme dans la pensée que le niveau du Loualaba est inférieur à celui du Tanganika.

Beñ-Habib s'était mis en marche pour faire la guerre aux Batousi ; mais il leur a trouvé des forces trop considérables, et il est revenu.

1ᵉʳ *mars*. — Visité aujourd'hui les Arabes, mes amis, pour la première fois. Leur camp est dans le pays de Kassessa, entre deux forts ruisseaux ; le mont Bommbola est à deux milles, vers le nord ; et au nord-est, à la même distance, est le mont Bolounkéla. L'herbe, l'eau et le bois, tout ce qui est nécessaire pour un camp y abonde ; et les indigènes apportent tous les jours des quantités de provisions : quarante paniers de maïs (de grands paniers) pour une chèvre ; la volaille, les nyommbos et les bananes à très-bas prix.

25 *mars*. — Les bracelets de fer, la verroterie de qualité inférieure, et les cauris, sont ici la monnaie courante. Le cuivre est plus précieux : pour un bracelet de ce métal, on a trois gros poulets et trois hottées et demie de maïs ; chaque hotte n'a pas moins de trois pieds de haut ; c'est la charge d'une femme, et ici les femmes sont très-fortes.

Les Vouatchiogoné sont les gens d'une tribu dispersée au milieu des Maarabos, ou Vouasahouahili ; mais ils n'en conservent pas moins leur lien national.

D'après les indigènes, un poisson, qu'ils appellent *mammba*, a des mamelles qui donnent du lait ; il profère un cri et a la chair très-blanche ; ce n'est pas le crocodile, qui porte le même nom ; c'est probablement le dugong ou *peixe mulher* des Portugais[1] ?

---

1. Ne serait-ce pas plutôt un lamantin ? celui de Vogel, par exemple, qui se rencontre dans les eaux douces de l'intérieur de l'Afrique, voire dans celles qui n'ont aucune communication avec la mer : le Kibali, branche supérieure de l'Ouellé, héberge, dit-on, un membre de cette famille, que les Nubiens, qui ne l'ont pas vu ailleurs, et par conséquent ne l'auraient pas imaginé, appellent *Kharouf-el-Bahr*, ou mouton de rivière (Schweinfurth, *Au cœur de l'Afrique*, t. II, p. 138). Le dugong, qui, peut-être, est plus voisin des baleines, est essentiellement maritime ; c'est d'ailleurs au lamantin que se rapporte le nom de

Passage de la Tchisera.

CHAPITRE II.

Des sangsues complétement développées se promènent dans cette contrée humide.

L'une des bandes de Katonnga vient de revenir avec quarante-trois dents d'éléphant.

Il y a dans le nord un animal à poil rougeâtre et à cornes brèves; les Arabes qui l'ont vu ne le connaissent pas.

Joseph, un Omani, dit que le simoun est plus mauvais dans le Chame (Yémen?) que dans l'Oman; il souffle pendant trois ou quatre heures. Le beurre, pris à forte dose est le remède employé contre ses terribles effets; en outre, on s'en barbouille le corps. Dans l'Oman, on s'enveloppe d'un linge mouillé qui couvre la tête, et on le garde tant que le vent souffle.

1er mai. — On a tué un éléphant qui avait trois défenses, toutes les trois de belle taille.

La pluie continue; et la bourbe du sol argileux des Manyémas est trop effroyable pour qu'on l'affronte.

24 mai. — Envoyé à Bammbarré chercher l'étoffe et la verroterie que j'y avais en dépôt.

Des agents de Thani arrivent du sud; ils ont tué quarante indigènes, perdu quatre hommes et brûlé neuf villages: tout cela pour un rang de perles qu'un naturel a essayé de voler.

Juin 1870. — Les gens d'Akila et de Mohammed-ben-Nassour rapportent du nord cent-seize défenses; dans tous les endroits où ils sont allés, ils ont trouvé une population douce et obligeante. L'un des pieds du chef de la bande d'Akila est attaqué d'un ulcère large et profond, qui vient d'avoir marché dans la vase.

Quand les Vouajiji sont arrivés, Kassessa leur a donné dix chèvres et une défense pour qu'une de leurs bandes allât venger la mort de son frère aîné, tué dans un combat avec un village voisin. La bande accepta la mission; elle tua une quarantaine d'indigènes et ramena trente et un captifs et soixante chèvres; elle avait eu un mort et deux hommes grièvement blessés.

Yahoud, l'agent de Thani, celui qui a fait tuer l'autre quarantaine, se vantait devant moi de cette prouesse.

---

peixe mulher (poisson-femme) donné par les Portugais à cette espèce de cétacé dont les savants ont fait une sirène. (*Note du traducteur.*)

« Vous êtes envoyé pour trafiquer, lui dis-je, non pour assassiner. — On nous envoie pour tuer, » répondit-il.

« Les Anglais aussi tuent des hommes, dit Ben-Nassour, qui était là. — Oui, répliquai-je, ils tuent les négriers qui commettent des actions pareilles à ce qui s'est fait hier. »

Diverses tribus ont envoyé aux Arabes de gros présents, entre autres de l'ivoire, pour détourner l'attaque.

Les pluies ont duré jusqu'à ces derniers jours ; il est tombé cinquante-huit pouces d'eau (un mètre quarante-cinq centimètres).

26 *juin*. — Tous mes gens m'ont quitté ; il ne me reste plus que Souzi, Chouma et Gardner ; je suis parti avec eux seuls pour le Loualaba ; notre marche est au nord-ouest.

Le nombre des petits cours d'eau est surprenant, et chacun d'eux a, sur une largeur de quarante yards, une lisière de vase tenace, où les pieds des passants ont creusé un lit profond. Nous en avons franchi quatorze en un jour ; dans quelques-uns l'eau montait jusqu'à la cuisse. La plupart de ces ruisseaux vont se jeter dans le Laïya, que nous avons également passé et qui est un affluent du Loualaba.

Beaucoup de villages ; tous les chemins traversent des groupes d'habitations humaines. Une quantité de gens nous apportaient des bananes et semblaient étonnés quand je leur donnais quelque chose en retour. Un homme courut après moi pour m'offrir une canne à sucre ; je lui ai fait un léger cadeau. Je paye aussi mon logement, ce que ne font jamais les Arabes.

28 *juin*. — Sur la route, en différents endroits, les fourmis rougeâtres (drivers) étaient par millions. De ce côté-ci de l'Afrique, elles semblent moins féroces que dans l'ouest.

29 *juin*. — Des musiciens ont essayé de m'être agréables par l'énergie de leur exécution ; les uns battaient du tambour, les autres soufflaient dans des calebasses ayant des trous, à la manière d'une flûte.

3 *juillet* 1870. — Traversé les neuf villages qui ont été brûlés pour un rang de perles ; couché dans celui de Malola.

Tandis que je dormais paisiblement, l'un des Arabes campés chez Nasanngoua a été cloué au sol par une lance. Nul doute que ce ne soit la vengeance de quelque parent de l'un des hommes tués pour ledit rang de perles. Les survivants ne rêvent plus que d'attaquer tous les Manyémas.

J'ai proposé de demander au chef s'il connaissait le meur-

Souzi et Chouma.

trier; le chef a répondu qu'il n'avait que des soupçons et ne pouvait désigner personne, n'ayant pas de certitude; mais la mort de tous les villageois était écrite dans les yeux fulgurants des métis et des esclaves. Heureusement que, sur ces entrefaites, arriva Bogharib qui revenait de chez Katonnga; et il se joignit à moi pour imposer la paix. Les traitants s'éloignèrent, non toutefois sans faire connaître à mes serviteurs, ce que je savais depuis longtemps : qu'ils détestaient avoir en ma personne un espion de leurs actes. Je dis à quelques-uns d'entre eux, dont le langage est honnête, que l'ivoire obtenu par le meurtre est une chose *impure*, un *porte-malheur*, comme ils disent. « Ne versez pas le sang humain, ajoutai-je, les souillures qu'il fait ne s'effacent pas avec de l'eau. »

Ils repartirent : leur bande altérée de sang n'obtint qu'une défense, tandis qu'une autre qui s'était abstenue de faire usage de ses armes, en rapporta cinquante-quatre.

J'ai appris, par les hommes de Mohammed, que le Loualaba ne coule pas au nord-ouest où je le cherchais, mais à l'ouest-sud-ouest, où il décrit une nouvelle courbe. Ces gens ont fait une longue route au nord sans l'apercevoir, et ont trouvé un pays d'un parcours extrêmement difficile, en raison de l'épaisseur des bois et de la quantité d'eau. Ainsi que je l'ai vu ailleurs, des arbres tombés en travers du sentier forment des murailles qu'il faut continuellement franchir. Des rivières débordées, où l'eau vous monte jusqu'à la poitrine, jusqu'au-dessus des épaules; une bourbe effrayante, les villages à huit ou dix milles les uns des autres; et le soleil ne pénétrant que dans les clairières qui les entourent.

Pour la première fois de ma vie les pieds me font défaut; et n'ayant plus que trois serviteurs, il n'aurait pas été sage d'aller plus loin dans cette direction. Au lieu de guérir promptement, comme toujours, les écorchures se sont changées en ulcères tenaces, qui rongent de plus en plus; et, j'ai repris en boitant la route de Bambarré.

Le rapport de Ramadâne, qui, à ma requête, a pris des notes sur le chemin, était décourageant, et je me suis félicité de n'être pas allé avec lui. Dans une partie de la route, où la rivière tortueuse est débordée, ils sont restés cinq heures dans l'eau; et un homme monté dans un petit canot, allait devant eux, sondant sans cesse, afin de leur indiquer la place où ils pouvaient passer; ils y avaient de l'eau jusqu'aux aisselles,

CHAPITRE II.

parfois jusqu'au menton. Hassani est tombé dans un trou et s'est blessé d'une manière grave.

Les gens du pays ont des moutons et des chèvres qu'ils aiment autant que leurs enfants.

6 juillet. — Revenu à Mamohéla, et reçu bon accueil des Arabes qui ont approuvé mon retour. Katommba m'a donné largement des vivres pour toute la route d'ici à Bammbarré. Il y a quelques jours, Mohammed a fait une marche forcée; les gens de Moïné-Mokaya étaient ivres; ils ont fait une sortie, les Arabes les ont attaqués et mis en fuite.

23 juillet. — A Bammbarré depuis deux jours. Quand je pose le pied par terre, un flot de sérosité sanguinolente s'échappe de mes plaies; l'écoulement se renouvelle pendant la nuit et s'accompagne de douleurs qui éloignent tout sommeil. On entend gémir jusqu'au matin les esclaves que ces maux torturent. Ces ulcères rongent tout : les muscles, les tendons, les os; et mutilent souvent les malheureux, quand ils ne les tuent pas.

Le traitement des Arabes, pas plus que celui des indigènes, ne produit d'effet; la périodicité des crises semble annoncer des rapports avec la fièvre.

J'ai trois de ces ulcères et pas de médicaments. Les Arabes font un emplâtre avec de la cire d'abeille et du sulfate de cuivre; appliqué chaud, et maintenu par un bandage, cela pourrait apporter quelque modification; mais la nécessité où l'on est de laisser échapper l'ichor rend ce moyen pénible. Le traitement des indigènes, qui consiste à panser le mal avec une feuille raide ou un morceau de calebasse est trop irritant; et mes plaies continuent à s'élargir; la douleur croît avec l'étendue.

2 août. — Éclipse à minuit; les musulmans ont bruyamment invoqué Moïse. — Température très-froide.

17 août. — Monanyemmbé, le chef qui a été puni par Mohammed-Bogharib, a dernièrement amené deux chèvres; l'une pour Mohammed, l'autre pour le fils de Moïnékouss dont il a mis à mort le frère aîné, il en a fait l'aveu. Pendant notre absence, il a tué à Linamo, de l'autre côté de la rivière, onze personnes, en surplus des meurtres qu'il a commis dans les villages situés à notre sud-est.

Il transpire que le frère de Moïnékouss, un appelé Kanndahara, a tué trois femmes et un enfant, plus un homme de Kasannganngayé venu pour faire du commerce, et qu'il a tué sans autre motif que d'en avoir le corps pour le manger. Bogharib a condamné le vieux Kanndara à envoyer dix chèvres à Kasannganngané pour racheter le meurtre de l'homme.

Ce qu'ils racontent les uns des autres révèle une nature affreusement sanguinaire. Les gens d'un village situé sur une colline, au nord-nord-est de celui-ci, ont tué un homme qui travaillait dans son champ. Si un cultivateur est seul, il est presque sûr d'être assassiné.

Quelques-uns disent que les gens du voisinage, ou les hyènes, déterrent les morts; mais la femme de Pocho est morte, on l'a jetée hors du camp, à la façon des Youanyamouézi, sans la mettre en terre, et personne n'y a touché, ni bêtes ni gens, bien qu'elle soit exposée depuis sept jours.

La tête de Moïnékouss, dont la chair a été mangée — celle du corps également — est, dit-on, conservée dans un pot, resté dans la demeure du défunt; on ajoute que les affaires publiques sont gravement communiquées à cette tête, comme si la pensée y résidait encore. Il paraît que le crâne du père de Moïnékouss est gardé de la même manière. Tout cela n'a trait qu'aux Bammbarrés; dans les autres provinces, les lieux de sépulture montrent que l'inhumation est habituelle; mais ici on ne voit pas de tombeaux; les uns prétendent qu'il en existe, d'autres le nient formellement.

Dans la Métammba, contrée riveraine du Loualaba, les querelles de ménage ont souvent pour conclusion le meurtre de la femme par le mari, qui mange le cœur de la défunte, mêlé à une copieuse fricassée de viande de chèvre; mais ceci a un caractère magique. Ailleurs les doigts sont pris comme talismans; dans le Bammbarré seul, un goût dépravé est la cause du cannibalisme.

18 *août*. — J'apprends par Djosoute et par Moïnépemmbé, qui ont dépassé Katannga, qu'il se trouve un grand lac appelé Tchibonngo à douze journées de marche des mines de cuivre, du côté du nord-nord-ouest. A sept jours à l'ouest de Katannga, passe un autre Loualaba, très-grande rivière qui sépare le Roua du Lonnda et qui est un affluent du Tchi-

bonngo, ainsi que le Louflra. Il est probable que ces deux rivières forment le lac; elles sortent de fontaines situées à trois ou quatre journées de marche de Katannga, vers le sud. A dix milles seulement de ces deux sources, on en rencontre deux autres, nommées Louammbaï et Lounga. Un monticule s'élève entre ces quatre fontaines, les plus remarquables qu'il y ait en Afrique. Si c'était en Arménie, cela correspondrait exactement à la description que la Genèse fait de l'Eden avec ses quatre fleuves : le Phison, le Géhon, le Chikedel et le Phrate. A l'endroit où elles se trouvent, il est possible que ces quatre fontaines aient donné lieu au récit qu'Hérodote a recueilli de la bouche du trésorier de Minerve, dans la ville de Saïs : « Entre ces deux montagnes (celles de Crophi et de Mophi) se trouvent les fontaines du Nil, qui jaillissent d'un abîme sans fond. La moitié des eaux descend en Égypte, vers le nord; l'autre moitié en Ethiopie, vers le sud[1]. »

Quatre fontaines aussi rapprochées les unes des autres ont probablement la même source; et il ne faut pas beaucoup d'imagination pour supposer que la moitié de cette eau coule dans le Nil, l'autre vers le Zambèze, celui qui les a vues n'ayant pas dit comment s'opérait la division. Il pouvait l'ignorer, et ne savoir que le fait de la naissance des eaux sur le même point, et leur direction nord et sud. Les sommets coniques des montagnes ont l'air d'être inventés, ainsi que les noms de Crophi et de Mophi.

On a acheté, au bord de l'Est-Loualaba, un esclave qui était venu du Loualaba occidental en douze jours, ou à peu près; ces deux rivières peuvent former la boucle décrite par Ptolémée, et le Tanganika supérieur et inférieur constituer une troisième branche du Nil.

Je ne peux, quant à présent, exercer que ma patience; ces ulcères me tiennent cloué, comme ils l'ont fait en juin à l'égard de mes serviteurs; mais cela doit être pour le mieux, puisque c'est dans les décrets de la Providence.

La ligne du partage des eaux se déploie, d'occident en orient, du vingtième ou vingt et unième degré de longitude est, au trente-deuxième ou trente-troisième degré de même

---

[1]. Hérodote, liv. II, xviii.

longitude, c'est-à-dire sur une longueur de sept cents à huit cents milles. Différentes parties de cette ligne de faîte sont composées d'énormes éponges; ailleurs d'innombrables filets d'eau se réunissent et forment des ruisseaux qui constituent des rivières; ainsi le Loufira et le Likaloué sont chacun le résultat de neuf ruisseaux. La surface convexe d'une pomme d'arrosoir, avec les filets d'eau qui s'en échappent à diverses hauteurs, peut donner quelque idée de cette ligne de partage[1].

Je suis quelque peu reconnaissant au vieux Nil de si bien cacher sa tête, que tous les découvreurs de cabinet restent, en dehors du fait, à se morfondre vainement. Tous les vrais explorateurs m'inspirent une cordiale sympathie, et j'éprouve un regret réel à me voir obligé, contraint en quelque sorte, d'émettre une opinion différente de celle de mes prédécesseurs. L'œuvre de Speke et de Grant fait partie de l'histoire de cette région; et puisqu'elle a donné lieu à l'affirmation positive que les sources du Nil étaient découvertes, il me paraît indispensable d'expliquer, sans offense, je l'espère, que cette prétention est erronée, et de montrer où est l'erreur. Plus tard, il sera peut-être prouvé que mon opinion est également une méprise, mais aujourd'hui je la crois très-fondée. Lorsque, en 1858, il découvrit le Nyanza, Speke en vint sur-le-champ à cette conclusion que les sources du Nil étaient là. Son entreprise ultérieure ne fut que la suite d'une idée préconçue; et, en se dirigeant vers le lac Victoria, lui et Grant tournèrent le dos aux sources qu'ils voulaient trouver : chaque pas de ce magnifique voyage, dans lequel ils ont descendu le Nil à partir d'un point jusqu'alors inconnu, les éloignait du *caput Nili*.

En voyant que la petite rivière qui sort du Nyanza, et qu'ils appellent le Nil-Blanc, ne pouvait pas compter pour le grand fleuve, s'ils avaient pris à l'ouest, ils auraient pu trouver les premières branches, tels que le Loualaba par exemple, auquel leur rivière ne peut pas se comparer. Prenons que leur Nil-Blanc ait quatre-vingts ou quatre-vingt-dix yards de large, mettons cent, ce n'est rien à côté du Loualaba qui, bien loin

---

1. Voy. dans Schweinfurth (*Au cœur de l'Afrique*, t. I, p. 460) le régime des sources du pays des Niams-Niams, pays que le voyageur représente également sous la forme d'une éponge d'où l'eau ruisselle de toute part.

(*Note du traducteur.*)

au sud du point de départ de ce Nil, a une largeur moyenne de quatre à six mille yards et qui est toujours profond.

Si nous considérons qu'il y a plus de seize cents ans que Ptolémée consignait les résultats obtenus par les premiers explorateurs, les rois, les savants (tous les grands hommes de l'antiquité ont aspiré à connaître d'où sortait le célèbre fleuve), cette recherche ne paraît pas très-bien aller au sexe fort. Mlle Tinné a remonté plus haut que les envoyés de Néron, et témoigné d'un courage qui fait honneur à son pays. Je ne sais à son égard que ce qui a été publié; mais en prenant son exploration telle que je la connais, et en y joignant ce qui a été fait par mistress Baker, il se pourrait, qu'avant peu, les lauriers de la redécouverte des sources du Nil fussent cueillis par les dames.

24 août. — On a tué hier quatre gorilles, *sokos* des indigènes[1]. Le feu, mis à l'herbe sèche sur une grande étendue, les avait chassés de leur retraite habituelle et fait venir dans la plaine, où ils furent tués à coups de lance.

Ce grand singe marche souvent debout; mais alors il se met les bras sur la tête comme pour faire équilibre. Vu dans cette position, c'est un animal très-gauche; les jeunes ladies les plus romanesques ne verraient en lui qu'un ignoble vilain, bancal et pansu, sans un atome de gentleman. D'autres bêtes, surtout les antilopes, sont gracieuses et font plaisir à voir; les indigènes également sont bien faits, souples et agiles, agréables à contempler; mais un soko adulte poserait parfaitement pour le diable; il m'ôte l'appétit par son aspect d'une bestialité dégoûtante.

Sa face, d'un jaune clair, fait ressortir ses affreux favoris et ses quelques poils de barbe. Son front est vilainement bas, flanqué d'oreilles placées très-haut, et surmonte un visage qui est fort éloigné de valoir le grand museau du chien. Les dents sont légèrement humaines; mais les canines montrent la bête par leur énormité. Les mains ou plutôt les doigts sont pareils à ceux des indigènes. La chair des pieds est jaune; les Manyémas prétendent qu'elle est délicieuse, et l'avidité avec laquelle

---

1. Probablement une nouvelle espèce de chimpanzé, et non le gorille; revoyez la note de la page 29.

ils la dévorent fait supposer que c'est en mangeant du soko qu'il sont arrivés au cannibalisme.

On représente ce grand singe comme très-intelligent; il traque les naturels avec succès, pendant que ces derniers travaillent, et vole les enfants qu'il emporte à la cime des arbres. La vue du petit négrillon qu'il tient dans ses bras paraît l'amuser; mais il se laisse séduire par un bouquet de bananes et lâche l'enfant pour ramasser les fruits qu'on lui jette. En pareil cas, le jeune soko s'attache fortement à la partie supérieure du bras de celui qui le porte.

Un homme prenait le miel que renfermait un arbre; apparaît un soko; l'homme est saisi par le singe, qui bientôt le laisse partir. Un autre était à la chasse; il manque un soko; celui-ci prend la lance, la brise, se jette sur le chasseur, qui appelle à son secours, lui coupe le bout des doigts avec ses dents, et s'échappe sain et sauf.

Il est tellement avisé, et a la vue si perçante, qu'il est impossible de l'approcher par devant; c'est pourquoi il est toujours frappé dans le dos, même lorsqu'il est entouré d'hommes et de filets. Autrement ce n'est pas une bête formidable : rien en comparaison du lion ou du léopard; il est plutôt comme un homme désarmé, car il lui vient rarement à l'esprit de se servir de ses longues canines.

Des quantités de sokos venaient à moins de cent mètres du bivac, et l'on ne se serait pas douté de leur présence s'ils n'avaient donné de la voix comme des chiens courants, ce qui, chez eux, est ce qu'il y a de plus voisin de la parole. Ils sont malicieux, non pas cruels; l'un d'eux voit un homme qui laboure; il s'en approche en tapinois et le saisit; l'homme pousse des hurlements; le singe ricane et lui fait des grimaces, puis le laisse partir comme s'il avait voulu jouer. Souvent l'enfant qu'ils volent est pincé et égratigné, ensuite ils le lâchent.

A l'occasion cependant, le soko triomphe du léopard en lui saisissant les doigts antérieurs et en les lui mordant de manière à le mutiler. Il grimpe alors sur un arbre où il gémit de ses blessures qui guérissent, tandis que son adversaire ne tarde pas à mourir des siennes; d'autres fois ils meurent tous les deux. Le lion le tue sur le champ et quelquefois le déchire, mais ne le dévore pas.

Chasse aux sokos.

Le soko ne mange pas de viande; sa nourriture consiste en fruits sauvages, qui sont très-abondants; il fait ses délices de petites bananes, mais ne touche pas au maïs. Quand il a coupé les doigts de l'ennemi, il les crache, et mord sans entamer la peau. Après avoir mutilé le chasseur, il le soufflète. Blessé, il arrache la lance qui l'a frappé, mais n'en fait pas usage; il prend ensuite des feuilles et les met dans la blessure pour arrêter le sang. Il ne désire pas le combat, attaque rarement un homme désarmé; et, voyant que les femmes ne lui font pas de mal, il ne les inquiète jamais : « Le soko, disent les Manyémas, est un homme qui n'a rien de méchant. » Il est très-fort, craint le fusil, non pas la lance.

Un très-grand soko a été vu, par les chasseurs de Bogharib, se nettoyant les ongles; un autre, qu'on a tué, avait les oreilles percées comme les oreilles d'un homme. Certains Manyémas ont l'idée que leurs morts reviennent sur terre sous forme de sokos.

Ces derniers se réunissent, et font un bruit de tambour en frappant avec les mains sur des arbres creux; puis tous ensemble poussent des hurlements, bien imités par les indigènes dans leur musique embryonnaire.

Ils vivent en société d'une dizaine de mâles, chacun ayant sa femelle; un intrus, venant d'une autre bande, est chassé à coups de poing et à grands cris. Si l'un des membres de la société cherche à s'emparer de la femelle d'un autre, il est terrassé, battu et mordu par tous les mâles du groupe.

Le père porte souvent le petit, surtout dans les traversées d'un bois à un autre; rentré dans la forêt, il remet le petit à sa mère. Celle-ci a parfois deux jumeaux.

J'ai eu un entretien avec mon ami Bogharib; il m'a offert de venir avec moi au Loualaba; mais je lui ai dit qu'il ne s'agissait pas seulement d'atteindre la rivière et d'en mesurer la profondeur, qu'il fallait que je visse où elle allait. Cela exigera un certain nombre d'hommes pour remplacer mes déserteurs; et enlever des bras à son commerce d'ivoire, quand ce trafic donne ici la même fièvre que les placers d'Australie ou du Sacramento, demande une compensation; je lui ai donc offert deux mille roupies et un fusil qui en vaut sept cents, en tout deux cent soixante-dix livres (six mille sept cent cinquante francs). Il a accepté ; et s'il me met à même de finir ma tâche, en me donnant le moyen de descendre le Loualaba et de gagner le Loualaba occidental, ce sera une grande faveur.

24 *août* — La pneumonie grave que j'ai eue dans le Maroungou, mes accidents cholériformes dans le Manyéma, et actuellement les ulcères m'avertissent de me retirer pendant que c'est encore possible.

De chez Kasonnga, les gens de Mohammed sont allés au nord, au levant et au couchant : seize étapes au nord, dix à l'ouest et quatre à l'est et au sud-est; la moyenne de la marche a été de six heures et demie, ce qui fait douze milles géographiques, environ deux cents milles au nord et à l'est. Mettons Kasonngo par quatre degrés de latitude méridionale : ces gens peuvent avoir atteint le premier ou le second parallèle sud. Ils étaient alors dans le pays des Balegghés, pays entièrement couvert d'une épaisse forêt, où ils n'ont vu le soleil que dans les villages, et ceux-ci étaient fort éloignés les uns des autres. Les habitants, à ce qu'ils rapportent, aiment beaucoup les moutons qu'ils appellent *ngommbés*, c'est-à-dire bœufs, et ne font aucun usage de l'ivoire. Mes informateurs se rendirent à un endroit où un éléphant avait été tué, et rapportèrent les dents qui étaient pourries et attaquées par le *déré* (?), un rongeur qui est probablement l'*aulacode Swinderianus*.

Trois grandes rivières, où ils eurent de l'eau jusqu'à la poitrine et jusqu'au menton, furent traversées; dans l'une ils restèrent cinq heures; un homme les précédait en canot pour sonder le passage, afin de leur indiquer les endroits guéables. Beaucoup d'eau et beaucoup de fange dans la forêt. Je me félicite de n'être pas allé avec eux; je n'aurais rien vu et me serais exténué. Ils me disent que l'eau du Métounda est noire, qu'elle leur a monté jusqu'à la poitrine et qu'il leur a fallu deux heures pour la traverser. Ils ont franchi environ quarante petits affluents du Mohounnga : toujours de l'eau jusqu'à la poitrine. La rivière de Mbité aussi est considérable.

Tout le long du Loualaba et du Mitoumbé, les moutons ont des fanons et du poil (pas de laine), la queue petite et mince; race tartare.

Une large prairie se déroule de chaque côté du Loualaba ;

CHAPITRE II.

en dehors de cette lisière, ce n'est que forêt épaisse, avec de si gros arbres que celui qui est tombé vous arrive au cou; pas d'autres clairières que les défrichements qui entourent les villages.

Les habitants sont d'excellents tisseurs de lammba[1] et de très-habiles forgerons; ils font de grandes lances, des dagues, des couteaux et des aiguilles.

Sur toute la rive droite du Loualaba, les marchés sont nombreux; on les appelle tokos. Les Baroua de l'autre rive se rendent journellement à ces marchés, où ils viennent avec de grandes pirogues; ils apportent de la farine, du sel, du manioc, de l'étoffe faite avec de l'herbe, et amènent des chèvres, des volailles, des cochons et des esclaves.

Les femmes sont belles, avec le nez droit, bien vêtues et respectées : alors même que les hommes des diverses communes se font la guerre, elles viennent au marché comme en temps de paix, et n'ont rien à craindre. Toutes sont d'habiles trafiquantes, passionnées pour le commerce; elles achètent ceci avec cela, qu'elles échangent pour autre chose, et le moindre bénéfice est pour elles l'une des joies de l'existence.

Je savais qu'à mon départ de Mamohéla mes déserteurs espéraient être nourris par Bogharib; mais ce dernier leur a dit qu'il n'avait pas besoin d'eux. La réponse les a déconcertés. Ils ne s'en mirent pas moins à chercher de l'ivoire pour lui : d'où une explication dans laquelle ils assurèrent qu'ils allaient revenir avec moi, et qu'ils feraient tout ce que je voudrais. Ils ne sont pas venus; comme personne ne les employait, je leur ai confié trois charges à porter à Bammbarré; là, ils ont dit à Mohammed que je ne leur donnais pas de perles et que cependant ils ne voudraient pas voler; ils tâchent de lui soutirer des vivres par leurs mensonges. Le fait est que je les ai invités trois fois à venir prendre des perles, et qu'ils ont mieux aimé vivre aux dépens des femmes du camp, parce qu'ils ne

---

1. Noms des pagnes renommés de Madagascar. Le tissu d'herbe des Manyémas, que ces derniers savent teindre en bleu, en noir, en jaune de vive couleur, égale celui des Madécasses du nord de l'île; les Zanzibarites le recherchent et s'empressent d'échanger leur cotonnade contre cette belle étoffe.

(*Note du traducteur*.)

voulaient rien faire. Mohammed a tâché de les persuader ; mais quand on leur parle avec douceur, ils croient qu'on a peur d'eux. Tout cela paraît être la suite d'une querelle qui aurait eu lieu entre nous, et il n'en est rien : ils n'ont pas même cette excuse.

Je suis impuissant ; leur désertion me paralyse ; ils croient pouvoir faire tout ce qu'ils veulent, et « les Manyémas sont mauvais ; » telle est la chanson qu'ils répètent pour ne pas me suivre. Ce qu'ils ont de mauvais, pauvres gens ! c'est leur crainte effroyable des armes à feu qui les met, ainsi que leur avoir, à la merci des Arabes. S'ils n'avaient à lutter qu'à armes égales, les Manyémas seraient braves : ils n'ont pas peur des lances. « Sans vos fusils, disent-ils avec raison, pas un de vous ne reverrait son pays. »

Moïné-Mokaya a tué deux agents arabes et pris leurs mousquets ; c'était pour confirmer leur réponse aux admonitions des femmes : « Nous prendrons leurs fusils, leurs chèvres, leurs épouses. »

En rapportant le fait à Louamo, le chef a dit : « L'Anglais avait recommandé à mes gens de partir, parce que lui n'aime pas les combats ; mais ils s'étaient remplis de *malofou* (eau-de-vie de palme) et ils ont refusé d'écouter sa voix, ce qu'ils ont fait à leurs dépens. »

Ailleurs, les indigènes se sont préparés à la lutte avec les gens de Dagâmmbé pour voir lesquels seraient les plus forts : eux avec leurs lances et leurs boucliers de bois[1], et les Arabes avec leurs pipes à tabac, comme par dérision ils appellent les mousquets. Ils ont tué huit ou neuf Arabes.

Jusqu'alors, aucun traitant ne semble avoir pénétré aussi loin. Barma s'est chargé de cuivre et de pelleteries, comme articles à échanger contre de l'ivoire. Les Babisa et les Bagouha ont apporté de la rassade de qualité inférieure.

Maintenant les Bavira sont furieux de ce que les Bajiji viennent exploiter leur champ d'ivoire[2] ; à cela rien d'étonnant : ils

---

1. Nous rappellerons que les Mombouttous ont également des boucliers en bois, et teints en noir, comme ceux des Manyémas. Voy. Schweinfurth, *Au Cœur de l'Afrique*, Paris, Hachette, 1874, vol. II, p. 101. (*Note du traducteur.*)

2. Gens de l'Oubisa, de l'Ougouha, de l'Ouvira ; Livingstone emploie le préfixe *Ba* pour désigner l'ensemble des habitants d'une contrée, ce qui appartient au Sétchouna, langue du sud, et qui est l'équivalent du préfixe *voua*, que le langage

avaient les défenses pour quelques rangs de perles, et recevaient en échange leur pesant de verroterie ou beaucoup de fil de cuivre, ou des charges de cotonnade.

du Sahouahil (côte du Zanguebar) emploie dans le même sens. L'un et l'autre se servent au singulier de *ma*, *mo*, ou simplement d'*m*; ainsi *mobisa* ou *mbisa*, un homme de l'Oubisa. *(Note du traducteur.)*

CHAPITRE III.

A propos des légendes sur Moïse. — Géologie du Manyéma. — Rayon consolateur. — Souffrances prolongées. — Stationnaire. — Ce qu'il en coûte de se fier aux théories. — Nomenclature de lacs et de rivières. — Meurtre et pillage. — Première sortie après quatre-vingts jours de détention. — Remède des Arabes pour guérir les ulcères. — Lettres annoncées. — Gravité de la perte des médicaments. — Un chef désespéré. — Retour des traitants d'ivoire. — Projets. — Reconnaissance pour l'expédition de Mister Edward Young. — Le calao phénix. — Délais fatigants. — Vente d'un petit garçon ; marchandage. — Envoi de lettres à Zanzibar. — Exaspération des Manyémas contre les Arabes. — L'oiseau *sasassa*. — La maladie appelée *safdra*.

Bambarré, 25 *août* 1870. — L'un des rêves que je fais tout éveillé est que la légende qui représente Moïse allant avec Merr, sa mère et nourrice, dans l'Éthiopie intérieure, et y fondant la ville de Méroé en l'honneur de cette vénérable femme, repose sur un fait réel.

Moïse évidemment était un homme d'un génie transcendant. Nous voyons en outre, par le discours de saint Étienne, « qu'il était versé dans toutes les sciences des Égyptiens, et très-puissant en paroles et en actions. » Or, ses actes devaient être bien connus en Égypte, puisqu'il suppose que ses frères y verront la preuve qu'il a été choisi par Dieu pour les délivrer. La mort infligée à un Égyptien ne peut pas avoir servi de base à cette supposition ; il avait trop de grandeur pour s'enorgueillir d'avoir triomphé d'un homme seul; mais les succès remportés en Éthiopie, sur une grande échelle, fournissent une base raisonnable à cette croyance : que les Israélites seront fiers de leur compatriote et disposés à le reconnaître pour chef. L'ombrage que Pharaon en conçut montre que celui-ci le tenait pour un homme dangereux, sinon puissant. Il y avait déjà quelque temps qu'il demeurait chez les Madianites, lorsque sa courageuse défense des filles de Jéthro contre les bergers lui attira la faveur du prince. Une femme peu intéressante, et l'absence de toute relation avec des esprits élevés, pendant quarante ans de la vie solitaire des pasteurs, semblent avoir agi d'une manière fâcheuse sur ses facultés morales. Ce n'est qu'après son retour dans la terre de Gessen, et lorsqu'il eut terrifié les Égyptiens, que « l'homme Moïse » redevint très-grand aux yeux de Pharaon et de ses serviteurs.

L'Éthiopienne qu'il épousa ne pourrait être prise que difficilement pour la fille de Jéthro[1], car les Madianites descendaient de Kéturah, concubine d'Abraham, et n'ont jamais passé pour être des Couchites ou Éthiopiens. Si elle avait été laissée en Égypte, cette première épouse avait de cinquante à soixante ans lors du retour de Moïse, et sa qualité de fille de Cham explique le mépris qu'elle inspira à Marie, l'orgueilleuse prophétesse.

Je rêve de découvrir quelque débris monumental de Méroé[2], et s'il reste le moindre vestige confirmatif de la Sainte Écriture, je prie Dieu de m'y conduire. Si la chronologie sacrée peut en recevoir une affirmation, je ne plaindrai pas la fatigue, la maladie, la faim, la souffrance, que j'ai endurées : mes plaies ne m'auront été qu'un moyen de dominer la chair.

Au-dessus du schiste argileux à fine texture et de couleur jaune du Manyéma, les rives du Tanganika révèlent une couche de galets mêlée de terre rouge, et d'une puissance de cinquante pieds. Sur cette couche de galets gisent, dans certaines parties, de grands blocs erratiques. Après cela, c'est-à-

---

1. *The Ethiopian whom he married could scarcely be the daugther of Jethro.* Nous pensions qu'il n'y avait pas de doute à cet égard ; l'Éthiopienne, cause des reproches de Marie à son frère, reproches qui valurent à la prophétesse d'être instantanément couverte de lèpre, ainsi que d'une couche de neige, s'appelait Tharbis, et la fille de Jéthro Séphora ; l'histoire ne semble pas les confondre.
(*Note du traducteur.*)

2. Nous laissons à de plus savants que nous le soin de dire si la fondation de la capitale de l'île de Méroé est contemporaine de Moïse, ce qui détruirait l'opinion que la civilisation égyptienne est sortie de la fameuse île théocratique ; nous rappellerons seulement que Caillaud (*Voyage en Abyssinie*, 1819-1822) a trouvé les ruines de cette ancienne cité, dont il indique la position près d'Assour, et que M. Trémaux a depuis lors visité ces ruines, qu'il a décrites. Voy. *Égypte et Éthiopie*, Paris, Hachette, p. 211.   (*Note du traducteur.*)

dire sous le lit de cailloux et de terre, il y a d'abord soixante pieds d'un schiste argileux et fin, puis cinq strates de gravier séparées les unes des autres par un lit de schiste d'un pied d'épaisseur. La première couche de gravier a environ deux pieds de haut, la seconde quatre, la plus basse en a trente.

Le schiste, finement grenu, a été formé dans une eau tranquille; mais les galets doivent avoir été roulés par une mer orageuse, sinon transportés çà et là par la glace, et à différentes époques.

Ce pays des Manyémas est insalubre, moins par la fièvre qu'en raison de la débilité de l'organisme, qui résulte de l'humidité du climat, du froid et de l'indigestion.

Quelques-uns attribuent cette faiblesse générale au maïs, qui est l'aliment ordinaire. Elle provient directement d'un relâchement des intestins et d'une diarrhée choleriforme; ce qui peut-être causé par la mauvaise qualité de l'eau; celle-ci est tellement imprégnée de matière végétale en décomposition qu'elle en a la couleur du thé.

La moindre écorchure, n'importe en quel endroit, se transforme en une plaie irritable qui paraît être un fungus contagieux; car la matière répandue sur une partie quelconque devient un nouveau centre de propagation. Le voisinage de l'ulcère est très-sensible, et le repos doit être absolu, sans quoi les chairs se rongent d'une manière effrayante.

Ces plaies tuent beaucoup d'esclaves. Il en découle un ichor sanguinolent, dont le jet périodique me fait soupçonner que c'est un résultat de la fièvre. La pierre infernale m'a servi.

Un emplâtre de cire et d'un peu de sulfate de cuivre pulvérisé est employé par les Arabes, qui font aussi usage d'huile de coco et de beurre. Mais rien de tout cela n'est vraiment efficace; il n'y a pas de guérison avant que toutes les chairs aient été dévorées, même l'os attaqué, principalement sur le tibia.

Les rhumatismes sont également très-communs, et enlèvent les indigènes. Lorsque les Arabes, qui redoutent beaucoup ces maladies, en sont affectés, ils s'arrêtent, comptant le repos parmi les moyens curatifs.

Le ténia, appelé dans le pays *teïma*, se rencontre fréquemment; les Arabes, pas plus que les naturels, ne connaissent le moyen de s'en délivrer.

[Entre les pages des carnets, pages entièrement couvertes d'une écriture serrée, on trouve de nombreux souvenirs de la route : ici deux ou trois tsétsés, ailleurs des abeilles, plus loin des feuilles, des fleurs, des papillons. Rien de semblable entre les feuillets où sont les détails de cette terrible maladie, la plus longue, la plus douloureuse dont Livingstone ait jamais souffert; mais dans la poche du carnet est un petit carré de papier, fragment d'une liste d'ouvrages annoncés à la fin de quelque volume qu'il avait reçu à Oujiji, avec le sucre, le café et autres objets du dernier envoi. D'un côté, on lit ces quelques mots, écrits de sa main :

« Tournez, et voyez un rayon consolateur, découvert au milieu de vives souffrances provenant d'ulcères qui me rongeaient les pieds.

» Manyéma, août 1870. »

Le verso porte ces lignes :

EXPLORATIONS DU ZAMBÈZE ET DE SES AFFLUENTS
ET
DÉCOUVERTE DES LACS CHIROUA ET NYASSA

Cinq mille exemplaires. Avec carte et illustrations. In-8°, 21 schillings.

« Peu d'exploits ont fait de nos jours une plus grande impression que l'œuvre d'un courageux missionnaire, qui, sans aucune aide, a traversé l'Afrique équatoriale d'un rivage à l'autre. Sa simplicité, sa modestie, la variété de ses connaissances, la fermeté de ses principes, de ses desseins religieux, son indomptable énergie, forment un assemblage de qualités qui se rencontrent rarement chez un seul homme. D'un commun accord, le docteur Livingstone est regardé comme l'un des voyageurs les plus remarquables, non-seulement de notre siècle, mais de tous les âges. »   (*British Quaterley Review.*)

[La parole bienveillante du critique a rendu service au malade, alors que celui-ci n'avait rien pour soulager ses maux, pas même le remède suivant, qui ne vint que plus tard.]

8 septembre 1870. — A. la fin j'ai reçu le conseil d'essayer de la malachite frottée sur une pierre avec de l'eau, jusqu'à former une sorte de liniment, dont l'application se fait avec une plume; c'est la seule chose qui ait produit bon effet.

9 septembre. — Un esclave du Lonnda avait pris dix chèvres aux gens du pays; on l'avait attaché; hier, il a brisé ses liens et tué deux autres chèvres. Évidemment les Balonnda ne vendent que les malfaiteurs. Le voleur a été livré aux Manyémas, qui lui ont coupé les oreilles et qui voulaient le tuer; mais le chef leur a dit : « Ne laissez pas le sang d'un homme libre toucher notre sol. »

26 *septembre.* — Je peux enfin écrire que mes plaies sont en voie de guérison; elles m'ont infligé une immobilité de quatre-vingts jours, et il se passera bien du temps avant que les chairs détruites soient remplacées. Beaucoup d'esclaves sont morts de ces ulcères, et une épidémie est survenue qui, de notre petite bande, a enlevé trente personnes.

14 *octobre* 1870. — Des traitants, arrivés d'Oujiji, rapportent qu'une maladie épidémique fait rage entre la côte et le lac, et emporte beaucoup de monde.

Ces gens m'ont dit que Saïd-ben-Habib et Dagâmmbé étaient en route; ils ont des lettres pour moi, peut-être des hommes; je reste donc, bien que mes ulcères soient à peu près guéris.

Une chose me tourmente; je crains que les dépêches que j'ai envoyées à la côte n'arrivent pas : le Lihoualé a gardé près de lui Mousa Kamaal, afin qu'il n'y ait pas de témoignage porté contre lui et contre Mousa-ben-Séloum.

Je crains que les caisses que j'ai expédiées avec les lettres n'arrivent pas davantage; Zahor, à qui j'avais donné du calicot pour payer les porteurs, est parti pour le Lobemmba.

Mohammed-Bogharib, dont les gens n'ont eu aucun succès chez les Balegga, se voit obligé de les renvoyer se procurer de l'ivoire chez les Métammbés où ils en ont déjà eu. Hier, il a fait semer du riz.

Je ne comprends pas bien ce que peut être un « découvreur théorique ». Si, dans un meeting, quelqu'un prenait la parole pour déclarer qu'il a découvert théoriquement la pierre philosophale ou le mouvement perpétuel, ne penserions-nous

CHAPITRE III.

pas qu'il a l'esprit un peu détraqué? Il en est de même pour les sources du Nil[1].

Les Portugais ont traversé le Chambèze quelque soixante-dix ans avant moi ; mais pour eux c'était une branche de leur Zambèze et rien de plus. Cooley a marqué cette rivière sur sa carte sous le nom de New-Zambezi, lui faisant rebrousser chemin et gravir des collines de trois à quatre mille pieds d'élévation[2].

La similitude de nom et une carte inexacte m'ont fait croire que c'était la branche orientale du Zambèze. On me rapportait que cette rivière formait au sud-ouest une grande eau ; je crus immédiatement qu'il s'agissait du Liammbai, dans la partie de son cours qui traverse la vallée des Barotsés ; et il me fallut dix-huit mois de fatigue pour retrouver le Chambèze à son entrée dans le lac Banngouéolo, et pour rectifier l'erreur dans laquelle on m'avait fait tomber. Vingt-deux mois s'écoulèrent avant que je pusse revenir au point d'où j'étais parti pour explorer le Chambèze, le Banngouéolo, le Louapoula, le Moéro et le Loualaba[3].

J'ai consacré à ce labeur deux années entières. Casemmbé est le premier qui ait éclairé la question en me disant : « C'est ici la même eau que dans le Chambèze, la même que

---

1. L'hypothèse, certainement, n'a de valeur que si elle est justifiée, la théorie que si le fait la confirme ; mais il arrive à certains hommes de prévoir mieux que les autres ne voient. C'est ainsi que Murchison avait nettement décrit la grande auge que renferme l'Afrique australe avant que Livingstone, alors sur les lieux, eût compris la disposition du terrain : « Quelle ne fut pas ma surprise, dit celui-ci, en apprenant que mon ami sir Roderick avait, du fond de son cabinet, découvert avant moi la véritable forme de cette partie du continent ! » (*Explorations de l'Afrique australe*, p. 549.) C'est par admiration pour ce trait de génie que le docteur dédia son livre au savant théoricien. De même en Australie, après une exploration de plusieurs années, M. Douézi de Rienzi avait déclaré que le pays avait de grandes richesses minérales, *mais ne renfermait pas d'or*, tandis que Murchison, toujours du fond de son cabinet, indiquait le gisement du précieux métal, juste à l'endroit où fut trouvée la première pépite.
(*Note du traducteur.*)

2. Nous avons le regret de dire que l'auteur de cette théorie n'a pas renoncé à sa découverte, et que, dans un pamphlet dirigé contre le grand explorateur, il nous a traité d'une manière qui ne peut qu'inspirer aux quelques individus qui liront ses injures le désir de ne pas aller plus loin. (WALLER.)

3. Le voyageur en Afrique ne saurait trop se défier de la similitude des noms, répétés constamment sous une forme ou sous une autre. Les Nyassa et les Nyanza, les Tchiroa, Kiroa, Chiroua, ont donné lieu à des méprises sans nombre ; ainsi des Chambèze, des Zambèze, des Loufira, des Loanngoua. (*Idem.*)

dans le Moéro et le Loualaba ; toutes ces pièces d'eau n'en forment qu'une. Voulez-vous tirer de la cotonnade du désir que vous avez de connaître cette rivière? Puisque votre chef souhaite que vous voyiez le Banngouéolo, allez-y ; et si, en vous dirigeant au nord, vous rencontrez une bande de trafiquants, joignez-vous à elle ; sinon revenez à moi, je vous enverrai au Moéro par mon sentier.

« Je voudrais appeler le Loualaba central *Lake-river-Webb* (rivière lacustre de Webb), l'occidental *Lake-river-Young*.

« Le Loufira et le Loualaba du couchant forment un lac ; le nom indigène de celui-ci : *Tchibonngo*, doit être remplacé par celui de Lincoln. Je désire nommer la source du Liammbaï (haut Zambèze) *Fontaine Palmerston*, et appeler celle du Loufira *Bartle-Frère* ; noms des trois hommes qui, de nos jours, ont le plus fait pour l'abolition de la traite des noirs.

« Lincoln qui a libéré quatre millions d'esclaves, et le bon lord Palmerston qui n'a cessé de travailler à la suppression de la traite, ne sont plus parmi nous ; mais il me plaît, ici, dans ce pays sauvage, de déposer sur leur tombe ma pauvre petite couronne, tressée d'affection et de gratitude.

« Sir Bartle-Frère, ayant accompli la grande œuvre de l'abolition de l'esclavage dans l'Inde supérieure et dans le Sinde, mérite la reconnaissance de tous les amis du genre humain[1].

« Où des épithètes distinctives étaient absolument nécessaires, l'amitié personnelle m'a fait choisir les autres noms. Celui de Paraffine-Young, l'un de mes professeurs de chimie, qui s'est fait lui-même prince-marchand par son talent et par sa science, et qui a mis une lumière pure et blanche dans tant de cottages modestes, voire dans des palais[2]. Les ayant quittés, lui et la chimie, je suis parti à mon tour pour être utile aux autres. Moi aussi j'ai répandu la lumière ; et j'aime à croire que j'ai pris une petite part à la grande révolution

---

1. Nous ajouterons que, par suite d'un traité conclu entre le Gouvernement britannique et le Saïd, le marché aux esclaves de Zanzibar a été fermé en juin 1873, et que ce traité est dû à sir Bartle-Frère.   (*Note du traducteur.*)

2. James Young, dont les recherches sur l'utilisation de la paraffine datent de loin, exploita pour cet objet, d'abord en 1847, une source de pétrole, et, en 1850, retira du *bog-head*, minéral intermédiaire entre les schistes bitumineux et la houille, des produits beaucoup plus riches pour lesquels il fut breveté, d'où sa fortune princière.   (*Note du traducteur.*)

CHAPITRE III. 75

que le Créateur accomplit depuis des siècles, dans le monde entier, par l'entremise d'agents conscients et inconscients.

« L'amitié de Young n'a jamais faibli.

« Webb et Oswell, de grands chasseurs, ont été mes compagnons de voyage [1]. Trop absorbé par ma tâche de missionnaire pour me livrer à la chasse, si ce n'était pour fournir à la table des enfants, je jouissais, quand j'allais voir des tribus éloignées, je jouissais doublement de la vue des combats de mes amis avec les énormes habitants des forêts, et j'admirais la classe des véritables Nemrods pour son courage, sa franchise, sa fidélité et son honneur. Mais, amant chaleureux de l'histoire naturelle, je n'ai pas une seule parole bienveillante pour la tribu entière des bouchers dont le seul but est d'emplir leur gibecière, sans égard pour la souffrance animale.

« En 1851, un Amebonnda, appelé Mokanntjou, nous dit, à Oswell et à moi, que le Liammbaï et le Kafoué sortaient de la même fontaine, se séparaient immédiatement, et qu'après un long cours ils se rejoignaient dans le Zambèze en amont de Zoumbo [2]. »

8 octobre. — Mbarahoua est arrivé hier à Mamohéla avec sa bande; il rapporte que Djannghéonnghé (?) et un parti de Moïnéokila ont attaqué des gens de la Métammba, c'est-à-dire de la forêt; il a perdu quatre hommes. Son intention était de se battre; c'est pour cela qu'il voulait se débarrasser de moi, quand je suis allé au nord. Dans tous les cas, il a obtenu fort peu d'ivoire : une défense et la moitié d'une; la bande de Katommba en a rapporté cinquante. Abdallah a eu deux dents et s'est battu aussi avec les indigènes; Katommba a envoyé faire une razzia à Lolinndé. Meurtre et pillage, c'est tout le commerce des Vouajiji.

Mbarahoua a trouvé ses dents d'éléphant au bord du Linndi ou, comme il l'appelle, de l'Ourinndi, rivière dont l'eau est noire et qui est très-large : une flèche ne va pas d'un bord à

---

1. M. Oswell a découvert le lac N'gami avec Livingstone et accompagna celui-ci chez Sébitouané, ce qui lui fit partager la découverte du Zambèze au centre de l'Afrique. Pour cette heureuse partie de la vie du Docteur et pour les chasses de ses amis, voy. *Explorations dans l'Afrique australe*, de la p. 50 à la p. 108.
(*Note du traducteur.*)

2. Tout le passage compris entre des guillemets est extrait d'une dépêche envoyée par Livingstone au *Foreign Office*, quelques semaines avant sa mort.

l'autre, que sépare une distance de quatre à cinq cents yards. Le Linndi ne peut être passé qu'avec des canots, et va se jeter dans le Loualaba.

Il est curieux que tous les traitants éprouvent le besoin de me dire : « Les Manyémas sont mauvais, très-mauvais. » On laisse les Balegga tranquilles parce qu'ils savent se battre, et je n'entends rien dire de leur méchanceté.

10 *octobre*. — Sorti de ma case aujourd'hui, après y avoir été enfermé depuis le 22 juillet : quatre-vingts jours de détention par suite de mes ulcères. Les vingt derniers jours j'ai eu la fièvre qui m'a beaucoup affaibli et m'a ôté la voix. J'avais bon appétit, mais la troisième bouchée de n'importe quelle nourriture amenait les vomissements, puis la diarrhée et une sueur profuse; c'était cholérique. Combien d'indigènes en sont morts, on ne pourrait le dire. Pendant que cette épidémie ravageait la contrée, nous avons appris que le choléra sévissait d'une manière affreuse sur la route qui va à la côte. Je suis reconnaissant de me retrouver bien.

Il ne me reste plus qu'une plaie de la dimension d'un pois. La poudre de malachite est le remède qui a été le plus efficace; toutefois le commencement des pluies peut avoir aidé à la guérison; elle a produit chez les autres un mieux sensible. Quand on ne peut pas avoir de malachite, on emploie la limaille de cuivre.

Nous attendons Saïd-ben-Habib, qui doit bientôt arriver. Il partira tout de suite pour le Loualaba; j'espère aller avec lui.

Des marchands indigènes sont allés chez une peuplade qui avait des cornes de bœuf provenant de la rive gauche de la rivière.

La métammba ou forêt est d'une immense étendue et renferme une énorme quantité d'ivoire, qui pourrait s'obtenir à raison de cinq à sept bracelets de cuivre par défense, si les esclaves qu'on envoie à sa recherche voulaient seulement ne pas être implacables. Neuf villages détruits et cent hommes tués, par les gens de Katommba, pour un rang de perles attaché à une poire à poudre, et qu'un indigène à vainement essayé de voler !

J'attends des lettres par Saïd-ben-Habib, peut-être des

hommes. Pas une nouvelle de la côte n'est arrivée à Oujiji, si ce n'est un bruit vague relativement à une grande maison qu'un blanc faisait bâtir à Bagamoyo ; mais personne n'a pu me dire si c'était un Français ou un Anglais [1]. Il est possible que la fondation d'un grand établissement sur la terre ferme arrive à prouver que cette dernière est plus salubre que Zanzibar ; mais il faudra beaucoup de temps pour faire comprendre avec de la pierre et de la chaux que les terrains élevés, situés à deux cents milles du rivage, sont encore bien meilleurs pour la santé et pour l'œuvre [2].

J'agonise dans l'attente de mes lettres. Mais je suis sûr d'une chose, c'est que tous mes amis désirent que j'achève mon œuvre ; je le désire avec eux ; mieux vaut la finir maintenant que d'essayer en vain de la terminer plus tard.

Tout le travail agricole des indigènes se borne, à peu de chose près, à gratter la terre et à couper les racines de l'herbe par un mouvement horizontal de la houe. Ils laissent le maïs, la patate, le sorgho et le reste plonger leurs racines dans le sol meuble et fertile, qui n'a pas besoin d'un labour profond pour donner de beaux produits. L'arachide et la cassave tiennent bon pendant des années contre l'herbe ; et si les bananiers reçoivent un sarclage, ils donnent une récolte abondante.

Mohammed a semé du riz autour du camp, sans avoir le bénéfice du voisinage d'un cours d'eau, et il a recueilli cent vingt mesures pour une. Cette fois, il le place au bord d'une rivulette appelée Bonndé, dans un terrain humide.

L'eau pluviale ne pénètre pas avant dans le sol, qui est argileux et qui la retient à deux pieds de profondeur, ce qui est une cause d'insalubrité pour l'homme et pour les bêtes. Les poules et les chèvres ont péri cette année en grand nombre par suite d'une épizootie.

---

1. Cette grande maison était celle que des jésuites français ont fondée sur la côte, et où Stanley fit un repas analogue à ceux que fournissent les hôtels parisiens de première classe. Voy. *Comment j'ai retrouvé Livingstone*, Paris, Hachette, 1874, p. 46. (*Note du traducteur.*)

2. Le docteur Livingstone n'a pas cessé de recommander aux Européens de s'établir sur les plateaux de l'intérieur, et non pas sur la côte ou au bord des grandes rivières. On peut échapper à la mort dans une localité malsaine ; mais la santé se débilite, le moral s'affaiblit, la vie n'est plus que misère ; et quels résultats peut-on espérer d'individus obligés de lutter sans cesse contre une position qui mine leur existence ? (WALLER.)

12 *octobre.* — La visite des traitants de l'Oujiji est un grand fléau pour les Manyémas ; les huttes sont prises sans demander d'autorisation ; le bois de chauffage, les vases, les paniers, les vivres employés sans scrupule. Tout ce qui plait est volé. Quand reviennent les femmes, qui ordinairement s'enfuient dans les bois, elles ne trouvent plus chez elles qu'une litière de débris.

Je veux toujours payer mon gîte, et souvent sans le pouvoir : les propriétaires se cachent.

Il n'est pas rare que, sur notre passage, des vieillards s'approchent de moi avec un présent de bananes, en disant d'une voix tremblante : Bolonngo, bolonngo ! (amitié, amitié !) Si je m'arrête pour prendre leurs fruits et leur donner quelque chose, d'autres vont en courant chercher d'autres bananes ou du vin de palme. Les hommes des Arabes demandent ce qu'ils veulent, le prennent sans dire merci ; et, se tournant vers moi : « Ne leur donnez rien, disent-ils, ce sont de mauvaises gens. — Eh ! qu'y a-t-il de mauvais à offrir de la nourriture ? » leur demandé-je. Ils me répondent : « Oh ! ils vous aiment, vous ; mais nous, ils nous haïssent. »

Un naturel m'a fait présent d'un anneau de fer, et tous me témoignent des dispositions amicales. Cependant il n'est pas douteux qu'ils n'aient l'humeur sanguinaire ; ils s'entre-tuent d'un village à l'autre.

Pour aller chez Miréré en évitant la tsétsé, on me dit qu'il faut passer par Mdonnghé, Makinedé, Zoungoméro, Masapi, Iroundou et Nyanngoré. Arrivé là, on prend au nord pour se rendre chez les Nyannougams, de là à Nyémebé, et, virant au sud, on arrive à destination.

Une femme, chef de village, demeure sur la route qui va directement à Miréré ; mais il n'y a pas de bétail chez elle : un insecte plus grand que la tsétsé, et non moins redoutable, se pose sur les animaux ; quand les bêtes se lèchent, il leur mord la langue ou bien y fait sa ponte.

Tipo-Tipo et Saïd-ben-Ali vont à Nyémebé, puis chez Nsama ; ils traversent le Loualaba au village de Mpouéto, en suivent la rive gauche jusqu'à ce qu'ils atteignent l'autre Loualaba, qu'ils franchissent également, et atteignent le Lonnda de Matiamvo. Beaucoup d'ivoire peut être obtenu dans cette course, qui témoigne d'un grand esprit d'entreprise.

Dagâmmbé et Saïd-ben-Habib veulent, cette année, ouvrir complétement le Loualaba; j'espère de la sorte gagner l'Ouest-Loualaba ou rivière d'Young, et, s'il est possible, remonter à Katannga. Que le Seigneur soit mon guide et mon soutien!

L'absence de médicaments se fait sentir presque autant que le manque d'hommes.

16 *octobre*. — Moïnémegoï, le chef de Bammbarré, est venu m'apprendre que Monamyemmbo avait envoyé cinq chèvres à Lohommbo, afin d'en obtenir un charme qui avait pour but de le tuer, lui, Moïnémegoï. « L'Inglézé et Kolokolo (Mohammed Bogharib) permettraient-ils qu'on le fît mourir pendant qu'ils étaient-là? » Je lui ai dit que c'était un faux rapport; mais il est peruasdé du contraire. Monamyemmbo nous a envoyé son fils pour nous assurer qu'il était calomnié; et c'est ainsi que commencent les querelles d'où résultent des guerres sanglantes!

Ce qui manque aux Manyémas, c'est un lien national; chacun de leurs chefs est indépendant. Ils ont de l'industrie, leurs villages sont bien tenus; l'ordre y règne, ainsi que la justice, et les relations entre les habitants sont bonnes; mais cela ne va pas plus loin. Si un homme d'un autre canton s'aventure dans la bourgade voisine, il est en danger : on ne l'y regarde pas avec plus de faveur que les buffles d'un troupeau n'accueillent un buffle d'une autre bande. Sa mort ne peut être punie que par une guerre; et la vieille querelle envenimée est transmise aux descendants.

Moïnékouss avait plus de sagesse que ses compatriotes; son fils aîné était allé chez Monamyemmbo, l'un de ses sujets, et avait été frappé de cinq coups de lance. Le vieux chef se rendit au lieu du meurtre, et demanda qui avait tué son fils. Presque tous protestèrent de leur ignorance, tandis que les autres insinuaient que « peut-être étaient-ce les Bahommbo ». Il alla trouver ceux-ci, qui nièrent également s'être rendus coupables du fait, et en accusèrent Monamedennda. Chez ce dernier, Moïnékouss reçut la même réponse : personne ne savait rien. Il regagna Bammbarré, et c'est ainsi qu'il mourut.

Bien que sa mort provînt d'un brisement de cœur, Monamyemmbo l'attribua à la sorcellerie ; onze personnes furent tuées pour cette cause ; et lorsque Mohammed l'eut châtié de ces meurtres, Monamyemmbo envoya une chèvre expiatoire, en faisant l'aveu que c'était lui qui avait tué le fils de Moïnékouss. Ce fils avait une partie de la sagesse de son père, qui ne put jamais obtenir des autres qu'ils agissent en hommes de sens.

19 *octobre.* — Bammbarré. Les chefs de mes déserteurs m'ont fait annoncer par Chouma qu'ils partaient aujourd'hui, avec les gens de Mohammed, pour la Métammba ; j'ai répondu que je n'avais rien à leur dire. Le motif de leur désertion était, disaient-ils, l'effroi que leur inspirait cette forêt. Ils y vont maintenant d'eux-mêmes, sans nul souvenir de l'abandon dans lequel ils m'ont laissé, avec trois serviteurs seulement, me condamnant à me mettre les pieds en lambeaux dans le sable et dans la bourbe. Leur intention était probablement de rejoindre les femmes du camp de Mamohéla, qui les nourrissaient en l'absence de leurs maris.

Mohammed leur a défendu de suivre ses gens et a donné l'ordre, s'ils venaient, de les charger de liens et de les renvoyer. Mais ils pensent que nul châtiment ne peut les atteindre : ils sont hommes libres, et ne doivent faire aucun travail, pas autre chose que de mendier. Des *Anglais,* comme ils se nomment ; et les Arabes les redoutent, bien que l'empressement avec lequel ils se sont engagés comme chasseurs d'esclaves montre qu'ils sont de véritables nègres, et de la mauvaise espèce.

20 *octobre.* — La première pluie copieuse de la saison est tombée hier dans l'après-midi.

Il est remarquable que les Manyémas persistent dans leur halte sur le chemin du progrès, et ne soient pas influencés par l'arrivée de gens d'un état supérieur ; toute amélioration leur est étrangère. Moïnékouss, en comprenant les avantages, avait payé d'habiles forgerons pour qu'ils montrassent leur métier à ses fils, qui ont appris à mieux travailler le fer et le cuivre ; mais il n'a pas obtenu de ces derniers qu'ils agissent de même à l'égard des autres. Il leur reprochait continuellement leur égoïsme, leurs vues courtes ; et il est mort lais-

CHAPITRE III.

sant la place vide, car ses fils sont tous les deux gens d'esprit étroit, sans dignité et sans honneur.

Tout ce qu'ils peuvent dire relativement à leur origine est que leurs ancêtres vinrent des bords du Loualaba, en amont du Louamo, s'établirent sur les rives du Louélo, ensuite où nous les voyons.

Le nom de Manyéma, ou plutôt de Manyouéma, paraît signifier gens de la forêt.

22 *octobre*. — La bande qui est sous les ordres d'Hassani a traversé le Logoumba au village de Kanyinngéré, puis est allée au nord et au nord-nord-est. Ces gens ont trouvé le pays s'accidentant de plus en plus, jusqu'à finir par ne plus être, en approchant de Miréré, qu'une série de montées et de descentes. Ils ont couché dans un village situé au sommet, et n'ont pu envoyer chercher de l'eau qu'une seule fois au pied de la chaîne, à cause du temps qu'il a fallu pour descendre et pour remonter.

Toutes les rivières allaient rejoindre le Kiriré ou Tanganika inférieur. Il y a, de ce côté, une source dont l'eau est trop chaude pour qu'on puisse y mettre la main; et l'on ne peut pas rester sur les pierres qui l'entourent.

Les Balegga se réunirent par milliers, et témoignèrent de leurs dispositions hostiles. « Nous venons pour acheter de l'ivoire, leur dit Hassani; si vous n'en avez pas, nous allons partir. — Non! crièrent les autres; vous êtes venus pour mourir ici ». Et ils lancèrent leurs flèches; mais les balles qu'ils reçurent en échange leur firent prendre la fuite; et ils ne voulurent pas même venir recevoir les prisonniers.

25 *octobre*. — Je me suis efforcé dans ce voyage de suivre inflexiblement la ligne du devoir. Ma conduite a été droite, bien que ma route fût tortueuse. Tous les obstacles, la faim, la fatigue, ont été acceptés avec la ferme conviction que je devais persévérer dans mon œuvre et continuer l'exploration des sources du Nil. Que je réussisse ou non, j'aurai cherché avec calme et conscience à remplir la tâche qui m'a été confiée. La perspective de la mort ne m'empêchera pas d'aller où je crois devoir me rendre, et ne m'en détournera ni d'un côté ni de l'autre.

Pendant les trois premières années, j'ai eu le pressentiment que je ne vivrais pas assez pour achever l'entreprise. D'abord très-vif, ce pressentiment s'est affaibli à mesure que j'approchais du but; et un désir ardent de découvrir quelque preuve de la visite du grand Moïse dans ces parages me retient comme par enchantement. Si je pouvais mettre en lumière quelque chose qui confirmât les oracles sacrés, je ne regretterais pas une seconde du travail qu'il m'aurait fallu pour cela.

J'ai à descendre le Loualaba central, ou rivière de Webb; puis à remonter celui du couchant, ou rivière de Young, jusqu'aux fontaines du Katannga; ensuite je reviendrai. Je prie Dieu que ce soit à mon pays natal.

Saïd-ben-Habib, Dagâmmbé, Djouma Mérikano et Abdallah Masendi arrivent avec sept cents mousquets et un stock énorme de cuivre, de grains de verre et d'autres marchandises. Ils veulent traverser le Loualaba et aller trafiquer à l'ouest de cette rivière. Je les attendrai : ils peuvent avoir des lettres pour moi.

28 *octobre*. — Moïnémokata, qui a pénétré plus loin que la plupart des Arabes, me disait : « Celui qui voyage avec une langue polie et bonne peut aller chez les plus mauvais peuples d'Afrique sans avoir rien à craindre. » Rien n'est plus vrai; mais le temps est tout aussi nécessaire : il faut donner aux gens celui de vous connaître, et, pour cela, ne pas traverser le pays en courant, afin que leurs premières craintes puissent se dissiper.

29 *octobre*. — Les Manyémas achètent leurs femmes les uns des autres : une jolie fille rapporte dix chèvres.

Aujourd'hui, j'en ai vu conduire une au domicile conjugal. Elle marchait gaiement, accompagnée d'une servante et suivie de l'épouseur. Ils vont rester cinq jours chez eux; puis ils reviendront chez les parents de la femme, où celle-ci restera également cinq jours, après lesquels le mari viendra la chercher de nouveau.

Beaucoup de ces jeunes filles sont jolies et admirablement faites.

31 *octobre*. — Monanngoï, le chef de Louamo, qui a épousé la sœur de Moïnékouss, est venu il y a quelque temps demander avec instances que Kanyinngéré fût attaqué par les

gens de Mohammed : rien à lui reprocher; « mais il est mauvais. »

Monanngoï, de Bammbarré, a offert deux défenses dans le même but. Sur le refus de Mohammed, il a envoyé ces dents à Katommba, pour le décider à exterminer ses compatriotes ; et pourquoi? parce que Kanyinngéré est mauvais ; on ne me donne pas d'autre raison.

Pendant ce temps-là, notre Monanngoï saisit une esclave qui s'est évadée, la vend à Moïné Mokaya pour trente lances et plusieurs couteaux ; le maître la lui réclame : il répond qu'elle est morte. C'est tout simplement un voleur; mais on ne trouve pas qu'il soit mauvais.

2 *novembre* 1870. — La plaine dépourvue d'arbres, qui flanque le Loualaba sur la rive droite et qui porte le nom de Mbouga, a une population compacte, population honnête, obligeante et amicale. De cinquante à soixante grands canots viennent tous les jours de la rive gauche amener des gens au marché. Tous ces gens-là sont bons ; mais ceux de la Métammba, ou forêt épaisse, sont déloyaux et tuent sans scrupule un homme seul : chez eux le meurtre est facilement caché, tandis que dans la plaine il serait bientôt connu.

J'aspire de toute mon âme à sortir d'ici, à me remettre en marche, et à finir mon œuvre ; j'ai aussi un désir excessif de trouver une preuve de la visite du grand Moïse et de l'existence de l'ancien royaume de Tirhaka ; mais, Seigneur, accorde-moi ce qu'il te plaît, et fais qu'en toute chose je sois soumis à ta volonté !

Je n'ai eu connaissance de l'envoi de mister Young à ma recherche qu'au mois de février de l'année courante ; je saisis la première occasion qui m'est offerte d'adresser au gouvernement de Sa Majesté l'expression de ma vive gratitude, et je remercie du fond de l'âme tous ceux qui ont participé à cette généreuse enquête [1].

Mousa et ses compagnons étaient de beaux spécimens de la fausseté, de la couardise et de la dureté de cœur des musulmans de basse classe dans l'est de l'Afrique. A l'époque où

---

1. Revoy., pour l'expédition de M. Young, et pour les motifs qui l'ont amenée, la note du Ier vol., p. 124. (*Note du traducteur.*)

nous étions sur le Chiré, son beau-frère entra dans l'eau pour aller chercher une barque, et fut saisi par un crocodile. Le malheureux tendit la main en implorant du secours ; les autres le laissèrent périr. Mousa était présent ; quand on me dénonça le manque de cœur dont il avait fait preuve : « Eh bien ! dit-il, personne ne m'a donné l'ordre de le sauver. » Nous étions à Senna lorsqu'une esclave fut saisie de la même façon ; quatre Makololos, qui ne la connaissaient pas, se précipitèrent dans le fleuve et la sauvèrent de leur propre mouvement. Après avoir eu de longues relations avec les Anjouanais et les Makololos, je donne ce double incident comme typique des deux peuples. Les gens de sang mêlé ont ici les vices des deux races, sans avoir aucune des vertus qu'elles possèdent.

Un gentleman, doué de facultés exceptionnelles[1], a consacré sa fortune et sa vie à l'amélioration des Anjouannais ; je crains bien que ces gens-là ne soient d'une race imperfectible.

Le sultan de Zanzibar, qui connaît son peuple mieux que pas un étranger, ne confierait pas une branche quelconque de ses revenus à l'un de ses sujets, même de la classe supérieure ; tous les emplois de la douane, tous ceux qui concernent l'impôt, tout ce qui a rapport aux finances est chez lui aux mains des Banians. Il en était de même du temps de son père.

Quand on demande aux Zanzibarites pourquoi leur souverain confie toutes ses affaires pécuniaires à des étrangers, ils vous répondent franchement que, s'il affermait ses douanes à un de ses Arabes, il n'aurait pour toute recette que des mensonges[2].

Burton s'est vu à Oujiji dans l'obligation de congédier la plu-

---

1. Mister John Sunley, établi à Pomoné, île d'Anjouan.
2. Les sujets arabes du Saïd voyagent, tandis que les Banians sont sédentaires, ce qui expliquerait pourquoi ces derniers les remplacent dans l'administration des finances du pays. « Ce sont les Arabes, dit Stanley, qui vont à la recherche de l'ivoire ; et ils doivent aux obstacles vaincus, aux périls surmontés, quelque chose de fier et de hardi qui inspire le respect. » Livingstone lui-même les qualifie de gentlemen ; revoy. Ier vol., p. 283 ; il ne parle ici que des Arabes noirs.

« Quant à leurs métis, ajoute Stanley, je n'ai pour eux que du mépris ; gens à double face, rampants devant ceux qui les dominent, cruels pour les malheureux qu'ils tiennent sous leur joug. Souples et hypocrites, lâches et bas, fourbes et serviles.... Plus leur serment est solennel, plus ils vous font de mensonges....» (*Comment j'ai retrouvé Livingstone*, p. 12.) (*Note du traducteur.*)

part de ses gens pour cause d'improbité ; les hommes de Speke ont déserté à l'annonce du premier péril. Mousa a pris la fuite sur le faux rapport d'un métis Arabe au sujet des Mazilous, dont nous étions à cent cinquante milles, et bien que je lui eusse promis d'aller au couchant, et de ne pas virer au nord, avant d'être à une grande distance du parcours de cette tribu.

Mes Nassickais, dont je n'avais pas eu à me plaindre tout d'abord, ont eu le malheur d'appartenir à des musulmans dans leur enfance ; et, dès qu'ils se sont retrouvés en relations étroites avec ces gens-là, ils se sont mal conduits.

Un Arabe noir, prisonnier depuis douze ans chez Casemmbé, est élargi grâce à mon influence : nous voyageons ensemble, et il vend à mes hommes les faveurs de ses esclaves pour des objets qu'il sait fort bien m'avoir été volés. Il reçoit mes déserteurs ; et quand je pars pour le lac Banngouéolo avec quatre hommes, il emploie le mensonge pour les détourner de moi. C'est lui qui est la cause de toutes mes difficultés avec les Nassickais. Cependant, jugé au point de vue de ses compatriotes, c'est un homme de bien, et il n'aurait pas été prudent de rompre avec cette vieille canaille.

Laba, dans le dialecte manyéma, veut dire médecine, un charme, un talisman (bogannga des autres peuplades). Le nom de Loualaba signifierait donc rivière de médecine ou de charmes. Hassani pense que cela veut dire grand, et Loualaba : l'eau qui coule grandement, ou grande rivière.

Casemmbé a saisi tous les esclaves qui ont quitté Mohammed, et les a remis à la garde de Foungafounga. Il y a donc peu d'espoir pour les fugitifs d'échapper à leurs maîtres, tant que Casemmbé vivra. Cette conduite fait qualifier celui-ci de très-bon par les Arabes ; il est d'ailleurs plein de jugement et de loyauté.

3 *novembre*. — Obtenu un Konndohonndo, grand calao à double bec (*buceros cristata*), le Kakomira du Chiré, le Sasassa des Bammbarrés. C'est un bon rôti ; la graisse en est d'une teinte orangée, comme celle du zèbre. Je conserve le bec pour en faire une cuiller.

On demanda un jour à notre ambassadeur à Stamboul, auquel on montrait une cuiller de ce genre, si c'était réellemen le bec du phénix. Il répondit qu'il ne savait pas ; mais qu'il avait en Angleterre un ami qui connaissait toutes ces sortes de choses; et il nomma le professeur Owen. Quelque temps après, l'ambassadeur turc résidant à Londres présentait la cuiller au savant professeur. Celui-ci, voyant dans les divergences des fibres de la corne quelque chose qu'il n'avait pas observé jusque-là, se rendit au museum du collége de chirurgie, et rapporta un calao empaillé. « Dieu est grand ! Dieu est grand ! s'écria le Turc à la vue de l'échantillon ; c'est bien le phénix, cet oiseau si célèbre. » J'ai entendu raconter l'histoire par le professeur lui-même, en 1857, à un dîner de la Société Huntérienne de Londres.

Il n'y a pas de grands chefs dans le Manyéma ; tous sont de petits gouverneurs de village, indépendants les uns des autres ; c'est l'état païen : nulle cohésion entre les membres de la tribu. Le meurtre, nous l'avons noté, ne peut être puni que par une guerre, qui fait de nombreuses victimes; la querelle en devient plus vive et se transmet aux descendants.

Les philosophes de l'antiquité se contentaient de simples conjectures sur l'avenir de l'âme ; les anciens prophètes, du secours divin pendant l'existence et à la dernière heure. Les autres allèrent plus loin : « Tes morts vivront, dit Isaïe, et avec eux se lèvera mon cadavre. Éveillez-vous et chantez, vous qui demeurez dans la poussière ; car ta rosée est comme celle qui ranime les herbes. La terre aussi fera surgir ses morts. »

Ceci, rapproché du sublime spectacle de l'Hadès donné dans le quatorzième chapitre, semble être une prévision de l'avenir. Mais Jésus-Christ instruit Lazare, Marie et sa sœur ; et Marthe parle aussitôt de la résurrection des morts au dernier jour comme d'une doctrine qui lui est familière, distançant de beaucoup la loi de Moïse, dans laquelle elle a été élevée.

Le chef Monyoungo, à ce que me rapportent les Arabes, a été envoyé chez les Vouatouta, où il est resté cinq ans, pour en étudier les coutumes et le langage ; à son tour il a envoyé à Zanzibar ses deux fils et une de ses filles, pour y être mis à l'école.

Tout d'abord, ses gens voyaient les étrangers d'un mauvais œil ; un jour, qu'il avait ordonné de mettre des cases à la disposition de Mohammed, n'étant pas obéi, il incendia l'une des maisons refusées ; sur quoi les insoumis lui crièrent : « Laissez les huttes tranquilles, nous allons nous retirer. »

Monyoungo porte le costume arabe, et, à l'endroit où il tient sa cour, il a dix fusils chargés, quatre pistolets, deux sabres, plusieurs lances séparées et deux faisceaux de lances batouta. Il déplore que son père lui ait fait limer les dents quand il était jeune.

On lui donne deux autres noms : Ironnga et Mohamou. Ses sujets s'appellent Baroungou ; leur pays est l'Ouroungou.

D'autre part, les Basanngo tiennent leur chef pour une divinité ; ils craignent de faire ou de dire quelque chose de mal, de peur qu'il ne le voie ou ne l'entende ; et cela, non-seulement devant lui, mais hors de sa présence.

Jamais le père de Miréré n'a bu de pommbé, c'est-à-dire de bière. « Un homme, disait-il, qui est chargé de la vie des autres, ne doit pas s'enivrer, ce qui lui ferait commettre le mal. » Jamais non plus il n'a fumé de chanvre ; seulement, dans le conseil, il avait à la main un bouquet de cette plante qu'il flairait, pour faire croire à son peuple qu'il en était inspiré.

Miréré boit de la bière sans scrupule ; mais il s'abstient également de fumer du chanvre. Lui seul tue des moutons ; il en aime la viande, est amateur de bœuf, mais ne touche pas à la volaille ni à la viande de chèvre.

9 *novembre*. — J'ai envoyé à Lohommbo chercher du doura, et j'ai planté des nyoumbos.

Que je voudrais être parti, finir mon exploration des deux rivières : les Loualaba de Webb et de Young ! Mais Dagâmmbé et Saïd peuvent avoir des lettres : et comme je n'ai pas l'intention de revenir ici, je pourrais les manquer. Mon désir serait de quitter le pays par le Karagoué ; c'est pourquoi je les attends. Ce retard me plonge dans l'amertume. Je prie, j'invoque de l'aide pour faire ce qu'il faut que je fasse ; et rien n'arrive ; et je souffre et je me 'lamente : je ne peux pas abandonner ma tâche avant qu'elle soit achevée.

10 *novembre*. — Une razzia a été faite au sud-ouest de Mamohéla pour retrouver quatre fusils qui avaient été pris à Katommba. Trois des fusils ont été recouvrés, il y a eu dix morts du côté des Arabes. Ce sont des gens de Katommba qui, se rendant à Oujiji pour ramener des hommes, en ont ap-

porté la nouvelle. Les Manyémas se sont battus à coups de flèches avec une extrême ardeur, et n'ont rendu les fusils que lorsqu'ils ont eu beaucoup de tués et de blessés. Ils s'attendaient probablement à une attaque, et avaient pris la résolution de ne céder que s'ils y étaient contraints.

Engagés dans cette affaire, les gens de Katommba n'ont pas pu vaquer à la recherche de l'ivoire. Ceux de Mohammed conséquemment ont pris l'avance. Ils ont descendu la rive du Loualaba jusqu'à la demeure de Kasonngo, d'où ils ont suivi la lisière occidentale de la forêt, et ont gagné le Rinndi ou Loïnndé; mais, envoyés pour se battre au lieu de trafiquer, ils sont revenus les mains vides. Le même fait se produit partout, même où les gens ne se défendent pas.

Cette double expérience au nord et au sud-ouest fera probablement comprendre que les Manyémas ne doivent pas être attaqués sans motifs sérieux. A Mamohéla, les Bajiji ont semé du riz et du maïs; mais ils ne trouvent pas à faire le moindre commerce où naguère ils se procuraient tant d'ivoire.

Une bande de traitants a eu cinq hommes tués sur les bords du Rinndi; la raison de cet assaut, de la part d'une population jusque-là si paisible, n'a pas été divulguée; mais il suffit de voir le pillage des champs et des bourgades pour en deviner la cause. Le feu a été mis plusieurs fois au camp de Mahoméla par des tribus qui avaient à se plaindre; s'il n'a pas fait de grands ravages, ce n'est pas la faute de ceux qui l'avaient allumé. « Les Manyémas, me disait un Arabe, comprennent maintenant que chaque coup de fusil n'est pas mortel. » Ils apprendront bientôt que, dans la forêt, leurs lances sont plus meurtrières que les armes à feu aux mains de leurs assaillants, et le pays sera fermé.

C'est la pratique habituelle des Vouasahouahili : meurtre et pillage. Chaque esclave qui s'élève dans la faveur du maître est avide de montrer sa valeur en tirant de sang-froid sur ses compatriotes; quand il a tué un nègre, son orgueil s'exalte. La conscience, chez lui, n'est pas assez éclairée pour lui inspirer des remords; et l'Islam étouffe la voix de la nature.

Je suis horriblement las d'être ici. Mohammed est aussi bon pour moi que possible; mais ne rien faire ou abandonner mon œuvre m'est également intolérable. Je n'en supporte pas l'idée ; et je suis obligé de rester là, faute de monde.

11 *novembre*. — J'ai écrit à Oujiji pour que l'on m'envoie mes lettres et des médicaments, dans une caisse de thé de Chine qui est à moitié vide. C'est à Mohammed-ben-Séli que je m'adresse. Si la caisse ne peut pas être expédiée, qu'il m'envoie toujours les articles dont j'ai le plus grand besoin.

Les parents d'un petit garçon pris à Monyanyemmbé ont amené trois chèvres pour le racheter ; l'une des chèvres a été refusée comme ne valant rien. L'enfant est malade et amaigri ; il a fondu en larmes en voyant sa grand'mère ; et le père aussi, quand il a entendu qu'on ne voulait pas de sa chèvre. « J'ai vu toutes les oppressions qui se font sous le soleil ; j'ai vu les larmes des innocents, qui n'ont personne pour les consoler. Du côté de leurs oppresseurs est la puissance ; mais eux, personne ne vient à leur secours. » (*Ecclésiaste*, IV, 1.)

On a dit à la famille d'amener une autre bête ou de laisser l'enfant. C'est une grande dureté de cœur.

Ici la rançon est de trois chèvres ; à Mamohéla on en demande dix.

Je n'écris pas à la côte ; car je soupçonne le lihoualé, Saïd-ben-Sélim-Borachide, d'anéantir mes lettres pour que l'affaire du vol de son homme, Ben-Séloum, soit étouffée. Il a gardé près de lui, dans le même but, l'autre voleur, un appelé Mousa Kamaels.

Bogharib a écrit à Ben-Séli que j'avais envoyé un gros paquet de lettres en juin 1869, paquet dont j'avais payé le port, et que je ne recevais ni réponse, ni caisse de l'Ounyanyemmbé. Ces lignes arriveront à Zanzibar, où elles seront mises sous les yeux du consul par un ami. Si j'écrivais moi-même, la lettre serait brûlée ; cela ne fait aucun doute. L'ami qui parlera au consul est le vizir Mohammed-ben-Abdallah. Saïd-Soliman est le lihoualé du gouverneur de Zanzibar, Soliman-ben-Ali, ou Cheik Soliman est le secrétaire.

La horde de Mamohéla est terrifiée : chacune de ses bandes, envoyée à la recherche de l'ivoire, a perdu trois ou quatre hommes ; et dans la dernière affaire, les Manyémas — on voit maintenant qu'ils peuvent se battre — lui en ont tué douze. Ces gens refuseront bientôt d'aller chez ceux qui ne demandaient qu'à les bien recevoir et qu'ils ont forcés à devenir leurs ennemis.

Un Mzoula invita l'un des hommes des traitants à venir avec lui pour faire du commerce ; la proposition fut acceptée. En arrivant dans son pays, le guide demanda à l'étranger si l'arme qu'il avait à la main pouvait tuer un homme, et comment on s'en servait. L'agent montra son fusil, et, pendant qu'il en expliquait le mécanisme, il fut poignardé. On ne sait pas pourquoi; mais il est probable que l'indigène avait perdu l'un des siens dans quelque razzia. C'est là ce qu'on appelle un meurtre sans cause.

Lorsque Dagàmmbé et Saïd arriveront, j'espère avoir un canot et des hommes pour finir mon œuvre parmi des gens qui n'ont pas été brutalisés par les Youajiji, et qui ont encore leur bienveillance native. Pas un d'eux n'est cruel sans motif; c'est la triste expérience qu'ils ont faite de la venue des esclaves, armés de fusils, qui leur a donné une sombre haine pour tous les étrangers.

L'éducation du monde est terrible et se fait en Afrique avec une implacable rigueur depuis les temps les plus reculés. Ce que deviendront les Africains après cette effroyable leçon est dans les secrets de la Providence; mais quand Celui qui est au-dessus des plus puissants aura accompli ses desseins, ce devra être un merveilleux pays, quelque chose de très-grand, comme à l'époque où florissaient Tirhaka et Zérah.

Le sol du Manyéma est argileux et d'une fertilité remarquable ; à peine semé, le maïs s'élance à graine, et il suffit d'arracher les mauvaises herbes pour que toutes les récoltes soient à profusion; mais les Bammbarrés sont des agriculteurs indifférents. Il font venir du maïs, des bananes, des arachides, quelques patates et un peu de cassave, mais pas de sorgho, de miliza, de nyommbos, de citrouilles, de melons, qui abondent dans tous les autres districts. Personne ne se serait établi chez eux, s'ils n'avaient pas eu Moïnékouss. Leur huile est très-chère, tandis qu'au bord du Loualaba on peut en avoir un gallon (quatre litres et demi) pour un seul rang de perles, et tout le reste en abondance : manioc, bananes, arachides, fèves, giraumons, nyoummbos, etc.

De même que les Bammbarrés, les Balegga (Manyémas les

CHAPITRE III.

uns et les autres) comptent principalement sur la banane et sur l'arachide pour se nourrir. Jouer avec des perroquets est leur grand amusement.

13 novembre. — Les hommes que j'ai envoyés à Lohommbo (une trentaine de milles d'ici) pour acheter du sorgho en ont rapporté deux charges et demie qu'ils ont eues pour une petite chèvre; mais les habitants ne veulent rien vendre. « Si nous faisons du commerce, répondent-ils, les Arabes viendront et nous tueront avec leurs fusils. » C'est malheureusement vrai : les esclaves sont arrogants, et, si leur insolence est relevée, un massacre en résulte.

Mes gens m'ont aussi rapporté des bananes sucrées et un peu d'huile, qui sert pour la cuisine et qui, étendue sur le pain avec du sel, remplace le beurre; mais, par suite des dispositions des indigènes, toute provision est difficile à obtenir.

Monanngoï est allé près de Lohommbo; il y a entendu parler d'une bande commerciale très-nombreuse, qui arrivait et qui n'était pas loin. C'est peut-être la caravane de Dagammbé et de Saïd; mais souvent les nouvelles sont fausses.

Dans leur dernière attaque, les gens de Katommba ont été complétement battus, obligés de déposer leurs mousquets et leurs cornes à poudre, sous peine de recevoir immédiatement une grêle de flèches. Pour la plupart, c'étaient des esclaves qui ne savaient qu'appuyer sur la détente et faire du bruit. Katommba a réuni tous les Arabes, tous les gens qui tirent bien, et il est allé avec eux prendre sa revanche; il y a eu beaucoup de morts.

Les Manyémas n'ont pas tué un seul des hommes qui avaient mis bas les armes; mais ceux des leurs qu'on fait prisonniers perdent la vie. C'est le commencement de la fin, qu'il a été facile de prévoir, dès qu'il ne s'est plus agi de tournées de commerce, mais des razzias d'une horde assassine.

Un petit oiseau accompagne le calao à crête, *sassara* des indigènes; il le suit en criant, et lui donne des coups de bec sur la queue, jusqu'à ce que le chassé lui ait livré le contenu de ses intestins; il le quitte alors et va poursuivre d'autres oiseaux de la même manière, criant et becquetant jusqu'à ce qu'il ait obtenu la purgation. Les indigènes lui ont donné un nom qui signie *jeu*, et les hommes de la côte celui d'*outané*, qui veut dire *farce*, ou de *msaha*, qui est l'équivalent d'*esprit*. Au nord de Bambarré, on l'appelle *mamebammboua*.

L'oiseau du buffle avertit du danger son puissant ami en criant : *tchatchatcha*. Celui du rhinocéros profère dans le même but un sonore : *taï, taï, taï, taï*. Le premier a reçu des Manyémas le nom de *modjéla*, et des gens du Sahouahil celui de *tchassa*.

Il y a en Afrique une plante grimpante, appelée *ntouloungopé*; mêlée avec de la farine, elle tue les souris. Ces dernières pullulent dans notre camp où elles détruisent toute chose; mais le ntouloungopé n'existe pas dans ces parages.

Les Arabes me disent qu'à Zanzibar, avec un dollar par jour, une famille nombreuse a une nourriture abondante. L'alimentation se compose de riz, de froment, de viande de chèvre ou de bœuf, de volailles, d'œufs, de bananes, de lait, de beurre, de sucre, de mangues, de pommes de terre.

L'ambre gris, bouilli à petite dose dans du lait avec du sucre, est employé par les Hindous pour augmenter en eux la masse du sang. On le trouve le long du rivage, à Baravoua ou Brava et à Madagascar, comme si le cachalot s'en débarrassait pendant sa vie.

Amou ou Lamou est opulente et bien approvisionnée de toutes choses, telles que raisin, pêches, froment, chameaux, bêtes bovines et autres. Le commerce s'y fait principalement avec Madagascar. L'intérieur des maisons est richement garni : meubles, vaisselle de l'Inde, etc.

A Garagannza, il y a des centaines de marchands arabes; là, également, les fruits abondent; le pays est élevé et le climat est salubre. Pourquoi nos missionnaires n'imitent-ils pas ces Arabes en s'établissant sur les hauteurs?

24 *novembre*. — L'herpès est commun à Zanzibar, dans la campagne; il se voit rarement à la ville, ce qui est attribué par les gens du pays à ce que les maisons sont serrées les unes contre les autres. Le mal affecte la bouche et les lèvres; il y a de la constipation pendant trois jours; tout cela guérit en allant sur la terre ferme. Il en est de même pour les affections pulmonaires, qui guérissent également par un séjour à Brava.

Le Tafori ou Halfani a emporté mes lettres d'Oujiji; mais je ne sais pas quelle est la personne qui en est chargée.

29 *novembre*. — Safâra est à Zanzibar le nom de la maladie qui consiste à manger de l'argile; cette maladie affecte souvent les esclaves, mais ne leur est nullement exclusive; et ce n'est pas avec l'intention de se tuer qu'ils mangent de la terre. C'est un appétit maladif, qui n'a rien à voir avec la faim : des gens riches, dont la table est copieusement garnie, y sont fréquemment sujets. On dit que, pour eux, l'argile a une odeur agréable. Les pieds enflent, le corps est émacié, la figure devient hâve, l'œil hagard; le malade ne peut plus marcher, tant sa faiblesse est grande; quelques pas l'essoufflent; il respire à peine, et il continue à manger de la terre jusqu'à ce qu'il meure.

Il y a ici, actuellement, beaucoup d'esclaves atteints de safâra; l'argile battue des murailles est celle qu'ils préfèrent. Dans le pays, les femmes enceintes en mangent souvent. Le mal est traité par un purgatif drastique composé de la sorte: on met dans un grand bassin du vieux vinaigre de cocotier, dans lequel on jette de vieilles scories de fer qu'on a fait rougir; on y ajoute le poids d'une demi-roupie d'assa fœtida, dito de couperose et dito de soufre. Un petit verre de cette drogue, pris à jeun, matin et soir, fait évacuer par haut et par bas des matières noires, et s'administre pendant sept jours. La viande, pendant ce temps-là, est interdite; le malade ne doit prendre que du sorgho ou du vieux riz, et boire de l'eau. Plus tard, on lui permet la volaille; mais le poisson, le beurre, les œufs et le bœuf, lui sont défendus pendant deux ans, sous peine de mort.

Cette prescription vient du père de Mohammed qui, paraît-il, a guéri un certain nombre de cas; il était renommé à ce sujet.

Le safâra est ainsi une maladie spéciale; il est commun dans le Manyéma, ce qui m'engage à attendre mes médicaments. D'après la prescription précédente, le canal cholédoque et le duodénum sembleraient être bloqués par une bile épaisse; et manger de la terre pourrait être un essai de la nature pour désencombrer les voies. L'argile se trouve non modifiée dans les selles, où elle est en grande quantité.

Un Mnyamouézi, qui portait naguère une charge énorme de cuivre, est maintenant à peu près incapable de se mouvoir, par l'effet du safâra ; il a été pris de cette affection au bord du *Louapoula*, où les vivres abondent, et, bien que dans un état déplorable, il est content de son sort.

Comprimez l'ongle d'un doigt, et si nulle rougeur ne vient à paraître, le safâra est la cause du manque de sang.

CHAPITRE IV.

Les perroquets et le lion sont gauchers. — Désespoir de la perte d'une dot. — Humeur sanguinaire des Manyémas. — Manque de matériaux pour écrire. — Graisse de lion, spécifique contre la tsétsé. — Le negghéri. — Renseignements sur Miréré. — Dimensions des dents d'éléphant. — Épidémie. — Maladie la plus étrange de toutes. — Nouvel an. — Détention à Bammbarré. — Goître. — Nouvelles du choléra. — Arrivée d'une caravane de la côte. — Défi de la plume de perroquet. — Meurtre de James. — Arrivée des serviteurs attendus. — Ils refusent d'aller au Nord. — Renvoi des mécontents. — Lettres du Dr Kirk et du sultan de Zanzibar. — Doutes géographiques : est-ce le Congo ou le Nil? — Présent d'un jeune soko. — Scénerie forestière. — Les Manyémas. — Ils veulent manger un homme blanc. — Horrible massacre. — Écœuré par la vue du sang. — Arrivée au Loualaba.

6 *décembre* 1870. — Que Dagâmmbé et Saïd arrivent donc! — mais ce délai est peut-être pour le mieux.

Tous les perroquets saisissent leur nourriture et la tiennent de la main gauche; le lion frappe du bras gauche; tous les animaux sont gauchers, excepté l'homme.

Une très-jolie petite femme a passé gaiement devant ma porte, il y a à peu près un mois, je l'ai noté; elle allait se marier avec Monasimeba. On l'avait payée dix chèvres; ses amis en demandèrent une de plus, qui a été refusée; ils lui ont persuadé de revenir; elle s'est enfuie, a pris une fièvre rhumatismale qui s'est déclarée le lendemain, et elle est morte hier. Pas un mot de regret pour la charmante créature; mais les chèvres, quelle perte! ils ne sauraient trop se lamenter: « Nos dix chèvres! oh! nos dix chèvres! oh! oh! oh! »

Les Basannga ont des gémissements pour ceux qui meurent dans leur lit, mais ne pleurent pas les gens tués à la guerre : le bétail est un baume pour tous les maux.

Un homme a été tué à moins de huit cents yards d'ici par un habitant d'une autre bourgade; il n'y a virtuellement pas de chef ; dès lors, querelle entre les deux communes ; le meurtrier a été poignardé, le village réduit en cendres, et toute la population mise en fuite. C'est réellement un peuple sanguinaire ; le mépris de la vie humaine est poussé chez eux aux dernières limites. L'individu qui a tué une femme sans nul motif, il y a peu de jours, n'a pas même été puni ; il a offert sa grand'mère pour être tuée à sa place, et, la cause entendue, on ne lui a rien fait.

Un homme est mort dans les environs ; Monasimeba est allé prendre sa femme ; après s'être lavé, il pourra reparaître au milieu des autres. S'il n'avait pas obtenu cette veuve, il lui aurait fallu rester devant sa porte, assis et complétement nu, jusqu'à ce qu'un homme marié vînt à mourir, et qu'il pût en avoir l'épouse. Tous les vêtements qu'il a portés ont été dispersés au loin.

8 *décembre*. — Soliman-ben-Djouma habitait Mossissamé, qui est sur la côte, en face de Zanzibar. Il est impossible de nier sa prescience, à moins de rejeter tous les témoignages ; car il a souvent prédit la mort de personnages importants parmi les Arabes ; et c'était un homme de bien, éminemment juste et sincère : *thitri*, superlatif de toutes les qualités ; il n'y a plus maintenant son pareil pour la bonté et pour le savoir. Deux hommes blancs, de taille moyenne, avec le nez droit et les cheveux leur tombant jusqu'à la ceinture, venaient, disait-il, le trouver de temps à autre et lui apprenaient ce qui devait arriver. Il est mort il y a douze ans et n'a pas eu de successeur. Trois jours avant de mourir, il a prédit son propre décès par suite du choléra ; et la prédiction s'est vérifiée de tout point.

Une balle, formée des poils qui s'enroulent dans l'estomac du lion, est un charme puissant, ou hérisé, pour l'animal chez qui elle existe et pour les Arabes qui la possèdent. Mohammed en a une.

10 *décembre*. — Je suis doublement arrêté dans ce Manyéma : de la pluie tous les jours et souvent la nuit : j'aurais les hommes nécessaires que je ne pourrais pas voyager. Cependant je ferais quelques pas. C'est le plus triste délai que j'aie jamais subi. Je lève mes regards vers le ciel pour en obtenir aide et pitié.

La graisse de lion est regardée comme un préservatif certain contre la tsétsé; j'ai déjà pris note du fait; j'ajouterai que l'on en barbouille la queue du bœuf, et que, de cette manière, les Banyamouézi mènent à la côte des centaines de bêtes bovines sans avoir à craindre la terrible mouche.

On fait également usage de cette graisse pour éloigner des jardins les cochons et les hippopotames. L'odeur est probablement la partie efficace de l'*hérisé*, comme ils appellent cela.

12 *décembre*. — Lohommbo fut pendant longtemps la limite des expéditions commerciales; les premières bandes qui avaient essayé d'aller plus loin avaient été décimées par les Manyémas, qui ne savaient pas que les fusils pouvaient tuer, et qui avaient alors pleine confiance en leurs armes.

L'arrivée de Katommba chez Moïnékouss, il y a trois ou quatre ans, fut un véritable exploit; Dagâmmbé alla ensuite jusqu'au Loualaba, où il s'ouvrit un chemin par la force, et il est peut-être heureux pour moi que je sois retenu ici jusqu'à ce qu'il m'arrive des hommes.

Le *negghéri*, un animal africain, attaque les parties les plus tendres de l'homme et de la bête, les enlève et se retire satisfait; il lui arrive souvent de châtrer les buffles; le chasseur qui connaît cette habitude se met à l'affût, et envoie une balle au negghéri ou le tue avec un couteau.

Le *mbouidé* ou *zibou* attaque l'homme au tendon d'Achille; c'est très-probablement le ratel. Le *fisi ea bahari*, sans doute le phoque[1], abonde dans les mers; toutefois il est probable que c'est le ratel qui a fourni les peaux pour le tabernacle. Son urine met les abeilles en fuite, et il mange le miel en toute sécurité. Le lion et tous les autres animaux redoutent son attaque au talon.

Une poignée de graines de ricin, vingt et quelques pour une mesure, est mêlée, par les Babemmba, au sorgho et au miliza qu'ils réduisent en farine. L'habitude leur fait trouver ce mélange agréable; il n'a du reste rien de mauvais: la saveur nauséeuse n'est pas sensible dans le porridge; l'huile est né-

---

1. C'est probablement le dugong, l'honneur d'avoir fourni la peau de la couverture du sanctuaire ayant été attribué à cet animal: d'où le nom de *dugong des tabernacles*, donné à celui de la mer Rouge. (*Note du traducteur.*)

cessaire où prédomine la matière amylacée, et les fonctions intestinales sont régularisées par la nature du mélange : l'expérience a fait reconnaître aux indigènes la nécessité d'adjoindre un élément gras à leurs farineux.

Goammbari est prisonnier chez Miréré, gardé par un millier d'hommes et même plus, pour l'empêcher d'intriguer avec Monyoungo, dont l'humeur sanguinaire est connue.

La troisième génération des descendants de Tcharoura comptait soixante hommes jeunes et forts, en état de se battre ; Garahennga ou Kimamouré a tué beaucoup d'entre eux.

Parmi les gens de sa maison, Tcharoura avait six femmes blanches, mais toutes moururent avant lui, et en arrivant au pouvoir il hérita de toutes les épouses de son prédécesseur. Miréré est le fils d'une femme de sang royal et d'un homme du commun : d'où sa couleur plus foncée d'un ou deux tons que celle des descendants de Tcharoura, qui sont d'une nuance très-claire et qui ont le nez droit. Ces derniers se rasent la tête ; tous les cheveux lisses sont coupés. Ils boivent beaucoup de lait sortant du pis de la vache, et croient que sa chaleur le rend fortifiant.

23 décembre. — Actuellement à Bammbarré, les indigènes souffrent de la faim parce qu'ils ne veulent pas cultiver de manioc. Les traitants consomment tout le maïs ; ils envoient au loin pour s'en procurer d'autre, et le vendent aux indigènes qui le leur payent avec du *malofou*, ainsi qu'ils nomment le toddy. Le riz est épié ; mais les Manyémas n'en sèment pas. Le maïs est en train de mûrir, et les souris sont une peste.

Un homme fort, dans le Manyéma, fait tout ce qui lui plaît ; aucun chef n'intervient ; ainsi une femme a été prise et cédée à un individu de Miné pour dix chèvres ; l'enfant saisi avec elle, et d'âge à pouvoir être séparé de sa mère, a été donné à un autre ; le mari est venu demander justice à Mohammed !

Deux éléphants ont été tués ; leurs dents étaient de petite dimension, mais leur taille était énorme ; ils venaient du sud, attirés par les pluies. Dans le pays des Basanngo, les éléphants, les buffles, les zèbres, sont de très-grande taille ; les défenses ont le creux rempli ; elles sont très-lourdes et la bête est grasse ; la viande d'un éléphant se troque pour onze chèvres [1].

24 *décembre*. — De vingt-cinq à trente esclaves et beaucoup d'indigènes sont morts de l'épidémie actuelle : les pieds, les mains et la figure se gonflent, et le malade est enlevé en un jour ou deux. Cette maladie vient de l'est ; elle est généralement fatale ; parmi ceux qu'elle attaque, il en est peu qui survivent.

---

1. Les détails suivants, qui ne sauraient manquer d'intérêt pour le lecteur d'un livre où la recherche de l'ivoire tient une si grande place, m'ont été obligeamment fournis par Mister F. D. Blyth, à qui une longue expérience permet de traiter ce sujet avec une grande autorité. L'Angleterre reçoit annuellement environ cinq cent cinquante tonnes d'ivoire, dont elle exporte deux cent quatre-vingts tonnes. De la partie restante, cent soixante-dix tonnes sont employées par la coutellerie de Sheffield. L'importation annuelle a pour lieu de provenance :

    Bombay et Zanzibar, qui envoient 160 tonnes.
    Alexandrie et Malte............ 180 —
    Côte occidentale d'Afrique....... 140 —
    Cap de Bonne-Espérance........ 50 —
    Mozambique................... 20 —

Les marchands de Bombay recueillent l'ivoire de toutes les contrées méridionales de l'Asie et de la côte orientale d'Afrique ; ils choisissent ce qui répond le mieux à la demande des marchés de l'Inde et de la Chine, et embarquent le reste pour l'Europe.

De Malte et d'Alexandrie nous arrivent les dents récoltées dans le nord et le centre de l'Afrique, et celles des pays du Nil.

Immédiatement après la guerre franco-allemande, le prix de l'ivoire s'éleva d'une façon considérable ; et lorsque nous voyons le chiffre que les grosses défenses venues de Zanzibar atteignent dans nos ventes, nous comprenons la puissance du mobile qui pousse les chasseurs de cette matière précieuse à pénétrer toujours plus avant dans le pays où elle abondait lorsque Livingstone les a rencontrés.

En 1867 le prix de ces dents variait de 39 à 42 liv. st. (de 975 à 1050 fr.)
En 1870 .... 41 à 44 — (de 1025 à 1100 »)
En 1872 .... 58 à 61 — (de 1450 à 1525 »)
En 1873 .... 68 à 72 — (de 1700 à 1800 »)
En 1874 .... 53 à 58 — (de 1335 à 1450 »)

Le poids des dents, toute provenance admise, varie d'une livre à cent soixante-cinq. On peut, en moyenne, porter à vingt-huit livres celui de la paire : d'où il résulte qu'il faut tuer chaque année quarante-quatre mille éléphants pour fournir la masse d'ivoire que reçoit l'Angleterre à elle seule ; et quand on pense à l'énorme quantité qui s'emploie en Amérique, en Chine et dans l'Inde, on se demande si un pareil massacre n'amènera pas bientôt la disparition de l'espèce.

Bien que les naturalistes ne distinguent que deux sortes d'éléphants, l'asiatique et l'africaine, les dents n'en présentent pas moins dans leurs dimensions, leur caractère et leur teinte, des différences qui peuvent provenir de celles du climat, du sol et de la nourriture. Les plus volumineuses sont fournies par l'élé-

Une femme était accusée d'avoir volé du maïs ; hier, le chef d'ici a envoyé tous ses gens piller le jardin et la maison de cette femme et saisir le mari, qui restera garrotté jusqu'à ce qu'il ait donné une chèvre ; on dit que la femme est innocente.

Monenngoï a fait cela par crainte des traitants ; mais quand les marchands s'en iront, — ses sujets l'en ont prévenu, — la vengeance commencera. Je lui ai dit qu'après notre départ il aurait la tête coupée ; Kassessa également.

phant d'Afrique et nous sont envoyées par Zanzibar ; le commerce les note comme ayant un ivoire opaque, doux ou *moelleux* à travailler, et franches de fissures ou de défauts*.

* Voyez, relativement à l'ivoire exporté de Zanzibar, la note détaillée du capitaine Burton, *Voyage aux grands lacs de l'Afrique orientale*, Paris, Hachette, 1862, p. 701. On a gardé dans l'île le souvenir de défenses pesant chacune 227 livres, même 280. (*Note du traducteur.*)

Les défenses qui viennent des contrées asiatiques sont beaucoup moins grandes. Celles de l'Inde et de Ceylan ont l'ivoire soit opaque, soit translucide, plus dur et plus craquelé ; mais celui qui vient du royaume de Siam et des contrées voisines est doux, à grain fin et d'une grande transparence ; il est très-recherché pour la sculpture et les œuvres décoratives.

Les dents du cap de Bonne-Espérance et du Mozambique pèsent rarement plus de soixante-dix livres ; elles sont de la même nature que celles de Zanzibar.

Les envois d'Alexandrie et de Malte présentent, pour la qualité, des différences considérables ; une partie des dents de cette provenance ressemblent à celles de Zanzibar ; d'autres sont blanches et opaques, plus dures à travailler, plus craquelées vers la pointe ; d'autres encore sont d'une grande transparence, très-dures et sujettes à se fendre. Sur la place de Londres, cette dernière sorte est la moins chère.

De la côte occidentale d'Afrique on tire un ivoire toujours translucide, à écorce brune, et qui, suivant les localités, est dur, ou très-doux.

L'ivoire moelleux qui vient d'Ambriz, du Gabon et autres ports situés au sud de l'équateur, est le plus estimé de tous ; on l'appelle gris d'argent (*silver grey*). Exposé à l'air, il conserve sa blancheur, et ne jaunit pas avec le temps comme celui d'Asie et de la côte orientale.

Règle générale, les défenses dont l'ivoire est dur sont proportionnellement d'un diamètre plus étroit ; leur pointe est plus aiguë et moins usée que celles dont l'ivoire est tendre ; elles présentent plus de fissures, et conséquemment sont d'un prix moins élevé.

A la quantité précédente il faut ajouter quelques tonnes d'ivoire de mammouth, reçues de temps à autre des régions arctiques, principalement de Sibérie. Bien que d'une antiquité dont la date n'est pas connue, certaines dents de cette provenance ont un ivoire de qualité égale à celui des éléphants nouvellement tués ; elles le doivent, sans aucun doute, aux propriétés conservatrices de la glace dans lesquelles elles sont enfouies depuis de nombreux milliers d'années. On sait qu'en 1799 le corps entier d'un mammouth fut retiré du mélange de sable et de glace dans lequel il se trouvait ; il était encore recouvert du double poil que portait son espèce, et les chiens dévorèrent, dit-on, une partie de sa chair pendant qu'on le déterrait. Son squelette et des fragments de sa robe poilue se voient au Museum de Saint-Pétersbourg. (WALLER.)

Trois des agents de Katommba se sont rendus chez Kasonngo pour acheter de l'étoffe appelée virammba. Un homme du village a été frappé d'un coup de lance; toute la population est accourue; les agents ont tiré sur la foule; l'un a tué deux indigènes, un autre trois, et ainsi de suite. La place est maintenant fermée au commerce; et il en sera de même de tout le pays dès que les Manyémas sauront que les mousquets ne tuent pas toujours, surtout maniés par des esclaves qui brûlent leur poudre sans viser.

Ces gens du Sahouahil sont les plus cruels de tous les missionnaires; la soif du sang les tourmente; et, avec cela, tellement grossiers dans leurs paroles et dans leur conduite, répandant les maladies partout. Mais Dieu le voit.

28 *décembre*. — Moïnemmbegg, le plus intelligent des fils de Moïnékouss, m'a dit qu'on avait tué hier un homme à quelques milles d'ici et qu'on l'avait mangé; la faim est le motif assigné à cet acte de cannibalisme.

A propos de nourriture, Moïnemmbegg a ajouté que les Manyémas font tremper de la viande dans l'eau pendant deux jours, afin de lui donner du fumet. Leur goût pour la viande gâtée est la seule raison que je puisse donner de leur anthropophagie. Aujourd'hui, ils se cachent pour manger de la chair humaine, à cause de l'horreur que les traitants ont exprimée pour cette coutume, qui, à leur arrivée, se pratiquait d'une manière ouverte.

Il y a eu cette nuit un orage très-près de nous. Les gens du pays disent qu'en pareil cas de gros poissons tombent du ciel avec le tonnerre; opinion que partagent les Arabes. Mais leur gros poisson est le *clarias capensis* de Smith, que l'on voit souvent dans l'herbe humide, où il voyage en file indienne et franchit des espaces de plusieurs milles; c'est probablement ce qui a fait croire aux indigènes qu'il tombait des nues.

La maladie la plus étrange que j'aie vue dans ces contrées paraît être un brisement de cœur; elle frappe les hommes libres que l'on réduit en esclavage. Je l'ai remarquée pour la première fois à l'époque où Sélim-ben-Habib reçut dans le côté une lance qui traversa la toile de sa tente; c'était dans le Roua. Saïd jura alors de venger la mort de son frère et assaillit tous les indigènes qu'il rencontra, tuant les vieillards et les hommes mûrs, et s'emparant des jeunes. Ceux-ci endurèrent la chaîne tant qu'ils furent sur leur territoire; mais quand ils virent couler le Loualaba entre eux et leurs villages, ils se désolèrent.

Vingt et un qu'on avait détachés, pensant que leur fuite n'était plus à craindre, se sauvèrent tous ensemble. Ceux qui restèrent captifs moururent dans les trois jours qui suivirent. Ils ne se plaignaient que du cœur, posant la main exactement à la place où est cet organe, bien que, d'après leur croyance, il dût être sous le sternum.

Les traitants étaient surpris de les voir mourir, alors qu'ils ne travaillaient pas et ne semblaient avoir aucun mal.

Un bel enfant, d'une douzaine d'années, ne pouvait plus se soutenir; on le porta; quand il fut près d'expirer, on le posa doucement au bord du chemin, et l'on creusa sa fosse. Lui aussi disait n'avoir mal nulle part, excepté au cœur. Comme cette maladie n'attaque que les hommes libres devenus captifs, il ne paraît pas douteux que ceux qui la contractent meurent réellement de chagrin.

[Chouma et Souzi ajoutent des détails navrants à cette poignante histoire, et se rapportant à d'autres caravanes, ce qui les multiplie. Sachant que si on les délivrait du joug ils s'échapperaient à la première occasion, les nouveaux captifs furent contraints de marcher avec leurs fourches, d'un poids de trente à quarante livres, tout en ayant un fardeau sur la tête il en mourut un grand nombre. Pendant quelque temps, les enfants supportaient la fatigue et la captivité avec une force étonnante; mais il arrivait qu'en passant près d'un village le bruit d'une danse, le son joyeux d'un grelot ou d'un tambourin venait frapper leurs oreilles; alors le souvenir des heureux jours, évoqué tout à coup, les suffoquait; ils éclataient en sanglots; leur cœur était brisé, et ils s'éteignaient rapidement.

Très-souvent les Arabes promettaient à des villageois du poisson séché, s'ils voulaient leur servir de guides; et lorsque les malheureux se trouvaient à une distance suffisante de ceux qui auraient pu les défendre, ils étaient saisis et boulonnés dans la fourche, dont on ne se délivre pas. Désespérés, ils mouraient bientôt du mal mystérieux que Livingstone a décrit, parlant jusqu'au dernier soupir de leurs femmes et de leurs enfants, qui ne sauraient jamais ce qu'ils étaient devenus. Un jour, vingt de ces captifs réussirent à s'échapper de la manière suivante : enchaînés par le cou, ils allaient chercher du bois sous la garde d'un Arabe armé d'un fusil. A un signal donné, l'un d'eux appela le gardien pour lui montrer quelque chose, qu'il disait avoir découvert; au moment où l'Arabe se baissait pour regarder ce que lui désignait le captif, tous les autres se jetèrent sur lui, et il fut écrasé. Dès qu'il fut mort, les esclaves brisèrent leurs chaînes et s'enfuirent dans toutes les directions.]

29 décembre. — Le riz qui a été semé le 19 octobre était en épi soixante-dix jours après.

Un léopard ayant tué ma chèvre, un fusil a été disposé à son intention; le coup est parti à dix heures du soir; il a brisé les deux pattes de derrière et une de devant; malgré cela, le léopard a eu la force de bondir sur un homme et l'a cruellement mordu. C'était un mâle : deux pieds quatre pouces au garrot, et six pieds huit pouces des narines à la queue[1].

1er janvier 1871. — O Père! aide-moi à finir mon œuvre en ton honneur.

Toujours détenu à Bambarré; mais une caravane de cinq cents mousquets est, dit-on, arrivée de la côte : elle m'amène peut-être des hommes et des articles d'échange.

Pluie quotidienne.

Une femme a été tuée près du camp. Le meurtrier dit que c'était une sorcière; c'est pour cela qu'il lui a donné un coup de lance. Le corps reste exposé jusqu'à ce que l'affaire soit réglée, sans doute par une amende de chèvres.

Les Manyémas sont les plus endurcis, les plus sanguinaires des hommes. L'un d'eux met par terre une plume écarlate de leur perroquet et défie les assistants de la prendre et de la placer dans leur chevelure : celui qui le fait doit tuer un homme ou une femme!

---

1. Hauteur 62 centimètres, longueur 2^m,044.

Un autre de leurs coutumes veut qu'on ne porte pas la dépouille du *ngahoua*, ou chat musqué, à moins d'avoir tué quelqu'un. La crainte des fusils les empêche seule de nous exterminer tous.

16 janvier. — Le ramadan a fini la nuit dernière; il est probable qu'après avoir festiné pendant trois jours mes gens et les autres hommes de la côte se mettront en route. Il est tombé une si grande quantité de pluie que j'aurais fait peu de chose, alors même que j'aurais eu du monde.

22 janvier. — On annonce qu'une bande est en marche pour arriver ici. Le fait est probable; mais il y a tant de faux rapports que les doutes naissent d'eux-mêmes.

Bogharib me promet des hommes quand arrivera la bande d'Hassani, ou lorsque Dagâmmbé viendra.

Il me disait ce matin que Moïné Mokaya et son frère, Moïnéghéra, avaient amené à Oujiji trente esclaves de Katannga affectés de goîtres, et qu'il avait suffi à ces esclaves de boire de l'eau du lac pour être guéris en très-peu de jours.

Quelques-uns virent disparaître le gonflement après avoir, pendant quarante-huit heures, employé l'eau du Tanganika pour leur cuisine, leur breuvage et leurs ablutions. Il est possible que la cure soit due, au moins en partie, à un ingrédient de la source chaude qui se jette dans le lac; car, dans le pays de Nsama, les riverains du Lofoubou sont goîtreux.

Au fond des baies qui découpent le rivage, l'eau est décidément saumâtre; celle de la nappe, au contraire, est tout à fait douce[1].

L'odeur de la chair d'éléphant gâtée, dans une maison, tue les perroquets; les Manyémas connaissent ce fatal effet sur leur oiseau favori, et n'en gardent pas moins cette viande jusqu'à putréfaction complète.

27 janvier. — Une caravane approche, et l'on assure que mes marchandises sont à Oujiji.

28 janvier. — Arrivée d'Hassani et d'Ebed; ils apportent la

---

1. « L'eau du Tanganika, dit Burton, est absolument douce, mais les riverains lui préfèrent celle des fontaines qui sourdent sur ses bords; ils prétendent qu'elle ne désaltère pas et qu'elle corrode le cuir et le métal avec une puissance exceptionnelle. » Il aurait été facile d'expérimenter le fait.
(*Note du traducteur.*)

Malgré cela le léopard a bondi sur un homme et l'a cruellement mordu.

CHAPITRE IV. 107

nouvelle d'une affreuse mortalité par suite du choléra : soixante-dix mille victimes dans l'île de Zanzibar seulement! et, dans l'intérieur, cela s'étend jusqu'au Masaï et à l'Ougogo. Mon « frère » est parmi les morts : je suppose que c'est le docteur Kirk. Les bœufs étaient pris de tremblement et tombaient foudroyés; les poissons de la mer ont péri en grand nombre.

Ici, les volailles furent attaquées et moururent, non pas du choléra, mais de sa compagne. Dans notre camp, nous avons perdu trente hommes, ce qui réduit nos forces à bien peu de monde, la plupart des gens valides étant, dans ce moment-ci, à parcourir la Métammba, en quête d'ivoire. Combien d'indigènes ont péri, nous l'ignorons; les survivants en sont arrivés à craindre de manger les morts.

Dans l'origine, le choléra ne s'étendait que sur la côte; maintenant le voilà dans l'intérieur; il y gagne de plus en plus, et s'étendra dans toute l'Afrique. Cela nous vient de La Mecque, car on ne fait rien pour empêcher le saint lieu d'être un parfait cloaque où s'amoncellent les abats d'animaux et les ordures des hommes [1].

Un morceau de peau de bête placé autour de la poitrine, et dont une moitié retombe par derrière, prévient la déperdition des forces; on oublie le mal et on engraisse.

Mes gens sont arrivés à Oujiji; mais ils ne savent pas où je me trouve; ils l'apprendront par ceux de Katommba, viendront alors me rejoindre et m'apporteront mes lettres et les objets tant désirés.

La caravane d'Ebed a une cargaison de deux cents frasilahs (sept mille livres) de grains de verre de toute espèce. Elle va traverser le Loualaba et ouvrir au commerce un nouveau champ sur les rives du Loualaba occidental, celui d'Young : tout le centre de l'Afrique sera bientôt connu.

Les maux infligés par les Arabes sont énormes; mais peut-

---

1. L'épidémie en question, d'après le docteur Kirk, vint à Zanzibar par des caravanes du Masaï qui descendirent la rive du Pangani, et il rentra en Afrique par les caravanes à destination d'Oujiji et du Manyéma*.   WALLER.

* Et les caravanes du Masaï le tenaient des pèlerins qui l'avaient semé dans le pays des Gallas et ailleurs, à leur retour du saint cloaque.
(*Note du traducteur.*)

être n'excèdent-ils pas ceux que les indigènes s'infligent réciproquement.

Miréré s'est tourné contre les Arabes, en a tué et dépouillé plusieurs autres de tout ce qu'ils possédaient, bien qu'il eût assez d'ivoire pour en envoyer sept mille livres à la côte, et pour palper en retour cinq cents charges de marchandises ; c'est de la folie. Il a probablement perdu la raison, et il ne tardera pas à être tué. Sa démence peut être l'effet de la bière, dont il abuse, et on lui aura fait entendre que les Arabes conpiraient avec Goammbari. Dans un moment lucide, il a rendu à Mohammed l'ivoire et les esclaves qu'il lui avait enlevés ; puis il a fait rappeler les traitants qui avaient pris la fuite, leur faisant dire que ses gens avaient mal parlé et qu'il les dédommagerait de tout ce qu'ils avaient perdu.

Les Vouatouta, qui sont les mêmes que les Mazitous, enlevèrent du bétail aux Banyamouézi ; Mtésé envoya contre eux de ses sujets, qui leur tuèrent vingt-deux hommes ; mais les gens du Lihoualé (fonctionnaire du Saïd) ne bougèrent pas. La seule pensée du gouverneur est de se procurer de l'ivoire ; et nulle protection n'est donnée au commerce. Saïd-Soliman, le vizir, est l'auteur du *far niente* politique ; il a renvoyé les cipahis comme étant trop dispendieux, d'où il résulte que les Vouagogo pillent les marchands sans qu'on s'y oppose.

On rapporte que les Turcs (les Égyptiens) ont attaqué Mtésé, qui leur a fait perdre beaucoup de monde.

La nouvelle de l'établissement d'une mission musulmane dans l'Ougannda est complétement fausse, bien que les détails en aient été donnés par le menu. Il ne faut rien croire de ce que disent les Arabes, à moins que d'autres témoignages ne viennent le confirmer.

Ce sont les disciples de Mahomet, le prince du mensonge : l'appropriation qu'il s'est faite des connaissances gagnées par lui à Damas et obtenues des Juifs est simplement révoltante. Pas un de ses actes n'a eu de témoin ; c'est lui qui les raconte et qui les affirme. Tous, le fait est digne de remarque, admettent la décadence de la puissance musulmane, et se demandent comment elle a pu déchoir de la sorte. Ils paraissent sincères dans leur dévotion et dans leur enseignement du

Coran ; mais le sens de celui-ci est lettre close pour la plupart des gens du Sahouahil.

Les Arabes persans passent pour être grossièrement idolâtres et d'une effroyable impureté. De la terre provenant d'une tombe située à Kourbelow (?) est mise dans le turban et reçoit un culte : certains membres de la secte refusent de dire *amen*.

Moïnyegâmmbé, dit-on, ne buvait jamais plus d'une gorgée de bière. Dans sa jeunesse il traversait un éléphant de part en part avec sa lance, qui allait se planter de l'autre côté de la bête. C'était un homme de très-haute stature, et dont la charpente et les membres étaient proportionnés à la taille; il parvint à un âge très-avancé et conserva toute sa force jusqu'à la fin. Goammbari a hérité de sa peau blanche et de son nez effilé, mais non pas de son courage et de sa sagesse.

Gaharennga ou Kimamouré, celui qui tua un grand nombre des descendants de Tcharoura, était un métis; son père avait obtenu une fille de Moïnyegâmmbé en récompense du courage qu'il avait déployé contre les Babéma d'Oubéna.

En excitant son peuple contre les Arabes, Miréré a fait tuer cinq de ses sujets.

Les meurtres, faits de sang-froid, sont horriblement communs dans ce pays-ci. Des hommes, nous l'avons mentionné, tuent quelqu'un uniquement pour mettre à leur coiffure une plume de perroquet. Et pourtant ils ne sont pas laids comme les nègres de l'ouest; beaucoup d'entre eux ont la tête aussi bien faite qu'on peut en voir à Londres. Si nous autres, Anglais, nous étions nus, nous ferions triste figure à côté de ces Manyémas, hommes et femmes bien découplés, aux membres élégants. Sont-ils vraiment cannibales? Ce que j'ai vu fait naître de graves soupçons; toutefois un jury écossais répondrait : *Not proven*. Les femmes ne sont pas coupables[1].

---

1. Voy. *Au Cœur de l'Afrique*, vol. II, p. 83, ce que Schweinfurth rapporte de l'anthropophagie des Mombouttous ; et, p. 85, l'éloge qu'il fait de ces cannibales. Malgré l'horreur que les Nubiens ont pour leur régime, ceux qui résident dans le pays ne parlent des indigènes qu'avec respect ; « ils n'ont pas assez d'éloges pour vanter la constance de leurs affections, l'ordre et la sécurité de leur vie sociale, leur supériorité militaire, leur adresse, leur bravoure. » Déjà, dans les chapitres précédents, Schweinfurth avait parlé du noble aspect des Niams-Niams, peuple anthropophage, et probablement de la famille des Fans ou Pa-

4 février 1871. — Dix de mes hommes de la côte sont près de Bammbarré et doivent arriver aujourd'hui. Je suis heureux de cette nouvelle : cela prouve que mes dépêches n'ont pas été détruites. Ils savent maintenant en Angleterre ce qui m'a retenu, et le but auquel tendent mes efforts.

Une seule lettre, et il en manque quarante!

James a reçu aujourd'hui une flèche qui l'a tué; l'assassin était à l'affût dans le bois, attendant que mes hommes vinssent à passer pour aller acheter des vivres.

Je partirai le 12.

Envoyé au docteur Kirk un chèque de quatre mille roupies[1].

Grands ravages faits par le choléra à Zanzibar; et au milieu du fléau, mes amis se sont donné mille peines pour me procurer des hommes et des articles d'échange. Tous mes porteurs de la première bande sont morts.

8 février. — Les dix arrivants refusent de me suivre; ils sont probablement influencés par Chérif et par mes déserteurs, qui essayent ainsi de me contraindre à les reprendre.

9 février. — L'indigène qui a organisé le meurtre de James est venu à Bammbarré, sous prétexte qu'on avait besoin de lui pour conduire une bande à l'attaque des villages qui ont trempé dans le complot. Cet homme a une soif de sang effroyable; on l'a garrotté et on lui a fait dire que, si dans trois jours il n'avait pas livré le nom de celui qui a exécuté le crime, il serait mis à mort. Il avait amené cinq chèvres, pensant avec cela arranger l'affaire, et qu'il n'en serait plus question.

11 février. — Mes hommes faisaient grève pour avoir de meilleurs gages. J'ai consenti à leur donner six dollars par mois, en supposant qu'ils se conduisent bien; sinon, le gage sera diminué; la chose est entendue et je compte partir demain.

Ces dix hommes appartiennent à des Banians, sujets britanniques. Ce sont des esclaves et ils n'ont aux lèvres que

---

houins, cannibales de l'Ouest, qui ont fait sur du Chaillou l'impression suivante : « De toute l'Afrique occidentale, c'est la nation qui a le plus d'avenir;... plus que tous les autres, ils sont aptes à recevoir une civilisation étrangère. Énergiques, ardents, belliqueux, doués à la fois de courage et d'habileté.... » (*Voyages dans l'Afrique équatoriale*, p. 175.)   (*Note du traducteur.*)

1. Environ dix mille francs.

Le défi du perroquet. (Voir p. 103.)

mensonges; ils prétendent qu'ils sont envoyés par le consul, non pas pour m'aider à poursuivre ma route, mais pour me ramener; et ils ont répandu le bruit qu'une certaine lettre m'a été expédiée pour me donner l'ordre de revenir immédiatement; ils l'ont juré d'une manière si positive, que j'ai recouru à la dépêche du docteur Kirk, supposant que je ne l'avais pas comprise. Si ce n'était pour Bogharib, et sans la crainte d'une balle, ils poursuivraient leur but, qui est de me jouer complètement, faisant à la fois leurs affaires et celles de leurs maîtres. Je leur donne le double de ce que gagne à Zanzibar un homme libre, et ils ne sont pas satisfaits : il leur faut un dollar payé d'avance. Chérif et Ahouathé, leurs chefs, sont restés à Oujiji; où ils font ripaille avec mon avoir.

13 février. — Mabrouki a une attaque de cholérine, ce qui m'empêche de partir.

J'ai donné à Bogharib cinq pièces d'américano[1], cinq de kaniké[2], et deux frasilahs (soixante-dix livres) de perles rouges, dites de corail ou samesame. Il m'a donné à son tour un billet pour Hassani, qui me remettra vingt gros bracelets de cuivre.

Hier, des gens sont venus en foule pour manger l'homme qui a conduit James où on devait l'assassiner; mais l'homme vit toujours, et les convives furent très-désappointés en apprenant qu'on n'avait pas de mort à leur offrir. Décidément ils sont cannibales.

16 février. — Partis aujourd'hui.

Mabrouki se disait très-malade; Bogharib l'a piqué en lui racontant que je m'étais mis en marche dans un état bien autrement grave que le sien.

Moïnemmgoï m'a donné une chèvre, Bogharib une autre; mais pendant la traversée d'un col de montagne situé dans la forêt, mes gens en ont perdu trois; ils sont allés à leur recherche et reviendront demain.

Simon et Ibram, deux de mes déserteurs, m'ont impudemment suivi. Je les ai renvoyés.

17 février. — Arrêté dans un village de la pente occiden-

---

1. Calicot écru, ainsi nommé parce que cette cotonnade fut d'abord uniquement importée de Salem, ville du Massachussets.
2. Cotonnade bleue.

tale pour donner aux hommes qui courent après mes chèvres le temps de nous rejoindre ; il est possible qu'ils aient dû retourner au camp.

Bogharib n'a pas voulu permettre à mes déserteurs de rester avec ses gens, ni moi avec les miens ; les reprendre aurait inculqué à ma nouvelle suite un manque d'égards pour le nom anglais, et un oubli total de la probité et de l'honneur. Ils se présentaient avec une effronterie sans pareille, supposant que, bien que j'eusse affirmé que je ne les reprendrais pas, je serais trop heureux de les recevoir et de déclarer faux tout ce que je sais être vrai.

Les chèvres m'ont été ramenées par un Manyéma ; ce brave homme a trouvé l'une d'elles au fond d'une trappe, où elle était morte ; il l'a mangée et m'en a rendu une des siennes à la place. Je lui ai donné dix rangs de perles ; dans sa reconnaissance, il m'a fait présent d'une volaille.

19 *février*. — Couché hier dans un village, situé au bord du Louloua, et arrivé chez Moïnemmgoï. Celui-ci a parlé avec tant de chaleur contre mon projet d'aller à Moïnékarômmbo, à cause de Molemmbalemmba, que je ne m'aventurerai pas de ce côté.

20 *février*. — Au passage de la rivière, il n'y a plus qu'un canot ; l'autre a sombré avec deux hommes de Katammba, qui ont été noyés. On ne me vendrait pas le seul canot restant ; je prends donc au nord-ouest pour atteindre Moïné Loualaba, où les grandes pirogues sont nombreuses.

L'herbe et la vase rendent la marche très-pénible ; mais on me porte quand il faut passer de l'eau.

21 *février*. — Gagné le village de Monanndéhoua, situé sur une crête qui s'élève entre deux ravins profonds, très-difficiles à franchir. Les habitants sont polis et pleins d'obligeance ; le soir, la femme du chef m'a fait du feu, sans que je le lui eusse demandé.

22 *février*. — Marché au nord-ouest vers une haute colline appelée Tchibanndé-a-Youndé ; un village est au sommet ; à côté du village, est une source d'eau blanche. La famine règne ici, par une cause que j'ignore ; actuellement toute la population cultive une partie de la plaine qui est au bas de la colline, et y apporte beaucoup d'ardeur.

CHAPITRE IV.

23 *février*. — Atteint deux gros villages entourés de plantations de bananiers, mais dont notre approche a mis les gens en fuite. Nous avons alors gagné celui de Kahommbogala, qui a pour chef un vieillard très-faible.

Beau pays ondulé, revêtu d'une herbe d'un vert clair, excepté au bord des ruisseaux, où l'œil rencontre avec plaisir des rangées d'arbres d'un vert sombre. Mais plus d'agrément pour la vue que pour la marche : l'herbe déchire les mains, et l'on a constamment les pieds mouillés. Le terrain est formé de débris de roches granitiques, par conséquent inégal et pierreux, mais fertile partout ; il est rare de trouver un endroit dénudé où l'on puisse s'asseoir.

24 *février*. — Gagné un village bâti près du Lolanndé, traversé le Loïnngadyé, couché au bord du Louha, puis arrivé à Mamohéla, où j'ai reçu bon accueil de tous les Arabes et où trois lettres m'ont été remises : l'une du docteur Kirk, la seconde du sultan et la troisième de Mohammed-ben-Nassib, qui est en route pour le Karagoué ; tous se montrent pour moi aussi bons qu'aimables.

Katommba m'a donné de la farine, des noix, une chèvre et des volailles.

Une nouvelle route, beaucoup moins longue que celle que j'ai prise, vient d'être ouverte pour aller chez Kasonngo.

Je ferai ici une halte de quelques jours.

25 *février*. — Il est avéré maintenant que le Loualaba coule à l'ouest-sud-ouest, et que, pour l'atteindre, nous aurions dû prendre au couchant, à travers la nouvelle grande courbe décrite par le fleuve. J'ai à suspendre mon jugement et à me préparer à cette découverte, qu'après tout, c'est peut-être le Congo.

Personne ne savait rien sur cette rivière ; si ce n'est qu'à neuf jours de marche au sud-ouest de Kasonngo, elle fait un grand détour, puis se dirige au nord-nord-est.

J'ai reçu de Katommba un jeune soko femelle qui a été pris au moment où la mère fut tuée. Assise, elle mesure dix-huit pouces de hauteur ; elle a sur tout le corps de longs poils noirs, qui étaient jolis quand sa mère les soignait.

C'est la moins maligne de toutes les créatures simiennes que j'ai rencontrées. Elle paraît savoir que je suis pour elle un ami, et reste tranquillement sur la natte, à côté de moi. Quand elle marche, la première chose dont on est frappé, c'est qu'elle s'appuie sur le dos de la seconde phalange des doigts, et non sur la paume des mains : les ongles ne touchent pas le sol, la jointure non plus. Elle fait usage de ses bras comme de béquilles, pour se soulever, et se projette entre ses deux supports. Parfois une de ses mains antérieures est posée avant l'autre, et alterne avec celles de derrière ; ou bien elle marche debout et tend la main pour qu'on la soutienne.

Si on refuse la main qu'elle présente, elle baisse la tête et son visage a les contractions que donnent, à la figure humaine, les larmes les plus amères ; elle se tord les mains, vous les tend de nouveau, et parfois en ajoute une troisième pour rendre l'appel plus touchant.

Elle s'entoure de feuilles et d'herbe pour faire son nid, et ne permet pas qu'on touche à sa propriété. C'est la petite créature la plus affectueuse ; elle s'est attachée à moi du premier coup, m'a gazouillé un salut, a flairé mes habits et m'a tendu la main. Au lieu de la serrer, j'ai tapé légèrement cette main ouverte, sans offense : ce qui néanmoins a blessé la petite. Dès qu'on l'eut attachée, elle se mit à défaire le nœud de la corde avec ses doigts, et en s'y prenant d'une façon tout à fait méthodique. Un homme ayant voulu l'en empêcher, elle lui lança des regards furieux et essaya de le battre. L'homme avait un bâton ; elle en eut peur, vint s'adosser à moi, et, reprenant confiance, regarda l'homme en face.

Elle tend les bras pour qu'on la porte, absolument comme un enfant gâté ; si on n'y fait pas attention, elle pousse un cri de colère qui rappelle celui du milan, se tord les mains comme si elle était au désespoir, et d'une façon toute naturelle.

Elle mange de tout, refait son nid tous les jours, se couvre d'une natte pour dormir, et s'essuie le visage avec une feuille.

J'ai donné à Katommba mon fusil à deux coups ; depuis mon départ du Tanganika, il a été pour moi d'une grande obligeance ; il m'a fait présent du soko et se charge de me le conduire à Oujiji ; le fusil lui payera les services qu'il m'a rendus ; j'essaye de rembourser toutes les dépenses qui ont été faites pour moi.

Jeune soko femelle.

CHAPITRE IV.

1er mars 1871. — Ce matin, nous allions partir, quand les Arabes m'ont demandé de prendre avec nous sept de leurs hommes, qui vont acheter du grain; ces hommes connaissent la nouvelle route, ce qui m'a fait accepter l'offre avec empressement.

Du 2 au 5 mars. — Quitté Mamohéla; traversé de belles plaines couvertes d'herbe, et franchi quatorze cours d'eau en six heures de marche : des ruisseaux de trois à quinze pieds de large et d'un à trois pieds de profondeur; montagnes boisées à droite et à gauche. Les indigènes savent le nom de tous ces ruisseaux, ils en connaissent le cours, et disent sans hésiter dans quelle rivière ils se jettent avant d'entrer dans le Loualaba; mais sans guide, personne ne pourrait les marquer sur la carte.

Le 2, nous atteignîmes les villages de Monannbounda, où nous passâmes la nuit. L'étape suivante nous conduisit chez Monanngonngo. Un petit présent de quelques rangs de perles satisfait nos hôtes; rien n'est demandé; mais je paye toujours mon logement.

A l'endroit que nous gagnâmes ensuite, notre arrivée effraya le chef, qui alla se cacher. C'est près de sa résidence que cinq hommes furent tués par Ben-Djouma pour des dents d'éléphant qu'ils n'avaient pas volées, mais seulement jetées par terre.

Notre sentier court à travers la forêt; aujourd'hui nous nous sommes retrouvés dans un de ces grands bois, fourrés de jungle, où nos deux bras touchaient le réseau de lianes, de tiges et de buissons. Nous avons gagné ainsi des villages appelés Basilañgé ou Mobasilagné, et accrochés à des pentes de collines revêtues d'arbres.

Ici les villages sont charmants; la principale rue court en général de l'est à l'ouest pour permettre au soleil de faire ruisseler ses rayons d'un bout à l'autre, et d'enlever ainsi l'humidité qu'y laisseraient les fréquentes averses, malgré l'inclinaison du sol. Devant la porte de beaucoup de maisons est une petite véranda. Au point du jour, toute la famille s'y rassemble autour d'un feu que nécessite la fraîcheur du matin; et, tout en jouissant du brasier, elle respire un air pur et cause des affaires domestiques.

Le feuillage, de formes très-diverses, qui renferme ces nids brille tout emperlé de rosée. Les coqs chantent vigoureusement et se pavanent; les chevreaux cabriolent et sautent sur le dos de leurs mères qui ruminent, tandis que leurs aînés simulent des combats. De laborieuses ménagères font cuire leur poterie dans un tas de racines d'herbe enflammées, dont les cendres leur donneront du sel, qu'elles extrairont le lendemain, faisant ainsi d'une pierre deux coups.

La douce beauté de pareille scène est inexprimable; l'enfance relève de son charme particulier ce tableau paisible, dont elle ne perd jamais le souvenir; car les adolescents, tirés d'esclavage et devenus l'objet d'une sollicitude affectueuse, parlent du temps passé là-bas comme de leurs plus beaux jours. Ils retourneraient à ces joies de leur premier âge avec non moins d'empressement que nos fils au lieu natal, et sans un regret pour cette vie de labeur et de nul plaisir que nous leur avions faite, pensant qu'elle valait mieux pour eux, sinon pour nous.

Parfois nous trouvons les villages déserts; notre venue a mis en fuite la population, qui tremble de voir se renouveler les avanies que lui ont infligées les bandes des traitants. Les portes sont closes; un bouquet de feuillage ou de tiges de roseau, placé en travers du seuil, veut dire : « On n'entre pas ici. » Quelques poulets, qui s'étaient cachés pendant qu'on prenait les autres pour les emmener dans les bois, vont et viennent effarés, en gloussant leur plainte; et les foyers encore fumants disent que la fuite est récente.

Beaucoup d'indigènes ont découvert que je n'étais pas du nombre des traitants; et, en différents endroits, ceux-là nous ont accueillis en criant : « Bolonngo! bolonngo! » Amitié! amitié!

Ils échangent avidement leurs beaux bracelets de fer pour quelques perles, ces bracelets n'étant plus de mode depuis qu'on leur apporte de la verroterie; mais le fer en est de première qualité; et s'ils étaient moins loin de nous, on les rechercherait aussi avidement que le sont les clous à ferrer les chevaux, pour en fabriquer les meilleurs canons de fusil.

J'ai entendu souvent les Manyémas se dire entre eux que j'étais « l'homme bon ». Je n'ai pas d'esclaves; et je dois cette bonne renommée à ceux des traitants, qui, eux, sont très-

Jeune soko.

mauvais. J'ai vu les gens des sept hommes, avec lesquels je me trouve, souffleter les indigènes qui venaient nous vendre des vivres, et cela pour s'amuser. Je les ai menacés de les battre s'ils recommençaient, et ils s'en abstiennent devant moi ; mais en dehors de ma vue, ils continuent de plus belle. Quand je me plains à leurs maîtres, ceux-ci avouent que tout le mal vient des agents ; les Manyémas sont fiers, l'insulte les met en fureur, ils y répondent par un coup de lance, et celui-ci est vengé par les mousquets. Hommes libres, les traitants valent mieux que leurs mandataires : l'esclave n'a pas de conscience, pas même d'intérêts ; il n'est pas responsable.

Les indigènes sont beaucoup mieux physiquement que les gens de Zanzibar, je parle des maîtres ; j'ai souvent entendu ceux-ci faire la remarque suivante : « Si nous avions pour femmes des Manyémas, comme nos enfants seraient beaux ! » Les hommes sont généralement bien tournés et ont de beaux traits ; beaucoup de femmes sont très-jolies, et les mains, les pieds, la jambe, toutes les formes parfaites ; la peau d'un brun clair. Seulement, chez les priseurs de tabac, le nez est élargi par l'habitude qu'ils ont de s'y fourrer le pouce et l'index, afin de mettre la prise le plus haut possible.

A l'exception d'un petit espace entre les deux incisives médianes de la mâchoire supérieure, les dents ne sont pas limées.

Appris aujourd'hui que les gens de Bogharib nous ont croisés sur la route de l'ouest, avec beaucoup d'ivoire. Je perds de la sorte vingt anneaux de cuivre que devait me remettre Hassani, et toutes les notes que lui et les autres avaient dû prendre pour moi, sur les rivières qu'ils ont rencontrées.

6 *mars*. — Passé dans de très-gros villages où beaucoup de forges étaient en activité. Quelques habitants nous ont suivis, comme pour se battre ; mais nous les avons calmés. Nous ne savons pas quels sont nos ennemis : tant d'hommes ont été maltraités et ont vu tuer des gens de leur famille !

La pluie d'hier a rendu les chemins tellement glissants que nous avons tous les pieds endoloris par la fatigue ; et j'ai décidé, qu'avant d'atteindre le village de Manyara, nous prendrions un jour de repos près du Kimasi.

Le chef, un homme actif, intelligent et plein de bonté, m'a donné une belle chèvre grasse et a reçu de moi, en retour, de l'étoffe et des perles.

9 *mars*. — Marché hier pendant cinq heures dans une plaine herbeuse, dépourvue d'arbres — bouga[1] ou prairie. Un soleil torride, à peu près vertical, nous dardait ses rayons dévorants et nous a tous accablés. Traversé deux cours d'eau ayant des ponts, et couché dans un village bâti sur une crête boisée qui domine ceux de Kasonnga.

Ce matin, après deux heures de marche, nous sommes arrivés chez celui-ci, où nous avons été salués par la caravane de Sélim-Mokadem, et où l'on m'a donné un logement.

Kasonnga est un fort beau garçon, aux traits européens; un homme habile, que les Arabes qualifient d'homme bon, parce qu'il se joint à eux dans leurs razzias. Comprenant l'avantage que donnent les armes à feu, il a acheté quatre mousquets. Les gens de Bogharib ont été menés par les siens, et ont eu, en échange de leur cuivre, une cinquantaine de frasilahs (près de dix-huit cents livres) de bel ivoire.

Un parti de la bande de Sélim a été envoyé de l'autre côté de la rivière et a obtenu à peu près la même quantité d'ivoire; l'éloge de Kasonnga est dans toutes les bouches.

Nous n'étions plus alors qu'à six milles du Loualaba, et cependant au midi de Mamohéla. En effet, cette grande rivière lacustre décrit une seconde courbe de quelque cent trente milles à l'occident, avec une inclinaison d'au moins trente minutes (un demi-degré) vers le sud. Maintenant elle roule ses eaux puissantes vers le nord, en inclinant de nouveau du côté de l'est. C'est un fleuve majestueux, renfermant beaucoup d'îles, et qui, nulle part et en aucune saison, ne peut être passé à gué.

10 *mars*. — Les gens de Bogharib, à ce que l'on raconte, sont allés trouver Louapanya, chef puissant, qui leur a dit : « C'est à moi que vous devez acheter tout votre ivoire. » Comme il n'en avait pas assez, les gens ont parlé de se rendre chez une peuplade où cette matière est tellement abondante que les montants des portes en sont faits. Le chef

---

1. Plaine marécageuse, dont les herbes sont aquatiques.

s'est alors écrié : « Vous n'irez pas plus loin ; ni en avant, ni en arrière : vous resterez ici. » Et appelant un corps d'archers très-nombreux, il a dit aux autres : « Vous aurez à vous battre avec mes guerriers. » La conséquence fut que les gens de Bogharib tuèrent Louapanya, et beaucoup de ses sujets qu'on appelle Bahika; puis ils franchirent une rivière très-large : le Morommbaya ou Morommboué, ensuite le Pemmbo; mais ils ne semblent pas avoir été très-loin vers le nord.

Je voudrais descendre la grande rivière. Kasonnga n'a pas de pirogues; et il me faut marcher pendant cinq ou six jours pour atteindre Moïné-Loualaba, où j'achèterai un canot, si Ebed veut bien me prêter la somme nécessaire.

11 *mars*. — Long et chaleureux discours d'Aymar pour me dire de nouveau que, si je me hasarde seul avec ma petite bande, je serai mangé; que les naturels « ont faim d'un blanc; qu'il me faudrait deux cents fusils; que je ne dois pas courir à une mort certaine, etc. » Je lui ai répondu que je profiterais du conseil s'il venait de quelqu'un d'expérimenté; mais que sa frayeur était le rêve d'un homme qui n'avait jamais eu de relations avec les indigènes que par les esclaves qu'il avait envoyés pour les saisir, les piller ou les tuer. Que ses paroles ne servaient qu'à effrayer mes gens, et qu'au lieu de m'être utiles, ses avis me portaient préjudice. J'ajoutai, qu'avec douze hommes, Baker était venu près d'ici. « Était-ce chez des cannibales? » s'écria mon effrayé; et le discours recommença.

Je quittai ce bruyant tribun, après l'avoir remercié de ses avertissements, sans plus essayer de lui répondre, car il avait perdu la tête. Les traitants d'Oujiji ne sont que des faiseurs de razzias; et leurs gens valent encore moins, gens plus avides de sang que d'ivoire; chacun d'eux se glorifie de ses meurtres, n'aspire qu'à en augmenter la liste; et les Manyémas sont une proie facile.

Hassani a attaqué les habitants de Moïné-Loualaba, qui se tiennent maintenant sur l'autre rive; et je suis obligé de m'entendre avec Kasonnga pour avoir une pirogue. Celui-ci a envoyé un homme de confiance en chercher une que l'on doit amener dans deux jours.

Cet Hassani m'avait juré qu'il ne commencerait pas la lutte :

il n'a fait que cela. Le désir de gagner des esclaves domine tout chez lui, et le sang coule à flots. Le Seigneur voit ces choses !

Hassani aura un compte sévère à rendre à Bogharib.

15 *mars*. — Le mensonge semble faire partie intégrante de leur être. Rien d'étonnant à ce qu'ils n'aient pas essayé de propager l'Islamisme dans ces parages : les indigènes apprennent vite à les haïr ; leur capture d'esclaves est tellement sanglante qu'elle opposerait à leur prosélytisme une barrière infranchissable.

Mes gens ne sont pas revenus ; j'ai peur qu'ils ne soient engagés dans quelque affaire.

En confirmation de ce que j'ai noté plus haut, quelques-uns des gens de Mokadem, ceux d'ici, ont attaqué l'un des villages de Kasonnga, tué trois hommes et capturé femmes et enfants. Ils prétendent qu'ils ne savaient pas que le village appartenait au chef qui les héberge ; mais ils ne rendent pas les captifs.

20 *mars*. — J'ai le cœur brisé et soulevé par tout le sang répandu.

21 *mars*. — L'enfant du frère de Kasonnga est mort hier, et celui-ci me demande de rester pour les funérailles, ajoutant que demain il me donnera un guide. La journée étant pluvieuse, je reste volontiers.

Dagâmmbé se propose, dit-on, de descendre le Loualaba jusqu'à l'embouchure du Kanagoumbé, et de se bâtir une demeure sur la terre du même nom, laquelle est comprise dans un large nœud de la rivière. Il croit posséder un grand pouvoir de divination, même celui de tuer une femme infidèle.

22 *mars*. — Retenu par la maladie d'un de mes hommes. Pluie très-froide du nord-ouest.

J'espère me diriger demain vers le *lakoni* ou grand marché de cette région.

23 *mars*. — Quitté Kasonnga ; il m'a donné un guide et une chèvre.

Le pays est doucement ondulé, avec des pentes vertes, frangées de bois, et une herbe de quatre à six pieds de hauteur. Les villages sont nombreux. Croisé beaucoup d'habitants qui revenaient de la *tchitoka* ou marché, d'où ils rapportaient des charges de provisions, entre autres du manioc.

24 *mars*. — Grande pluie dans la nuit et dans la matinée. Retenu par la maladie de mes hommes.

25 *mars*. — Gagné Mazimoué, distance de sept milles et demi.

26 *mars*. — Fait quatre milles et traversé le Kabouimadji; un autre mille, et passé le Kahemmbal qui se jette dans le Kounda, affluent du Loualaba. Pays découvert, où apparaissent, au nord, des collines peu élevées.

Rencontré une bande appartenant aux marchands qui sont à Kasanuga, principalement des gens de Matiréka, sous la conduite de Sélim et de Saïd-ben-Sultan; ils ramenaient quatre-vingt-deux captifs et m'ont dit que, pour s'en emparer, ils s'étaient battus pendant dix jours. Leur cargaison d'ivoire se composait d'une vingtaine de défenses. Ils portaient un des leurs qui, dans le combat, avait eu la jambe brisée. Nous ne serons en sûreté que lorsque nous aurons franchi cette aire sanglante.

27 *mars*. — Marché au sommet d'une crête de terre, qui domine une belle vallée de dénudation. Au loin, du côté du nord, se voyaient les collines bien cultivées où Hassani a perpétré ses hauts faits. De nombreux villages sur la rampe; quelques-uns mal entretenus, ce qui annonce toujours le gouvernement d'un tyranneau. La course a été d'environ sept milles.

Un chef qui nous accompagnait a tourmenté un de ses collègues pour qu'il nous fît présent d'une chèvre. Je n'ai pas voulu d'un cadeau fait à contre-cœur; mais les esclaves se sont emparés de la bête, et j'ai menacé notre compagnon, un nommé Kama, de le renvoyer s'il devenait l'instrument de la partie servile de la bande.

L'arum est commun.

28 *mars*. — Mes hommes, les esclaves des Banians, ont essayé d'avoir un supplément de gages, je ne vois pas à quel propos. Ils ont refusé de porter leurs charges de verroterie et ont pris Tchakannga pour orateur; je ne pouvais pas écouter celui-ci, qui a organisé la révolte. Tout cela est excessivement pénible. Tant de difficultés sont semées sur ma route, que je me demande si la volonté divine n'est pas contre moi.

Aujourd'hui, marche de six milles; traversé beaucoup de rivulettes se rendant au Kounda, que nous avons passé en canot : trente yards de large et une eau profonde. Ensuite, près du village, où nous nous sommes arrêtés, franchi la Loudja, d'une largeur de vingt yards et qui s'unit au Kounda pour rejoindre le Loualaba.

Il n'y a ici aucune loi, ce qui me désespère. On a l'intention, du moins c'est probable, de créer des troubles dans la localité où est maintenant Ebed, localité voisine; le Seigneur voit cela.

29 *mars*. — Traversé hier le Laïya, sur un pont en clayonnage d'une bonne facture, et ce matin le Moanngoï, sur deux ponts de même espèce, également bien faits, s'appuyant sur une île qui est au milieu de la rivière; celle-ci, de vingt mètres de large, a un courant très-fort qui la fait craindre de tous les gens du marché.

Après cela nous avons passé le Molemmbé en canot : largeur de quinze yards seulement, mais gonflé par les pluies et par beaucoup de ruisseaux.

Route de sept milles et demi, qui nous a fait gagner les villages extérieurs du Nyañgoué. Une soixantaine de personnes, revenant d'un marché tenu au bord du Loualaba, ont passé à côté de nous. Les indigènes qui vont à la tchitoka (place du marché) y arrivent au point du jour et en partent vers midi, après avoir troqué leurs marchandises contre les objets qu'ils désirent.

Le pays est découvert et parsemé d'arbres, principalement d'une espèce de bauhinia qui résiste à l'incendie annuel. Il y a des arbres le long des cours d'eau ; les villages sont nombreux, et dans chacun se voit une foule de cochons.

L'altitude est basse, relativement à celle du Tanganika : environ deux mille pieds (six cents mètres) au-dessus du niveau de la mer.

La demeure du chef, dans laquelle j'ai logé, avait un ménage considérable : quarante pots, des plats, des paniers, des couteaux, des nattes; tout cela a été transporté, par la femme, dans une autre maison pour me laisser toute la place. Je lui ai donné quatre rangs de perles.

Ce matin nous avons traversé le Kounda, et fait encore

sept milles, qui nous ont conduits à Nyañgoué, où nous avons trouvé Ebed et Hassani. Ils se sont bâti là des maisons, et envoient leurs bandes de l'autre côté du Loualaba, jusqu'au Loéki ou Lomamé.

Ebed m'a dit que mes paroles au sujet du sang répandu l'ont pénétré; qu'il avait donné l'ordre à ses mandataires de faire des présents à tous les chefs et de ne se battre que dans le cas où ils seraient réellement attaqués.

31 *mars*. — Je suis allé prendre une bonne vue du Loualaba. Il est moins large ici qu'en amont; mais c'est toujours une rivière de trois mille yards d'un bord à l'autre, exigeant des canots en toute saison : les riverains déclarent, sans hésiter, que celui qui essayerait de le passer à gué, en n'importe quel endroit, serait inévitablement perdu. Il renferme beaucoup d'îles éloignées du bord d'environ deux mille yards, au moins de quinze cents. Les berges sont élevées et rapides; de l'argile et un schiste argileux de couleur jaune entrent dans leur formation; les autres rivières, telles que le Louya et le Kounda, ont des bords graveleux. Le courant a une vitesse d'environ deux milles à l'heure et se dirige vers le nord.

CHAPITRE V.

La tchitoka ou place du marché. — Montre brisée. — Fabrication d'encre. — Construction d'une maison à Nyañgoué, au bord du Loualaba. — Marché. — Cannibalisme. — Lac Kamolonndo. — Effroyable résultat de la traite de l'homme.— Nouvelles des pays situés au couchant du Loualaba. — Déception. — Les Bakouss. — Mauvaise santé. — Scène du marché. — Pas moyen d'avoir de canot. — Naufrage d'une pirogue des traitants. — Rapides du Loualaba. — Projet de visiter le lac Lincoln et le Lomamé. — Offres considérables pour un canot et des hommes. — Méchante maîtresse d'une esclave. — Horrible massacre des femmes d'un marché. — Scène déchirante. — Morts sur terre et dans l'eau. — Meurtre, incendie et pillage. — Extermination continuée sur l'autre rive. — Abattement du voyageur.

1er *avril* 1871. — Les rives sont très-populeuses; mais pour se faire une idée du chiffre des habitants il faut voir les marchés : parfois trois mille personnes, principalement des femmes. Ils viennent un jour dans un endroit, vont ailleurs les trois jours suivants, et reviennent ensuite. C'est dans le pays une grande institution; le nombre des gens réunis semble inspirer confiance; ils se soutiennent mutuellement et se font rendre justice les uns aux autres. Règle générale, ils aiment mieux vendre et acheter au marché qu'au village ou ailleurs; si vous leur dites : « Vendez-moi ce poulet, cette étoffe, » ils vous répondent : « Venez à la tchitoka. »

2 *avril.* — Aujourd'hui, il y avait sur la place un millier d'individus avec de la poterie, de la cassave, des tissus d'herbe, du poisson, de la volaille. Mon arrivée les effraya, et ils furent sur le point de s'en aller; quelques-uns s'éloignèrent. Il arrivait encore du monde, qui venait de l'autre rive avec des marchandises.

Le marché se tiendra demain en amont.

3 *avril.* — J'ai essayé de m'assurer de la longitude en fixant

un poids à une clef de montre; j'en ferai usage demain dans un endroit tranquille.

Tous les indigènes nous craignent, et avec raison; la conduite de ces affreux métis, véritables bandits, les alarme. Je ne peux pas obtenir de canot; j'attends donc pour voir ce qui arrivera.

On dit que le Loualaba déborde périodiquement, ainsi que le Nil le fait plus bas. Je l'ai sondé hier : près du bord, neuf pieds de profondeur; quinze dans tout le reste. Une fois j'ai eu vingt pieds au milieu, douze entre les îles, et neuf près de l'autre rive; c'est vraiment une noble rivière.

J'ai pris alternativement les distances et les altitudes au moyen d'une balle attachée à la clef d'un chronomètre, relevant les hauteurs successives du soleil et les distances de la lune. Il est possible que les chiffres des premières et des dernières altitudes puissent donner la vitesse de la marche; et que les distances qui les séparent, mesurées à de faibles intervalles, permettent d'établir la longitude d'une manière approximative.

4 avril. — La lune, le 4 du mois musulman, apparaîtra dans trois ou quatre jours. Cela me guidera pour le choix du quantième où les observations lunaires doivent être faites au moyen du poids.

Les Arabes questionnent beaucoup au sujet de la Bible. Ils veulent savoir combien de prophètes ont apparu, et diront probablement qu'ils les admettent tous, tandis que nous autres nous rejetons Mahomet. Rien n'est plus facile que de les confondre en les interrogeant, car ils ne savent jamais où aboutit la question; et ils ne sont pas blessés de la constatation de leur ignorance. Quand on leur demande combien il y a eu de prohètes, c'est à moi qu'ils en réfèrent; évidemment, ils n'ont jamais entendu parler de Balaam, fils de Béor, ou des deux cents faux prophètes de Jézabel et d'Achab, et de tant d'autres imposteurs que mentionne l'Écriture.

6 avril. — Malade pour avoir bu deux tasses de *malofou*, sorte de bière très-douce faite avec des bananes; je n'y toucherai plus.

7 avril. — Fait cette encre avec les graines d'une plante nommée *dzaghifaré* par les Arabes, et qui n'est pas rare dans l'Inde. Les Manyémas s'en servent pour teindre leur étoffe qu'ils appellent virammbo, et en guise de fard pour la tête et le visage.

J'envoie mes hommes de l'autre côté de la rivière, couper du bois pour me faire une maison. Par ce temps pluvieux, les parois de celle que j'occupe deviennent humides, se couvrent de moisissures, sentent mauvais et sont insalubres. Dans celle que je vais construire, j'aurai des murailles faites avec de l'herbe, un parquet d'herbe et de roseau; la ventilation la rendra saine et de bonne odeur.

Nous sommes dans la masika, deuxième période de la saison pluvieuse; l'eau tombe en abondance presque toutes les nuits; et j'aurais une pirogue qu'il me serait très-difficile de voyager; néanmoins il est pénible d'être arrêté par les soupçons que l'on fait naître, et par la criminalité des méchants.

Quelques Arabes essayent d'être bons, et m'envoient tous les jours des aliments cuits; Ebed est le principal donateur. Je lui ai montré à faire une moustiquaire avec de l'indienne; il était persécuté d'une horrible façon par les moustiques, et n'avait d'autre moyen de leur échapper, lorsqu'il n'y tenait plus, que d'aller dormir sur un échafaudage élevé au-dessus d'un feu couvant dans de l'herbe humide, et qui l'enveloppait de fumée.

Les Manyémas s'attirent souvent malheur par une conduite déloyale : ainsi, j'ai payé l'un d'eux pour qu'il m'amenât une grande pirogue qui était près de l'autre rive; il est venu avec un petit canot ne pouvant tenir que trois personnes; et après avoir perdu des heures, il a fallu remettre la traversée au lendemain.

8 *avril.* — Tout administrateur d'un groupe de quatre ou cinq cases est un *mologoué* ou chef, et se glorifie d'être appelé de la sorte. Dans le pays, nulle cohésion politique. La traite oujijienne est une malédiction; mais il faut reconnaître que les Manyémas ont aussi des torts, résultant de l'ignorance où ils sont des autres peuples; leur isolement les a rendus inconscients du danger qu'ils courent dans leurs rapports avec les traitants : comme de petits chiens en présence de lions. Ils refusent de louer ou de vendre des canots; ce refus ne

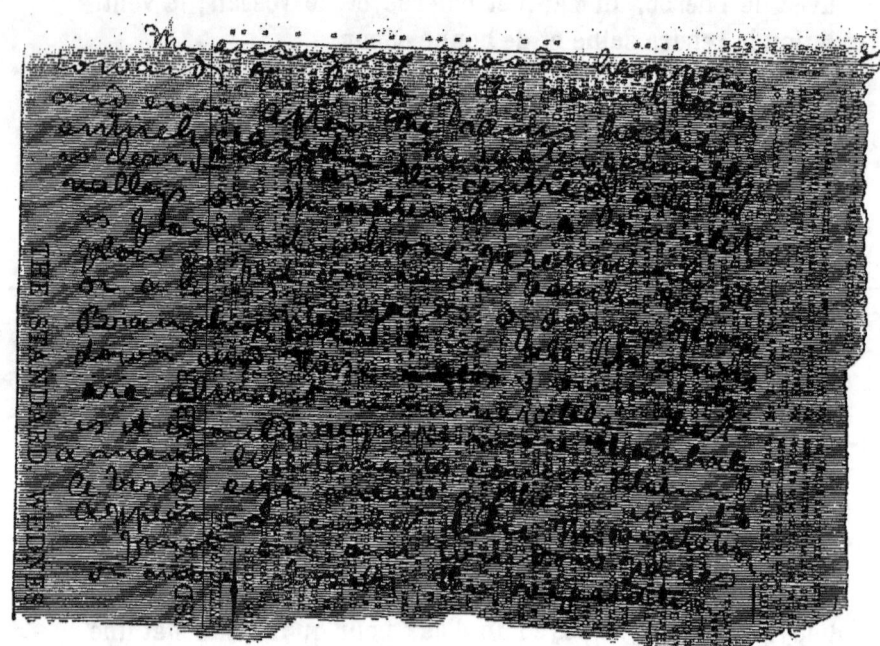

Fac-simile d'un fragment du journal de Livingstone.

peut pas se soutenir; Dagâmmbé les leur prendra de force, il a dix chefs avec lui.

Le grand malheur des Manyémas, leur très-grande faute, est de se haïr entre eux, de commune à commune ; chacun des chefs voudrait voir tuer le voisin. Cet esprit de vengeance, qui les fait s'entre-déchirer, les soumet à de cruelles épreuves.

Ebed est allé de l'autre côté de l'eau, trouver Mologoué Kahemmbé, et a fait avec lui mélange de sang. On lui a dit que deux grandes pirogues venaient d'être creusées et ne tarderaient pas à être mises en vente. Si l'affaire peut s'arranger à l'amiable, ce sera un grand point de gagné. J'obtiendrai un de ces canots au prix des Arabes, qui sera de trois ou quatre fois celui des indigènes. Tout profite à nos traitants ; il n'y a pas chez eux d'amour perdu.

9 avril. — Débité le bois pour ma construction.

D'après des esclaves récemment arrivés du Loćki, cette rivière serait beaucoup plus large que le Loualaba ; mais au retour des agents d'Ebed, qui sont maintenant dans l'ouest, j'aurai des informations plus précises.

10 avril. — Tchitoka ou jour de marché. Plus de sept cents personnes, je les ai comptées, ont passé devant ma porte. Pour les femmes c'est une fête ; marchander, plaisanter, rire, triompher de l'acheteur ou du vendeur, c'est pour elles le bonheur de la vie. Elles y vont toutes joyeusement ; au retour, plus d'une a la figure soucieuse. Il y en a beaucoup de belles et beaucoup de vieilles. Toutes portent des charges très-lourdes de provisions et de pots de terre qu'elles échangent pour de très-petites quantités d'huile de palme, de sel, de poisson, de condiments pour la cuisine.

Les hommes viennent en grande toilette et apportent peu de chose : des objets en fer, de l'étoffe, des volailles, ou amènent des cochons.

Acheté un poisson aux longues mandibules en forme de groin : très-bon manger.

12 avril. — La nouvelle lune a paru la nuit dernière. C'est aujourd'hui le 4 du mois des Arabes ; je ne sais pas au juste le quantième du nôtre ; à cet égard, je suis dérouté.

Ma nouvelle maison est finie, c'est un grand confort ; l'autre était sale et pleine de vermine ; les *tapazis* (tiquets), qui suivent partout les traitants, étaient pour moi un fléau. Les Arabes y sont insensibles. Ebed est le seul qui ait une moustiquaire, et il ne peut pas en faire assez d'éloges.

Une de ses remarques est celle-ci : « Que vos esclaves s'imaginent que vous les craignez, et ils vous monteront sur les épaules. » J'ai vêtu les miens gratis; après cela ils ont essayé de me marcher sur le corps, et se sont mutinés à propos de tout.

14 *avril*. — Kahemmbé, qui demeure de l'autre côté de la rivière, est venu et a promis d'amener une pirogue; mais on ne peut pas se fier à lui. Il a fait présent de deux esclaves à Ebed, et se répand en belles paroles au sujet du canot qu'il me voit si pressé d'obtenir; tout cela n'inspire aucune confiance. Les gens d'ici, lui comme les autres, s'imaginent que si je veux acheter une embarcation, c'est pour porter la guerre sur l'autre rive; et mes hommes, les esclaves des Banians, les confirment dans cette idée : « Il ne cherche ni esclaves, ni ivoire, disent ces fidèles serviteurs, mais un canot pour aller tuer les Manyémas. » Doit-on s'étonner que des gens qui, jusqu'au moment où je suis tombé chez eux, n'avaient jamais entendu parler d'hommes à peau blanche, croient à cette calomnie?

Mes esclaves sont aidés dans la propagation de leurs dires par ceux des métis d'Oujiji que nous avons avec nous. Hassani leur donne tous les jours à manger; le voyant très-dévot, ils se sont mis à l'égaler en fait de bigotisme, et vont prier devant sa demeure sept ou huit fois par jour. Ce sont des experts dans l'art de mentir; les premiers mots qu'ils ont appris en manyéma ne leur ont servi qu'à répandre des faussetés.

Commencé la rédaction d'une dépêche, pour le cas où je rencontrerais au Loéki des gens de l'établissement français du Gabon; mais cette affaire de pirogue est d'une lenteur désespérante; les indigènes n'ont de croyance qu'à la guerre; cette race a l'esprit ensanglanté.

15 *avril*. — Les Baghénya, tribu manyéma, occupent la partie de la rive gauche qui est en face de Nyañgoué, c'est-à-dire en face de nous. Une source d'eau saline surgit dans le lit d'une rivière nommée Lofoubou; les Baghénya font évaporer cette eau saline par ébullition, et vendent le résidu au marché.

CHAPITRE V.

Il y a environ dix étapes du Loualaba au Lolamé, qui est au couchant, et d'une très-grande largeur. L'embouchure du Lomamé ou Loéki est à six jours de pirogue, ou à peu près, en aval de Nyañgoué. La distance d'ici au Nyannzé est encore moins longue.

16 *avril*. — Au bord du Nyannzé se trouvent le marché et la ville principale du chef Dzourammpéla. Rachid a visité celui-ci, et en a reçu deux esclaves pour lui avoir promis d'amener et de faire se battre des gens d'Ebed contre son voisin Tchipannghé. Par le même moyen, Tchipannghé a obtenu l'aide de Sélim Mokadem, associé de Rachid, pour faire chez l'autre des captifs, dont le nombre a été de quatre-vingt-deux. Rachid vendra ses esclaves le plus tôt possible et laissera Dzourammpéla découvrir la fraude.

Cette tromperie, qui est un spécimen de la façon d'agir des métis, empêche d'ajouter foi au rapport que ce Rachid m'a fait d'un trait de cannibalisme, dont il se dit témoin oculaire. Toutefois c'est après un combat que les victimes furent coupées par morceaux; et ceci concorde avec l'assertion que les Manyémas ne font pâture que des gens tués à la guerre.

Quelques-uns tiennent pour avéré qu'ils mangent aussi des captifs, et qu'ils achètent pour cela des esclaves, dont le prix est une chèvre; mais j'en doute très-fort.

17 *avril*. — Journée pluvieuse.

18 *avril*. — Le lépidosirène est apporté au marché dans des vases remplis d'eau. On apporte également des fourmis blanches grillées, et des escargots : l'achatine et un limaçon commun.

Le lépidosirène est appelé *semmbé* par les gens du pays.

Ebed a fait une longue route pour aller voir une pirogue; mais on lui disait toujours : « c'est plus loin; » et il est revenu sans être allé jusqu'au bout.

19 *avril*. — Attendre, toujours attendre! mais il est possible qu'Ebed vienne avec moi; cela augmenterait nos forces, et il n'oserait pas massacrer les gens, étant dans ma compagnie.

20 *avril*. — Un chef du nom de Katommba nous avait fait annoncer sa visite pour hier; il n'est pas venu; probablement il a eu peur.

D'après Mokanndira, un autre chef, le Loéki, à l'endroit où

il rejoint le Loualaba, est une petite rivière ; seulement il y en a une autre qu'ils appellent Lomamé, aussi un tributaire du Loualaba et qui est infiniment plus large ; on dit qu'il a des rapides.

21 *avril*. — Une formule de salutation commune dans ces parages me rappelle l'*Ou li haisé* des Bétchouanas (tu es sur la terre). *Oua tala* (tu regardes), *Oua boka* ou *byoka* (tu te réveilles), *Ou ri ho* (tu es ici), *Ou li koni* (tu es là) : du sétchouana presque pur : nya, pour dire non, est identique chez les deux peuples.

Les gens d'ici nient fortement que l'anthropophagie soit parmi eux un fait habituel ; ils ne mangent que les hommes tués à la guerre ; et il semblerait que c'est par vengeance, car le chef me disait l'autre jour : « Cette viande est mauvaise ; elle fait rêver du mort à qui elle appartient. »

Quelques-uns, de l'autre côté du Loualaba, achètent des hommes pour les manger ; c'est l'occasion d'un festin ; mais je n'ai pas de certitude à cet égard. Néanmoins ils s'accordent tous à dire que la chair humaine est légèrement salée et n'exige que peu d'assaisonnement.

Cannibales ! et cependant c'est une belle race ; je soutiendrais la supériorité d'une compagnie de Manyémas, tant pour la forme de la tête que pour celle du corps et des membres, contre toute la société anthropologique de Londres. Beaucoup de femmes ont la peau d'une nuance très-claire et sont fort jolies. Elles ont pour costume une petite jupe de couleur voyante et à plis nombreux.

22 *avril*. — En manyéma (dialecte d'ici), *kounzi* veut dire nord ; *mhourou* désigne le sud ; *mazimeba*, l'orient ; *nkannda*, l'occident ou l'autre côté du Loualaba. Le nom des gens est quelquefois confondu avec celui de l'orientation ; ainsi Bankannda signifie : ceux de l'autre côté.

Tchimebourou s'est dérangé pour me faire une visite, mais je ne l'ai pas vu ; et je n'ai su que je recevais Moïné-Nyañgoué que lorsqu'il était trop tard pour lui faire honneur. On s'est efforcé de me tenir dans l'ombre, tandis que l'on cherchait par tous les moyens possibles à se procurer des pirogues.

Tous les chefs réclament le privilége de donner la main,

c'est-à-dire de toucher celle qui leur est tendue avec la paume de leur main droite ; ils battent ensuite des mains, retouchent la vôtre, refrappent des leurs ; et la cérémonie est terminée. Cette fréquence des poignées de mains a fait que je me suis mépris à l'égard du grand personnage.

24 *avril*. — Les vieilles querelles poussent les Manyémas à tendre des piéges aux traitants pour les engager dans la lutte qu'ils soutiennent. Ils les invitent à venir commercer, leur désignent tel village où l'ivoire est en abondance. Le traitant part avec sa bande ; mais on a fait dire au village en question qu'il vient pour se battre, non pour trafiquer, et il est reçu par des ennemis qui l'obligent à se défendre. Peu s'en est fallu que pareille aventure ne nous arrivât, près de Basilañghé, par l'astuce d'un chef qui prétendait nous conduire, et qui nous aurait bel et bien lancé dans un combat. Ayant découvert son but, nous changeâmes de direction, de telle sorte que ses émissaires fussent déroutés ; et nous le congédiâmes en lui disant son fait.

Le lac Kamolonndo a environ vingt-cinq milles de large ; il reçoit le Loufira, dont la largeur à Katannga est d'une portée de flèche. A l'est de l'embouchure du Loufira, est Tchakomo ; Kikonnzé Kalannza est au couchant, et les Mkanas (les demeures souterraines) encore plus à l'ouest. Quelques-unes ne sont qu'à deux jours de Katannga, qui est à dix journées du Kamolonndo.

Les gens de Tchoroué sont d'un bon accueil.

25 *avril*. — Quatre hommes, envoyés par Ebed pour acheter de l'ivoire, sont tombés dans un guet-apens ; deux d'entre eux ont été tués ; la nouvelle en est arrivée hier. Une bande est partie pour aider à punir le meurtre ; Ebed me priait d'envoyer mes gens pour ramener les deux hommes qui ont échappé à l'embuscade. Je n'ai pas consenti : quelque pressantes qu'auraient pu être mes recommandations, il est certain que les esclaves des Banians auraient tiré sur les indigènes. Nous n'allons nulle part sans que les gens du pays nous demandent de tuer de leurs compatriotes ; et il est impossible de les décider à venir avec nous dans des villages qui ne sont pas à plus de trois milles, parce que, selon toute probabilité, ils trouveraient là les meurtriers de leurs pères, de leurs oncles

ou de leurs grands-pères : un état de choses vraiment effroyable.

Quand il n'y a aucun danger, les traitants ne sont pas moins sanguinaires que les Manyémas ; mais dans les endroits où la population se défend, ils sont doux et polis autant qu'on peut l'être. Chez Moïré Mpannda, le fils de Casemmbé, où il lui est dû le prix de vingt-huit esclaves et de huit barres de cuivre, chacune de soixante-dix livres, Bogharib n'a pas osé tirer un seul coup de fusil, parce qu'il aurait eu maille à partir avec des gens de force à lui répondre. Ici on rapporte que ses mandataires ont garrotté des chefs de village et ne les ont détachés que quand les malheureux eurent payé une rançon de tant d'ivoire ! S'ils avaient été seulement à trois jours plus loin, chez les Babisa, où est allée une bande appartenant à Mokaya, ils auraient trouvé de belles défenses au prix de deux anneaux chacune, tandis qu'ils ont payé les leurs de dix à dix-huit bracelets. Ce qui se passe dans cette contrée n'est pas moins triste à dire que les actes dont les Mannganyas sont victimes de la part des Aïahous et des Portugais de Tété. Le bon Dieu les regarde.

26 avril. — Tchitovou a appelé devant lui neuf esclaves achetés par les gens d'Ebed, esclaves venus du Kouss, à l'ouest du Loualaba, et les a questionnés pour moi sur leurs peuplades et leur pays. L'un d'eux, qui a eu les incisives supérieures arrachées, est de la tribu des Malobas ou Malobos, qui a pour chefs Younga et Lomadyo, et qui demeure de l'autre côté du Loéki. Un autre vient des bords du Lommbaso ou Lommbadzo, également à l'ouest du Loéki (peut-être le Lomamé, dont c'est aussi l'appellation). Le pays de ce second esclave est le Nannga ; sa tribu, celle des Noñgo ; son chef, un nommé Mpounzo.

Un autre édenté, un jeune garçon, a dit qu'il venait du Lomamé. L'extraction des incisives de la mâchoire supérieure semble annoncer que la tribu a des vaches ; cette coutume ayant pour but d'imiter les bêtes bovines, presque adorées par ces peuplades. Aucun marchand n'est encore allé dans cette région, ce qui promet une ample récolte d'ivoire aux premiers visiteurs : jusqu'à présent, les indigènes n'ont employé leurs dents d'éléphant qu'en bracelets ou pour s'en fabriquer de grossières trompettes.

27 avril. — Attente pénible et anxieuse, nous ne pouvons pas mettre en mouvement des gens éloignés et faire qu'ils nous apportent des nouvelles. Les propriétaires de canots eux-mêmes nous disent : « Oui, nous vous les amènerons. » Mais ils ne bougent pas; ils se défient de nous, et, par leurs mensonges, mes gens augmentent leur défiance.

28 avril. — Ebed a envoyé, de l'autre côté de l'eau, des Manyémas pour lui acheter des esclaves; dans le nombre se trouvait une jolie femme qu'il a payée trois cents cauris et cent fils de perles; il l'a revendue à un Arabe pour de l'ivoire, avec grand bénéfice. Ebed, lui-même, a acheté cent trente dollars une cuisinière qui, mise à la chaîne pour quelque faute, a imploré mon appui. Je l'ai fait détacher en lui disant de se bien conduire, parce que je ne pourrais plus intercéder pour elle.

Hassani a travaillé aux mines de Katannga pendant trois mois, avec dix esclaves, et a obtenu cent frasilahs (trois mille cinq cents livres) de cuivre.

On parle d'un métis qui a gagné le Lomamé en venant de l'ouest, probablement du Congo ou d'Ambriz; mais les messagers ne l'ont pas vu.

1ᵉʳ mai. — Les gens de Katommba arrivent de chez les Babisa, où ils ont vendu tout leur cuivre à raison d'une défense pour deux anneaux. La quantité d'ivoire qu'ils ont trouvée là-bas est excessive : les piliers des maisons et l'encadrement des portes ont été faits de cette matière, sans que l'abondance de celle-ci ait diminué. Les indigènes apportaient les dents par douzaine, et les apports étaient si nombreux que les bandes ont fait trois fois le chemin, ne pouvant se charger que du tiers à chaque fois.

La chevelure des Babisa est arrangée comme celle des Bachoukoulommpo, tressée à la façon d'un ouvrage de vannerie, de manière à former des espèces de casque[1]. Nulle

---

1. Voy. *Explorations dans l'Afrique australe*, Livingstone, p. 609, une gravure où cette manière d'arranger les cheveux est représentée.

(*Note du traducteur.*)

querelle ne s'est élevée au sujet de la vente, et les étrangers ont été accueillis avec infiniment de bienveillance.

Une rivière dont l'eau est très-noire, le Nyennghéré, va rejoindre le Loualaba occidental; il a, par lui-même, une très-grande largeur. Une autre rivière ou pièce d'eau, appelée Chamikoua, s'y déverse du sud-ouest, et le rend plus large encore : c'est probablement le Lomamé.

Dans le pays, se voit fréquemment une antilope à cornes brèves.

3 *mai*. — Un canot arrivera dans cinq jours; c'est Ebed qui m'en informe.

Les traitants qui sont à notre midi m'ont expédié un message, non pas pour m'offrir leur aide, mais pour me dire que je mourrais certainement dans la contrée où je tiens à me rendre : la pensée est fille des vœux!

Ebed a naturellement un désir très-vif de gagner le plus tôt possible le marché d'ivoire des Babisa; cependant, avant de partir, il essaye de m'avoir un canot; mais il y a mis trop d'ardeur. Un chef manyéma a exploité son empressement; cet homme est venu dire qu'il avait une pirogue qui venait d'être terminée; seulement qu'il lui fallait des chèvres et des perles pour la faire mettre à flot. Ebed a avancé pour moi cinq chèvres, un millier de cauris et beaucoup de grains de verre, ajoutant qu'il me dirait plus tard ce qu'il voulait en échange. C'est une dette; mais j'étais si désireux de partir, que je me suis félicité d'avoir un canot à n'importe quel prix.

Tout cela n'était que déception : le chef en qui Ebed avait confiance n'avait pas du tout de pirogue; seulement il en connaissait une appartenant à un voisin, et il finit par demander qu'Ebed envoyât un certain nombre d'hommes pour examiner le canot; c'est-à-dire un certain nombre de fusils que ledit individu se chargeait de mettre en présence du voisin, dont la pirogue lui servirait de prétexte pour faire naître une lutte, afin de régler à sa satisfaction une ancienne querelle.

Mes hommes devaient se joindre à ceux d'Ebed. En voyant que je refusais de me laisser prendre au piége, le chef s'est emparé d'une esclave qu'il a offerte à son voisin en échange du canot; celui-ci a refusé; il y a eu esclandre, et l'intrigue que j'avais pressentie a été découverte.

Victimé par ce fourbe qui avait su lui faire accepter ses attestations, Ebed est parti pour le grand marché d'ivoire. Ses gens sont arrivés du Kouss (pays de l'ouest) avec seize défenses et un grand nombre d'esclaves, tous achetés, non capturés : pas de sang répandu.

Le Loualaba monte rapidement; il charrie de grandes quantités de plantes aquatiques. L'eau est un peu plus foncée que près du Caire. Beaucoup d'oiseaux blancs apparaissent (des paddas); on voit également un ibis religieux; ils vont au nord. Les habitants quittent leurs villages pour s'établir sur les hauteurs.

C'est au bord du Lomamé qu'habitent les Bakouss. Ils furent très-polis, très-bons pour les arrivants, mais leur refusèrent le passage. A ma suggestion, on leur montra l'effet d'une balle sur une chèvre; la mort de celle-ci leur parut surnaturelle; ils regardèrent les nuages et offrirent de donner de l'ivoire en échange du talisman qui mettait la foudre à la disposition de l'homme. Plus tard, lorsque la bande voulut forcer la route, ils se jetèrent de côté en voyant les esclaves des Banyamouézi les ajuster de leurs flèches; mais ils restèrent immobiles et muets d'étonnement devant les fusils, qui les fauchèrent en grand nombre. Leurs chefs ont à la main de longues cannes de rotang, couvertes de drogue magique aux deux extrémités, et ne portent pas d'autres armes : ils prenaient les mousquets pour des insignes du même genre. Dans le sud, quelques-uns appellent en plaisantant les armes à feu de grosses pipes à tabac. Ils ne s'effrayent pas en voyant un fusil menacer leur poitrine.

Les Bakouss ont pour armes des lances très-larges et très-longues, dont ils se servent fort habilement dans les bois et dans les grandes herbes de leur pays. Avec leurs pareils, ce sont de terribles guerriers; et quand ils connaîtront les armes à feu, ils seront non moins redoutables pour les étrangers, qui maintenant les assassinent.

« N'étaient vos fusils, disaient avec raison les Manyémas du sud, pas un de vous ne reverrait sa famille. »

Plus agriculteurs que les Manyémas méridionaux, les Bakouss ont des champs plus étendus; ils cultivent principalement le sorgho et le pennisetum. Le café ordinaire est commun chez eux; ils en font usage et le parfument largement avec de la vanille, qui doit être fertilisée par des insectes. A la fin du repas, ils font circuler des coupes remplies de cette infusion. L'ananas abonde également dans leur pays.

Ils se baignent deux fois par jour. Leurs demeures sont à deux étages; leur nombre est prodigieux. Le pays, c'est à la lettre, regorge d'habitants; les villes des chefs ont plus d'un mille d'étendue; il ne reste que très-peu de la forêt primitive. Sur la route, se trouvent beaucoup de larges pièces d'eau stagnante qu'il faut traverser; mais il y a des marchés tous les huit ou dix milles, marchés où l'on vient de très-loin; car c'est ici une institution féminine non moins entrée dans les mœurs que chez nous de courir les boutiques.

Les femmes ont la tête plutôt comprimée; mais la figure très-agréable, les yeux arrondis, largement ouverts des anciens Égyptiens.

L'adultère est puni de la mise en esclavage de toute la famille du coupable.

Les Bakouss fondent le minerai de cuivre et cèdent aux marchands, à très-bas prix, le métal qu'ils en obtiennent, et qui leur est payé avec des grains de verre.

Voyager par eau semble maintenant un projet si plausible aux métis, qu'ils cherchent tous à gagner les Baghénya de la côte occidentale pour se faire conduire en pirogue. Ils traversent la rivière, vont sceller du mélange de sang le pacte d'amitié avec les possesseurs de canots; et tous me représentent à leurs nouveaux parents comme ne devant inspirer nulle confiance. Brochant sur le tout, mes esclaves refusent d'aller plus loin. C'est la troisième fois qu'ils se révoltent depuis que nous sommes ici; et Hassani leur a donné asile jusqu'à ce que je lui aie représenté que si, en pareille circonstance, un Anglais recevait l'esclave d'un Arabe, il serait contraint de rembourser au maître le prix du fugitif: le Consul l'y obligerait; j'ai ajouté que j'userais de la même loi et qu'il n'échapperait pas à ma réclamation. Ces paroles l'ont effrayé; mais je n'en suis pas moins à la merci d'esclaves

CHAPITRE V.

dépourvus d'honneur, et qui n'ont aucun intérêt à me suivre où il y a du péril.

16 mai. — Une frasilah (trente-cinq livres) de perles dites métoundas m'a été cédée par Ebed; je lui ai donné en retour quatorze brasses de calicot américain de grande largeur et de belle qualité; mais c'est contracter une obligation que d'obtenir de la verroterie d'un homme dont la fortune dépend de l'échange des grains de verre contre de l'ivoire.

17 mai. — Trois mille personnes au marché, si ce n'est plus. De me mêler aux indigènes leur a ôté la prévention qu'avaient fait naître contre moi les propos de mes esclaves et des traitants, car ils se font tous un plaisir de m'apprendre le nom des poissons et des autres objets.

Les lépidosirènes sont pris par le cou et sortis à moitié du vase pour montrer comme ils sont gras. On vend le camwood [1] en pains aplatis, et des boules d'argile ainsi que les mangeurs de terre les consomment. L'animation est extrême; un rugissement de voix s'élève de toute cette multitude affairée, débattant les prix ou les défendant.

C'est un plaisir d'être parmi eux : leur société est douce, relativement à celle de mes esclaves, qui ne pensent qu'à retourner à Zanzibar. Quelques-uns m'ont dit : Ces gens-là ont besoin d'être battus par un homme libre, et se sont offerts pour remplir cet office.

Je n'ai aucun espoir d'aller plus loin avec eux, et j'aspire au moment où arrivera Dagâmmbé. Ils sont capables de tout; Ebed les a entendus comploter ma perte. « S'il faut absolument qu'ils me suivent, ils viendront; mais à la première difficulté qui s'élèvera entre moi et les indigènes, ils tireront sur les Manyémas, et prendront la fuite; comme je ne cours pas aussi vite qu'eux, je serai pris et ils me laisseront tuer. » Ils parlaient à haute voix; Ebed n'a rien perdu de l'entretien et m'engage avec instance à ne pas me fier à eux plus longtemps, car ce serait me vouer à une mort certaine. Il a toujours été pour moi un ami sincère; et je ne peux qu'ajouter foi à ses paroles, assurément bien intentionnées; d'ailleurs elles doivent être vraies.

---

1. Poudre rouge du ptérolobe santalinoïde.

18 mai. — Reçu d'Ebed deux cents cauris et des perles vertes.

J'étais sur le point de désarmer mes esclaves et de les chasser, quand ils se sont repentis et ont témoigné le désir de m'accompagner n'importe où; donc, étant si avide d'achever ma tâche géographique, j'ai dit que je courrais le risque de leur désertion; et je leur ai donné des perles pour faire les achats de grain que nécessite notre départ.

Je ne peux pas rendre à quel point m'ont tourmenté ces malheureux esclaves qui, soutenus par la horde esclavagiste, ont fait tout au monde pour me contrecarrer.

Lorsque les choses vont mal, les entrailles s'en mêlent et joignent leur tourment à celui des autres. Quant au flux de sang, il diminue les douleurs de tête : c'est, pour l'organisme, une soupape de sûreté. J'ai été sur le point, à mon dernier voyage en Angleterre, de permettre à Mister Syme de me faire l'opération; mais un de mes vieux amis m'a dit à ce sujet que son frère avait été opéré par le célèbre John Hunter, et qu'il en était mort à l'âge de quarante ans. Ces paroles ont été mon salut, car cette maladie fait ma sûreté.

Le dzinghifouré, ou teinture rouge, est, dit-on, un bon remède contre la gale, affection commune aux indigènes et aux esclaves des traitants, ainsi qu'aux enfants des Arabes.

20 mai. — Peu de temps avant que je découvrisse la fraude, Ebed fit appeler Kalonnga, le chef qui l'a trompé, et me céda le canot que celui-ci lui avait formellement vendu; puis il partit à pied pour aller acheter de l'ivoire chez les Babisa. Je devais le suivre en pirogue et l'attendre dans une rivière qu'on appelle Louéra. Mais j'eus bientôt la certitude que la pirogue était toujours dans la forêt et n'appartenait pas à Kalonnga. A ma sommation de restituer le prix qu'il avait touché, ce dernier répondit : « Quand Ebed reviendra, je le lui donnerai. » J'envoyai chercher ce qu'il ne voulait pas rendre; tout le village prit la fuite et se réfugia dans les bois.

J'essayai alors d'acheter moi-même un canot aux Baghénya, mais sans y parvenir. Pendant ce temps-là, les métis obtenaient tous ceux dont ils avaient besoin : neuf grandes pirogues; et je n'ai pas pu en avoir une.

24 mai. — Jour de marché. Quelle scène active! Chacun est

Le marché.

plein d'ardeur; on ne perd pas beaucoup de temps à saluer les amis. Les marchands de poisson courent çà et là portant des brochettes de petits silures fumés, enfilés sur des brindilles, ou d'autre fretin, ou bien des fragments d'écuelles remplis d'escargots, qu'ils échangent pour des racines de manioc, racines qui ont trempé dans l'eau pendant trois jours et qu'ensuite on a fait sécher; ou pour des pommes de terre, du grain ou des légumes; ou pour des bananes, de l'huile de palme, de la volaille, du sel, du poivre; ils sont tous empressés de troquer des vivres pour des condiments, et chacun se débat, affirmant la bonne ou la mauvaise qualité de l'objet. La sueur perle sur tous les fronts, les coqs s'égosillent, même suspendus à l'épaule du vendeur et la tête en bas, les cochons poussent des cris perçants.

Des loupes de fer, étirées aux deux bouts afin qu'on puisse juger de la bonté du métal, s'échangent contre un tissu fait avec des fibres de dattier.

Une telle masse de denrées et d'articles de toilette ou de ménage troqués les uns contre les autres, souvent à plusieurs reprises, par trois mille personnes, doivent procurer de grands bénéfices. Il y a là des gens qui viennent de vingt ou vingt-cinq milles.

La scène est d'un naturel et d'un entrain inimaginables. Les hommes se promènent en coquetant, vêtus de jupons courts, largement plissés et de couleur brillante. Les femmes ont de grandes hottes en forme d'entonnoir, dans lesquelles se glissent les marchandises qui ne doivent pas être vues. Au-dessus des objets contenus dans le panier, elles portent tout un échafaudage de vaisselle, attaché aux épaules et retenu par une courroie qui passe sur le front; leurs mains en outre sont pleines. Jamais on ne ferait porter à un esclave la moitié du poids dont elles se chargent volontairement. Elles travaillent de bon cœur, faisant sonner leur poterie pour montrer qu'elle est sans défaut; exposant leurs articles, en détaillant les qualités. Il faut voir et entendre avec quelle verve les choses s'affirment! Le ciel et la terre, toute la création prise à témoin de la vérité du fait. Et quel étonnement, quel mépris lorsque la marchandise est dépréciée, et quelle insouciance quand l'acheteur s'éloigne!

Des petites filles vendent de l'eau à la tasse aux combattantes altérées, qui la leur payent avec de menus poissons.

Ce spectacle m'amuse; je ne comprends pas ce qu'elles disent; mais les gestes et les visages sont tellement expressifs qu'il n'y a pas besoin de paroles. Tout cela se fait loyalement; en cas de différend, toujours facile à arranger, on en appelle au jugement des autres; ils ont tous un grand fond d'équité naturelle.

La poterie est d'une rondeur, d'une symétrie qui étonne, vu qu'elle a été faite sans tour, et d'un bon marché surprenant; j'ai acheté aujourd'hui deux cruchons en terre poreuse, d'une contenance d'un gallon[1], et bien faits, d'une forme élégante, pour un rang de perles.

27 mai. — Hassani me disait que depuis son entrée dans le Manyéma, pas un indigène ne lui avait offert une bouchée de nourriture, pas un nyoumbo, pas une banane, bien qu'il ait fait de nombreux présents. En le quittant, je suis allé au marché, et j'ai vu qu'un homme lui donnait quelques poissons, un autre une patate et un morceau de manioc, un troisième deux petits silures; toutefois les Manyémas ne sont pas un peuple généreux. Dans les villages à demi désertés que nous avons trouvés sur la route, les femmes et les vieillards couraient souvent après moi pour me donner des bananes; mais ils paraissaient agir sous l'impression de la peur. Quand je m'asseyais pour manger ce qu'ils venaient de m'offrir, ils allaient me chercher du vin de banane; et je payais le tout.

Au marché d'hier, un étranger avait un paquet de dix mâchoires inférieures, — des mâchoires humaines, — suspendu à l'épaule, au moyen d'une cordelette. Questionné par moi, il a déclaré avoir tué et mangé les propriétaires des ces mâchoires, et m'a montré le couteau avec lequel il avait découpé ses victimes. En me voyant exprimer mon dégoût, lui et les autres se sont mis à rire.

Tous les jours de marché, je vois des figures nouvelles.

Deux jolies petites filles essayaient de vendre leur étalage, qui se composait de fourmis grillées, qu'on appelle goumbé.

30 mai. — La rivière a baissé de quatre pouces dans les

---

1. Quatre litres et demi.

quatre derniers jours; elle est d'un brun très-foncé et charrie une grande quantité d'arbres et de plantes aquatiques.

Mologoué, ou le chef Ndammbo, est venu trouver le pieux Hassani, qui a fait échange de sang avec ce païen; c'est pour s'assurer les neuf pirogues. Tous les deux ont ensuite passé l'eau pour causer plus longuement de l'affaire; et l'un et l'autre n'ont pas hésité à me noircir auprès des indigènes.

Les Manyémas ont souvent la langue double, mais ils sont très-honnêtes; jamais nous n'avons perdu la moindre chose par leur fait; les volailles, les chèvres, rien n'est touché; si un poulet nous manque, il a été volé par un esclave des traitants. Quand j'étais avec Bogharib, il nous fallait garder notre basse-cour, pour la défendre contre les entreprises, non pas des naturels, mais de notre propre bande. Il en est de même aujourd'hui. Hassani décline toute complicité avec mes esclaves; et il est de toute évidence qu'il les encourage dans leur rébellion.

5 juin. — Le Loualaba a remonté de six pouces.

La pluie a presque cessé. De grandes masses de nuages floconneux descendent ici du nord-ouest, et leur venue est accompagnée de froid.

7 juin. — Je crains d'avoir à continuer la route à pied; la bourbe est un grand obstacle à la marche.

11 juin. — Nouvelle lune la nuit dernière; il est à peu près sûr que Dagâmmbé quittera Kasonnga aujourd'hui.

La rivière a baissé de trois pouces.

14 juin. — Hassani a obtenu ses neuf pirogues; trois de ces embarcations lui emmènent soixante et quelques hommes; je ne peux pas en avoir une seule.

On annonce que Dagâmmbé est près d'ici, mais retenu par sa divination; c'est un devin fort habile, d'où son nom indigène de Molemmbalemmba, qui signifie : écrivant ou écrivain.

18 juin. — Dagâmmbé est arrivé. En passant au village de Moïné Nyañgoué, il a trouvé les vivres si peu abondants et si chers, en comparaison des prix de notre marché, qu'il est revenu ici avec joie. Il a une bande considérable et cinq cents mousquets. Sa résolution formelle est de s'ouvrir de nouveaux champs de trafic; il a amené toute sa famille, et compte rester dans ces parages six ou sept ans; il fera prendre régulièrement à Oujiji les articles d'échange et les provisions dont il aura besoin.

20 juin. — Deux hommes de Dagâmmbé m'ont apporté un présent de quatre foundos chacun[1]. Ils savent tous que mes valeurs sont injustement détenues par Chérif, et ils se montrent généreux envers moi; ce que je reconnais en leur donnant de belle cotonnade, dont j'ai quelques pièces.

Après le salut d'usage, les premières paroles de Dagâmmbé ont été pour me dire : « Vos esclaves sont vos plus grands ennemis; je voulais vous acheter un canot, mais les propos de vos gens ont soulevé contre vous tous les indigènes. » Je le savais déjà, et que ces misérables sont appuyés par les traitants d'Oujiji, à qui ma présence est odieuse.

24 juin. — La bande d'Hassani, qui descendait la rivière en canot, a trouvé des rapides après quatre jours de nage. Des rochers se projettent sur les deux rives, non pas vis-à-vis les uns des autres, mais alternativement. Resserrée par cette projection, l'énorme nappe d'eau se précipite contre le promontoire, en fait le tour, est rejetée contre le suivant, et forme un tourbillon effroyable dans lequel a chaviré la première pirogue; il y a eu cinq morts.

Si j'avais été du voyage, mon canot aurait marché le premier; les traitants se seraient fait un point d'honneur de m'accorder la préséance, qui leur aurait fourni un honnête prétexte pour me faire tâter la voie. Ils se seraient tenus à distance respectueuse, et auraient attendu en toute sécurité que j'eusse fait l'épreuve de la passe.

Les survivants ont été si effrayés de la catastrophe qu'ils sont repartis immédiatement, bien qu'ils fussent arrivés dans le pays de l'ivoire; l'idée ne leur est pas venue d'examiner si les canots ne pouvaient pas être portés ou traînés en aval des rapides, ce que tout le monde aurait fait. Après toute la du-

---

1. Le pluriel de *foundo* est *mafoundo*; mais ainsi que pour *frasilah*, dont le pluriel est *farasilah*, tous les voyageurs emploient le singulier pour les deux nombres : ce pourquoi nous mettons un *s* à l'un et à l'autre de ces deux mots singuliers, usités pluriellement. Le foundo se compose de dix khétés, ou rangs de perles faisant deux fois le tour du cou; le présent de Dagâmmbé était donc de quatre-vingts colliers à deux rangs. *Note du traducteur.*)

plicité qu'ils avaient mise dans l'affaire des canots, les traitants ne devaient pas espérer meilleure chance. Qu'ils aient obtenu des pirogues, pas de mal à cela; mais pourquoi m'avoir empêché de m'en procurer une?

27 juin. — En réponse à mes prières pour la conservation de mes jours, il a été mis obstacle à ma descente du Loualaba, qui m'eût conduit aux rapides. Ceux-ci proviennent d'une coulée montagneuse qui traverse le pays et jette des promontoires, non parallèles, de chaque côté de la rivière : d'où résulte un effroyable tournoiement de la masse d'eau; si la pirogue, saisie par le tourbillon, heurte le rocher, il est certain qu'elle chavirera.

Comme il est probable que ce dyke s'étend jusqu'au Lomamé, le plan que j'avais conçu de me rendre à la jonction des deux rivières, et de sortir du Loualaba pour remonter l'autre, n'aurait pas réussi, car j'aurais trouvé là les mêmes rapides[1].

Je fus également empêché de descendre le Louamo, qui débouche en amont d'une autre cataracte, et cet empêchement m'a sauvé du péril. Nous ne connaissons pas toujours le danger auquel nous fait échapper le guide invisible.

28 juin. — La rivière a baissé de deux pieds; l'eau est toujours d'un brun foncé et couverte de débris.

Dix villages sont en flammes; le feu a été mis par un esclave de Saïd-ben-Habib, appelé Manilla, qui a voulu montrer aux Baghényа, avec lesquels il a fait échange de sang, comment il luttait contre les Mohommbos dont les Baghényа convoitent le territoire. Les maraudeurs de la bande d'ici ont passé la rivière pour aider Manilla à saisir les fugitifs et les chèvres.

Par goût et par profession, les Baghényа se livrent à la

---

1. Le portage ou le traînage que le docteur reproche aux gens d'Hassani de n'avoir pas essayé, aurait été à sa disposition, mieux encore qu'à celle des esclaves des traitants, puisqu'il aurait eu pour son emploi un chef bien autrement habile. La préoccupation de justifier la Providence, qui, dans sa tendre sollicitude, l'accable de tous les maux, enlève au grand voyageur une partie de sa logique habituelle. Si vraiment c'est en réponse à ses prières qu'il a été mis obstacle à sa descente du Loualaba, il ne faut pas s'indigner de la duplicité d'Hassani, qui devient alors un instrument de la volonté divine; et il faut voir autre chose qu'une punition du fourbe dans le naufrage de sa pirogue

(*Note du traducteur.*)

pêche, et portent aux différents marchés le contenu de leurs filets et de leurs nasses, qu'ils vendent aux agriculteurs.

L'expédition de Manilla a pour prétexte une dette de trois esclaves qui lui ont été livrés ; il fallait les payer ; et dix villages sont détruits.

30 juin. — Hassani prétend qu'il ne se doutait pas de la razzia de son mandataire ; quand je l'ai dit à Manilla, celui-ci a révélé sa nature servile par ses excuses rampantes, ne trouvant d'autre motif à alléguer que sa dette de trois esclaves.

1er juillet 1871. — J'ai dit à Dagâmmbé que j'avais le projet d'accompagner ses gens dans l'ouest jusqu'au Lomamé, d'acheter là, avec son aide, un canot, de remonter le lac de Lincoln, de me rendre à Katannga, puis aux fontaines, de voir les cavernes habitées, et de revenir ici, prendre mes articles d'échange, s'il voulait bien me les faire apporter par la bande qu'il enverra à Oujiji. Il revint sur les propos dont l'esprit des indigènes est empoisonné contre moi ; il déplora les difficultés que ces préventions me suscitent, et ajouta qu'il était prêt à faire tout ce qui dépendait de lui pour que mes plans réussissent.

Mes esclaves continuent à persuader aux Baghénya de ne pas me vendre de canot. Hassani connaît leurs manœuvres ; mais il affirme n'y avoir jamais pris part ; il le jure et prend le ciel à témoin de son innocence, non-seulement à ce propos, mais en toute chose, même à l'égard de la razzia de Manilla. Ces mahométans sont de fieffés menteurs ; la fourbe de Mahomet s'est transmise à ses disciples dans une mesure inconnue aux gens de toutes les autres religions.

2 juillet. — La couche supérieure des nuages vient du nord-ouest, l'inférieure du sud-est ; quand elles se mêlent ou changent de place, la température s'abaisse de beaucoup, et la fièvre en résulte. L'air évidemment vient de l'Atlantique, il passe sur les terrains bas et marécageux de la côte occidentale.

Les brouillards du matin montrent que l'eau du Loualaba est alors plus chaude que l'air.

4 juillet. — Hassani, très-irrité contre les lâches qui, ayant gagné le pays de l'ivoire, sont revenus sans y avoir pénétré, vient de partir ; il laisse ces gens-là ici, et va lui-même pédestrement faire la tournée. Je lui ai insinué d'avertir Baker de sa présence et de la mienne, s'il rencontrait l'un des hommes de celui-ci, ou voyait un chef qui fût en rapport avec le voyageur.

5 juillet. — Au total, la rivière a baissé de trois pieds, ce qui fait un pied depuis le 27 juin.

J'ai offert à Dagâmmbé deux mille dollars, s'il voulait me donner dix hommes pour remplacer les esclaves des Banians, et me fournir le moyen de remonter le Lomamé, de gagner Katannga et les demeures souterraines, puis de revenir au Tanganika. J'ai ajouté que je lui donnerais tout ce qui me restait à Oujiji. Il m'a demandé quelques jours pour consulter ses associés.

6 juillet. — Mokanndira et d'autres chefs sont venus et m'ont fait présent d'un cochon et d'une chèvre, à l'occasion de mon prochain départ. J'ai refusé l'un et l'autre, disant que je les accepterais à mon retour; et j'ai protesté contre le désir que l'on m'attribuait de faire la guerre aux indigènes. Ce refus et cette protestation auront du retentissement dans le pays.

7 juillet. — J'étais ennuyé de voir une femme, qui demeure à côté de chez moi, battre fréquemment son esclave, et lui ai fait des reproches; elle s'est excusée. Je lui ai dit qu'elle devait parler doucement à cette jeune femme, dont elle est maintenant la seule parente. L'esclave vient de l'autre côté du Lomamé; et, chez elle, c'était évidemment une lady : elle appelle son fils Mologoué, c'est-à-dire chef, parce que le père de l'enfant avait ce titre.

Dagâmmbé m'a donné le conseil d'exposer tous mes plans de voyage à mes esclaves; il pense certainement que je veux les leur faire suivre. En conséquence, j'ai déroulé devant eux mon projet d'exploration jusqu'aux fontaines d'Hérodote, aller et retour; ils n'ont rien objecté. Évidemment ils étaient satisfaits de cet acte de condescendance. Mais, pressés de partir, ils ont répondu qu'ils accompagneraient les gens de Dagâmmbé jusqu'au Lomamé, et qu'alors ils reviendraient, ne voulant pas aller plus loin.

La rivière a baissé de trois pouces depuis le 5.

10 juillet. — Les enfants manyémas ne se traînent pas sur

leurs genoux, comme les petits Européens ; ils commencent par mettre un pied en avant, et emploient ensuite le genou de l'autre côté. En général, les petits Manyémas se servent des deux pieds et des deux mains, jamais des deux genoux. Ils marchent à quatre pattes et ne rampent pas ; l'enfant arabe non plus : il se met debout sur les deux pieds, se tenant à quelque chose, jusqu'à ce qu'il puisse marcher.

La nuit dernière, apparition de la nouvelle lune du septième mois des Arabes.

11 *juillet*. — J'ai acheté huit espèces de poisson différentes pour en faire l'esquisse, afin de les comparer à celles qui habitent le Nil beaucoup plus bas. La plupart sont les mêmes que dans le Nyassa.

Une espèce de glanis, très-remuante et d'un brun-olive, n'a pas été esquissée ; mais j'ai fait le croquis d'un glanis tacheté, dont les nageoires dorsales et pectorales sont armées de pointes offensives.

La graine de sésame vient de mûrir ; elle abonde sur la place. On fait ici des gâteaux d'arachide, comme sur la côte occidentale.

Les gens de Dagâmmbé, une horde, essayent d'imposer leur domination dans le marché : « Je veux cette chose, dit l'un. — Ceci est à moi, dit un autre ; personne n'y touchera. » Mais les femmes leur apprennent qu'ils ne peuvent avoir aucun monopole, et qu'ils doivent trafiquer loyalement. Ce sont de très-habiles commerçantes ; elles se soutiennent entre elles, et ne permettent pas qu'on les insulte ; une fois à la tchitoka, elles n'ont pas peur.

Le prix des denrées est excessivement bas.

12 *et* 13 *juillet*. — Mes esclaves ont déclaré devant Dagâmmbé qu'ils ne dépasseraient pas le Lomamé ; il les a chapitrés pendant une heure et sans rien obtenir : « Ils ne veulent pas aller plus loin. » Sur son observation, qu'ils perdraient leurs gages, ils ont répondu : « C'est vrai, mais nous ne perdrons pas la vie. » Et ils l'ont quitté en se parlant à voix basse, ce qui, en face d'un homme de son rang, est une grave insulte.

Je lui ai dit alors : « J'ai des valeurs à Oujiji ; je n'en sais pas le chiffre, mais c'est considérable ; prenez tout, et donnez-

CHAPITRE V.

moi des hommes, pour que j'achève mon œuvre. Si ce n'est pas assez, j'ajouterai ce qu'il faudra. Mais ne me laissez pas dans l'obligation de m'en aller, quand je suis si près du but! »

Il a répondu qu'il s'entendrait avec ses associés, qu'il ferait un plan et me le communiquerait.

14 juillet. — Malheur et anxiété. — Que dois-je faire pour réussir? Tout semble être contre moi.

15 juillet. — Les coups de feu qui, depuis ce matin, se font entendre de l'autre côté de l'eau, annoncent que les gens de Dagâmmbé exterminent ceux de Kimebourou et de quelques autres avec lesquels Manilla a fait échange de sang. « Manilla est un esclave; comment ose-t-il mêler son sang à celui des chefs, qui ne doivent avoir pour amis que des hommes libres comme nous? » Telle est leur plainte.

Kimebourou a donné trois esclaves à Manilla; en retour, Manilla a pillé et brûlé dix villages. Ravi de cette preuve d'amitié, Kimebourou a offert à Dagâmmbé neuf esclaves pour une même opération; il a éprouvé un refus; et aujourd'hui les gens de Dagâmmbé détruisent ses villages, fusillent et capturent ses sujets pour punir, dit-on, Manilla, mais en fait pour apprendre aux indigènes qu'ils ne doivent avoir de relations et ne faire de commerce qu'avec Dagâmmbé et les siens : « Soyez amis avec nous, non pas avec Manilla, ni avec aucun autre; » c'est là-dessus qu'on insiste.

Malgré les villages en flammes et les coups de fusil, qui de temps en temps se tiraient sur les fugitifs, quinze cents personnes vinrent au marché. En arrivant sur la place, je rencontrai tout d'abord Edaï et Manilla, puis trois des hommes que Dagâmmbé a récemment amenés d'Oujiji. Je m'étonnai de voir ces trois hommes avec des mousquets, et fus sur le point de leur reprocher d'être venus là avec des armes, ce que ne font jamais les habitants; mais je l'attribuai à leur ignorance des usages du pays; et, la chaleur étant suffocante, je résolus de rentrer chez moi.

Comme je m'éloignais, je vis un de ces hommes marchander une poule et s'en emparer. Je n'avais pas fait trente pas hors de la place, qu'une double détonation m'apprit que le massacre commençait. La foule s'élança de tous côtés, chacun jetant ses marchandises et prenant la fuite. Les trois hommes continuaient à tirer sur les groupes qui étaient en haut du marché, quand des volées de mousqueterie partirent d'une bande postée en bas, près de la crique, et dont les coups se dirigeaient sur les femmes qui se précipitaient vers les canots.

Une cinquantaine de pirogues étaient là, pressées les unes contre les autres. Dans l'effroi qui les avait tous saisis, les hommes oublièrent leurs pagaies. Les canots ne pouvaient pas sortir tous à la fois, la passe était trop étroite, et, voulant tous partir, ils s'en empêchaient. Hommes et femmes entassés dans les barques, blessés par les balles qui continuaient de pleuvoir, sautaient dans l'eau et s'y débattaient en criant. Une longue file de têtes, sortant de la rivière, montrait que les malheureux nageaient vers une île située à quinze cents mètres; pour y atteindre, il leur fallait opposer le bras gauche à un courant de deux milles à l'heure. S'ils avaient pris la diagonale pour gagner l'autre rive, le courant les aurait aidés, et bien que la distance fût de trois milles, quelques-uns l'auraient franchie. Mais toutes ces têtes au-dessus de l'eau marquaient la ligne de ceux qui devaient périr.

Les coups de feu continuaient, tombant sur les faibles et sur les blessés. A chaque fois disparaissaient des têtes, les unes tranquillement : elles coulaient à fond et rien de plus ; tandis qu'à la place des autres, on voyait des bras se tendre vers le ciel, puis disparaître aussi.

Un canot se chargea d'autant de monde qu'il put en contetenir ; tous le firent marcher en patouillant avec les bras, en guise de rames. Trois autres allèrent au secours des amis défaillants, et s'emplirent au point qu'ils sombrèrent.

Seul dans une longue pirogue, où auraient pu tenir quarante ou cinquante personnes, un homme avait perdu la raison : il remontait la rivière, pagayant sans but, tournoyant, n'allant nulle part, et ne regardant pas ceux qui se noyaient.

Peu à peu toutes les têtes disparurent. Quelques nageurs, qui avaient pris en aval, gagnèrent la rive et échappèrent au massacre.

Dagâmmbé mit de ses gens dans l'un des canots restés sans maîtres, et les envoya au secours des malheureux : vingt-deux furent sauvés de la sorte. Une femme refusa d'être

Massacre un jour de marché.

prise à bord, préférant la chance de se sauver en nageant à la crainte d'être esclave.

Les femmes baghényа sont d'habiles nageuses, habituées qu'elles sont à plonger dans la rivière pour y pêcher des huîtres; et celles qui ont suivi le courant ont pu être sauvées; mais les Arabes, eux-mêmes, estiment le nombre des morts à un chiffre qui varie entre trois cent trente et quatre cents; et ils sont bien loin de compte.

Dans leur acharnement, les hommes qui fusillaient près des canots, ont tué deux des leurs, plus un Mnyamouézi de leur suite qui, entré dans une embarcation pour la piller, tomba dans la rivière, reparut à la surface, et coula pour toujours.

Mon premier mouvement fut de décharger mon pistolet sur les assassins; mais Dagâmmbé protesta contre mon immixtion dans une querelle sanglante; je dois m'estimer heureux d'avoir écouté son avis.

Deux misérables mahométans affirmèrent « que la fusillade avait été faite par les gens de l'Anglais. » Je demandai à l'un d'eux comment il pouvait mentir à ce point; il ne trouva nulle excuse; pas un autre mensonge ne lui vint en aide; il resta confus devant moi; et lui recommandant de ne pas dire de faussetés aussi palpables, je le laissai bouche béante et l'oreille basse.

Après cette terrible affaire, la horde de Tagamoyo, le principal auteur du crime, sa horde continua à tirer sur les habitants de la rive gauche, et à brûler leurs villages. Au moment où j'écris ces lignes, j'entends les lamentations qui se répandent sur ceux qu'on a tués de l'autre côté de l'eau et qui sont morts, ignorant combien de leurs amis gisent dans les profondeurs du Loualaba. Oh! mon Dieu, fais que ton règne arrive!

On ne saura jamais le nombre exact de ceux qui ont péri dans cette ardente matinée, où il m'a semblé que j'étais en enfer. Tous les gens du marché, qui ont pris la fuite de ce côté-ci, ont été poursuivis et dépouillés par les esclaves du camp; et pendant des heures, les femmes de la suite des traitants recueillirent et emportèrent des charges de ce qui était resté sur la place.

Quelques fugitifs sont venus à moi et ont été protégés.

Dagâmmbé en a sauvé vingt-deux et les a libérés de lui-même ; ils ont été amenés ce soir près de ma maison. Dans le nombre est une femme qui a eu la cuisse traversée par une balle et une autre qui est blessée au bras. J'ai envoyé mes hommes avec le drapeau, car sans pavillon ils auraient pu être victimes de ces forcenés, et ils ont sauvé quelques personnes.

Ce matin, seize villages étaient en feu, je les ai comptés. « Meurtre et pillage ; pourquoi tout cela? » ai-je dit à Dagâmmbé et aux autres. Tous rejettent la faute sur Manilla ; et, dans un certain sens, il en a été la cause ; mais je ne peux pas croire, ainsi qu'on me le répète, que ce soit pour punir Manilla d'avoir fait, lui étant esclave, pacte d'amitié avec des chefs. Le désir d'inculquer aux indigènes le sentiment de l'importance et de la force des nouveaux venus est un motif plus sérieux ; mais il est terrible de penser que le meurtre de tant de créatures innocentes a pu être prémédité.

Mon cœur se soulève. Qui pourrait accompagner au Lomamé les gens de Tagamoyo et de Dagâmmbé, sans se faire complice de tous ces crimes?

J'ai proposé de saisir les assassins et de les pendre haut et court sur la place du marché, pour protester publiquement contre cette boucherie. Dagâmmbé m'a répondu que si le massacre avait été fait par les gens de Manilla, lui et les autres accepteraient cette mesure ; mais que ceux qui avaient tiré appartenaient aux hommes de la bande dont il était le chef, et qu'il ne pouvait rien contre les gens de ses associés.

Ce carnage est d'autant plus atroce que, dans le pays, — le fait est de notoriété publique, — les femmes qui viennent au marché n'ont jamais rien à craindre, même dans les districts actuellement en guerre avec le leur : « Elles passent parmi nous sans être inquiétées », disent les naturels ; et il n'y a pas d'exemple que l'une d'elles ait été volée par un homme.

Ces musulmans noirs sont inférieurs aux Manyémas pour le droit et la justice. Les gens d'Hassani ont l'hypercriminalité d'attaquer les villages les plus inoffensifs, et de piller, et de tuer, et de capturer indistinctement.

16 juillet. — Dagâmmbé m'a promis d'envoyer des gens porter l'ordre à ceux de Tagamayo, qui sont de l'autre côté de la rivière, de cesser de tirer sur les hommes et de brûler les villages. Cette bande d'incendiaires et de meurtriers a passé toute la nuit, et toute cette journée du 16, parmi les ruines qu'elle a faites, à se gorger de chèvre et de volaille. Ce soir elle a repris son œuvre : vingt-sept villages sont détruits.

J'ai rendu trente et quelques échappés au massacre d'hier à leurs familles. Dagâmmbé a fait preuve de bonne foi en ne retenant pas un seul des individus qu'il a sauvés; c'est de lui-même qu'il en a fait la restitution. Les femmes sont remises à leurs maris; et trente-trois canots, restés dans la crique, sont gardés pour être restitués à leurs propriétaires.

Minuit. — La fusillade continue sur l'autre rive et les captures se multiplient.

17 juillet, une heure de l'après-midi. — Les gens de Tagamoyo ont fini leur besogne; ils commencent à repasser la rivière et nous arrivent, tambour battant, déchargeant leurs mousquets en signe d'allégresse, et jetant des cris de triomphe, comme pour nous dire : « Saluez-le retour des vainqueurs, la venue des héros! » Les femmes du camp de Dagâmmbé leur répondent par des acclamations, et leurs amis par des salves joyeuses.

Je compte dix-sept villages en flammes; la fumée s'élève verticalement et forme un nuage au sommet de la colonne, indiquant un foyer d'une extrême ardeur, car toutes les maisons sont pleines de bois de chauffage, soigneusement préparé.

Dagâmmbé nie avoir autorisé cette expédition, et Tagamoyo répète qu'il est allé punir ceux qui ont fait pacte d'amitié avec Manilla; celui-ci, en sa qualité d'esclave, n'ayant pas le droit de s'allier avec des chefs, de déclarer la guerre et de brûler des villages, ce qui ne peut être fait que par des hommes libres. Manilla m'a dit lui-même qu'en cela il avait eu tort : il le reconnaît d'autant mieux qu'il a perdu tous ses grains de verre et beaucoup de ses amis.

Deux heures. — Un vieillard, du nom de Kabobo, est venu chercher sa vieille femme; j'ai demandé à cette dernière si c'était bien son mari; elle est allée au vieillard, lui a tendrement passé le bras autour de la taille et a répondu : oui. Je lui ai donné cinq rangs de perles pour acheter des vivres, car toutes ses provisions ont été brûlées avec sa demeure.

Elle s'est courbée, a touché la terre de son front, en signe de reconnaissance; son vieux mari a fait de même; et elle est partie avec des larmes dans les yeux.

Tagamoyo a pris dix-sept femmes; les autres Arabes de sa bande, vingt-sept; il y en a eu vingt-cinq de tuées. On a rapporté les têtes de deux chefs notables pour que les amis des deux morts viennent les racheter avec des esclaves.

Trois heures. — Beaucoup de chefs, dont les villages ont été détruits, sont venus me trouver pour me prier d'aller avec eux et de leur choisir de nouveaux emplacements où ils rétabliront leurs demeures. J'ai répondu que j'avais une telle honte de la compagnie dans laquelle je me trouve, que je n'osais plus regarder les Manyémas en face. Ils pensaient que je désirais leur mort; que vont-ils croire maintenant? J'ai dit que je ne pouvais pas rester avec des gens aux mains ensanglantées, et que j'allais partir. Ils m'ont supplié de ne pas m'en aller avant qu'ils fussent rétablis.

Le massacre de ces centaines de femmes joyeuses et confiantes me remplit d'une horreur indicible. Je ne peux pas songer à aller nulle part avec les bandits de Tagamoyo; je remonterai ou descendrai le Loualaba avec mes Banians, j'irai où ils voudront.

4 *heures du soir.* — Dagâmmbé voit qu'il a commis une grande faute en laissant tuer les gens du marché. Il s'est hâté de faire dire aux chefs, qui sont venus me voir tout à l'heure, d'aller le trouver immédiatement pour mêler leur sang avec le sien.

Leur position est critique, et je ne serai plus là pour les protéger. Dagâmmbé étant, de beaucoup, le moins mauvais de la bande, je leur ai conseillé de fraterniser avec lui, et d'en appeler aux liens qui les uniront pour qu'il retienne ses infâmes subalternes, au moins dans les limites du possible.

L'un des chefs a demandé qu'avant de rien faire, on lui rendît sa femme et sa fille; mais les autres sont terrifiés; la crainte de la mort pèse sur eux.

J'ai appuyé la demande; Dagâmmbé m'a répondu:

« J'emploierai toutes mes forces pour ravoir les captifs, et je les rendrai tous, soyez-en sûr; mais il faut que le pacte d'amitié ait lieu sans retard, parce qu'il faut que le marché soit rouvert. »

Le sang a été mêlé; et la condition formelle imposée aux chefs a été celle-ci : « Vous nous rendrez la tchitoka. »

Dagâmmbé et les autres comprennent maintenant qu'en infligeant à Manilla le châtiment théorique dont les indigènes ont eu la réalité, ils ont massacré les meilleurs amis que les étrangers puissent avoir : ceux qui les approvisionnent.

Mes esclaves déclarent ouvertement qu'ils ne me suivront que jusqu'au Lomamé; ils n'iront pas au delà. Quelles que soient leurs protestations, les traitants d'Oujiji détestent m'avoir pour témoin de leurs atrocités. Mes Banians ne demanderaient pas mieux que d'aller avec Tagamayo, afin de partager ses rapines et de gagner des esclaves; c'est pour cela qu'ils veulent bien m'accompagner tant que je serai avec lui, et qu'ils refusent de me suivre dès que le quitterai.

Je devais descendre le Loualaba, puis le remonter et marcher à l'ouest; mais avec des limiers inondés de sang, il n'en est plus question. La seule chose qui me reste à faire est de retourner à Oujiji pour y former une autre suite, bien que je perde ainsi la chance de découvrir le quatrième grand lac de la ligne d'écoulement du Loualaba, et autres lieux de grande valeur.

17 juillet. — J'ai annoncé que décidément je partais dans trois jours pour le Tanganika. J'aurais voulu parler à Tagamoyo au sujet de la femme et de la fille du chef; mais il s'enfuit dès qu'il m'aperçoit.

Tous les autres associés de Dagâmmbé m'ont offert une partie de leur approvisionnement, me pressant de leur dire sans réserve tout ce dont j'avais besoin. J'ai refusé toute chose, n'acceptant qu'un peu de poudre; ils m'ont alors envoyé comme présent une quantité de grains de verre, que je leur ai payés avec joie par un équivalent de cotonnade.

Ce retour est une grande affliction : quarante-cinq jours de marche en ligne droite, au minimum; ce qui représente trois cents milles, doublés par les sinuosités de la route : six cents milles au moins[1]; et cela après avoir nourri et vêtu les escla-

---

1. Près de mille kilomètres.

ves des Banians pendant vingt et un mois! Il est possible, malgré tout, que ce soit pour le mieux.

Si je ne peux pas me fier au rebut des caravanes que je trouverai à Oujiji, il me faudra attendre des gens de la côte; nouveau retard de dix mois. Cependant, avec l'aide du ciel, je finirai par atteindre le Roua, où je verrai d'abord les villages souterrains; j'irai ensuite à Katannga, puis aux quatre fontaines, situées au delà, à huit jours de route; après cela je gagnerai le lac Lincoln.

18 juillet. — L'attaque des gens du marché, tout ce carnage, m'a laissé l'impression d'avoir été dans la Géhenne, moins le feu et le soufre; et encore, la chaleur qui était accablante, et les mousquets brûlant leur poudre et vomissant leurs balles, pouvaient faire croire qu'on était dans l'abîme sans fond.

Cet exemple infernal de la cruauté de l'homme a produit chez moi des douleurs de tête qui auraient pu être sérieuses, si elles n'avaient été soulagées par un flux de sang copieux. J'ai passé hier toute l'après-midi accablé par le souvenir de ce massacre; mes yeux en sont pleins, et l'horreur que j'en éprouve est inexprimable. « Ne vous en allez pas, » me disent les chefs manyémas; mais je ne peux pas rester dans une pareille agonie.

19 juillet. — Dagâmimbé m'a envoyé une belle chèvre, un maneh de poudre, un maneh de belle verroterie bleue et deux cent trente cauris destinées à l'achat des vivres qu'il faudra nous procurer pendant la route. J'ai proposé de lui laisser une brasse de méricano et autant de kaniké, en lui demandant de vouloir bien m'acheter quelques spécimens de l'industrie des Manyémas; il m'a fait remettre aussitôt deux larges épées fort belles et deux grandes lances, également très-remarquables, en ajoutant que je ne devais rien pour cela, qu'il ferait de nouvelles acquisitions avec ses propres marchandises et qu'il partagerait avec moi. Il m'a toujours témoigné de l'affection.

Loualaba tombé de quatre pieds et demi depuis le 5 de ce mois.

Aujourd'hui, des femmes, en nombre restreint, ont apparu sur la place; naguère elles accouraient en foule. Quelques-unes venues de l'autre rive ont apporté du sel pour racheter aux esclaves du camp les hottes que la terreur leur fait abandonner. Il y avait là, en tout, deux cents personnes, généralement celles qui n'avaient perdu aucun membre de leurs familles. Une très-belle femme avait reçu un coup de feu au bras droit; la blessure était pansée avec des feuilles, y compris le bandage.

Sept canots, au lieu de cinquante. Mais il y a chez les indigènes une grande ténacité, les dispositions les plus heureuses, l'amour des anciennes coutumes, le goût de la réunion; et le marché sera suivi de nouveau, si l'on ne commet pas d'autre attaque.

Pas une des pirogues n'est entrée dans la crique des morts; elles ont abordé en amont, au village de Ntammboué. Cette crique, située au bas d'une pente très-douce, avait probablement fait choisir cet endroit pour la tchitoka, dont cette longue pente forme l'emplacement.

Un jeune Manyéma travaillait pour l'un des hommes de Dagâmmbé, qui veut bâtir une maison et fait préparer le terrain. Se trouvant fatigué, l'indigène refusa de commencer une fosse qu'on lui ordonnait de creuser. Il reçut dans les lombes un coup de hache et mourut peu de temps après. On le jeta à l'écart. Ses parents sont venus l'enterrer et faire les lamentations d'usage; leur effroi est si grand qu'ils n'osent pas porter plainte à Dagâmmbé.

CHAPITRE VI.

Départ. — En marche pour Oujiji. — Voyage périlleux à travers la forêt. — Les Manyémas reconnaissent la bonté de Livingstone. — Esclaves de Zanzibar. — Chez Kasonngo. — Grotte et stalactites. — Viande de perroquet, ses conséquences. — Malade. — Attaqué dans la forêt. — Délivrance providentielle. — Échappé belle. — Pris pour Mohammed Bogharib. — Objets perdus. — Arrivé en lieu sûr. — Malade. — Mamohéla. — En marche vers le Louamo. — Route pénible. — Arrivée à Oujiji. — Déception. — Abattement. — Arrivée opportune de M. Stanley. — Joie et reconnaissance du docteur. — Résolution prise de visiter la partie septentrionale du lac Tanganika. — Départ. — Arrivée au Loussizé. — Pas d'issue. — Le Loussizé, affluent du lac. — Fièvre grave de M. Stanley. — Retour à Oujiji. — Préparatifs de départ. — En marche pour l'Ounyanyembé avec M. Stanley. — Abondance de gibier. — Attaqué par des abeilles. — M. Stanley est très-malade. — Arrivée à Kouihara.

20 juillet 1871. — Parti pour Oujiji. Tous les compagnons de Dagâmmbé sont venus me faire leurs adieux et m'ont conduit à une petite distance.

La marche a été brève. Après être resté inactif pendant longtemps, il n'aurait pas été sage de se fatiguer le premier jour; car il est difficile de triompher des conséquences de cette première lassitude.

22 juillet. — L'un des esclaves était indisposé; les autres le représentèrent comme sérieusement malade, afin de se donner le temps de négocier le prix de certaines femmes avec lesquelles ils avaient cohabité. Dagâmmbé, qui était venu jusque-là, vit la fraude : « Laissez-le moi, me dit-il, en parlant du malade; s'il guérit, je le nourrirai; s'il meurt, je le ferai enterrer ; mais ne vous arrêtez pour personne; voyagez en masse compacte, vous ne reverriez pas les traînards. » Il avait ainsi, lors de son dernier voyage, perdu une femme et sept hommes qui, restés en arrière, avaient été tués dans la forêt.

CHAPITRE VI.

Je n'avais que trop le désir de m'éloigner; et ce matin je me suis mis en route au point du jour.

Une marche de six milles nous a fait gagner le village de Mañkouara, où j'ai passé la nuit en venant. Le chef Mokanndira nous a conduits jusqu'ici. Je lui avais promis une brasse d'étoffe si je traversais le Lomamé. Il est très-surpris de ce que je lui raconte des demeures souterraines; c'est la première fois qu'il en entend parler.

Beaucoup de noullahs qui, à notre passage, renfermaient une eau rapide, sont maintenant à sec.

Il commence à tonner, et il tombe quelques gouttes de pluie.

23 et 24 juillet. — Passé le Kounda avec deux pirogues : cinquante yards de large; puis gravi la côte de la vallée où il se déploie en se dirigeant vers la chaîne du Lobanngo.

Des indigènes nous suivent en foule, désireux qu'ils sont de porter nos bagages pour gagner quelques perles. Plusieurs femmes qui se rendent au marché où nous les avons connues, et qui savent que nous n'avons pas trempé dans le massacre, viennent nous saluer. Tant pour aller que pour revenir, elles font bien vingt-cinq milles, et cela avec des charges beaucoup plus lourdes que pas un esclave ne voudrait en porter. Ainsi que les autres, qui ont fini par reconnaître que je n'avais rien de commun avec les Arabes, elles parlent de moi comme d'un *homme bon*; les anthropologistes pensent qu'il vaut mieux passer pour être méchant. Ézéchiel dit que le Très-Haut a mis sa beauté sur Jérusalem[1]; s'il ne m'avait pas communiqué de sa bonté, je ne serais pas bon; s'il n'avait pas mis en moi de sa grâce, je n'aurais pas de douceur dans l'âme, et je serais comme ces Arabes en qui Satan exerce son empire, le dieu de ce monde les ayant aveuglés.

25 juillet. — Nous avons marché hier dans une belle vallée, un vaste creux de dénudation renfermant des cultures nombreuses, et qui est traversé par une crête de trois cents pieds de hauteur, sur laquelle sont bâtis des villages : c'est le Lobanngo. Le sentier court au sommet de la rampe, et tout ce

---

1. « *Put His comeliness upon Jerusalem.* Nous avons traduit littéralement. La Vulgate dit : « Vous étiez devenue parfaitement belle, *par la beauté que j'avais moi-même mise en vous.* » *Ézéchiel*, ch. XVI, vers 14.   (*Note du traducteur.*)

beau pays, avec ses différents tons de verdure, se déploie à vos yeux comme sur une carte. La diversité des nuances montre la forme des différentes plantations établies dans cette vallée, que draine le Kounda.

Après cela, franchissant le Kahemmbaï, cours d'eau rapide qui s'unit au Kounda pour rejoindre avec lui le Loualaba, nous avons gravi une autre rampe couverte de villages, dont un grand nombre ont été brûlés, depuis notre venue, par les gens de Métirika ou Sélim Mokadem. Ces gens, que nous avions rencontrés là, y passèrent la nuit; le lendemain matin, ils mirent le feu à leurs gîtes, simplement pour s'amuser; et, prenant goût à la chose, ils incendièrent les bourgades qui se trouvaient sur la route : une sorte des horribles facéties de la traite. Ils l'ont fait parce qu'ils n'avaient rien à craindre. Questionnés sur le motif, ils répondirent que c'était pour que les Machennzés, comme ils appellent les indigènes, n'eussent pas de maisons. Les hommes sont pires que les animaux féroces, si toutefois on peut qualifier du nom d'hommes les esclaves des traitants. C'est une monstrueuse injustice que de comparer les Africains libres, vivant sous leurs propres chefs et sous leurs propres lois, cultivant leurs propres terres, avec les gens tels que l'esclavage les fait à Zanzibar et ailleurs.

26 juillet. — Gravi la pente de la dernière vallée de dénudation, celle du Kahemmbaï, et ensuite marché dans une plaine horizontale, revêtue d'une forêt ouverte.

Quatre hommes passèrent près de nous en toute hâte, pour aller annoncer la mort d'une femme, décédée dans leur village, à sa famille qui demeure dans une autre bourgade. J'ai entendu parler récemment de plusieurs morts causées par la dyssenterie. Le vent du nord-ouest occasionne des pleurésies.

Peu de temps après, vingt-deux hommes, ayant des boucliers noirs et carrés, d'assez grande dimension pour cacher toute la personne, passèrent en courant : ils allaient recevoir le corps de leur parente et tout ce qui lui avait appartenu, la défunte devant être portée à son village natal, où auront lieu les funérailles. Une vingtaine de femmes suivaient les hommes; ceux-ci attendirent sous les arbres, qu'elles eussent entouré la morte d'un bandage et pleuré sur elle. Ils se barbouillèrent le corps avec de la terre argileuse, et la figure avec de la suie.

Arrivé chez notre ami Kama.

27 *juillet*. — Quitté le groupe de villages de Kama et traversé beaucoup d'autres, avant d'arriver chez Kasonngo, où tous les Arabes campés en cet endroit m'ont souhaité la bienvenue.

28 *et* 29 *juillet*. — Acheté deux chèvres laitières à un prix raisonnable, et profité du dimanche pour nous reposer.

Les Arabes m'ont demandé la permission de joindre, à ma suite, une de leurs bandes qu'ils envoient à Oujiji chercher des marchandises. Cela augmentera nos forces, et nous protégera peut-être contre les naturels justement irrités. Tous les gens de la caravane ont reçu l'injonction de me prêter aide et assistance; naturellement je dois faire de même pour eux.

Kasonngo est absent; il accompagne, en qualité de guide, un parti qui va chercher de l'ivoire et des esclaves, et profitera de l'occasion pour trafiquer personnellement le plus possible. Il a quatre fusils et sera le premier à tuer et à piller pour son propre compte.

L'air est plus froid ici qu'à Nyañgoué.

30 *juillet*. — Trente défenses sont envoyées à Oujiji par nos Arabes, et dix-sept Manyémas se sont engagés, comme porteurs, pour les deux transits : aller et retour. C'est la première fois que, dans les temps modernes, des gens de leur race se seront aventurés à plus de cinquante milles de leur berceau.

Trois milles seulement nous ont fait gagner une rampe qui domine les bords du Sokoyé, et nous avons passé la nuit dans un village bâti sur une colline située à peu de distance.

31 *juillet*. — Traversé le défilé qui sépare le mont Kimazi du mont Kidjila. Un pilier en stalactite décore l'entrée d'une grotte que l'on y rencontre. Au-dessous de la grotte, un bel écho répond à ceux qui lui adressent leurs cris.

Atteint les nombreux villages de Manngala; et, deux esclaves étant malades, nous nous y arrêtons.

1ᵉʳ *août*. — Un grand marché se forme autour de nous.

2 *août*. — Quitté Manngala, et traversé beaucoup de villages, tous désertés à notre approche, par suite de la ven-

geance que Dagâmmbé a tirée du meurtre de quelques-uns de ses gens.

✗ Les hommes de Kasonngo paraissent avides de piller leurs compatriotes : j'ai eu, à ce sujet, des remontrances à leur faire et j'ai donné l'ordre de les surveiller.

Ici les bananes sont très-abondantes, de bonne qualité, et d'un prix très-minime.

Passé chez Kitetté, et couché dans un village du Loemmbo.

Croisé environ trente fonderies; la toiture en est fort élevée et couverte avec des feuilles, sur lesquelles les étincelles roulent comme ferait du sable; la pluie également.

3 *août.* — Trois esclaves ont pris la fuite; nous avons fait halte pour ne pas abandonner l'ivoire. Kasonngo est venu et a remplacé les fugitifs.

J'ai souvent remarqué dans le Manyéma des effigies humaines : statues en bois, ou simplement des cônes d'argile ayant au sommet un petit trou. Ici, pour la première fois, j'ai obtenu à leur égard une explication pouvant inspirer confiance.

Ces images s'appellent *bathatas* (pères ou anciens), et les noms de ceux qu'elles représentent leur sont religieusement conservés. Celles de Kitetté évidemment portent des noms de chefs : Molennda, décédé à une époque lointaine; Mbayo Yammba, Kamoannga, Kitammboué, Noñgo, Aouloumba, Yenghé Yenghé, Simeba Mayañga, et Loemmboué, morts plus récemment. Ils mettent beaucoup de soin à prononcer et à faire répéter exactement les noms.

Les vieillards m'ont dit qu'en certaines circonstances, ils offraient à ces statues de la viande de chèvre que les hommes se partageaient ensuite; il n'est permis d'en manger ni aux femmes ni aux adolescents.

La chair du perroquet n'est aussi qu'à l'usage des hommes, et seulement des hommes très-vieux. Ils croyent que si les jeunes gens en mangeaient, leurs enfants auraient la marche dandinante de l'oiseau.

D'après mes informations, ceux de leur tribu qui ont précédé Molennda venaient de Kongolakokoua; ce qui ne me représente rien. Si mince qu'il soit, ce brin d'histoire n'est pas sans intérêt. (*Nkoñgolo* est l'équivalent de Divinité; nkoñgolokoua veut dire : comme la Divinité.)

CHAPITRE VI.

4 août. — Traversé des milles littéralement couverts de villages, tous brûlés, parce que la population a refusé des logements à un certain Abdallah! Les habitants ont commencé à refaire les toitures. Ils s'éloignent de nous; mais une de mes chèvres a été frappée d'une lance par une main invisible; cela nous annonce que le danger n'est pas loin.

Abdallah reconnaît qu'il n'a pas eu d'autre motif, pour incendier ces villages, que le refus des habitants de le loger gratis, lui et sa bande, avec la certitude de voir toutes leurs provisions volées et leurs ustensiles détruits.

5 et 6 août. — Fait beaucoup de milles à travers une forêt de palmiers et de bananiers et gagné un *boma* (village à estacade), où nous avons passé la nuit, bien que les gens nous tinssent évidemment pour suspects et nous vissent d'un mauvais œil.

7 août. — Malade; chaque pas est une souffrance.

Arrêté dans un village, dont les habitants avaient pris la fuite; ils ont apparu au loin, avec leurs armes, et ont refusé de venir à notre appel. Plus tard ils se sont approchés, nous ont jeté des pierres, et ont essayé de tuer ceux des nôtres qui allaient chercher de l'eau.

Nous avons mal dormi, avec ces gens hostiles autour de nous. Envoyé ce matin des hommes pour éclairer la route.

8 août. — Les indigènes n'ont pas voulu venir parlementer. Ils savent ce qu'ils ont souffert des gens de Ben Djouma, et de ceux de Bogharib, pour avoir jeté dans le bois les dents d'éléphant qu'ils portaient malgré eux; et maintenant ils connaissent leur force. Je suis parti sans avoir pu leur rien dire.

Comme nous passions dans la forêt, entre deux murs d'une végétation compacte que l'on touchait de la main à droite et à gauche, nous arrivâmes à un endroit où des arbres abattus barraient le passage. C'était évidemment une embuscade; mais on ne put rien découvrir; et nous pensâmes que le projet avait été abandonné. Toutefois, en se baissant jusqu'à terre et en regardant en haut, vers le soleil, on aperçut une forme sombre : celle d'un homme plein de haine; et un léger bruissement dans le feuillage annonça le jet d'une lance. Une seconde lance, partie à ma droite, me rasa le dos et alla se planter dans le sol. Les deux hommes qui m'avaient jeté l'une et l'autre se virent alors dans une clairière qu'ils traversaient en courant, et qui se trouvait à quinze pas devant nous; l'un d'eux tourna la tête; et, en fuyant regarda derrière lui par-dessus son épaule. Je ne sais pas comment ils ont pu me manquer, leur adresse étant remarquable, si ce n'est que la main de Dieu s'étendit sur moi.

J'étais à l'arrière-garde; tous les gens de la caravane étaient passés quand j'arrivai à l'endroit où ces hommes m'attendaient, me prenant pour Kolokolo, c'est-à-dire pour Bogharib. Un vêtement rouge qu'ils m'avaient vu autrefois, leur fit croire que j'étais bien celui que Ben Djouma avait envoyé chez eux, et qui tua cinq des leurs, captura onze femmes ou enfants et vingt-cinq chèvres.

Une autre lance me fut jetée par un ennemi invisible et passa devant moi; il s'en fallut d'un pied environ qu'elle ne m'atteignît.

Nos gens envoyèrent des balles dans le fourré; mais sans résultat, car on ne voyait personne. Nous entendions cependant, à côté de nous, l'ennemi qui nous raillait; et deux des nôtres furent tués.

En arrivant à une partie de la forêt qu'on avait défrichée pour la mettre en culture, je remarquai un arbre d'une taille énorme, que faisait paraître encore plus gigantesque sa situation au sommet d'une fourmilière de vingt pieds de hauteur. On avait mis le feu à ses racines, et un craquement annonça que le feu avait fait son œuvre. Je n'en ressentis aucune alarme, jusqu'au moment où je vis le colosse se pencher de mon côté; je rebroussai chemin en courant, et il tomba à moins d'un mètre derrière moi, se brisant en plusieurs morceaux, et me couvrant d'un nuage de poussière; si précédemment il n'avait pas perdu ses branches, j'étais écrasé.

Trois fois dans le même jour j'ai été sauvé d'une mort imminente.

Mes serviteurs, qui étaient dispersés, accoururent vers moi en criant : « Ne vous inquiétez pas! vous finirez votre œuvre en dépit de ces gens-là, en dépit de toute chose. »

Comme eux, j'y vois un bon présage; le succès couronnera mes efforts. Merci à toi, puissant Créateur des hommes.

Nous avons ainsi couru la bouline pendant cinq heures, au

L'embuscade.

milieu de gens embusqués, intimement convaincus que, s'ils me tuaient, ils vengeraient la mort de leurs parents. De chacune des mailles du réseau de lianes pouvait jaillir une lance : à chaque seconde, nous nous attendions à entendre le bruissement d'une arme mortelle, dirigée contre nous. Je me fatiguai de cette crainte incessante, et — je suppose qu'il en est de même sur le champ de bataille, — non par courage, mais par indifférence, il me devint égal d'être tué ou non.

A la fin, nous sortîmes de la forêt et, traversant le Laïya, nous nous trouvâmes près des villages de Monannbônndoua. Tandis que nous nous reposions, apparut Mouanammpounda qui s'avança d'un pas majestueux et sans armes ; il avait entendu la vaine fusillade de mes hommes, et venait savoir de quoi il s'agissait. Je lui expliquai la méprise qu'avait faite Mounanngonnga en supposant que j'étais Kolokolo ; et nous nous rendîmes ensemble à son village.

Dans la soirée, il m'envoya dix chèvres pour remplacer les trois que j'avais perdues et me fit dire que, si je voulais lui donner mes gens armés de fusil, il réunirait tout son peuple, qui mettrait le feu au bois et punirait ceux qui m'avaient attaqués. Je lui répondis que l'attaque dont j'avais été victime, ne s'adressant pas à moi, mais à Mohammed Bogharib pour lequel on m'avait pris, je n'avais nul désir de faire tuer des hommes ; et qu'embrasser la vieille querelle qu'il avait avec ses voisins ne ferait qu'augmenter le mal ; il le comprit parfaitement.

J'ai perdu dans cette affaire tout le reste de mon calicot, un télescope, mon parapluie et cinq lances, par le fait de l'un de mes esclaves qui a jeté son fardeau pour se sauver, n'emportant que le ballot d'étoffe qui lui appartenait.

9 *août*. — Parti pour Mamohéla, maintenant abandonné par les Arabes. Mouanammpounda m'a conduit assez loin ; arrivé à un endroit où l'herbe était foulée, il m'a dit : « Nous avons tué ici un homme de Moïzia et nous l'avons mangé. »

10 *août*. — Relativement à cette affaire, la bande de Dagâmmbé qui venait de Mamaloulou trouva chez Mouanammpounda les traces d'une grande lutte, et vit les morceaux de la chair de l'homme, qu'on avait coupée pour la faire cuire avec des bananes.

Les naturels n'aiment pas que les étrangers voient leurs festins. « Partez et laissez-nous manger tranquillement, » disent-ils ; les reproches ou les railleries leur déplaisent.

Ici, il n'y a pas à en douter : Mouanammpounda ou Monammbonnda m'a dit sans détour qu'ils avaient fait pâture de l'homme de Moïzia. Ils semblent manger leurs ennemis pour se donner du courage, ou par vengeance.

Chose très-remarquable, ce n'est pas le besoin qui a fait naître cette coutume, car le pays regorge d'aliments ; personne n'y souffre de la faim. Comme farineux, les Manyémas ont du sorgho, du maïs, de l'éleusine, de la cassave, de la patate ; pour la graisse, de l'huile de palme, du sésame, des arachides, et le fruit d'un arbre d'où l'on retire une huile très-douce. La matière saccharine leur est fournie par la canne à sucre et par les bananes. Enfin la viande ne leur manque pas ; il y a dans tous les villages des chèvres, des moutons, des chiens, des volailles et des cochons en abondance. La forêt est pleine d'éléphants, de buffles, de zèbres, d'antilopes ; et les cours d'eau fournissent maintes variétés de poisson. Les ingrédients nitrogènes sont nombreux, et ils ont du vin de palme et du tabac, qu'ils appellent bannghé.

Leur sol est tellement fertile que gratter simplement la terre pour en en enlever l'herbe, équivaut chez eux à nos labours répétés. La famine, ou l'absence de nourriture animale, n'est donc pas ici, comme on l'a dit pour les Néo-Zélandais, la cause du cannibalisme [1].

Je ne vois, chez les Manyémas, d'autre motif à cette coutume qu'un appétit dépravé, qui, d'autre part, leur fait rechercher avidement la viande d'un très-haut fumet. On dit

---

1. Schweinfurth a fait la même remarque à propos des anthropophages chez lesquels il est allé. Ce serait une erreur, dit-il, de croire que les Momboutous sont devenus cannibales par suite du manque de viande ; la chair seule des éléphants tués dans le pays suffirait à leur approvisionnement. Le sanglier, le buffle, les grandes antilopes se trouvent chez eux en assez grande abondance pour fournir à leurs besoins. Ils ont l'art de conserver les produits de leur chasse, et de telle manière que ces produits se gardent fort longtemps. En outre, chaque habitation possède une basse-cour nombreuse, et le chien est élevé comme bête de boucherie. Il y a ensuite le gibier à plume ; d'abord le perroquet, puis la pintade, le francolin et l'outarde ; enfin le poisson, qui entre pour une part considérable dans l'alimentation publique. (*Au Cœur de l'Afrique*, vol. II, p. 81.) Il en est de même pour les Nyams-Nyams et pour les Pahouins, qui habitent également un sol d'une extrême fertilité. (*Note du traducteur.*)

qu'ils enterrent des corps dans les bois, et que deux jours après ils vont reprendre cette viande, qui, grâce au climat, est putréfiée à point[1].

Le Loualaba, en surplus du poisson, nourrit beaucoup d'huîtres à écailles très-épaisses, que les indigènes appellent *makessis*. A certaines époques de l'année, les femmes baghényas vont les recueillir au fond de la rivière. Ces huîtres, dit-on, renferment des perles; mais on n'a jamais pensé à les enfiler.

Kanoni est l'appellation indigène de l'*ibis religiosa*. *Ourouko*, le nom du café chez les Bakouss.

Les Manyémas ont tellement peur des armes à feu, que celui qui a un compte à régler, dispute ou réclamation, emprunte un mousquet, le met sur son épaule, et va traiter son affaire qui est promptement arrangée, grâce à la pression que le fusil exerce, bien que tout le monde sache que l'individu qui le porte ne saurait pas en faire usage.

Goulou : ciel ou Divinité d'en haut. C'est un être, et après leur mort les hommes vont le trouver.

Mammvou : terre, ou en bas.

Nkoba : éclair, foudre.

Nkoñgolo : Divinité (?).

Koula ou *Nkoula* : source d'eau saline, au couchant de Nyañgoué.

Kalounda : autre source d'eau saline, également à l'ouest de Nyañgoué.

Kiria : Rapides situés en aval de Nyañgoué.

Kirila : Ilot en vue de Nyañgoué.

Magoya : Idem.

Note. — Le chef Dzourammpéla est à peu près au nord-ouest de Nyañgoué, à trois journées de marche. Pour aller chez lui, on traverse le Louivé, dont l'eau est très-rouge, et que le Mabila, rivière plus large, d'une couleur très-foncée, reçoit avant de s'unir au Loualaba.

Une boule formée des poils qui s'agglutinent dans l'estomac du lion, ainsi que font les calculs, est regardée par les

---

1. On dit la même chose des Pahouins et des Nyams-Nyams.
   (*Note du traducteur.*)

Arabes comme un charme puissant ; ils prétendent que cela met en fuite les autres animaux[1].

La graisse de lion appliquée sur la queue des bêtes bovines, préserve, dit-on, celles-ci de l'attaque de la tsétsé, et leur permet de franchir impunément les localités où abonde cet insecte. Quand j'ai entendu parler de cela, j'ai pensé que la graisse de lion n'était pas moins difficile à recueillir que la cervelle de mouche ou les langues de moustique. Mais on m'affirme que les lions sont tués en grand nombre sur les hautes-terres des Bassanngo, et l'on ajoute que ces lions, comme tous les animaux du pays, sont extrêmement gras ; de telle sorte qu'il est facile d'acheter une calebasse du préservatif. Les Banyamouézi, qui veulent emmener des bœufs à la côte pour les vendre, connaissent le moyen et l'employent avec succès (?).

11 août. — Une longue marche de six heures, à travers des plaines herbues et des cours d'eau frangés de beaux arbres, nous a conduits chez Kassessa, le chef de Mamohéla, qui a obtenu l'aide des Arabes pour se venger de ses compatriotes, à propos d'anciennes guerres. Il a donné des chèvres aux traitants, les a menés pendant la nuit aux villages voisins, où ils ont augmenté le nombre de leurs chèvres, et capturé beaucoup d'indigènes qui devront être rachetés au prix de dix chèvres par tête.

Toutefois les naturels ont fini par apprendre que chaque coup de feu ne tuait pas ; et dans la dernière razzia, un parti des leurs, armé d'arcs et de flèches, a forcé les assaillants à jeter leurs mousquets et leur poudre. Les vainqueurs auraient été sans pitié, si des Manyémas ne s'étaient pas trouvés au pouvoir de l'ennemi. C'est le commencement de la fin, qui exclura du pays tous les traitants.

Pris une demi-journée de repos ; car je suis malade.

Je remercie pieusement le Seigneur de m'avoir sauvé la vie

---

1. Toutes les matières pileuses, poils des végétaux, laine ou duvet, avalées avec la proie, peuvent donner lieu à ces concrétions, qui se rencontrent chez beaucoup d'animaux, surtout chez les bêtes à langue rude, par suite de la quantité de poils qu'elles s'arrachent en se léchant. Ainsi que chez les Arabes, ces boules nommées égagropiles, ont passé longtemps parmi nous pour avoir des propriétés merveilleuses qu'elles devaient peut-être à leur analogie, au moins de situation, avec le bézoard. *(Note du traducteur.)*

trois fois le même jour. Le Seigneur est bon, une forteresse dans les heures de peine; Il connaît ceux qui mettent leur confiance en lui.

12 août. — Camp de Mamohéla, entièrement brûlé. Couché au village.

13 août. — Dans une bourgade, située au bord du Lolinedi. Je souffre beaucoup.

Un homme m'a apporté un jeune milan qu'il a déniché, et qui n'a pas encore toutes ses plumes; le nid était sur un arbre. C'est le premier cas dont je sois certain de la couvée de ce rapace sous cette latitude; le milan, dans la région intertropicale, est un oiseau de passage, qui probablement vient du Midi.

14 août. — Traversé beaucoup de ruisseaux d'une eau très-vive, et gagné un village bâti au flanc d'une chaîne de montagnes.

15 août. — Arrivés chez Mouanammbonyo.

Premières pluies le 12 et le 14, pluies douces; mais près du Louamo, l'eau ruisselait dans les chemins et produisait de la rosée.

Goloungo : Un bushbuck (*antilope sylvestris*) avec des raies en travers du corps et deux rangs de taches le long des flancs (?).

16 août. — Gagné le Louamo.

Très-malade des intestins.

17 août. — Passé la rivière et expédié un message à mon ami Katommba. Il m'a envoyé en retour une grande quantité de vivres.

18 août. — Rejoint Katommba au village de Moïnemmgoï, et reçu bon accueil de tous les Arabes, dont la tournée a été des plus fructueuses. Il a fallu trois voyages pour rapporter leur ivoire.

Dernièrement, Kanyennghéré a subi leur attaque; il y a eu cent cinquante captifs et cent morts. C'est une ancienne querelle de Moïnemmgoï, que les traitants ont prise pour leur compte.

Pas de nouvelles d'Oujiji; et Mohammed Bogharib est toujours à Bammbarré avec mes lettres.

19 et 20 août. — Halte pour cause de faiblesse.

21 août. — Gravi jusqu'aux palmiers qui sont à l'ouest de la passe du mont Kanaïma.

22 août. A Bammbarré.

28 août. — Mieux et reconnaissant.

La bande de Mohammed a trois cents frasilahs d'ivoire; celle de Katommba en a un millier (trente-cinq mille livres).

29 août. — Malade toute la nuit. Je reste.

30 août. — Aussi malade qu'hier; mais je me rends chez Monanndennda, au bord du Lommbonnda.

31 août. — Gravi la montagne.

1ᵉʳ septembre 1871. — Traversé la moitié de la chaîne, et couché dans une forêt compacte où ruissellent de charmants cours d'eau.

2 septembre. — Fini de traverser la chaîne; puis commencé la descente, qui nous a fait gagner une colline, coiffée de marbre et dont un village occupe le sommet.

3 septembre. — Vents d'équinoxe. Gagné le Lohommbo.

5 septembre. — Au village de Kasannganngazi.

6 septembre. — Repos.

7 septembre. — Chez Mammba.

8 septembre. — Repos.

9 septembre. — Idem. Mes gens sont accusés de vol; mais je prouve la fausseté de l'accusation, au grand mécontement des Arabes qui auraient voulu pouvoir dire : « Les hommes de l'Anglais volent aussi. »

Dernière marche très-rocailleuse; traversé plusieurs ruisseaux entre le village de Kasannganngazi et celui de Mammba.

10 septembre. — Un jeune Manyéma a voulu nous suivre; j'ai insisté pour avoir le consentement du père, qui l'a donné immédiatement; mais le garçon n'a pas pu supporter la fatigue de la marche; et il nous a quittés au bout de quelques jours.

Descendus dans la vallée de Kapemmba, en traversant un beau pays ondulé, et atteint le village d'Amerou; ce dernier mot est un nom commun : l'équivalent d'homme, de compagnon, de camarade.

11 septembre. — Gravi une chaîne de hautes montagnes, aux pentes très-escarpées, appelée Moloni ou Mononi; descendu l'autre versant et couché au village de Molemmbou, situé au pied de la chaîne.

12 septembre. — Deux hommes malades. Obligé de faire halte, bien que relativement je sois en bonne santé. La farine de sorgho, que maintenant nous pouvons nous procurer, m'a aidé à reprendre des forces ; elle est presque aussi bonne que celle de froment ; la farine de maïs, qualifiée par les Arabes de nourriture froide, est moins salubre.

Pour arriver ici, nous avons fait une longue marche, en terrain plat, avec de hautes montagnes des deux côtés. Précédemment, notre sentier avait couru sur celles de gauche, et nous en avions éprouvé une très-grande fatigue. Pendant cette course, nous avons traversé une rivulette nommée Kalanngaï.

J'avais insinué à Mohammed que s'il recevait mes déserteurs, cela pourrait mal tourner pour lui. Il a couru après moi pendant deux jours, et m'a instamment prié de croire qu'il ne les avait pas soutenus. Je l'avais soupçonné de les avoir envoyés dans le village où ils étaient venus impudemment ; je le lui ai dit ; bref, après explication, il m'a donné une chèvre que j'ai envoyé chercher.

13 septembre. — Le pauvre petit Manyéma a été complétement épuisé par son retour ; il est arrivé chez lui ne pouvant plus parler. Je ne l'ai pas vu partir, et j'ai regretté qu'il nous eût quittés le soir.

Les gens d'ici ne veulent rien nous vendre ; ce qui rend la chèvre de Ben-Séli d'autant plus acceptable.

15 septembre. — Hier, gagné le village de Pyanamosinedé ; aujourd'hui celui de Karoungamagao. Très-beau pays ondulé et verdoyant.

16 et 17 septembre. — Nous trouvons des vivres et nous restons pour les acheter.

18 septembre. — Gagné un village à estacade, dont les gens n'ont pas voulu nous recevoir. Nous sommes allés nous établir dans la forêt, à un millier de pas de leur enceinte. J'aime beaucoup mieux ces abris faits dans les bois que les maisons des villages : on n'y a pas de souris, pas de vermine, et l'on n'y contracte aucune obligation.

19 septembre. — Nous voyons que les Baroua détruisent tous les villages manyémas qui n'ont pas d'estacade.

20 septembre. — Arrivés chez Kannda, qui demeure au bord du Katemmba; traversé de grandes plantations de manioc. De là, nous nous sommes rendus chez une femme, revêtue de la dignité de chef; nous y avons construit nos propres huttes à l'écart des villages, aux environs d'une source chaude, appelée Kabila, qui traverse la route, et dont la température est à peu près celle du sang.

21 septembre. — Franchi le ruisseau que forme la source thermale, et gagné le village de Mokouanihoua, situé au bord d'une rivière appelée Gommbizé. Nous y avons rencontré la caravane de Nassour Massoudi : deux cents mousquets.

Nassour m'a donné un beau mouton et m'a appris la mort de Saïd-Médjid. Ce dernier était souffrant, il fit une chute dans sa maison neuve de Darsélam, et expira trois jours après. C'est un ami que je perds; il m'avait témoigné une grande bienveillance et donné deux firmans qui m'autorisaient à réclamer l'aide de tous ses sujets. Saïd-Bârgache lui succède; je suis inquiet de ce changement : la bonté de Bârgache durera-t-elle, maintenant qu'il a le sultanat?

La petite vérole a fait dernièrement de grands ravages à Oujiji.

22 septembre. — Massoudi va au nord; quant à nous, halte d'un jour, pour manger le mouton qu'il nous a si gracieusement offert.

23 septembre. — Passé au milieu d'une population composée e Baroua et de Bagouha; et après avoir traversé deux fois le Loñgoumba, nous avons approché du grand massif de montagnes qui est au couchant du Tanganîka.

Du village de Mokouanihoua jusqu'au lac, il y a dix bonnes journées de marche dans une forêt ouverte.

Les gens de l'Ougouha sont mal disposés à notre égard : ils connaissent trop les caravanes pour bien accueillir les étrangers. Ainsi que les Manyémas, ce sont d'habiles commerçants.

Cette marche de retour, à partir de Nyañgoué, a totalement épuisé mes forces. Depuis la dernière section du trajet, il me semble que je meurs sur pied. Chaque pas est une douleur; l'appétit a disparu; quelques bouchées de viande produisent une violente diarrhée; l'accablement moral réagit sur le physique. Tous les traitants reviennent satisfaits; leurs expéditions ont été fructueuses; la mienne seule a échoué, et si près du but!

3 *octobre*. — Pendant mon séjour dans le Manyéma, j'ai lu quatre fois la Bible d'un bout à l'autre.

8 *octobre*. — Le chemin est couvert de fragments de quartz anguleux, dont mes pieds, serrés dans des chaussures françaises qui leur vont mal, souffrent cruellement; je ne sais pas comment les pieds nus des hommes et des femmes y résistent.

La poussière de la marche nous cause des ophtalmies pareilles à celle dont Speke fut affligé; c'est la première fois que mes yeux sont malades en Afrique.

Passé le Lobommba, qui se jette dans le lac; et, arrivé à Loannda, j'ai fait demander des pirogues à Kasannga, chef de l'Ougouha.

Ainsi que le Lobommba, le Loñgommba prend sa source dans les montagnes que l'on nomme le Kabogo de l'ouest. Nous étions encore à une distance de douze marches, quand nous avons entendu des roulements comparables à ceux du tonnerre. C'était le bruit du Kabogo : un bruit de vagues s'engouffrant dans des cavernes. Peut-être le Loñgommba est-il l'émissaire du Tanganika? Plus bas, il devient le Louassé, puis le Louamo et se jette dans le Loualaba. Le pays s'incline dans cette direction; mais je suis trop malade pour examiner la source de cette rivière.

15 *octobre*. — Nous avons atteint le 9 l'îlot de Kasenngé. Après beaucoup de délais, j'ai fini par obtenir le loyer d'un bon canot pour six brasses de cotonnade; et nous voici à l'îlot de Kabisihoua.

19 *octobre*. — Partis hier pour le Kabogo de l'est, que nous avons gagné aujourd'hui, à huit heures du matin.

20 *octobre*. — Jour de halte, pour reposer l'équipage.

22 *octobre*. — A Rommbola.

23 *octobre*. — En route au lever du soleil et arrivés à Oujiji. Bon accueil de tous les Arabes, principalement de Moïnyéghéré.

Je ne suis plus qu'un squelette. Il y a ici un marché tous les jours, et je pensais qu'une bonne nourriture et le repos allaient me rétablir; mais j'ai appris ce soir que je n'avais plus rien : Chérif a tout vendu ; mes gens me l'avaient annoncé et Moïnyéghéré, le chef de la colonie arabe, m'a confirmé le fait. « Nous avons protesté, » ajouta celui-ci. Qu'importe ! De trois mille yards de calicot, il ne m'en reste pas un seul ; de sept mille livres de verroterie, pas une seule perle.

Mes plans étaient arrêtés : si là-bas, me disais-je, je ne peux pas avoir de porteurs, j'attendrai qu'il m'en vienne de la côte ; mais attendre à l'état de mendiant ! — Je n'y avais pas songé. Le désespoir m'accable.

Chérif évidemment n'a aucun sens moral ; il est venu sans honte me tendre la main ; et quand j'ai refusé de la prendre, il a paru blessé.

24 octobre. — Deux fois aujourd'hui la visite de Chérif ! Il arrive en me saluant d'un *balghiri* (bonne chance), et part en me disant qu'il va prier.

Je lui ai répondu que si j'étais un Arabe, il aurait déjà les mains et les oreilles coupées, en qualité de voleur, et que je n'avais pas besoin de ses salutations. Dans ma détresse, il est poignant de voir les esclaves de cet homme rapporter du marché toutes les bonnes choses qu'ils achètent avec mon avoir.

Tout ce que je possédais a été vendu aux amis de Chérif pour une bagatelle. Saïd-ben-Médjid, un honnête homme, proposait de me le faire restituer, d'enlever à Chérif l'ivoire qu'il avait reçu en échange et de le rendre aux acheteurs ; mais ceux-ci n'ont pas voulu se dessaisir des objets qu'ils avaient eus à de si douces conditions, bien que pas un d'eux n'ignorât que ces objets avaient été volés. Des chrétiens auraient agi différemment, même ceux des plus basses classes.

27 octobre. — Je suis, dans ma misère, comme ce malheureux qui, allant de Jérusalem à Jéricho, tomba entre les mains des voleurs. Mais je n'ai pas à espérer qu'un lévite ou un bon Samaritain passera à côté de moi.

Cependant hier, Saïd-ben-Médjid est venu me trouver. « C'est la première fois, me dit-il, que je suis seul avec vous ; parlons d'affaires. Je n'ai pas d'articles d'échange ; mais, je vous en prie, laissez-moi vendre de l'ivoire et vous en donner la valeur. »

C'était encourageant ; néanmoins j'ai répondu : « Non, pas

encore. » Il me reste un peu de verroterie et de cotonnade que j'ai déposé chez Mohammed-ben-Séli avant de partir pour le Manyéma; cela me permet de vivre pendant quelque temps; nous verrons ensuite.

30 *octobre.* — Au moment où j'étais le plus désespéré le bon Samaritain approchait. Dans la matinée du 28, je vois accourir Souzi, qui, tout haletant, me jette ces mots : « Un Anglais! je l'ai vu. » Et il repart comme une flèche.

Le drapeau des États-Unis en tête de la caravane indiquait la nationalité de l'arrivant. Des ballots de marchandises, des bouilloires, des marmites, des casseroles, d'énormes bassins, des tentes, etc. Je me dis c'est un voyageur luxueux; et personne de plus intrigué que moi.

C'était Henry Moreland Stanley, correspondant du *New-York Herald*, envoyé par James Gordon Benett, junior, au prix de plus de vingt mille dollars, pour avoir des nouvelles du docteur Livingstone; et, si j'étais mort, pour chercher mes os et les rapporter au pays.

Ce qu'il avait à dire à un homme, qui depuis deux années révolues était sans nouvelles d'Europe, a fait tressaillir toutes mes fibres. Le terrible sort de la France, les câbles télégraphiques posés au fond de l'Océan, l'élection du général Grant, le décès du bon lord Clarendon, les milles livres sterling votées pour mon voyage, preuve que je n'étais pas oublié; et beaucoup d'autres faits intéressants, ont réveillé en moi des émotions qui dormaient depuis mon entrée dans le Manyéma. J'ai retrouvé l'appétit; à la place de mes deux repas, aussi minces qu'insipides, je mange quatre fois par jour; et les forces me reviennent[1].

Je ne suis pas démonstratif; je suis même aussi froid que, nous autres insulaires, nous avons la réputation de l'être; mais cette pensée de M. Benett, cet ordre généreux, si noble-

---

1. Voy. dans Stanley, *Comment j'ai retrouvé Livingstone*, p. 325, les détails pleins d'intérêt de cette rencontre et des journées qui suivirent. On sera frappé de la véracité du jeune reporter, qui d'abord fut accusé d'avoir inventé sa relation, produit des lettres fausses, et fut ensuite traité de charlatan. Cependant, malgré la joie du succès, malgré la verve, l'enthousiasme de la jeunesse, pas un mot qui ne soit de la plus rigoureuse exactitude : on croirait les deux récits copiés l'un sur l'autre, ou plutôt celui de Stanley résumé par Livingstone.

(*Note du traducteur.*)

ment effectué par M. Stanley, c'était bouleversant. Je me sens d'une extrême gratitude, et en même temps un peu honteux de n'être pas plus digne d'une pareille générosité.

M. Stanley a rempli sa tâche avec une énergie inébranlable; et, par son bon jugement, il a su triompher de grands obstacles. Il s'est trouvé que les compagnons qui devaient seconder ses efforts étaient des hommes dépravés qui, par leurs excès, avaient ruiné leur constitution, et fait tout ce qu'il fallait pour devenir en Afrique la proie du tombeau. Usés par la débauche, ils ne furent pas seulement inutiles à celui qu'ils devaient aider, mais devinrent une lourde charge, qui maintes fois enraya la marche.

15 *novembre* 1871. — Sir Roderick Murchison prenant un vif intérêt à l'exploration du Tanganika, je pars pour le nord du lac avec M. Stanley, aux frais de celui-ci, et avec ses hommes.

16 *novembre*. — Quatre heures de nage, et arrivés à Kigoma.

20 et 21 *novembre*. — Population très-nombreuse. Des gens nous ont sommé d'atterrir pour nous écorcher, sous forme de mahonnga ou de moutouaré, c'est-à-dire de tribut. Voyant que nous n'obéissions pas, ils nous ont injuriés, puis jeté des pierres avec fureur; l'une d'elles, probablement lancée avec une fronde, est tombée à côté du canot.

Nous avons filé jusqu'après la nuit close et débarqué au bas d'un rocher. Tandis qu'on préparait le souper, des hommes se présentèrent et nous firent des questions; puis il en vint d'autres qui développèrent l'interrogatoire. Puis d'autres encore, qui nous dirent de coucher là, et, que le lendemain, ils feraient amitié avec nous.

Les bagages furent mis à terre, et on fit le guet sur le récif. Bientôt, des hommes qui approchaient en se cachant derrière les rochers, éveillèrent nos soupçons; et revenant à notre pirogue, nous avons tout doucement gagné le large. Ils ont crié après nous, comme des gens à qui la proie échappe.

Cinq heures de rame, et nous nous sommes reposés.

22 *novembre*. — Arrivés ce matin à Magala, dont la population est polie et bienveillante; mais Makammbé, le chef voisin, est en guerre avec un autre.

Le lac se rétrécit jusqu'à n'avoir plus qu'environ dix milles de large, les montagnes de l'ouest se dirigeant vers la chaîne opposée, dont l'orientation est à peu près au N. N. O. magnétique.

Beaucoup d'arbres, tués par l'eau, révèlent un empiétement de la nappe, du côté de l'est.

Une chaîne transversale paraît fermer l'extrémité nord; mais le pays est ouvert aux extrémités de la chaîne.

24 *novembre*. — Gagné la pointe Kisaka, dans le pays de Makammbé.

Un Molongouana, établi chez ce dernier, nous a fait une visite; il nous a assuré, de la manière la plus positive, que l'eau du Tanganika s'écoule par le Loussizé[1], et va rejoindre l'Oukéréhoué de Mtésé. Rien de plus clair, de plus formel que son assertion.

25 *novembre*. — Environ deux heures de marche nous ont conduits à des villages situés sur une haute berge, où Makammbé a sa résidence. Le chef, un homme encore jeune, ayant, comme celui de Magala, une figure agréable, vint nous souhaiter la bienvenue. Notre ami de la veille déclara sans ambage que le Loussizé *débouche* dans le Tanganika, au lieu d'en sortir, contrairement à l'affirmation d'hier!

Je ne doute pas le moins du monde que le Tanganika n'ait quelque part un émissaire, bien que nous ne puissions pas le trouver. Le Loussizé traverse le Louannda[2] et le Karagoué, soit qu'il en vienne, soit qu'il y descende. C'est à découvrir; je suspends mon jugement.

La guerre est vive entre Makammbé et Vouasmachannga ou Ouasmasané, chef dont le territoire nous sépare du Loussizé. Dix sujets de Makammba ont été tués la semaine dernière.

Nuit et jour, et à perte de vue, des quantités d'hommes se livrent à la pêche.

Le Tanganika se ferme à nos regards, excepté en un

---

1. *Roussizi* de Burton, de Speke et de Stanley. Exemple frappant de l'échange des liquides *l* et *r* se substituant indifféremment l'une à l'autre. Voy. dans la relation de Stanley, *Comment j'ai retrouvé Livingstone*, la note de la p. 163.
(*Note du traducteur.*)

2. Le docteur continue à faire usage de la lettre *l*; et Stanley à écrire Roussizi, ou plutôt Roussizé, suivant la prononciation anglaise, Rouhinngha et Rouannda.
(*Note du traducteur.*)

point situé au nord-nord-ouest de celui où nous nous trouvons.

Le sommet le plus élevé de la chaîne de l'ouest est le pic de Sammbourouzé, d'une altitude de deux mille cent vingt huit mètres au-dessus du niveau de la mer.

Demain, nous nous rendrons chez le frère aîné de Makammbé, qui s'appelle Lohinnga et demeure près du Loussizé.

26 *novembre, dimanche.* — M. Stanley a une fièvre très-grave.

Le fond du Tanganika, de l'est à l'ouest, mesure en chiffres ronds quatre milles géographiques.

Donné à Makammba neuf dotis (dix-huit brasses de cotonnade) et neuf foundos (chacun de dix rangs de perles faisant deux fois le tour du cou).

27 *novembre.* — M. Stanley va mieux.

Nous sommes partis au coucher du soleil, avons nagé vers le nord, puis au nord-ouest pendant sept heures ; et à quatre heures du matin, nous étions chez Lohinnga, à l'embouchure du Loussizé.

28 *novembre.* — Tué un ibis sacré (*ibis religiosa*).

Dans l'après-midi, Lohinnga, le supérieur de Makammbé, est venu nous voir et s'est montré fort intelligent. Il nous a nommé dix-huit rivières, dont quatre affluents du Tanganika, tous les autres du Loussizé : pas une ne sort du lac.

Le Loussizé prend dit-on sa source dans le Kouanngérégéré, où il vient d'un petit lac, espèce de lagune appelée Kivo et située entre le Louannda et le Matammbé, qui a pour chef Nyaboungou.

De tous les chefs que nous avons vus dans ces parages, Lohinnga est celui qui a le plus de franchise et d'intelligence.

29 *novembre.* — Remonté le Loussizé en pirogue. L'embouchure est pleine d'îlots couverts de joncs et d'autres plantes aquatiques. Il y a trois branches, d'une largeur de douze à quinze yards et profondes d'une brasse. Fort courant de deux milles géographiques à l'heure ; eau incolore.

La décharge du lac se fait probablement par le Loñgommba, dans le Loualaba que cette rivière joint sous le nom de Loua-

CHAPITRE VI.

mo; mais quant à présent, ceci doit être classé parmi les « découvertes théoriques[1]. »

30 novembre. — Reçu de Makammbé un présent considérable de farine, auquel étaient joints un mouton et des œufs.

M. Stanley a fait le tour d'une anse située au couchant, et où le pied des montagnes arrive au bord de l'eau[2].

1er décembre 1871, vendredi. — Latitude prise la nuit dernière : 3°18'3" au sud de l'équateur.

Donné à Lohinnga trente brasses de cotonnade qui l'ont enchanté.

Kouannsibûra est le chef du territoire qui borde le Kivo, ce petit lac où le Loussizé prend naissance. Celui-ci coule, dit-on, sous un rocher[3].

2 décembre. — Malade d'une attaque bilieuse.

3 décembre. — Mieux et reconnaissant. Envoyé chercher Makammbé ; il vient avec son épouse, qui nous apporte un beau présent de lait, de bière et de cassave. C'est une jeune et jolie femme ; elle est d'une teinte claire, a les lèvres pleines, et deux enfants de huit à dix ans. Nous lui avons donné de l'étoffe ; elle a demandé des perles ; nous avons ajouté deux foundos.

Des observations lunaires m'ont fait voir que j'étais, à l'égard du quantième, en avance d'un jour.

4 décembre. — Pluie très-forte venant du nord, et qui a duré toute la nuit.

Le lac Albert ne peut pas être aussi près de nous que Baker l'annonce ; car il est inconnu à Lohinnga.

---

1. On sait maintenant, par les dernières dépêches de Cameron, que l'émissaire du Tanganika est le Lokouga, très-voisin du Loñgommba.
(Note du traducteur.)

2. Les relèvements de Stanley paraissent avoir été faits avec beaucoup de soin, et donnent au fond du lac deux ou trois fois plus de largeur que Livingstone ne lui en accorde dans sa note du 26 novembre : de dix à douze milles géographiques au lieu de quatre ; mais l'estime du docteur a été faite à distance ; et les chiffres de Stanley, pris sur les lieux, offrent infiniment plus de certitude ; il serait difficile d'ailleurs de faire tenir dans la première étendue les sept baies du fond, avec les îlots, les bouches qu'elles renferment et les langues de terre qui les séparent. Voy. *Comment j'ai retrouvé Livingstone*, p. 393, et plus loin, dans ce journal, la note du 5 décembre. *(Note du traducteur.)*

3. Voici comment Stanley rapporte l'information donnée par Lohinnga : « Le lac Kivo est entouré de montagnes au nord et au couchant, c'est du côté nord-ouest de l'une de ces montagnes que sort le Roussizi, d'abord petit ruisseau rapide. »
(Note du traducteur.)

Ce dernier croit avoir cent ans; mais en réalité il en a à peu près quarante-cinq.

On appelle ici namataranngas des oiseaux qui planent haut dans l'air, et par troupes nombreuses.

5 *décembre.* — Gagné, en pirogue, une pointe située à notre levant. La baie est d'une largeur d'environ douze milles géographiques. Ici les montagnes sont très-belles.

Visité Makammba à son village, qui est à cinq milles au nord de celui de Lohinnga. Il voulait nous faire rester quelques jours; mais je n'y ai pas consenti.

Vu deux bandes d'*ibis religiosa*, pâturant comme des oies : en tout, cinquante individus.

6 *décembre.* — Halte chez Lohinnga.

7 *décembre.* — Partis. Nagé dans la direction du sud-ouest; croisé le point de retour de Burton et de Speke [1]; et déjeuné près la place du marché.

8 *décembre.* — Atteint Makammbé, près de la frontière qui sépare les Bavira des Babemmbé.

Six heures de rame nous conduisirent ensuite à un îlot rocailleux ayant, à l'ouest, deux rochers couverts d'arbres [2].

On dit que les Babemmbé sont devenus dangereux par suite des meurtres que les traitants ont commis sur des gens de leur race.

Latitude des îlots, 3° 41'.

9 *décembre.* — Quitté l'îlot du New-Yort-Herald; marché au sud, et gagné le cap Loboumba.

Les gens de la côte sont maintenant des Basannza. Quelques-uns étaient ivres et nous ont causé une certaine inquiétude; un présent a terminé la querelle. Nous avons quitté ces fâcheux à quatre heures et demie; gagné en trois heures de forte nage l'extrémité nord de l'île Mozima; et huit heures après, la côte orientale. Ceci donne au lac une largeur de vingt-huit à trente milles.

---

1. Voy. Burton, *Voyage aux grands lacs de l'Afrique équatoriale*. Paris, Hachette, 1860, p. 457. (*Note du traducteur.*)

2. Ce groupe a été nommé par Livingstone : *Ilots du New-York Herald*. On serait étonné du laconisme de cette partie du journal, si le docteur n'avait pas voulu laisser à Stanley le soin de décrire cette exploration, dont celui-ci avait eu l'initiative et dont il faisait la dépense. (*Note du traducteur.*)

CHAPITRE VI.

Longé la plage jusqu'à Mokoungo, où nous nous sommes arrêtés.

10 *décembre*. — Kisessa est le chef de l'île Mozima (l'Oubouari de Burton). Son fils aîné fut maltraité à Oujiji et mourut de ces mauvais traitements. Depuis cette affaire, le commerce de sorgho est suspendu; si l'on ne nous a pas attaqués, c'est parce que nous n'avons rien de commun avec les malongouanas ou traitants.

11 *décembre*. — Quitté Mokoungo à six heures du matin; nagé pendant six heures et demie en suivant la côte, et gagné Sazzi[1].

12 *décembre*. — M. Stanley a la fièvre. Trois heures de route, et arrêtés à Massammbo.

13 *décembre*. — Rentrés à Oujiji. M. Stanley va mieux; il a reçu une lettre de M. Webb, consul américain à Zanzibar, et des télégrammes partis d'Aden le 29 avril; la lettre est du 11 juin dernier[2].

14 *décembre*. — Beaucoup de gens partent pour l'Ounyanyembé, où ils vont faire la guerre à Mirambo; leurs femmes se promènent en agitant des rameaux verts pour qu'ils aient la victoire[3].

15 *décembre*. — *Oujiji*. Préparatifs de départ pour aller dans l'est, chercher ma cargaison.

16 *décembre*. — Loué des rameurs et un guide pour nous rendre à Tonngoué.

17 *décembre*. — Dimanche.

18 *décembre*. — Écrit des lettres.

19 et 20 *décembre*. — Continué ma correspondance, lettres et dépêches. Aujourd'hui, emballé dans une grande caisse de fer-blanc des dagues et des fers de lance que M. Stanley portera en Angleterre; plus, des anneaux de jambe du Nzigghé et du Manyéma; deux chronomètres et deux montres.

Laissé à Mohammed-ben-Séli une caisse renfermant des livres, des chemises, du papier, etc.; en outre de la verroterie, petite et grosse, du café et du sucre.

---

1. Stanley écrit: *Zassi*. (*Note du traducteur.*)
2. Les télégrammes contenus dans la lettre venaient de Paris; ils étaient du 22 avril. « Et rien pour moi! » s'écria Livingstone. (*Note du traducteur.*)
3. Voy. pour cette guerre, *Comment j'ai retrouvé Livingstone*; p. 213, 219, 232. (*Note du traducteur.*)

21 *décembre*. — Grandes pluies; moment des semailles.

22 *décembre*. — Stanley a la fièvre.

23 *décembre*. — Stanley est très-malade. Temps pluvieux et qui fait souffrir.

24 *décembre*. — Dimanche.

25 *décembre*, *Christmas*. — Je laisse à Oujiji un sac de perles, le sac est en peau de bête; trois autres sacs de verroterie; un de Gardner, sept cent quarante-six soungo-mazés[1] et sept cent cinquante six de couleur bleue; huit cents livres de savon en trois caisses. N°° 1, thé et matounda; n° 2, caisse en bois : linge et papier; n° 3, caisse en fer : souliers, quinine, café, porte-sextant; puis une longue caisse en bois, totalement vide.

Tous ces objets sont laissés à la garde de Mohammed-ben-Séli. Oujiji, jour de Noël, 1871.

26 *décembre*. — J'ai eu hier une pauvre Christmas.

Mem. Envoyer du café à Moïnyéghéré; et porter à Massoudi ses compliments et ses vœux.

27 *décembre*. — Quitté Oujiji à neuf heures du matin; passé les hommes, les chèvres et les ânes de l'autre côté du Louiché[2]. Couché au village d'Oukarannga.

29 *décembre*. — Campé hier au bord du Malagarazi, dont nous avons traversé aujourd'hui la vaste embouchure. De là à Kagonnga, où nous avons bivaqué.

30 *décembre*. — Croisé la pointe de Viga (grès rouge); arrivé au Lougoufou[3]; passé bêtes et gens; couché à Nkala.

---

1. Grains de porcelaine de deux couleurs et du volume d'un œuf de pigeon. (*Note du traducteur*.)

2. Deux pirogues, celle qui avait servi pour l'excursion au Loussizé, et une beaucoup plus grande, emmenaient les deux voyageurs. La caravane suivait à pied le bord du lac. Stanley avait acheté des ânes, dont l'un était destiné à Livingstone, dans le cas où la marche lui deviendrait pénible; ils avaient en outre des chèvres laitières et quelques moutons gras, en prévision de la traversée des jungles. « Nos hommes, dit Stanley, marchaient sur la rive que nous serrions d'aussi près que possible; leurs charges formant notre cargaison, ils étaient sans fardeaux, et se hâtaient afin de nous rejoindre à l'embouchure des rivières, où il était convenu que nous les attendrions pour les passer. Vers dix heures, nous nous trouvâmes au Louiché, dont les eaux à cette époque étaient grandes et qui, à leur entrée dans le lac, avaient une largeur d'un mille et demi. » *Comment j'ai retrouvé Livingstone*, p. 457. (*Note du traducteur*.)

3. Ici encore Stanley écrit *Rougoufou*, ce qui est la prononciation des Arabes. (*Note du traducteur*.)

CHAPITRE VI

31 *décembre*. — Envoyé acheter des fèves ; ne devant pas rencontrer de vivres d'ici à quelques jours.

L'eau brune du Lougoufou se dirige vers le nord : grand vent de l'ouest et du sud-ouest.

Nos provisions faites, nous avons doublé la pointe Mounkalou. Pendant un mille au sud de la pointe, l'eau est légèrement décolorée ; mais l'eau brune se voit dans la partie septentrionale de la baie, où elle est envoyée au nord par un courant[1].

1er *janvier* 1872. — Que le Tout-Puissant m'accorde de finir mon œuvre cette année, pour l'amour du Christ.

Couché dans la baie de Mosehézi. Une tempête nous a fait chercher asile dans la baie de Kifoué[2], baie charmante, paisible comme l'étang d'un moulin.

Trouvé douze ou treize hippopotames près d'un escarpement du rivage ; mais nous n'en avons tué aucun, nos balles n'étant pas durcies.

Côte élevée et rocheuse couverte d'arbres ; roches inclinées, tordues et fouillées d'une manière surprenante. De larges tranches sont emportées de la rive ; des flancs de collines très-abrupts, et néanmoins drapés de la plus riche verdure.

2 *janvier*. — Près du mont Kibannga[3] ou Boumba, une très-large ceinture de roseaux borde la côte. Vu un village presque à flot ; les gens s'étant réfugiés dans le marais pour échapper à leurs ennemis.

Il y a, dans le Taganika, abondance d'hippopotames et de crocodiles.

Le Kibannga, trente yards de large, entre dans le lac avec force.

---

1. « La quantité d'affluents dont nous avons croisé l'embouchure, dit Stanley, m'a donné l'occasion de vérifier s'il était vrai, comme je l'avais entendu dire, que le lac eût un courant vers le nord. D'après ce que j'ai vu, le flot brun des rivières est effectivement poussé dans cette direction, toutes les fois que le vent souffle du sud-ouest, du sud-est ou du sud ; mais vient-il à passer au nord ou au nord-ouest, l'eau trouble des affluents est chassée au midi. Il en résulte, pour moi, que le Taganika n'a pas d'autre courant que l'impulsion donnée à ses eaux par le vent qui l'agite. » *Comment j'ai trouvé Livingstone*, p. 459.
(*Note du traducteur.*)

2. Kivoé de Stanley.

3. Stanley, qui choisit l'r au lieu de l'l, emploie également le *v* à la place du *b*, et dit *Kivannga*. (*Note du traducteur.*)

Notre camp est établi sur une éminence, dans un lieu découvert; et les drapeaux sont mis à de grands mâts pour guider la caravane.

3 janvier. — Envoyé aux provisions. M. Stanley a tué un zèbre, une bête grasse, dont la viande est très-bonne.

4 janvier. — Les Bajiji nous ont quittés hier au soir, avec les pirogues. Je leur ai donné quatorze foundos de grains de verre pour s'acheter des vivres pendant la route. Nous attendons maintenant les gens de notre bande[1].

Fait présent aux notables d'ici, Barimeba, de quatre brasses de cotonnade et d'une kitammba (deux brasses d'étoffe de couleur).

Nos hommes sont arrivés hier : quatre jours et demi depuis leur départ du Lougoufou; tous sains et saufs ainsi que les bêtes.

5 janvier. — M. Stanley a la fièvre. Je relève mes notes et les inscris dans mon journal.

6 janvier. — Stanley va mieux; préparatifs de départ

7 janvier. — A travers la montagne, dans la direction du levant. Le Louadjiré est en face de nous.

Un buffle a été tué par Stanley vers la fin de la marche. Campés à côté de la bête.

8 janvier. — Passage du Louadjiré : trente mètres de large, courant très-rapide; de l'eau jusqu'au genou, puis jusqu'à la ceinture.

Beau pays de montagnes, couvert d'arbres; sol rougeâtre et fertile; gibier abondant.

9 janvier. — Journée de pluie; nous marchons néanmoins, d'abord au levant, puis au nord-nord-est, dans une vallée encaissée; nous avons débouché dans une plaine herbue, riche en gibier de toute espèce.

Les bufflonnes ont maintenant des veaux : une d'elles a été blessée.

Il pleut à verse.

---

1. L'attente fut remplie d'inquiétude. On s'était séparé à l'embouchure du Lougoufou, en se donnant pour rendez-vous la bourgade d'Ourimeba. De l'embouchure à ce village, on ne rencontre pas un hameau, conséquemment pas de vivres. Ce ne fut que le quatrième jour de la halte qu'on vit arriver les marcheurs. « Ils furent accueillis, dit Stanley, comme on reçoit des gens perdus que l'on retrouve. » *(Note du traducteur.)*

10 janvier. — Traversé un pays charmant; tapis de verdure, forêt ouverte, bouquets de bois pleins de fraîcheur : un parc de gentleman anglais. Gibier en abondance.

A droite et à gauche, des montagnes boisées; et sur les plateaux, beaucoup d'hématite brune. Course au levant. Une chaîne de montagnes apparaît, sur la droite, à une distance d'environ trois milles.

11 janvier. — Trois heures de marche à l'est, toujours en futaie libre. Arrêté pour déjeuner; puis nouvelle marche de trois heures en pays montueux; voie rocheuse et fatigante. Passé le Mtammbahou.

12 janvier. — Mis en marche de bonne heure par une pluie diluvienne. Pays ondulé. Passé une rivulette de quinze yards de large, se dirigeant au nord; gagné un ruisseau d'une largeur de neuf pieds, et campé sur la rive; toute la bande, trempée jusqu'aux os et misérable.

Nos hommes ramassent des champignons et des racines de manenndinega, qui ressemblent à des navets. Autour de nous, les buffles sont en grand nombre[1].

13 janvier. — Belle matinée. Pays montueux; collines boisées de grands arbres. Marche de trois heures, et déjeuné dans une clairière, dont le sous-sol est formé d'hématite brune, ainsi que le faisait voir un trou où séjournait l'eau pluviale.

Nous sommes à plus de mille pieds au-dessus du Tanganika.

Le ciel s'est couvert de nuages, et c'est par une pluie torrentielle que nous avons gagné une rivulette, ayant sur ses bords une ligne épaisse d'arbres aquatiques.

Course à l'est-sud-est.

14 janvier. — Encore une belle matinée; mais dans l'après-midi, averse continue.

Marché en inclinant d'environ 4' à l'est-sud-est; passé une rivulette rapide et profonde, d'une largeur de huit à dix yards; puis escaladé une rampe, dont le sommet a été suivi presque dans la direction du sud. Déjeuné au bord du pla-

---

1. La caravane n'en souffrait pas moins de la faim. « Les traces d'animaux étaient nombreuses, dit Stanley; mais pendant les pluies le gibier s'éparpille et il est très-difficile de le voir. » (*Note du traducteur.*)

teau qui domine une large et belle vallée, où nous a conduits la descente. Vu alors un grand nombre de singes à poil roux, qui, à notre approche, jetèrent les hauts cris. Beaucoup de gibier; mais toutes les hardes éparses, et on n'a pas tué une seule bête.

Nous avons franchi un autre cours d'eau, gravi une pente; et misérablement mouillés, nous avons fait halte dans un boma, village à estacade, où il n'y avait plus personne.

15 *janvier*. — Fait route dans une vallée flanquée de hautes montagnes; puis sur la rampe qui était à notre gauche, c'est-à-dire au sud; des lions rugissaient en haut de la chaîne. De là, sur un plateau, où nous vîmes beaucoup de zèbres et de caamas, sans pouvoir en abattre un seul; toutefois un buffle a été tué. Passé une rivulette et poursuivi la marche au milieu d'une série de belles collines et de vallées charmantes, couvertes de grands arbres, et où les djambos sont chargés de fruits.

Campé au bord d'un ruisseau.

16 *janvier*. — Nuit très-froide après une longue averse. Notre camp était dans une fougeraie.

Marché à l'est-sud-est, en suivant la hauteur; aperçu un village dans une vallée profonde où nous sommes descendus, puis au sommet d'une crête, ensuite dans une vallée. Nouvelle montée de sept cents pieds au moins et nouvelle descente qui nous a fait gagner le village de Miréra[1], environ

---

1. Chez Miréra, village d'Imréra. « Le neuvième jour, à compter du départ du lac, dit Stanley, notre Magdala me fit reconnaître que nous approchions d'Imréra. Pas un rayon de soleil ne parut tandis que nous marchions en silence, défilant dans les bois, traversant les jungles, passant des cours d'eau, gagnant la crête des escarpements ou le fond des vallées. Une brume épaisse couvrait la forêt, la pluie nous fouettait avec force, le ciel n'était qu'un amas de vapeurs grises; mais le docteur avait confiance en moi, et je poursuivais ma route. A peine arrivés au camp, nos hommes se mirent en quête de nourriture; les champignons abondaient; cela ne fit qu'apaiser leur faim dévorante.

Le lendemain, je repris ma route dans la forêt, suivi de la caravane épuisée, qui marchait à grand'peine. Nous nous traînâmes ainsi pendant des milles sur une pente herbue, parsemée d'arbres et de massifs. Laissant derrière moi le gros de la bande, je partis avec quelques braves; et prenant un pas rapide, j'arrivai au bout de deux heures à une côte, où j'allais savoir à quoi m'en tenir sur l'exactitude de ma carte.

La pente fut gravie, le sommet traversé; mes prévisions étaient justes: au bas du plateau, à mille pieds de profondeur, et à une distance d'environ cinq milles, était la vallée d'Imréra. »

A partir de cet endroit, la route suivie par les voyageurs fut celle qu'avait prise

CHAPITRE VI.

cent quarante huttes, cachées dans un pli de la montagne; ces huttes ont des portes latérales.

De charmantes scènes rustiques animent les vallées; tous les habitants profitent des averses qui nous ont trempés chaque jour, et piochent leurs terres, les sarclent, les ensemencent avec ardeur.

17 janvier. — Nous restons chez Miréra pour acheter des vivres, à la fois pour nous et pour les hommes.

18 janvier. — Remis en marche. Le Kiranngosi[1] s'est égaré et au lieu de nous conduire en ligne droite au sud-sud-est, il nous a fait faire un long détour. Cette fausse direction nous a menés près de collines boisées et d'une rivière appelée Monya Mazi. Devant nous est une autre rivière du nom de Mtammba.

J'ai les pieds très-écorchés, par suite de mauvaises chaussures.

19 janvier. — Marché au sud-est pendant quatre heures, franchi le Mtammba et traversé une forêt ouverte.

Il y a un grand rocher dans la rivière et des collines, revêtues d'un épais manteau d'arbres, situées à 2' au levant et au couchant. Descendu une pente rapide, et bivaqué.

20 janvier. — Longé le Mpokoua; marché sur un sol rocailleux avec des pieds déchirés, et gagné les ruines d'un village de Basivira où nous passons la nuit[2].

21 janvier. — Repos[3].

Stanley pour venir. C'est lui du reste, qui d'Oujiji à Kouihara, guida la caravane; et de même que pour l'excursion au Loussizé, la dépense fut à sa charge. C'est probablement pour ce motif que Livingstone n'a consigné dans son journal, sur ces deux parties du voyage, que des notes très-brèves, se bornant à relever la situation des lieux, et à prendre les observations météorologiques. Voyez dans Stanley : *Comment j'ai retrouvé Livingtone*, les détails de cette portion de la route, et ceux qui concernent la découverte de l'embouchure du Loussizé, détails pleins d'intérêt, qui occupent plusieurs chapitres de la page 371 à la page 509.

(*Note du traducteur.*)

1. Chef indigène de la caravane.
2. « De six heures du soir à minuit, Livingstone a fait des observations d'après l'étoile de Canope, d'où il résulte que Mpokoua, district d'Outannda, province d'Oukononngo est situé par 6° 18' 40" de latitude méridionale. » Stanley, p. 477.

(*Note du traducteur.*)

3. Stanley marque ce jour de repos au 20 janvier. On verra plus loin que Livingstone était, pour la date, en avance de plusieurs semaines; lorsqu'il reporta ses notes sur son journal, il rectifia l'erreur; mais il lui a été facile de se tromper d'un jour; ce qui ne saurait le mettre en contradiction avec Stanley.

(*Note du traducteur.*)

22 *janvier*. — *Idem*. Hier, Stanley a tué deux zèbres, et aujourd'hui une girafe; celle-ci pesait mille livres; les deux zèbres, environ huit cents.

23 *janvier*. — Stanley a la fièvre.

24 *et* 25 *janvier*. — Stanley toujours malade.

26 *janvier*. — Le malade va mieux et nous partons.

Marche entre des collines basses, dans la direction du nord-est, au milieu de bambous; ensuite dans une forêt ouverte; puis sur un terrain ondulé et buissonneux, jusqu'à une rivière ayant, au levant, deux collines arrondies; sur une de ces éminences, sont trois arbres en forme de champignon.

27 *janvier*. — Traversé de longues vagues de terre et un fourré de bambous, le seul que nous ayons vu à l'est du Mpokoua.

Pendant la marche, un âne que M. Stanley a acheté pour moi, fut attaqué par des abeilles. Au lieu de prendre le galop, le stupide animal se coucha et se roula tant et plus. J'en fis autant, puis me relevai et me jetai dans les buissons comme une autruche poursuivie. Je me mis ensuite à courir, en agitant une branche autour de ma tête; mais avant de m'en être délivré, les bestioles furieuses, m'avaient mis la figure et les mains dans un pauvre état.

Halte à Misonghi, village à estacade.

28 *janvier*. — Passé la rivière; et marché à l'est, vers une colline. Traversé deux cours d'eau profonds, larges et marécageux, où se baignaient des éléphants.

Pluie à peu près quotidienne, mais devenue moins abondante.

Bombay[1] dit que son plus grand désir est de visiter le tombeau de Speke. Il a la tête carrée, avec une dépression au milieu du crâne.

29 *janvier*. — Gravi une pente formant la paroi d'un bassin horizontal et offrant des couches de grès d'un brun foncé : le bord d'étangs dans lesquels se déposèrent de grandes masses d'hématite brune, qui se sont réduites en gravier.

---

1. Chef de l'escorte de Stanley; c'était un ancien serviteur de Speke qu'il accompagna d'abord au Tanganika, ensuite au Nyanza Victoria, et dont il fut l'un des vingt-deux *fidèles*. (*Note du traducteur.*)

Forêt plate, dépourvue de sous-bois, et tapissée d'herbe courte.

Nous avons passé trois fois un ruisselet coloré d'une teinte claire, et gagné un village ; puis une marche d'une heure et demie nous a conduits chez Miréra, deuxième du nom.

30 *janvier*. — Pluie continue et très-forte. Vivres en abondance. Population formée de Banyamouézi et d'Youkononngos.

31 *janvier*. — A travers des taillis mal venants, buissons et broussailles ; puis une forêt tapissée d'herbe courte ; franchi un ruisseau et atteint le village de Mouaro par un bon sentier ; le chef du village s'appelle Kamirammbo.

1ᵉʳ *février* 1872. — Rencontré hier une caravane de Saïd-ben-Habib, dont les gens nous ont dit que Mirambo avait offert aux Arabes de les indemniser de tout ce qui leur a été pris : ivoire, poudre, munitions ; même de payer le sang ; l'offre a été repoussée. Le pays, autour de sa demeure, est dévasté ; les Arabes sont à Simmba.

Shaw, le compagnon de Stanley, est mort. La petite vérole fait de grands ravages parmi les Arabes et sur la côte.

Traversé un plateau couvert d'une forêt de petits arbres clair-semés ; puis descendu une pente rapide, et marché au nord-est jusqu'à un gros arbre situé près d'une estacade déserte.

2 *février*. — Fait route au milieu de cultures en billons, trouées par les éléphants, qui viennent en grand nombre y chercher pâture ; les cultivateurs ont été chassés par les Basavira.

Goûté au bord d'un ruisseau d'eau-vive qui se jette dans le Ngommbé : un noullah ; et campé dans la forêt, après avoir perdu la piste.

La tsétsé porte ici le nom d'oukammba.

3 *février*. — M. Stanley a une fièvre très-grave, accompagnée de vives douleurs dans le dos et dans les reins ; l'émétique l'a un peu soulagé ; mais la résine de jalap l'aurait guéri[1].

Il a plu toute la journée.

4 *février*. — Marché pendant trois heures, dans une direction

---

1. Voy. dans Stanley, *Comment j'ai retrouvé Livingstone*, p. 256, la description de la fièvre africaine.   (*Note du traducteur.*)

à peu près nord-est, sur un terrain plat d'abord couvert de bois, puis d'une herbe courte; et, à la fin, trouvé un sentier qui nous a été d'un grand secours. M. Stanley est tellement malade qu'il a fallu le porter en litière.

A peine étions-nous à l'abri, qu'une pluie soutenue a commencé. Il y a ici un camp de malongouanas.

6 *février*. — En marche à six heures du matin. M. Stanley est un peu mieux; mais il faut encore le porter.

Toujours dans la même forêt. Passé auprès d'étangs où il y avait de l'eau; un de ces bassins était creusé dans l'hématite. Vu un rhinocéros noir, et approché d'un village.

6 *février*. — Matinée bruineuse; partis malgré cela; deux heures après, nous étions trempés par une pluie froide du nord-ouest. Campés dans un bois, où nous sommes arrivés en barbotant dans des sentiers changés en ruisseaux.

Rencontré une bande de marchands indigènes qui se rendaient à Mouara.

Traversé des plaines horizontales, où nous avons trouvé des bouquets de bois et des creux, maintenant remplis d'eau; marché à peu près au nord-est, et gagné un grand étang du Ngommbé.

Envoyé deux hommes à Kouihara, pour avoir nos lettres et des médicaments.

8 *février*. — Partis de l'étang pour aller vers le nord, à une distance d'une heure, où le gibier abonde. Vu en route des zèbres et des girafes.

Le noullah est couvert de lotus, et les crocodiles y pullulent.

9 *février*. — Halte pour avoir du gibier; mais chasse infructueuse; un élan, blessé par Stanley a été perdu.

Remis en marche à deux heures de l'après-midi, et arrivés chez Manyara, un bon vieux chef.

Le pays est plat et couvert de bouquets de bois, entremêlés d'herbages.

10 *février*. — Quitté Manyara; toujours la même contrée : une scènerie de parc, mais où l'eau manque. La pluie traverse immédiatement le sol, qui est sableux, et il est rare que la collection d'eau soit visible.

Une longue marche nous a fait gagner un étang, voisin d'un figuier-sycomore; celui-ci a vingt-huit pieds neuf pouces de circonférence, et une large ramée chargée de fruits. L'étang s'appelle Zihouané[1].

11 *février*. — Plu presque toute la nuit. Depuis notre départ du lac, il s'est à peine écoulé un seul jour sans pluie et sans tonnerre.

Rentré dans la forêt, dont la plaine d'où nous sortons n'est qu'une clairière. Rencontré une caravane à destination d'Oujiji.

L'herbe a trois pieds de hauteur; elle est à graine.

Arrivé à Tchikourou, village estacadé, entouré de champs de sorgho et d'étangs d'eau pluviale.

12 *février*. — Séjour.

13 *février*. — Partis de Tchikourou, et traversé à gué une plaine découverte où il y a beaucoup d'eau stagnante. Les habitants sèment du riz dans les terrains mouillés qui entourent leurs bourgades.

Le chemin nous fait traverser une forêt où beaucoup d'arbres sont tués par l'écorcement, dont le produit est employé à faire de l'étoffe, à couvrir les toitures et à tenir lieu de sangle aux couchettes[2].

M. Stanley a une fièvre grave.

14 *février*. — Toujours la même forêt en terrain plat; avec des arbres nains écorchés ou mal venants; et de l'herbe de trois pieds de haut, disposée par touffes[3].

Arrivés à un boma; marche au nord-est; Gounda.

15 *février*. — Même route dans le même pays; de l'eau stagnante. Campés dans la forêt.

---

1. Mot qui, lui-même, veut dire *Étang*. Peut-être les vingt-huit pieds de circonférence du figuier, marqués en chiffres dans le texte, sont-ils une faute d'impression; Stanley donne à ce même arbre *trente-huit pieds* de tour, ce qui nous paraît plus vraisemblable: l'espace couvert par la ramée ayant cent vingt pieds de diamètre. Voy. dans: *Comment j'ai retrouvé Livingstone*, p. 257, le récit de la soirée que Stanley avait passée à l'ombre de ce figuier-sycomore le 1er octobre de l'année précédente. (*Note du traducteur*.)

2. L'écorce est en outre usitée pour faire ces énormes boîtes cylindriques où les indigènes mettent le grain et qui ont leur place sur le toit du tembbé. Stanley a vu, précisément à l'endroit où nous sommes, une de ces caisses ayant dix pieds de haut sur sept de large. (*Note du traducteur*.)

3. « Des bois, des bois, toujours des bois, s'écrie Stanley; rameaux dressés, globes et parasols feuillus, verts ou bruns, forêts sur forêts, s'élevant, s'enfonçant et reculant toujours: un océan de feuillage. »
(*Note du traducteur*.)

16 *février*. — Bivaqué près de Kiganndo; pays ondulé, avec des mamelons de granite.

17 *février*. — Marché sur un terrain généralement plat, renfermant de l'eau stagnante. Des collines arrondies ont été vues. Traversé un torrent d'eau pluviale, et campé, à Magonnda, dans un boma [1] nouvellement construit.

18 *février*. — Passé au milieu de collines peu élevées, collines de granite, hérissées de quartiers de roche qui font saillie entre les arbres dont elles sont couvertes.

Beaucoup de terre cultivée et beaucoup de villages.

La vallée se déploie, et nous arrivons au temmbé [2] situé au milieu de bourgades éparses.

Grâces soient rendues au Tout-Puissant!

---

1. Camp fortifié.
2. Le temmbé est une habitation à toit plat, dont les bâtiments quadrangulaires entourent un espace carré servant aux indigènes de parc à bétail. Pour les naturels de l'Ousagara, de l'Ougogo, de l'Ounyamouézi, c'est un village, une véritable commune, où chaque famille a sa demeure sous le toit général. (Voir dans Stanley, p. 199, la gravure d'un temmbé, dessiné chez les Vouagogo.) Les Arabes établis dans cette région construisent leurs demeures sur ce modèle, qui peut-être leur a été emprunté. Stanley, p. 207, donne la description du temmbé qu'il habita pendant sept mois, et qui devint la demeure de Livingstone, à dater du 18 février 1872 jusqu'au 25 août suivant.

(*Note du traducteur.*)

CHAPITRE VII.

Résolution inébranlable. — Route proposée. — Vols découverts. — Départ de Stanley. — Derniers messages. — Gens de Mtésé. — Géographie ancienne. — Tabora. — Description du pays. — Les Banyamouézi. — Marché avec les Bagannda. — Population de l'Ounyanyemmbé. — La guerre de Mirambo. — Sur la politique de sir Samuel Baker. — Serpents tués par le chat de la maison. — Foi inébranlable. — Gent emplumée. — Erreur au sujet des mères indigènes. — Avenir des missions. Halima. — Nouvelles d'autres voyageurs. — Mariage de Chouma.

Kouihara, Ounyanyemmbé. — Le fait de l'ouverture du ramadan arrivée le 14 novembre, et un *Nautical almanac*, trouvé ici, m'ont fait découvrir que, dans l'inscription des dates portées sur mon carnet, j'étais en avance de vingt et un jours.

M. Stanley emploie les arguments les plus pressants pour me décider à retourner en Angleterre, où je réparerais mes forces, et me ferais remettre des dents[1]; je reviendrais ensuite achever mon œuvre. Mais je me dis à moi-même : Tous vos amis souhaitent d'abord que vous complétiez l'exploration des sources du Nil. Ma fille Agnès m'écrit : « Quel que soit mon désir de vous revoir, j'aime mieux que vous réalisiez vos plans de manière à vous satisfaire que de revenir pour m'être agréable. » Bien pensé et noblement dit, Nannie, ma mignonne ! La vanité murmure très-fort à mon oreille : « C'est un éclat du vieux bloc. » Ma bénédiction sur elle et sur les autres.

Il est certain que quatre grandes sources jaillissent sur la ligne de faîte, à huit jours de marche au sud de Katannga.

---

1. « Réduit à vivre de maïs cru, pendant qu'il était dans le Lonnda, écrit Stanley, il s'est ébranlé les incisives en arrachant les grains des épis; » et ailleurs : « Ses dents ébranlées par la dureté des aliments auxquels il a été condamné, sont la seule chose qu'il ait maintenant d'un vieillard. » (*Comment j'ai retrouvé Livingstone*, p. 338 et 341.) (*Note du traducteur.*)

Ces sources deviennent bientôt de grandes rivières ; deux de ces rivières se dirigent au nord, vers l'Égypte. Les deux autres vont au sud dans l'Éthiopie intérieure : ce sont le Loufira ou Bartle Frere, qui se jette dans le Kamolonndo, et celui-ci se décharge dans le Loualaba, rivière de Webb, qui est la principale ligne du drainage.

Au nord des sources, un autre Loualaba, celui d'Young, traverse le Tchibonngo (lac de Lincoln) et, ainsi que le Lomamé, va rejoindre la rivière de Webb.

La fontaine Liammbaï, celle de Palmerston, est la source du haut Zambèse ; et le Lounga, fontaine d'Oswell, est la tête du Kafoué[1], tous les deux s'écoulant dans l'Éthiopie intérieure.

Il est possible que ce ne soit pas les quatre fontaines dont le trésorier de Minerve a parlé à Hérodote dans la ville de Saïs ; mais elles n'en méritent pas moins qu'on les découvre, en tant qu'elles sont placées dans les cent derniers des sept cents milles de la ligne de faîte d'où proviennent la plupart des sources du Nil.

Je me propose, en quittant l'Ounyanyemmbé, de me rendre au Fipa, de tourner ensuite l'extrémité méridionale du Tangantka, (Tammbité ou Mbité), de passer le Chambèze, de longer la rive méridionale du Banngouéolo, de prendre droit au couchant, et de gagner les fontaines, remettant l'examen des cavernes après ma visite à Katannga.

En suivant cette route, s'il y a d'autres sources du Nil plus méridionales, j'en acquerrai la certitude ; car elles ne pourront pas exister sans que je les rencontre. Personne après cela ne pourra dire que le problème n'est pas résolu. Puisse le Maître de tous les hommes m'aider à me montrer un de ses vaillants serviteurs, m'aider à faire honneur à mes enfants, et peut-être à mon pays et à ma race.

Partis d'Qujiji le 26 décembre 1871, nous sommes arrivés ici le 18 février 1872, ce qui fait cinquante-quatre jours, et une marche de plus de trois cents milles. Je suis heureux d'avoir atteint l'Ounyanyemmbé et trouvé cette demeure.

---

1. Affluent du Zambèse, qui rejoint ce fleuve en amont de Zoumbo, par 26° 30′ de longitude orientale (*Note du traducteur.*)

A peine arrivé, je découvre que Ladha Damji[1], ce négrier dont la traite clandestine est notoire, a choisi pour diriger ma caravane, deux hommes qui m'ont volé (au moins l'un des deux) : pendant près de seize mois, depuis le 20 octobre 1870, jusqu'au 18 février 1872. L'un de ces honnêtes gens est mort de la petite vérole l'année dernière; l'autre ne s'est pas contenté de piller mes ballots, il a fait sauter la serrure du magasin de M. Stanley et a dérobé ce qu'il a pu. A l'entendre, toute la cargaison était sauve; mais quand il a fallu compter, le déficit ne laissa pas que d'être embarrassant pour lui; il se rappela alors une balle de sept pièces de méricano, trois cent quatre yards de cotonnade bleue, puis une caisse d'eau-de-vie qu'il avait évidemment cachés; malgré cette restitution, la perte est sérieuse. Joint à cela, mon homme ayant été trouvé en possession des objets qui manquaient à mon compagnon, je l'ai renvoyé : le doute n'était plus possible.

Toutefois les pertes que j'ai subies, tant du chef de ce larron que de celui des esclaves des Banians, sont plus que compensées par M. Stanley, qui me donne quatorze sacs et demi de grains de verre, douze balles de calicot, trente-huit rouleaux de fil de laiton, un bateau, une baignoire, une tente, des ustensiles de cuisine, douze feuilles de cuivre, des vêtements, des couvertures, de la literie, des médicaments, des outils en grand nombre, des clous, des livres, du papier, des munitions, etc. Me voilà remis à flot; et comme M. Stanley doit m'envoyer aussitôt que possible des hommes de la côte, non pas des esclaves, je reprendrai mon œuvre avec le légitime espoir de l'achever.

19 *février*. — Reçu tous les articles dont M. Stanley m'avait parlé hier.

20 *février*. — Je trouve, à ma grande joie, quatre chemises de flanelle que je tiens d'Agnès, et deux paires de bottes, qu'avec l'attention la plus affectueuse, m'envoie mon ami Waller; je suis enchanté.

Mesuré la cotonnade avec M. Stanley; il manque sept cent trente-trois yards trois quarts; en outre deux frasilahs

---

1. Collecteur des douanes à Zanzibar. Voy. Burton, *Voyage aux grands lacs*, p. 13, 22, 25. « Ladha Damji, un vieux Banian, à la figure intelligente et rusée, » dit Stanley. (*Note du traducteur.*)

(soixante-douze livres) de samesame (perles rouges de premier ordre) et une caisse d'eau-de-vie. Othman[1] prétendit avoir été malade et rejeta la faute sur les morts; mais il a rapporté une balle d'étoffe, qu'il a trouvée dans les effets de Thani, ce qui réduit la perte à quatre cent trente-six yards.

21 *février*. — Pluie torrentielle; je suis content d'être à couvert.

Massoudi est un Arabe, qui demeure à Bagamoyo, près d'Ali-ben-Sélim. Bachir, un autre Arabe, pour qui a été pris, par son esclave, une balle de calicot. Massoudi a loué ce Kirongosi, qui n'est pas un esclave, en qualité de porteur.

J'ai été volé par Bachir au cinquième bivac, en partant de Bagamoyo. Othman a eu connaissance de la vente de la caisse d'eau-de-vie : il en a fait l'aveu; il a ensuite apporté un châle qu'il avait oublié ; j'ai fouillé ses bagages; c'est alors que j'ai trouvé ce qu'il avait pris à M. Stanley.

22 *février*. — Office dominical. Remercié Dieu de la protection qu'il nous a accordée jusqu'ici.

Reçu un paquet de lettres que m'a remis un Arabe.

23 *février*. — Fait prendre chez le gouverneur une caisse à moi, qu'il avait depuis quatre ans; tout ce qu'elle renfermait a été dévoré par les termites : deux beaux fusils et deux pistolets n'ont plus de crosses. Les bouteilles d'eau-de-vie sont cassées comme par accident; mais les bouchons, enfoncés dans les bouteilles, et les morceaux de rafle de maïs qui les remplacent prouvent que la liqueur a été bue avant que le verre fût étoilé.

Le thé ne vaut plus rien; mais la porcelaine est intacte, et le fromage est bon.

24 *février*. — Écrit à lord Granville contre le commerce d'esclaves fait par les Banians, et en faveur d'un établissement anglais indigène.

25 *février*. — Reçu la visite de femmes batousi, qui venaient pour avoir des cadeaux. Elles sont grandes et ont la taille gracieuse, de petites têtes d'une bonne forme, la bouche et le nez bien faits. C'est aux Batousi qu'appartiennent la plupart des bêtes bovines qu'il y a dans le canton.

---

1. Stanley l'appelle Asmani, transformation indigène du nom arabe.
(*Note du traducteur*.)

La guerre avec Mirambo dure toujours.

Le gouverneur n'ose pas venir me voir.

26 *février*. — Écrit des lettres et copié des notes sur mon journal.

27 *février*. — Moïné-Mokaya a une maladie du cœur et un abcès au foie. Je lui ai envoyé un peu de liquide vésicant.

Nous avons eu aujourd'hui le repas de Noël[1].

28 *février*. — Travaillé à mon journal. Seïd-ben-Sélim[2] est venu; il ressemble à un Chinois, et a essayé d'être poli pour nous.

5 *mars*. — J'ai eu hier la visite de mon pauvre ami Moïné-Mokaya; il est très-malade de son abcès au foie, qui a percé intérieurement. Je lui ai donné du calomel et du jalap pour lui nettoyer les intestins. Sa faiblesse est très-grande, il a les jambes enflées et le corps d'une maigreur extrême.

6 *mars*. — Réparé la tente et reçu diverses marchandises. Moïné-Mokaya est mort.

7 *mars*. — Reçu une machine à remplir les cartouches.

8 *et* 9 *mars*. — Journées passées à écrire.

10 *mars*. — Continué ma correspondance.

Donné à M. Stanley un chèque de cinq mille roupies sur Stewart et Cie, à Bombay. Ces roupies (douze mille cinq cents francs) seront tirées à vue si le docteur Kirk a dépensé le reste des mille livres sterling, sinon le chèque sera détruit par M. Stanley.

12 *mars*. — Écrit toute la journée.

13 *mars*. — Fini ma lettre à M. Bennett du *New-York-Herald*[3] et ma troisième dépêche à lord Granville.

---

1. Le 24 décembre, il y avait eu de grands apprêts; malheureusement Stanley eut la fièvre. Le lendemain, il était trop faible pour présider à la cuisine, et « le rôti fut brûlé, la tarte mal cuite, le dîner manqué. » Partis le 26, les voyageurs, loin de pouvoir festiner, avaient eu grand'peine à vivre. Mais une fois installés, et « l'Ounyanyemmbé étant riche en grain, en fruits, en bétail, nous résolûmes, dit Stanley, de réparer notre échec de Noël par un dîner de gala dont, heureusement, je pus surveiller la préparation. Jamais prodigalité semblable n'avait été vue dans la province; jamais non plus festin si délicat. »

(*Note du traducteur.*)

2. Le gouverneur.

3. Voy. dans Stanley, *Comment j'ai retrouvé Livingstone*, p. 497, la copie de cette lettre, qui n'occupe pas moins de cinq pages du volume.

(*Note du traducteur.*)

14 *mars*. — Départ de M. Stanley. Je confie à ses soins mon journal, scellé de cinq cachets qui ont reçu l'empreinte d'une monnaie d'or américaine, anna et demi-anna, et celle d'une tablette de couleur aux armes d'Angleterre. Positivement défendu de l'ouvrir[1].

15 *mars*. — Écrit à M. Stanley quelques lignes qui lui seront portées par deux de ses hommes, restés ici à cette intention. Copié l'itinéraire de la route du Kabouiré chez Casembé (seconde visite) et au Banngouéolo, ainsi que les observations astronomiques relevées pendant ce trajet; puis les expériences faites à Nyañgoué et au Loussizé avec un poids attaché à une clé de montre.

16 *mars*. — Départ des hommes de M. Stanley; envoyé avec eux deux de mes gens pour qu'ils me rapportent ses derniers mots, s'il a quelque chose à me dire.

---

[1]. On comprend ce que la séparation dut avoir de pénible pour celui qui restait seul, et qui, après six ans de séjour en Afrique, voyait son unique compagnon partir pour l'Angleterre. Son journal pouvant être ouvert par d'autres que par lui, le docteur ne lui a pas confié l'émotion qu'il éprouvait; on sait à quel point « les insulaires britanniques », lui-même en a fait l'aveu, craignent de laisser voir ce qu'ils ressentent. Stanley a été plus expansif:

« Le dernier jour est fini, le dernier soir est venu, » écrit-il à la date du 13 mars. « Je me révolte contre le sort qui nous sépare. Les minutes s'écoulent rapidement et font des heures. Notre porte est close; tous deux, nous nous livrons à nos pensées: elles nous absorbent. Quelles sont les siennes? Je ne pourrais le dire; les miennes sont tristes. Il faut que j'aie été bien heureux pour que le départ me cause tant de chagrin!

« La fièvre ne m'a-t-elle pas torturé, accablé dernièrement d'une agonie de chaque jour? N'ai-je pas souffert jusqu'à la folie?... Je n'en regrette pas moins les joies ressenties dans la compagnie de cet homme, bien que je les aie payées si cher. J'ai écrit tout ce qu'il a dit ce soir; mais personne n'en saura rien; c'est à moi; j'en suis jaloux comme il peut l'être de son journal. J'ai sténographié toutes ses paroles au sujet des curiosités qu'il possède, et de leur distribution équitable entre ses enfants et ses amis.

« Demain, docteur, vous serez seul, lui dis-je.

— Oui, la mort semblera avoir passé dans la maison. Vous feriez mieux d'attendre que les pluies, qui vont venir, soient terminées.

— Je voudrais le pouvoir, docteur; mais chaque instant de retard recule la fin de vos travaux et l'heure de votre retour.

— C'est vrai; mais quelques semaines de plus ou de moins ce n'est pas une affaire; et votre santé m'occupe. »

« 14 *mars*. — Nous étions debout tous les deux au point du jour; les hommes se préparèrent. Le déjeuner a été triste; je ne pouvais rien prendre, j'avais le cœur trop gros; lui non plus n'avait pas d'appétit. Nous avons trouvé quelque chose à faire qui m'a retenu. Je devais partir à cinq heures; à huit heures j'étais encore là.

« Je vais vous laisser deux hommes, lui ai-je dit, vous les garderez jusqu'à

CHAPITRE VII.

17 *mars*. — Dimanche.

19 *mars*. — Jour de ma naissance. Mon Jésus, mon roi, ma vie, mon tout, je me donne à toi tout entier; accepte-moi. Et toi, Père clément, accorde-moi de finir ma tâche avant qu'une autre année s'achève : je le demande au nom de Jésus.

DAVID LIVINGSTONE.

21 *mars*. — Lu le livre de Baker; bien écrit et bien fait. Baker a rendu un grand service en étudiant la traite sur les bords du Nil; j'espère qu'il parviendra à la supprimer.

Tous les propriétaires de bêtes bovines, dans cette partie de la province, sont des Batousi. Ils vous abordent d'une façon très-courtoise. Leurs femmes ont de jolies figures, la tête petite, bien proportionnée et d'une bonne forme, la peau simplement brune, la taille bien faite, les mains délicates, les pieds petits et cambrés, le cou-de-pied haut et souple; la pa-

---

après-demain; il est possible que vous ayez quelque oubli à réparer. Je séjournerai à Toura, où ils m'apporteront votre dernier désir, votre dernier mot. Et maintenant....

— Oh ! je vais vous conduire; il faut que je vous voie en route.

— Merci. »

« Nous marchions côte à côte. La bande se mit à chanter. J'attachai de longs regards sur Livingstone pour mieux graver ses traits dans ma mémoire.

« Autant que j'ai pu le comprendre, lui dis-je, vous ne quitterez pas l'Afrique avant d'avoir élucidé la question des sources du Nil; mais quand vous serez satisfait à cet égard, vous reviendrez satisfaire les autres; est-ce bien cela ?

— Exactement.

— Et combien de temps vous faudra-t-il ?

— Un an et demi à dater du jour où je quitterai l'Ounyanyembé.

— Mettons deux ans; vous savez : il y a l'imprévu. Et maintenant, permettez que je vous renvoie.

— Très-bien; mais laissez-moi vous dire : vous avez accompli ce que peu d'hommes auraient fait; je vous en suis bien reconnaissant. Dieu vous conduise, mon ami, et qu'il vous bénisse.

— Puisse-t-il vous ramener sain et sauf parmi nous. »

« Nos mains se pressèrent. Je m'arrachai vivement à cette étreinte et me détournai pour ne pas faiblir. Mais, à leur tour, Souzi, Chouma, Amoda, tous ses gens me prirent les mains pour me les baiser, et je me trahis moi-même. »

« Adieu, docteur, cher ami.

— Adieu. »

« Il y a six mois que ces lignes sont écrites; mes sentiments n'ont pas changé : un nuage trouble encore ma vue quand je songe aux idées qu'elles me rappellent. Si jamais vous allez en Afrique, que Dieu vous accorde un compagnon aussi loyal, aussi noble que David Livingstone. J'ai passé plus de quatre mois avec lui dans la même demeure, dans le même bateau, sous la même tente; je ne l'ai jamais trouvé en faute, et chaque jour de notre vie commune n'a fait qu'ajouter à mon admiration pour lui. »

(*Note du traducteur.*)

role agréable. De l'herbe et autres plantes, sont recueillies tous les jours par ces pâtres, qui les amoncellent et y mettent le feu pour éloigner les mouches de leurs troupeaux; le bétail s'en trouve bien; d'où il résulte que chaque soir les vallons s'emplissent de fumée.

Comparés aux Batousi, les Bagannda ne sont que des esclaves; ils ont la peau noire, parfois avec une teinte cuivrée; le nez aplati, de larges narines et de grosses lèvres; mais la jambe et le pied bien faits.

25 *mars*. — Souzi me rapporte une lettre de M. Stanley. Ce dernier a eu la fièvre; j'espère néanmoins qu'il arrivera à bon port.

26 *mars* 1872. — Pluie de masika, principalement la nuit. La masika (seconde saison pluvieuse) a commencé l'année dernière le 23 mars et a fini le 30 avril.

27 *mars*. — Pluie très-forte. Journée de lecture.

28 *mars*. — Moïnyemmbigou m'a demandé de lui prêter un doti (deux brasses de cotonnade). Il meurt de faim; ainsi que tous les gens qui sont à M'Foutou, se battant contre Mirambo. Ils sont obligés d'enchaîner leurs esclaves pour les empêcher de s'enfuir à la recherche des vivres, n'importe en quel endroit.

29, 30 et 31 *mars*. — Beaucoup de pluie. Je lis les voyages de Mungo Park: le langage même de la vérité.

1ᵉʳ *avril* 1872. — Lu aujourd'hui: *La recherche de Livingstone par Young*[1]. Beaucoup de bienveillance pour moi; j'en suis touché. Il écrit comme un gentleman.

2 *avril*. — Fabriqué une ligne de sonde avec de la filasse qu'a laissée M. Stanley.

Les veuves font maintenant leurs nids. Un mâle de cette espèce choisit de petits brins d'herbe sur mon toit; il en dépose la tigelle par l'extrémité et la pousse dans le berceau jusqu'à ce qu'elle soit entrée complétement, à l'exception de l'épi. La femelle est dans l'intérieur, et ne cesse pas d'arranger les brins d'herbe qu'on lui apporte; elle y travaille si ardemment, qu'elle en fait trembler tout l'édifice. Des plumes se déposent maintenant sur la couche d'herbe.

---

1. *Young's Search after Livingstone.*

Veuve à poitrine rouge (*Vidua purpurea*).

CHAPITRE VII.

4 *avril.* — On annonce que les gens de Dagâmmbé sont arrivés d'Oujiji avec cinquante dents d'éléphant. Ils n'ont pas été, comme nous, attaqués par Monanngoungo. Leur maître a descendu le Loualaba jusqu'à une grande distance, avec trois pirogues, et a acheté beaucoup d'ivoire.

J'avais envoyé mes hommes chercher un livre qui a été oublié dans une hutte, à quelques jours d'ici; ils ont trouvé les torrents débordés, et, ne pouvant pas les franchir, ils sont revenus.

Copié des observations astronomiques pour Sir Thomas Maclear.

8 *avril.* — Reçu la visite d'un Arabe appelé Saïd-ben-Mohammed-Maghibbé. Il se propose d'aller dans l'Ourangé, qui est au couchant de Katannga.

9 *avril.* — Environ cent cinquante Vouagannda ont été envoyés par Mtésé à Saïd-Bârgache, pour lui offrir un présent de la part de leur maître; les cadeaux consistaient en ivoire et en un jeune éléphant[1]. Bârgache a dépensé tout l'ivoire en achats d'armes à feu, de poudre, de savon, d'eau-de-vie, de gin, etc., qu'à son tour il envoie à Mtésé, et que les gens de celui-ci ont emmagasiné dans le tembé que j'occupe. Ce matin, ils ont sorti toute la cargaison (des centaines de ballots), pour voir s'il n'y avait rien de gâté.

L'un de ces Vouagannda m'a dit hier, que, dans leur langage, la Divinité porte le nom de Doubalé.

15 *avril.* — Suspendu ma ligne de sonde à une rangée de perches plantées à six pieds les unes des autres, et goudronné mon câble: trois cent soixante-quinze brasses de longueur en cinq torons.

Ptolémée semble dire que de son temps (deuxième siècle après Jésus-Christ) on connaissait moins bien l'Afrique centrale qu'à l'époque où Hérodote recevait les communications des prêtres égyptiens, 449 avant l'ère chrétienne : six cents ans avant lui. Ces prêtres n'ignoraient pas qu'un grand nombre de sources contribuaient à la formation du Nil, et que, parmi toutes ces branches, les seules qu'on pût désigner

---

[1]. Plus tard, cet éléphant, qui était parfaitement apprivoisé, a été envoyé par le docteur Kirk à sir Philip Wodehouse, gouverneur de Bombay; il appartient maintenant à sir Solar Jung, à qui sir Philip l'a donné. WALLER

comme sources premières, étaient les fontaines que je souhaite si ardemment de découvrir, ou de redécouvrir.

D'après ce qu'il avait recueilli des anciennes explorations, Ptolémée fait déboucher les six premières branches du Nil dans deux lacs situés à l'est et à l'ouest l'un de l'autre — l'espace en amont était inconnu. Si le Victoria couvrait une étendue considérable, lui et l'Albert pourraient être ces deux lacs ; et il serait doux de les appeler sources de Ptolémée, redécouvertes par l'énergie, l'initiative, le courageux labeur de nos compatriotes Speke, Grant et Baker ; malheureusement Ptolémée a placé le petit lac Coloe presque à l'endroit où est le Victoria ; et l'on ne peut pas dire où sont les deux grands bassins dont il fait mention. Victoria, Banngouéolo, Moéro, Kamolonndo, Lincoln et Albert : desquels parle-t-il ?

De son temps, la science géographique était en décadence. Ses deux lacs n'étaient-ils pas le reliquat d'un plus grand nombre connu antérieurement ? Que dit à cet égard la carte du règne de Séthos II, la plus ancienne que l'on possède ?

16 avril. — Été voir Sultan-ben-Ali, qui demeure près de Tabora. Pays découvert, en pente très-douce, partant de mamelons de granite peu élevés et revêtus d'arbres. Des loupes granitiques, d'un gris clair, percent de tous côtés la surface de ces collines ; beaucoup d'entre elles sont cachées par le bois. Une plaine descend des hauteurs qui dominent Kouihara, où je suis maintenant ; au bas de la pente, se trouve un terrain marécageux, inondé à l'époque des pluies, et dont les eaux se dirigent au couchant. Le versant qui est au nord du drain central s'appelle Kazeh ; celui du sud est Tabora, nom qui est souvent appliqué à tout l'espace compris entre les collines.

Sultan-ben-Ali est un Arabe bédouin de soixante et quelques années ; il a six pieds de haut[1], le corps robuste, la barbe longue et presque blanche. C'est un habile tireur ; avec son grand fusil arabe, fusil à mèche, il tue souvent des lièvres, qu'il frappe toujours à la tête. Très-hospitalier, il m'a envoyé deux repas copieux pour moi et pour mes gens.

Fait également une visite à Mohammed-ben-Nassour, qui vient d'être malade, et qui m'a fait présent d'une chèvre et

---

1. Mesure anglaise équivalent à 1^m,824.

CHAPITRE VII.

d'une grande quantité de goyaves. Il m'a communiqué les nouvelles qu'il tient de Nsiréré, l'agent de Dagâmmbé, et de plusieurs individus qui sont maintenant à Oujiji. Les traitants avec lesquels j'étais en dernier lieu sont allés au sud-ouest, dans un pays appelé Nommbé, pays situé près du Roua, et où il y a des fonderies de cuivre. Après notre séparation, en conséquence du massacre de Nyañgoué, ils ont fait de grands achats d'ivoire; mais continuant à agir d'après leur système de meurtre et de pillage, ils ont éveillé la colère des Bakouss, qui, étant fort nombreux, leur ont tué deux cents hommes. Dagâmmbé n'a perdu aucun des siens.

Nous n'osons pas nous prononcer d'une manière positive sur aucun des événements de la vie; mais cela ressemble beaucoup à une prompte rétribution de l'effroyable massacre de Nyañgoué. Ce n'est pas un acte de vengeance exécuté par les parents des malheureux que nous avons vus disparaître dans le Loualaba; car il n'y a pas de relations entre les gens de Nyañgoué et les Bakouss, habitants du Nommbé et riverains du Lomamé.

Cet horrible carnage me rendait impossible de rester plus longtemps avec les gens de Dagâmmbé. Aller avec eux au Lomamé, ainsi que le voulaient mes esclaves, était si répugnant, que j'ai mieux aimé refaire les cinq ou six cent milles douloureux qui me ramenaient à Oujiji. J'ai déploré pendant tout ce trajet les déceptions dont j'étais victime, maudit les obstacles qui déjouaient tous mes plans; mais j'essayais de croire que c'était pour le mieux. Ces nouvelles me montrent que si j'étais allé là-bas, je n'aurais pas échappé aux lances des Bakouss; car je n'aurais pas pu courir comme les fugitifs qui ont survécu. C'est pour me sauver de la mort que j'ai été empêché d'aller plus loin[1].

Beaucoup de périls, auxquels j'ai échappé, sont à ma connaissance; le souvenir de quelques-uns me fait trembler,

---

1. Singulière aberration ! Voir les plans les plus désintéressés, les plus nobles, déjoués par l'incendie, le meurtre et le pillage, par le massacre de centaines de femmes confiantes, utilement occupées, et s'efforcer de croire que c'est pour le mieux ! Admettre que c'est pour le sauver de la mort qu'il a été empêché d'aller plus loin, quand cet empêchement vient du carnage, est d'autant plus irréfléchi, que s'il n'y avait pas eu les crimes dont son excellent cœur fut soulevé, personne n'aurait eu à craindre les lances des indigènes. (*Note du traducteur.*)

quand je me rappelle combien j'ai été près du tombeau; mais que de circonstances plus nombreuses, où, à mon insu, une protection divine m'a sauvé! Je remercie de toute mon âme le Seigneur bienfaisant de toute sa bonté pour moi.

18 *avril*. — Que le bon Maître de tout ce qui existe me favorise; qu'il me permette de découvrir les anciennes fontaines d'Hérodote; et s'il y a dans les demeures souterraines quelque chose qui puisse confirmer les précieux documents, l'Écriture de vérité, qu'il m'accorde de le mettre en lumière et me donne la sagesse d'en faire l'usage convenable.

Certaines gens semblent croire que leur importance dans le monde est accrue par une connexion imaginaire avec une découverte ou un découvreur des sources du Nil, et s'estiment trop heureux de figurer dans l'affaire, même pour une faible part, en qualité de découvreur théorique, qualification dont les termes se contredisent.

La croix est en usage à Katanga, non pas, assurément, comme emblème chrétien; c'est la forme que de temps immémorial on y donne aux lingots de cuivre, lingots qui portent le nom de *hanndiplé mahanndi*, et qui se voient très-communément.

Les grandes barres du même métal, qu'on appelle *vigheras*, barres du poids de soixante à soixante-dix livres, qui, sous la forme d'un I majuscule, se rencontrent dans tout le centre de l'Afrique, sont de la même provenance.

19 *avril*. — Un paquet de lettres, et probablement de journaux, est arrivé aujourd'hui pour M. Stanley. Le messager, à ce qu'il prétend, a rencontré en chemin le destinataire, qui lui a dit : « Portez cela au docteur »; ceci est faux.

On dit que le prince de Galles est mourant d'une fièvre typhoïde; la princesse Louise est accourue à son chevet.

20 *avril*. — Ouvert le paquet ci-dessus mentionné; trouvé neuf numéros du *New-York Herald*, du 1er au 9 décembre 1871, une lettre, que j'ai envoyée à M. Stanley, et une carotte de tabac.

21 *avril*. — Goudronné la tente que m'a donnée M. Stanley.

23 *avril*. — Visité Kouikourou et vu le chef de tous les Banyamouézi[1], dont le village entoure le boma[2]. C'est un homme

---

1. Seulement les Banyamouézi de l'Ounyanyembé, province centrale de l'Ounyamouézi, Terre de la Lune des anciens géographes. (*Note du traducteur.*)
2. Résidence protégée par une enceinte.

d'environ soixante ans, partiellement paralysé. Il m'a dit que, dans son enfance, il était allé à Katanga avec son père, qui était un grand commerçant. La route qu'ils ont prise pour se rendre dans l'ouest est la route du Fipa, celle que je me propose de suivre.

Les Banyamouézi tirent leur nom d'un ornement d'ivoire, en forme de croissant, qu'ils portent suspendu au cou, et dont les pointes leur atteignent les épaules. Ils croient être venus anciennement des bords de la mer, environs de Mombas (?).

Questionnés sur eux-mêmes, les arrivants répondirent : « Nous sommes les gens de l'ornement de la lune. » Actuellement encore cette parure jouit chez eux d'une grande faveur, et une quantité considérable d'ivoire est employée à sa fabrication. Quelquefois elle a pour matière les défenses incurvées de l'hippopotame.

Les Banyamouézi ont la spécialité du portage et font la majeure partie du transit de la Côte occidentale; ils sont à la fois vigoureux et fidèles. J'en ai vu un porter six frasilahs, deux cents livres d'ivoire, de l'Ounyanyembé à la côte.

Le préfixe *nya*, dans la langue du pays, semble signifier place, endroit, localité, de même que *mya*, au bord du Zambèze. Si le nom se rapportait à l'ornement, comme le supposent les indigènes, ces derniers s'appelleraient *Bamouézi* ou *Vouamouézi*; mais Banyamouézi veut dire probablement : *Ba*, ceux ou les gens ; *nya*, endroit ; *mouézi*, lune ; ce qui fait : Gens de la Localité ou de la Terre de la Lune[1].

Ounyanyemmbé, Terre des houes.

Ounyammbéhoua.

Ounyanngoma[2], Terre des tambours.

Nyanngouroué, Terre des cochons.

Niangkonndo.

Nyaroukoué.

1. Le nom d'Ounyamouézi, traduit par Terre de la Lune, a été longuement discuté ; voy. Burton, *Voyage aux grands lacs de l'Afrique orientale*, p. 358, et Stanley, *Comment j'ai retrouvé Livingstone*, p. 405. Dans tous les cas il est ancien, puisqu'il y a près de trois cents ans, la Terre de la Lune fut désignée aux Portugais sous le nom qu'elle porte encore. *(Note du traducteur.)*

2. Si *nya* veut dire contrée, le préfixe *ou*, qui appartient à la langue du Sahouahil et qui a le même sens, fait double emploi, et il faudrait dire simplement *Nyanyemmbé*, *Nyammbéhoua*, comme on dit *Nyanngouroué*, *Nyangkonndo*. *(Note du traducteur.)*

Ce doit être un grand chagrin que d'être privé de la raison, surtout si la folie vous fait exprimer des pensées que, dans les moments lucides, vous rejetez loin de vous comme impures.

25 et 26 avril. — Eu la fièvre pour m'être exposé au froid.

26 avril. — Mieux et reconnaissant.

Zahor, qui avait recueilli beaucoup d'ivoire dans le Fipa et l'Ouroungou, est mort ici hier, de la petite vérole. Toute sa cargaison a été prise par le Lihoualé [1].

Les pluies semblent près de finir; elles sont remplacées par des vents d'est; ces vents, qui sont très-froids, arrêtent la transpiration et rendent malades. Ils sont connus comme éminemment fébrigènes. Les Arabes attribuent la fièvre à l'évaporation qui, après les pluies, dessèchent le sol. Pour moi, c'est pendant la saison pluvieuse que le temps est le plus insalubre, quand on se laisse mouiller. Le refroidissement arrive, les intestins ne fonctionnent plus, et la fièvre se produit. Maintenant, c'est le vent froid qui opère; et il est possible que l'action morbide soit aggravée par la malaria qui résulte de l'assèchement du sol. Un bain, pris le 25, dans une eau froide, m'a donné un léger accès.

1er mai 1872. — Acheté une vache; payé onze dotis ou quarante-quatre yards de méricani, et deux dotis de Kaniké pour le veau. J'ai maintenant du lait, ce qui me rend indépendant.

Le chef des Bagannda, qui m'a vendu la bête, m'a dit en s'en allant : « Je vais prier. » Les Arabes l'ont converti : c'est le premier prosélyte que je leur ai vu faire.

Baker pense que la première chose dont on doive s'occuper à l'égard des noirs est de leur créer des besoins. Sous ce rapport, il est intéressant de voir combien il a été tourmenté, presque à en mourir, par Kamerasi, qui avait besoin de tout ce que lui, Baker, possédait [2].

---

1. Ce titre paraît être celui du gouverneur de la colonie arabe; dans tous les cas il s'applique à Séid-ben-Sélim, et semble vouloir dire *lieutenant,* ce qui équivaudrait ici à représentant du pouvoir.   (*Note du traducteur.*)

2. Ce cas particulier, *relatif à l'état actuel*, n'a rien à voir avec l'idée de Baker, qui est de créer l'échange, et d'amener les Africains à la production, par les exigences du commerce auquel leurs besoins donneraient lieu.

(*Note du traducteur.*)

Achevé, pour le *New-York Herald,* une lettre dans laquelle j'essaye d'exciter les Américains à supprimer le commerce d'esclaves sur la côte orientale[1]. Je demande à Celui qui est toute grâce de bénir cette œuvre.

[Un profond intérêt s'attache aux dernières lignes de cette lettre, qui, écrites le 1ᵉʳ mai 1872, un an, jour pour jour, avant la mort du généreux voyageur, ont été choisies comme résumant la mission de l'homme, et gravées sur une table de marbre, placée près de son tombeau dans l'abbaye de Westminster :

« Tout ce que je peux ajouter dans mon isolement est ce vœu sincère : Puissent les bienfaits du Ciel descendre sur quiconque, Américain, Anglais ou Turc, aidera à guérir cette plaie saignante de l'humanité. »]

2 mai. — Nouvelle acquisition de trois vaches avec leurs veaux; elles donnent du lait en quantité suffisante pour que nous en ayons tous, moi et mes gens.

Nos quatre bêtes sont de petite race, à cornes brèves[2]. Il y en a deux noires, tachetées de blanc, une noire à face blanche et une entièrement blanche; l'une d'elles a une bosse. Les Bagannda sont fort contents du prix que je leur ai donné, et moi je suis très-content des vaches.

3 mai. — Toute la portion mâle de la colonie arabe de l'Ounyanyemmbé se compose de quatre-vingts individus. Beaucoup de ces prétendus Arabes sont des métis et ont vu le jour en Afrique; on les reconnaît à la rareté de la barbe et au peu de saillie du nez, comparativement aux Omanis. Les gens de Mascate ne sont pas seulement plus beaux que ces Africains arabisés, mais plus honorables, plus courageux; en somme, valant mieux sous tous les rapports.

Chacun de ces individus ayant en moyenne vingt dépendants, cela donne à la colonie un chiffre de quinze à seize

---

1. Si l'on vend des hommes, c'est pour obtenir les objets de manufacture étrangère, qu'il serait plus facile de se procurer par un commerce licite, auquel donneraient lieu des besoins réguliers. *(Note du traducteur.)*
2. Voy. dans Stanley, *Comment j'ai retrouvé Livingstone,* p. 415, la gravure où cette race à petites cornes est représentée. *(Note du traducteur.)*

cents personnes. Elle est appelée une station d'ivoire, ce qui veut simplement dire que les dents d'éléphant sont le principal article de commerce; mais il vient peu d'ivoire au marché. Tous les traitants qui peuvent le faire envoient leurs bandes trafiquer en différents endroits. Le sol étant libre, ils cultivent du maïs, du sorgho, du riz, des fèves, etc., et un an ou deux après s'en vont avec l'ivoire qu'ils ont pu obtenir [1].

Oujiji est le seul marché qu'il y ait dans cette région; on y trouve principalement de l'huile, du grain, des chèvres, du sel, du poisson, du bœuf, des produits indigènes de toute sorte [2]. Parfois quelques dents y sont apportées; mais on ne peut pas dire que ce soit un marché à ivoire. Les gens du pays qui l'ont institué, l'approvisionnent avec zèle, en dépit de ce que leur fait souffrir l'injustice des traitants. Il ressemble aux marchés des Manyémas; mais il est moins nombreux; il est vrai qu'il est quotidien; on y voit tous les jours à peu près trois cents personnes.

Les gens de l'île de Mbouara [3] y apportaient beaucoup de sorgho; mais dernièrement, le fils du chef de l'île ayant jeté un regard indiscret sur les femmes d'un Béloutch, établi à Oujiji, fut battu par le maître des femmes, et de telle façon qu'il mourut en revenant. Depuis lors, jusqu'à notre départ du lac, pas un seul homme de Mbouara n'est venu au marché y apporter de sorgho.

Les Arabes donnent le commandement de leurs bandes, composées d'esclaves, à des hommes libres qu'ils envoient trafiquer au loin. Ces mandataires se choisissent un ami parmi les chefs, et dépensent en nourriture de luxe, pour eux-mêmes, la moitié des objets qu'ils apportent en présent à ce chef amical. Il arrive souvent que la bande revient les mains vides; mais c'est le Banian qui perd à cela [4], et l'Arabe n'en est pas

---

1. Voy. pour l'installation des Arabes dans l'Ounanyemmbé en 1871, Stanley, p. 208.
2. Voy. dans Stanley, p. 369, une description de ce marché, qui se tenait devant la porte de Livingstone, et comparez avec ce qu'il était lors de l'arrivée de Burton, en 1858. (*Voyage aux grands lacs*, p. 397 et 418.) (*Note du traducteur.*)
3. Mouzimou de Stanley, Oubouari de Burton. (*Note du traducteur.*)
4. Le bailleur de fonds. Voy. dans Stanley, p. 15, comment se forme la cargaison d'un Arabe, et l'influence que donne aux Banians le prêt du numéraire.
(*Note du traducteur.*)

CHAPITRE VII.

trop fâché. Si la tournée s'est faite en pure perte, l'endroit n'a pas de nouvelle visite.

4 mai. — Beaucoup de palavers au sujet de Mirambo, qui n'existerait plus et dont on aurait caché la mort. Les Arabes prétendent qu'il vit toujours, disent qu'il est très-brave et que la guerre n'est pas près de finir. Des gens qui demeurent au nord et qu'on appelle Bagoyé, reçoivent des Arabes un baril de poudre et une pièce d'étoffe; pour ce prix, ils vont attaquer un village, s'y installent, y passent trois ou quatre semaines; tant que durent les vivres; et reviennent chercher des provisions : c'est ainsi que se fait la guerre.

Préparé du papier à calquer pour relever une carte que je veux envoyer à sir Thomas Maclear.

Le Lihoualé m'invite à un repas.

7 mai. — Nouvelle lune la nuit dernière.

Déjeuner chez le Lihoualé. Il m'a dit que la guerre de Mirambo est virtuellement dirigée contre lui, comme employé de Saïd-Médjid. Mirambo voudrait le chasser; ce serait un avantage.

Les Banyamouézi ont dit aux Arabes qu'ils ne voulaient plus aller se battre avec eux; parce que quand un Arabe était tué, les autres prenaient la fuite, ce qui effrayait l'armée. « Envoyez-nous seulement vos esclaves, ont-ils ajouté, et nous nous battrons. »

Un Magohé leur a donné des talismans, et ils ont poursuivi Mirambo jusqu'à sa dernière estacade. Le frère de celui-ci a envoyé quatre défenses, comme préliminaires de paix. Sa mère a été pillée et a perdu toutes ses vaches.

9 mai. — Pas de combat; bien qu'hier la bataille ait été décidée. Ils aiment tous à discuter longuement avant d'agir; la multitude des conseillers les rassure.

Des femmes, en broyant leur grain, chantent ces paroles:

« Oh! la marche du Bouanamokolou à Katannga!
Oh! la marche à Katannga et le retour à Oujiji!
Oh! oh! oh! oh! »

Bouanamokolou signifie le grand ou le vieux gentleman.

Les femmes des Batousi sont d'habiles trafiquantes; elles

ont l'abord agréable, beaucoup de politesse et une jolie manière de parler.

Je ne sais pas comment le Père tout-puissant et plein d'amour fera tout rentrer dans l'ordre; mais il connaît le moyen et il l'emploiera.

Les Africains paraissent avoir l'idée qu'ils sont au pouvoir d'un Être supérieur à eux-mêmes, un Être en dehors de ce monde et invisible, bon par nature, mais souvent méchant et dangereux. Ceci peut avoir été le premier sentiment religieux de la dépendance d'un pouvoir divin chez l'homme inconscient de la nature de ce pouvoir. Il est possible que les idoles aient été faites pour donner une idée précise de l'Être supérieur; et la foi primitive, résultat de la révélation, paraît s'être mêlée avec leur culte sans aucun sentiment de l'incompatibilité (voy. Michas, Livre des Juges, ch. XVIII [1]).

L'origine de la foi primitive chez les Africains, de même que chez les autres peuples, semble toujours avoir été l'effet d'une influence divine sur leur esprit enténébré, influence qui a persisté à travers les siècles. Une portion de la foi première — la continuité de la vie au delà du tombeau, — ne paraît avoir chez eux rien de commun avec les songes, ou, comme nous dirions, avec l'apparition des spectres; car la perspective d'être mutilés ou brûlés après leur mort est pour les indigènes une cause de désespoir, en ce sens que cela doit rendre impossible leur retour au pays natal, et rompre à jamais toute relation entre eux et leurs familles. Ils sont convaincus qu'ils perdraient de la sorte le pouvoir de faire du bien aux gens qu'ils ont aimés, et la faculté de nuire à ceux qu'ils détestent.

Prenons le cas des esclaves entonnant leur chant de haine contre ceux qui les avaient vendus: ils croyaient légitime de nourrir leur vengeance, bien que la plupart d'entre eux eussent été livrés pour adultère, pour vols et autres faits dont ils savaient fort bien être coupables.

Si Baker parvient à annexer à l'Égypte la vallée du Nil-Blanc, la misérable condition des indigènes, telle que la leur

---

1. Il y a précisément à ce sujet, dans le même chapitre, un vol qui échappe complétement à l'esprit si honnête du docteur, et qui lui est voilé par la question de dogme. (*Note du traducteur.*)

CHAPITRE VII.

font aujourd'hui les marchands d'esclaves, ne deviendra-t-elle pas encore pire sous la domination égyptienne? Les villages seront affermés aux collecteurs d'impôts, les femmes, les enfants emmenés en servitude, et la libre pensée des populations, leurs sentiments placés sous le poids mortel de l'islamisme. Quelque mauvaise que soit maintenant la situation, Baker une fois parti, elle sera plus mauvaise encore[1]. Il est probable que l'expérience actuelle aura modifié les idées fantaisistes qu'il a publiées sur la manière dont il convient d'agir avec les Africains.

10 *mai*. — On rapporte qu'Hamis Ouodine Tagh, mon ami, a été tué par des Makoas, avec lesquels il était en guerre. D'autres Arabes influents seraient morts de la même façon; toutefois les lettres qui contiennent le récit de l'affaire ne sont pas encore parvenues.

Hamis avait été esclave dans sa première jeunesse; mais par son énergie et sa bonne conduite dans les tournées qu'il avait faites chez les Masaï, au sud du Nyassa et ailleurs, il s'était affranchi et était arrivé à la fortune. Il avait du goût dans tous ses arrangements domestiques et paraissait être un honnête homme. Il me témoigna beaucoup de bonté lors de ma venue au village de Tchitimeboua.

11 *mai*. — Un serpent d'un vert olive foncé a été trouvé mort ce matin à ma porte, probablement tué par un chat. Minette approche avec une extrême précaution, puis d'un coup de patte aussi rapide que l'éclair elle plonge sa griffe dans la tête du reptile, maintient cette tête baissée en y enfonçant l'autre griffe et, sans se soucier des anneaux qui se tordent sous ses yeux, elle mord le cou à belles dents, lâche ensuite sa victime et regarde avec intérêt cette tête défigurée, comme si elle savait que le pouvoir de nuire s'y trouvait contenu. Ici, le chat semble posséder un peu de la nature de l'*ichneumon*[2], dont les Égyptiens avaient fait un animal sacré, parce qu'il détruisait les reptiles.

C'est pendant qu'il chasse les souris que le serpent est tué par Minette.

---

1. Voy. à ce sujet les beaux chapitres qui terminent la relation de Schweinfurth, *Au cœur de l'Afrique*, t. II, p. 346 et suiv. (*Note du traducteur.*)
2. *Rat de Pharaon*, mangouste ou *herpestes ichneumon*.

12 mai. — Hier, Singhéri, le chef des Bagannda, dont le chargement est dans nos magasins, m'a offert une vache avec son veau. Je n'ai pas accepté; nous sommes étrangers tous les deux, et le présent était trop considérable. Si Mtésé, lui ai-je dit, m'offrait une dizaine de vaches, je les prendrais; mais je ne peux pas recevoir la vôtre. Je lui ai donné ce matin un peu d'arnica pour sa femme, qui s'est brûlé la figure en fumant au-dessus d'une certaine quantité de poudre. Il a renouvelé ses instances pour me faire prendre la vache et le veau, mais inutilement.

La mort d'Hamis est démentie. Les détails de l'affaire m'avaient été donnés avec tant de précision que j'y avais ajouté foi, bien que les faux rapports soient l'un des traits caractéristiques du pays.

13 mai. — Il tiendra sa parole, le Seigneur qui est toute grâce et toute vérité; cela ne fait aucun doute. « Celui qui vient à moi, a-t-il dit, ne sera repoussé en aucune manière. » Et encore : « Quelle que soit la chose que vous demandiez en mon nom, je vous l'accorderai. » Il TIENDRA sa promesse. Je peux donc aller à lui, présenter humblement ma pétition, et tout ira bien. Ici, le doute n'est pas possible. D. L.

La bande qu'Adjali a envoyée dans l'Ougannda est revenue avec une dizaine de défenses; elle a été attaquée à Ougalla par des voleurs, qui lui ont tué un homme libre. Ce que voyant, les autres ont jeté leurs ballots et ont pris la fuite; ils sont arrivés ce matin, rapportant cette fâcheuse nouvelle.

14 mai. — Des hommes, venus d'Oujiji, racontent que Mohammed-Bogharib a perdu beaucoup d'esclaves de la petite vérole; Foundi et Soliman sont du nombre. D'autres gens de Bogharib, qui étaient allés chercher du bois, ont été capturés par les Vouaha; Othman, leur chef, s'est mis à leur recherche, et a reçu dans le dos une lance dont la pointe a fait saillie hors de la poitrine. Il est impossible de dire au juste combien d'esclaves ont péri depuis leur achat ou leur capture, mais le nombre est considérable.

Le Lihoualé est parti pour Mfouto, où il va flâner et ne pas se battre. Les Bagoyé ne désirent nullement que les Arabes viennent les rejoindre. « Quand l'un des vôtres est tué, leur disent-ils, vous vous sauvez, ce qui effraye nos gens.

Restez à Mfouto; nous ferons le combat à nous seuls. » Le conseil est très-acceptable.

16 *mai*. — Un arrivant d'Oujiji rapporte, d'après le récit d'un homme de Kasonngo, qu'une bande de maraudeurs, appartenant à Matirika, est partie de chez ce dernier pour se rendre à l'île de Bazoula, située au nord de leur point de départ. Ces maraudeurs sont arrivés dans l'île, et, au moment où ils se disposaient à la quitter, les insulaires les ont attaqués à leur tour. Deux hommes, qui étaient déjà embarqués, ont été frappés à coups de lance; les autres, pris de panique, se sont jetés à l'eau : trente-cinq ont été tués. Le châtiment est juste, et il montre ce que pourront faire les Manyémas quand ils voudront se défendre.

Pas de nouvelles de Baker; mais Ebed et Hassani vont bien, et ils ont descendu le Loualaba à une grande distance de Nyañgoué; du moins à ce que l'on rapporte.

Nassour Massoudi est resté chez Kasonngo, retenu probablement par la frayeur qu'a inspirée la conduite des Bazoula. Les traitants se fermeront leur propre marché.

Le Lihoualé a envoyé aujourd'hui des lettres à Saïd-Bârgache. Je n'ai pas de nouvelles à expédier, et l'attente me paraît longue.

17 *mai*. — Très-souffrant. Fait des fromages pour quand nous serons en route; ils sont bons, mais un peu aigres. Sous ce climat, le lait tourne très-vite sans qu'on y mette d'acide; on l'abandonne à lui-même, et il se coagule en une demi-journée.

18 *et* 19 *mai*. — L'un des hommes de Dagâmmbé est arrivé d'Oujiji; il confirme le massacre des gens de Matirika, et dément ce qu'on avait dit de l'échec de ses camarades.

Ceux-ci, gens de Dâgammbé, sont allés au Lomamé, et l'ont trouvé à peu près de la même largeur que le Louamo; il sort d'un lac, et s'unit au Loualaba près d'une cataracte appelée Kisineghité. Dagâmmbé a fait ensuite descendre le Loualaba à ses hommes, le pays, en aval, ayant beaucoup d'ivoire. Au sud-ouest de Nyañgoué, la bande s'est procuré une grande quantité de cuivre — mille bracelets d'une forte épaisseur —, et des dents d'éléphant, moins nombreuses qu'ils n'auraient voulu.

Pas de nouvelles d'Ebed.

L'eau du Lomamé est noire et a une écume de la même teinte.

20 *mai*. — Mieux. Vents très-froids.

Les vaches des Batousi ont été mises en fourrière par les Arabes pour empêcher leurs possesseurs de partir avec les Bagannda; les miennes ont été prises avec les autres. J'ai réclamé; on me les a rendues ce matin.

Il se confirme que trente-cinq des esclaves de Bogharib sont morts de la petite vérole.

21 *mai*. — Les indigènes de cette région ont le nez plat; chez les tribus d'un rang supérieur il est proéminent, ce qui fait grandement admirer ces tribus par les Arabes. Les Batousi qui m'entourent, les Balounda de Casemmbé, les Itahouas de Nsama et beaucoup de Manyémas ont le nez droit; mais çà et là vous trouvez des cantons où les nez écrasés font ressembler les gens aux boxeurs anglais de bas étage, ou aux petits épagneuls King Charles.

Ici, les fils des Arabes ont la barbe rare; beaucoup sont d'une très-haute stature : de grands sauvages décharnés, tandis que les Omanis ont le nez saillant, de belles barbes, et sont polis et hospitaliers.

Je souhaiterais d'avoir un peu de l'assurance que possèdent tant d'autres; mais j'appréhende de découvrir, après tout, que c'est le Congo que j'ai suivi; et qui voudrait risquer, pour cela, d'aller cuire dans la marmite d'un cannibale et d'être converti en nègre?

22 *mai*. — Les Bagannga sont très-noirs, avec une teinte cuivrée chez quelques-uns. Tous ont le nez camus.

23 *mai*. — Il ne semble pas y avoir beaucoup de chances pour que, par des moyens ordinaires, le christianisme se répande chez les mahométans. Leur orgueil y met grand obstacle, et il est très-habilement nourri par ses dévots. Aucune invention nouvelle, aucun accroissement de puissance de la part des chrétiens, ne trouble la sérénité avec laquelle ils affirment, qu'en dernier ressort, la domination universelle écherra aux musulmans. A la fin des siècles Mahomet, accompagné de tous ses disciples sauvés par lui, apparaîtra dans toute sa gloire. Lorsque le jeune Arabe de M. Stanley, un

natif de Jérusalem, dit à Ben-Séli qu'il était chrétien : « Comment! s'écria l'autre, ne savez-vous pas que bientôt le monde entier sera mahométan? Jérusalem est à nous; toute la terre doit nous appartenir, et avant peu nous aurons soumis tous les peuples. » Ce sont là de grandes espérances.

Une famille de veuves (*Vidua purpurea*), composée de dix membres, vient sur les grenadiers de ma cour. Les huit jeunes, complétement empennés, sont encore nourris et à la manière des pigeonneaux; mais la pâture leur est dégorgée sans aucun des efforts que l'on observe en pareil cas chez les pigeons. Ils la réclament par un gazouillement très-vif. C'est la mère qui les alimente presque tous; le mâle donne la becquée à un ou deux et repousse les autres.

24 *mai*. — Speke se trouvant à l'île de Kasenngé (Tanganika) écrivit ces lignes : « Les mères, chez cette peuplade, ont infiniment moins d'affection pour leur progéniture que beaucoup de bêtes sauvages de ma connaissance. J'ai vu une ourse blessée de plusieurs balles revenir sous le feu, à diverses reprises, pour arracher son petit aux chasseurs; mais ici, pour une ou deux brasses d'étoffe, des mères humaines s'empressent de donner leurs jeunes enfants, les livrant à mes Béloutchis, c'est-à-dire à une servitude perpétuelle. » Cette assertion, basée sur un fait très-exceptionnel, est fausse dès qu'on la généralise. L'enfant n'est vendu que lorsque ses premières dents ont paru à la mâchoire supérieure, au lieu de percer en bas; et cela parce que l'enfant est *moïko* (de malheureuse destinée) et qu'il introduirait la mort dans la famille; or le cas est très-rare. Le petit malheureux est qualifié d'enfant arabe et vendu au premier traitant, ou même laissé à la porte de celui-ci. Les Arabes ne connaissent pas d'autre circonstance où l'enfant soit livré par sa mère. Speke n'avait avec lui que deux Béloutches, et il est difficile d'admettre que ces soldats se soient chargés d'enfants en bas âge. Il a pu être témoin de l'une de ces ventes exceptionnelles; mais la conclusion qu'il en tire n'est pas plus juste que celle de ce Français qui, ayant vu un Anglais se suicider en novembre, pensait que dans ce mois funeste il y avait, en Angleterre, des pendus sur toutes les routes.

Dans mes traversées multiples du Tanganika, j'ai passé

deux mois et demi à Kasenngé, en trois fois différentes ; chaque fois j'y ai trouvé des marchands fort avides d'esclaves ; aucun enfant ne leur a été offert, et tous m'ont affirmé que l'habitude dont parle Speke n'existait pas. Ils avaient bien entendu dire que des moïkos avaient été vendus, mais c'étaient les seuls dont ils eussent connaissance. Tout le monde aussi a entendu dire qu'en Angleterre il y a des enfants abandonnés ; les Anglaises ne sont pas accusées pour cela d'avoir moins de tendresse maternelle que les ourses.

Je voudrais dire aux missionnaires : Allez trouver les vrais païens ; vous ne saurez combien vous êtes braves qu'après avoir mis votre bravoure à l'épreuve. Laissez les tribus de la côte, et consacrez-vous ardemment aux sauvages, comme on les appelle ; vous trouverez chez eux, à côté de grands défauts, beaucoup à admirer et à aimer. Maintes choses ont été dites qui demandent confirmation ; mais soyez-en sûrs : là-bas, les femmes ne vendent ni leurs fils ni leurs filles ; les Arabes ne l'ont jamais vu ; moi pas davantage ; l'assertion contraire est une méprise.

Des enfants sont fréquemment livrés ; mais des captifs, et non pas par leur mère. La disette a quelquefois réduit un père à se séparer des siens ; mais comme pratique générale, la chose est inconnue : Speke était complétement dans l'erreur.

25 *et* 26 *mai.* — Temps froid.

Le Lihoualé appelle tous les Arabes pour faire une attaque décisive ; on croit maintenant que Mirambo est mort et que son fils n'a plus que peu de monde avec lui.

Un couple de veuves, dont le nid a été détruit plusieurs fois, le recommence sur un autre de mes grenadiers. La femelle, en pareil cas, a le pouvoir de conserver ses œufs.

Il en est de même de la truite, qui a la faculté de retenir le frai, quand les circonstances ne sont pas favorables au dépôt. Mais parfois la tâche est difficile ; l'ovaire et même tout l'abdomen paraissent être dans l'état d'inflammation où ils se trouvent chez les mammifères, lorsqu'ils essayent d'expulser un membre mortifié. La pauvre truite, sentant ses forces l'abandonner, fidèle à son instinct, va à l'entrée du ruisseau où elle aurait dû pondre ; et, incapable de le remonter, elle meurt sans avoir frayé; probablement faute d'avoir été aidée par le mâle.

27 *mai*. — Un autre ménage de veuves, toujours de l'espèce où le coq a la poitrine rouge, a dix jeunes qui sont encore à sa charge, et construit un nouveau nid. C'est le père qui nourrit toute la famille. Chaque petit met sa tête de côté, pendant qu'il insère son bec; la couvée jase vivement et le harcèle.

Après le repas, l'un des jeunes sautille, joue avec une plume, comme un enfant avec sa poupée, et invite les autres à faire de même. Ailleurs, c'est le mâle qui, une plume au bec, se rengorge et parade; et la femelle est ravie : la nature est pleine d'enjouement. Près du village de Kasanngannga, j'ai vu des petits garçons s'amuser à tirer des sauterelles avec des arcs et des flèches minuscules.

28 *mai*. — Le vidua, le bon père, est mort cette nuit. Les petits sont venus lui demander la becquée, ils ont tâché de le réveiller, de se faire nourrir : ils ne connaissent pas la mort.

Une bergeronnette a refusé à l'un de ses petits une chenille, tant que celle-ci a été vivante, courant çà et là pour fuir le petit demandeur; puis elle a donné la proie, quand on a pu l'avaler.

Le premier sourire d'un enfant montrant ses petites gencives roses et mousses est l'un des spectacles les plus doux qu'il y ait au monde; c'est l'innocence réclamant protection dans sa faiblesse et demandant à être aimée.

Beaucoup de parties de cette région intérieure offrent la perspective la plus encourageante aux efforts soutenus des hommes de bon vouloir : le Karagoué, par exemple, avec son chef Roumaïnyika (le Roumanika de Speke), à la fois intelligent et de disposition amicale; l'Ougannda, pays très-populeux, ayant de la pluie, et dont le chef, aussi bien disposé, pourrait être aisément dirigé par un missionnaire doué de prudence et d'énergie.

L'évangéliste ne doit dépendre d'aucun produit étranger; à part une provision accidentelle de grains de verre et de calicot, il faut qu'il se suffise; et ici, il y arriverait sans beaucoup de peine. Le café est indigène, la canne à sucre également. Pendant ma détention à Bammbarré, j'ai fait du sucre en pilant des morceaux de canne dans le mortier ordinaire du pays; le jus était fortement pressuré, puis je le faisais bouillir jusqu'à ce qu'il eût épaissi. Malheureusement il avait une acidité latente que je ne pouvais pas neutraliser, faute de chaux, et le tout fermentait rapidement; mais j'ai vu plus tard, à Oujiji, du sucre fait de la même manière, et qui se conservait pendant des mois.

Dans toute cette région élevée, le riz et le froment sont cultivés par les Arabes. Pour avoir de belles récoltes, la seule chose qu'aurait à faire le missionnaire serait de consulter les Arabes relativement à l'époque des semailles. Les grenades, les goyaves, les citrons, les oranges, abondent dans l'Ounyanyemmbé, le manguier y est florissant; on commence à y cultiver la vigne, et le papayer croît partout.

L'oignon, le radis, les courges, la pastèque, y prospèrent; il en serait de même de la plupart des légumes d'Europe, s'ils étaient semés ou plantés en bonne saison.

Le point le plus important est de soigner les graines que l'on apporte. Elles ne doivent jamais être mises dans des boîtes de fer-blanc soudées, ni dans aucune autre qui soit close. Dès qu'elles sont enfermées, il s'établit une sorte de transpiration qui détruit leur faculté végétative. Mais enveloppées de papier brun et suspendues dans la cabine du vaisseau, elles se conservent parfaitement; il faut ensuite ne pas les exposer à l'action directe du soleil. Traitées de la sorte, elles sont restées aussi bonnes qu'en Angleterre.

Ce serait une vie de Robinson, mais avec de nombreux moyens de s'entourer de confort, et la satisfaction d'améliorer ceux des indigènes qui pourraient l'être. Le costume exigerait peu de dépense : quatre habillements de forte toile d'Écosse m'ont servi, en bon état, pendant cinq ans. Les vêtements de lainage sont préférables; de laine pure, ils ont une longue durée et préviennent les refroidissements; or, dans cette région, au commencement de l'hiver, la température varie de seize degrés à vingt-quatre. En été elle s'élève rarement à plus de vingt-sept ou vingt-huit degrés, le pays en général ayant une altitude de trois mille six cents à quatre mille pieds au-dessus du niveau de la mer. Un terrain doucement ondulé, avec des collines granitiques sur les crêtes de ses vagues, collines boisées, et des sources dans les plis de ses ondes, est une description qui convient à l'ensemble de la province.

29 *mai*. — Halima s'est disputée avec Ntaoéka et a pris la fuite. Je suis allé trouver Sultan-ben-Ali et j'ai fait écrire au gouverneur ; mais elle est revenue d'elle-même, ne demandant qu'une chose, à savoir : que je voulusse bien sortir et lui dire d'entrer, ce que j'ai fait ; seulement j'ai ajouté : Il ne faudra plus avoir de querelle. Depuis que je l'ai obtenue de Moiné-Mokaya, elle a toujours été extrêmement bonne ; aucun reproche à lui faire ; toujours très-attentive, très-propre, n'ayant jamais rien dérobé et ne permettant pas à son mari de détourner la moindre chose. C'est la meilleure jante de la roue. Cette petite escapade, sa première faute, lui est aisément pardonnée. Je lui ai fait présent d'une étoffe chaude, afin qu'elle n'ait pas froid, et pour lui montrer que je ne suis pas fâché contre elle. Quand nous aurons gagné Zanzibar, je l'affranchirai et je lui achèterai une maison avec un jardin[1].

Les fumées ou brouillards secs commencent à paraître ; les oiseaux, stimulés par le froid, travaillent à leurs nids avec ardeur.

30 *mai dimanche*. — Envoyé chez Sultan-ben-Ali pour le prier d'écrire au Lihoualé que son billet, au sujet d'Halima, n'avait plus de motif.

31 *mai*. — La prétendue guerre des Arabes avec Mirambo traîne en longueur d'une façon désespérante. Quand elle sera terminée j'aurai des pagazis plus qu'il ne m'en faudra[2]. On ne sait plus maintenant si Mirambo est mort ou vif. Quelques-uns disent qu'il y a longtemps qu'il n'existe plus et que son fils le remplace.

A l'égard de cette source du Nil, je suis dans un état de doute perpétuel. J'en sais trop long pour être affirmatif. Le grand Loualaba ou Loualoubba, comme disent les Manyémas, peut être le Congo aussi bien que le Nil ; une courte rivière,

---

1. Halima, dont le dévouement n'a fait que s'accroître, a suivi les restes du docteur jusqu'à la côte ; il est dur de penser que la mort du docteur laisse ses longs et fidèles services sans récompense. (WALLER.)

2. Des porteurs. Jamais les Vouanyamouézi, qui font, comme on l'a vu plus haut, le portage du chargement des caravanes, ne s'éloignent de chez eux pendant la guerre. Voy. au sujet de la lenteur des Arabes, dans cette même guerre avec Mirambo, Stanley, p. 237. (*Note du traducteur.*)

après tout. Les fontaines, s'écoulant au nord et au midi, sembleraient être en faveur de l'opinion qui veut que ce soit le Nil; mais la grande inclinaison vers l'ouest est pour le Congo. Il serait doux d'avoir l'assurance de Baker : « Chaque goutte d'eau, depuis l'averse qui passe, jusqu'au torrent qui se précipite des montagnes, est reçue par le lac Albert, ce réservoir du Nil, géant à sa naissance. »

Quelle tranquillité donne la certitude !

1ᵉʳ *juin* 1872. — Reçu la visite du djémadar Hamis, qui m'a fourni les détails de la note suivante :

Ounyanyembé, *mardi*. — Un Béloutche, Hamis-ben-Djoumaadarsébel, est arrivé ici aujourd'hui venant de Katannga. Il rapporte que trois marchands portugais, Jâo, Domasico et Domacho, sont venus de chez Matiammvo à Katannga pendant qu'il était dans cet endroit. Ils ont acheté de grandes quantités d'ivoire et ont repris la route de l'ouest; ils étaient portés en machila[1] par des esclaves. Hamis leur donna des morceaux d'or, recueillis dans la rivulette qui passe entre les deux collines d'où l'on retire le minerai de cuivre, sous forme de malachite. Il rapporte en outre que Tipo-Tipo est maintenant à Katannga, et qu'il a acheté beaucoup d'ivoire dans le Roua d'un chef nommé Kayommba ou Kayommbo.

Tipo m'avait offert de me conduire à Katannga, après avoir été d'abord chez Miréré, où actuellement Amerane Massoudi a la haute main. Miréré offre d'indemniser les Arabes de toutes les pertes qu'il leur a fait subir.

Deux lettres furent envoyées par les Portugais d'Hamis à la côte orientale : l'une est entre les mains d'Amerane. Ces Portugais n'ont pas bougé de Katannga : d'où il résulte qu'ils n'ont pas vu les sources du Nil, ce dont je suis très-content.

Hamis Ouodine Tagh n'est pas mort et se porte bien.

Tipo-Tipo a fait alliance avec Mérosi, le chef monyamouézi de Katannga, dont il a épousé la fille; et il se propose, conjointement avec Mérosi, d'assaillir Casemmbé, qui a fait exécuter six de ses gens. Il s'occupe maintenant de recueillir de l'or, ce qu'il fera jusqu'au retour d'Hamis qui doit lui rapporter de la poudre.

1. Palanquin des provinces portugaises de la côte occidentale.

CHAPITRE VII.

En examinant la route qui devait nous faire passer par la résidence de Miréré, je vois qu'elle nous épargnerait une pointe considérable dans le Fipa, égalant pour nous 350' dans le pays des Bassango, au sud-ouest ou sud-sud-ouest; cela nous mène à 10° de latitude; et de là, ouest-sud-ouest, 400' de longitude de Katannga, longeant la côte méridionale du Banngouéolo par 12° sud; pour la distance entière, soit 750', mettons 900.

Si Stanley est arrivé le 1er mai à Zanzibar, donnons-lui vingt jours pour se procurer des hommes et pour s'entendre avec eux, — nous allons au 20 mai. La caravane a pu quitter l'île immédiatement, et nous sommes au 1er juin :

Marche déjà faite, peut-être de.........	10 jours.
Restent jusqu'à la fin de juin..........	30 —
Doit arriver le 10 ou 15 juillet........	10 —
	50
A retrancher la route probablement faite.	10 —
Restent........	40 jours.

Le 14, il y aura trois mois que Stanley est parti; admettons qu'il ait quitté Zanzibar le 24 mai, il a pu être à Aden le 1er juin; le 8, il sera à Suez, et, le 14 juin, aux environs de Malte.

Les hommes qui m'arrivent de la côte seront ici à la mi-juillet; quinze jours pour louer des pagazis; cela nous conduit au mois d'août. Cinq mois de l'année resteront pour le voyage ; toute l'année suivante, 1873, sera absorbée par l'exploration; et, en février ou mars 1874, s'il plaît à Celui qui dispose de tous les événements, j'aurai fini ma tâche et je me retirerai.

2 juin. — Ici, de même que dans l'Angola, on fait deux récoltes par an. Les citronniers et les grenadiers sont en fleurs et ont de jeunes fruits, bien que la cueillette des grenades et des citrons vienne de finir. Les mangues sont nouées. Semé il y a un mois, le froment a aujourd'hui un pied de haut; dans trois mois se fera la récolte. On moissonne le riz et le doura, et les houes préparent le terrain pour les semailles. La voandzéia, les haricots, les fèves de Madagascar et l'arachide sont à maturité.

Température actuelle : maximum, un peu plus de 23°; minimum, 16°6/9[1]; la sensation éprouvée est celle du froid. Cette fraîcheur stimule les oiseaux; et ils refont des nids, bien que la couvée précédente soit à peine sevrée.

Les abeilles essaiment et passent dans l'air. Le ciel est pur, avec, çà et là, de petits nuages floconneux.

7 juin. — Visite de Sultan-ben-Ali. Il m'a dit que la route du Fipa était la meilleure : abondance de gibier et population bienveillante[2]. En allant chez Amerane je me trouverais dans le voisinage de Miréré, et pourrais être détenu, la guerre étant dans le pays. Le Béloutche naturellement voudrait m'exploiter comme il a fait de Speke. Je lui ai donné une brasse de cotonnade et fait arranger les soungomazés; mais la caisse et les grains de verre pèsent cent quarante livres, ce qui fait la charge de deux hommes.

Été voir le gouverneur; celui-ci vante la route par Moïnéyoungo et Miréré, mais il ne l'a jamais suivie.

Entendu dire que Baker se dirige vers le lac d'Ounyoro, celui d'Albert.

10 juin. — Vu aujourd'hui Othman, le guide avec lequel nous sommes venus d'Oujiji; il affirme d'une manière positive que le chemin du Fipa est le plus court et le plus facile; en outre, beaucoup de gibier et tribus amicales.

D'après ce qu'il raconte, Miroungoué, le principal lieutenant de Mirambo, a été tué en défendant son estacade; son village a été mis à sac; les vivres, le bétail, le grain, tout a été pris. Mirambo, qui décidemment n'est pas mort, reste seul. Il a, paraît-il, jeté la terreur dans l'esprit des Arabes, non moins que chez les Banyamouézi, par la puissance de ses talismans; et il est probable qu'on lui permettra de s'enfuir. Il se retirera dans le nord, la guerre sera terminée pour une saison; j'aurai des pagazis en foule et pourrai me mettre en marche, ce à quoi j'aspire et ce que ma prière demande avec ferveur.

13 juin. — Sanngara, l'un des hommes qui accompagnaient Stanley, est revenu aujourd'hui de Bagamoyo. Il rapporte

---

1. Nous rappelons que ces degrés sont réduits du Fahrenheït en centigrades, d'où les fractions par neuvièmes. (*Note du traducteur.*)

2. Cette assertion, comme on le verra plus loin, a été confirmée par les gens de Livingstone; le fait peut être important pour de futurs voyageurs. (WALLER.)

que Stanley et le consul américain ont agi comme de braves gens, me composant une bande de cinquante hommes, sans perdre une minute, et me l'envoyant tout de suite. Dès que le bruit en a couru, Sanngara a quitté la côte; il pense que le corps principal est dans l'Ougogo. Je remercie Dieu avec ferveur de la bonté qu'il me témoigne par l'entremise de ces gentlemen.

Mes hommes seront ici à la fin du mois. Sanngara en apporte la nouvelle; mais les lettres ne lui ont pas été remises. Je suis allé à Kouikourou pour voir ce qu'avait reçu le gouverneur; il venait de se rendre à Tabora. Beaucoup d'agitation, de cris, de fusillades, de tournoiements faits par des individus qui revenaient de la guerre, avaient lieu près de l'estacade de Nkisihoua, qui est entourée d'une sombre haie d'euphorbe et se trouve placée dans un fond. Cela se passait comme nous descendions la pente qui mène à cette estacade. Deux têtes avaient été plantées triomphalement dans le village; et l'on affirmait que celle de Marikoué, l'un des capitaines de Mirambo, fait prisonnier dans l'Ouvineza, serait avant peu jointe aux deux autres. Elle arriva en effet comme j'étais là, et fut mise au bout d'une perche.

Je suis on ne peut plus heureux que Stanley et Webb aient agi noblement.

14 *juin*. — Il y aura, le 22, cent jours que Stanley est parti; maintenant il doit être à Londres.

Saïd-ben-Mohammed-Marghibbé est venu dire qu'il partait demain pour Katannga par le chemin d'Amerane. Je me sens plutôt disposé à prendre la route du Fipa, bien que j'eusse été content de voir Miréré.

Saïd, par parenthèse, m'a dit que les soi-disant Portugais, vus à Katannga, avaient les dents limées en pointe; ce sont alors des Mammbarrés.

15 *juin*. — Le Lihoualé révoque en doute le rapport de Sanngara, celui-ci n'ayant pas de lettres. Rien ne se croit dans cette région de ce qui n'est pas mis sur le papier; et fort peu de ce qui est écrit inspire confiance; souvent les détails les plus positifs ne sont qu'un jeu de l'imagination; la moitié de ce que l'on entend peut être sans crainte appelée fausse, et l'autre moitié douteuse, *not proven*.

Ben Ali doute également de la nouvelle; mais il dit avec raison qu'il suffit d'attendre pour savoir à quoi s'en tenir. Je pencherais néanmoins à croire Sanngara, parce qu'il ne dit pas qu'il a vu les hommes, mais seulement qu'il a entendu parler d'eux.

16 *juin*. — Nsaré, le chef de Msalala, est venu de l'Ousakama (province du nord) pour affaire de commerce. C'est un homme jovial, très en faveur auprès des femmes. Il m'a offert une houe, comme témoignage d'amitié; j'ai refusé le cadeau, mais j'ai acheté la houe. Étant, je l'espère, sur le point de partir, elle nous sera très-utile pour nettoyer l'aire de la tente, et pour creuser autour de celle-ci un fossé qui est indispensable par les temps humides.

Mirambo a fait une sortie contre un chef, allié aux Arabes, et avec un succès qui démontre que ses forces sont beaucoup moins réduites qu'on ne l'avait dit.

Altitude prise aujourd'hui par l'eau bouillante, à neuf heures du matin. Entre l'ébullition faite à découvert et celle qui a eu lieu en vase clos, dans l'appareil de Casella, il y a un degré de différence :

Vase ordinaire . . . . $205°$
Appareil de Casella . . . . $206°$ } température de l'air, $69°$[1].

Environ deux cents Bagouha viennent d'arriver; ils apportent une grande quantité d'ivoire et d'huile de palme dont ils n'ont pas trouvé le placement sur le marché d'Oujiji.

D'autre part, quelques hommes de l'Ougannda arrivent, chargés de quatre dents qu'ils vont porter à Saïd-Bârgache, avec l'invitation d'envoyer chercher l'ivoire recueilli par Mtésé : il y en a plein deux grandes cases.

18 *juin*. — Envoyé un peu de quinine à Sultan-ben-Ali, qui a la fièvre; et joint à cela un verre de *moïko;* c'est honteux.

La carte de Ptolémée désigne les gens par leur nourriture : Éléphanthiophages, Struthiophages, Lotophages, Ichthyo-

---

1. Thermomètre de Fahrenheit; ce qui donne :
Pour le premier chiffre, au thermomètre centigrade . . . . $96°\ 1/9$ } Température de l'air, $22°\ 7/9$.
Pour le second . . . . $96°\ 6/9$
(*Note du traducteur.*)

phages, Anthropophages. Si je voulais suivre le même système, je prendrais la boisson et j'aurais : les Vino-buveurs, les Francs-lampeurs, les Goblo-tapageurs, les Whisky-avaleurs, les Biéro-engouffreurs ; et une tribu irrégulière de la secte des consommateurs de grogs.

19 juin. — Les petits des veuves, bien qu'entièrement empennés, viennent toujours se faire nourrir. Ils s'accroupissent, la poitrine à terre, lèvent le bec, gazouillent du ton le plus engageant, usent de toutes leurs câlineries. La mère leur donne quelque chose, puis les renvoie, bien qu'avec douceur. Ils ramassent alors des brins d'herbe, de petites plumes, et vont sautiller autour des camarades, comme pour leur dire : « Venez donc jouer à faire des maisons ! » Le soir, ils se réunissent sur la même ramille, se mettent à côté les uns des autres pour avoir chaud, et tellement serrés qu'on dirait une pelote de laine. Dans le jour, ils vont par couple, et se font mutuellement de petites flatteries. Comme les enfants, ils essayent de porter des fardeaux au-dessus de leurs forces, et veulent se charger de paquets de plumes qu'ils ne peuvent pas même soulever.

La bergeronnette a renvoyé toute sa famille et prépare un nouveau berceau. Elle chante très-gentiment, à la manière des canaris, et poursuit les moucherons avec une extrême activité ; elle mange aussi des miettes de pain trempées dans du lait.

Les souimangas visitent les fleurs des grenadiers, et avalent les insectes qu'ils y trouvent, aussi bien que le nectar.

Je me fie toujours en la Providence et en l'aide qu'elle me donnera. Je connais les quatre rivières : le Zambèze, le Kafoué, le Louapoula et le Lomané ; leurs sources doivent être dans la même région.

L'un des hommes influents du groupe des Bagannda est mort de la dyssenterie ; rien n'a pu arrêter les progrès du mal ; aucun traitement n'a produit d'effet. Ce pays-ci est beaucoup plus froid que l'Ougannda. Un autre est aveugle, par suite d'ophtalmie.

On a grand espoir que la guerre, qui dure depuis un an révolu, va se terminer par la fuite ou par la mort de Mirambo. Comme celui-ci est indubitablement un homme fort capable, sa fuite peut entraîner le pays dans une lutte de guérillas non moins troublante que celle d'aujourd'hui.

Temps clair et froid, malsain pour les gens dont l'habit est mince et ne les couvre pas tout entiers.

Les femmes travaillent rudement pour approvisionner la table de leurs époux. La préparation du riz est la plus facile de toutes. Trois femmes, le pilon à la main, entourent un grand mortier de bois, où elles ont mis de quatre à cinq litres de riz brut, appelé ici mopounga et paddy dans l'Inde. Les trois pilons se meuvent en mesure et alternativement. Chacune des travailleuses se rejette en arrière pour relever la lourde masse, et la replonge de toutes ses forces dans le mortier, allégeant ce rude labeur par quelque refrain sauvage; mais on entend à l'effort de sa voix qu'elle est hors d'haleine. Quand l'écorce est à peu près détachée, le grain est mis dans une corbeille plate et remué de telle manière que la balle et la partie du son qui a été enlevée s'accumulent d'un côté de la corbeille; celle-ci est alors inclinée, et, par une secousse horizontale, déchargée du rebut qu'elle contenait. Remis dans le mortier, le riz est pilé de nouveau; le pilage suffisamment fait, un demi-tour, brusquement imprimé au vase, écarte les grains non décortiqués; ces derniers s'enlèvent avec la main, et il ne reste que la portion parfaitement nette. Rude besogne assurément, et qu'elles font bien.

Le maïs exige beaucoup plus de travail; il est d'abord mondé et vanné; on le met ensuite tremper dans l'eau pendant trois jours; puis il est repilé, revanné, broyé sur la pierre, et passé au tamis pour séparer de la farine une partie granuleuse dont on fait une sorte de potage appelé *mtyellé*.

Lorsque Ntaoéka aima mieux nous suivre que de faire partie d'une bande d'esclaves, je lui proposai l'un de mes trois notables : Chouma, Gardner ou Mabrouki; il ne me convenait pas d'avoir parmi nous une jolie femme sans attache. L'idée la fit sourire; mais Chouma était trop paresseux pour qu'on le mît en ménage, et les deux autres d'un physique trop ingrat pour avoir une jeune et belle épouse d'humeur un peu folâtre. Chouma promit de se réformer. « S'il était paresseux, disait-il, c'est parce qu'il était garçon. » En outre, certaines circonstances faisaient désirer aux autres femmes que Ntaoéka fût mariée. J'en reparlai donc à celle-ci; Chouma fut accepté; et depuis lors, elle travaille sans relâche; c'est la première levée, par le froid du matin; et faisant le feu, allant chercher le bois, allant chercher de l'eau et la mettant chauffer, et pilant, vanant, broyant ou cuisinant.

21 juin. — Aucune jonglerie, aucun tour de passe-passe, comme celui qui a été recommandé à Napoléon III, n'aurait de succès chez les Africains; ils ont trop de jugement pour cela. Rien ne les détermine à donner leur confiance aux gens d'Europe, si ce n'est un long séjour parmi eux pendant lequel ils ont vu bien agir.

Ils croient promptement au surnaturel, d'où provient à leurs yeux tout ce qui les frappe en dehors des faits ordinaires; c'est une partie de leur foi primitive d'attribuer tout ce qui leur paraît au-dessus du pouvoir de l'homme à des esprits invisibles[1]. La bonté et le désintéressement font sur eux plus d'impression que tout le reste : « Vous avez le cœur différent du nôtre, disent-ils; tous les cœurs des noirs sont mauvais; les vôtres sont bons. » La prière à Jésus pour obtenir un cœur nouveau et un esprit droit se recommande immédiatement, comme appropriée à leur état. Sur ceux d'entre eux qui ont l'oreille musicale, la musique a une grande influence et mène souvent à la conversion.

22 juin. — Le Lihoualé est parti pour la guerre; cette fois il va la terminer! Une fusillade continue doit avoir lieu sur toute sa ligne de marche; la dépense sera considérable; mais il est possible que cela exalte les courages.

On dit que Mirambo a envoyé cent dents d'éléphant et cent esclaves à la côte pour y être échangés contre de la poudre. Si le fait est vrai, la guerre est loin d'être finie; mais le mensonge est à la mode.

23 juin. — Je suis allé à Kouikourou pour engager Mohamed-ben-Saïd à parler à Nkasihoua, au sujet des pagazis; il désire y aller lui-même.

Les gens que Mirambo a envoyés pour acheter de la poudre se sont arrêtés dans l'Ougogo, chez Kitammbi, qui leur a donné

---

1. Il en est de même partout; question de forme et de point de départ : le cercle du connu est plus grand pour les uns; mais au delà du rayon, l'action invisible et surhumaine est également admise. (*Note du traducteur.*)

de la bière et a fait dire à Nkasihoué qu'ils étaient arrivés dans son canton. « Pourquoi ne les a-t-il pas tués? s'est écrié le Lihoualé en apprenant cela; Kitammbi est complice de Mirambo. »

Hier tous les Arabes se sont réunis à Mfouto pour aller attaquer la dernière forteresse que possède l'ennemi.

24 juin. — Une série continue de forêts indique un pays vierge. Les premiers siéges de la civilisation, d'après Humboldt, sont dépourvus d'arbres. La civilisation met des bornes à l'accroissement de la forêt. Ce n'est que depuis une époque récente que des bouquets de bois décoratifs réjouissent les yeux des Européens du nord. Les vieilles forêts témoignent du peu d'ancienneté de la civilisation. Il n'y a pas longtemps que les bois aborigènes de l'Écosse ont été abattus. (*Hugh Miller's Sketches,* p. 7.)

Les mousses permettent souvent de juger de ce qui existait à l'époque de l'invasion des Romains. Une hache romaine, à lame étroite et en forme de ciseau, comme celle des noirs, a été trouvée, plantée dans la souche où elle avait été laissée.

Je dois à l'éducation médicale une tendance continue à suspendre mon jugement. Quel bienfait si j'avais reçu en partage la certitude des homéopathes! Dès que j'aurais eu découvert que les lacs Banngouéolo, Moéro et Kamolonndo s'épanchaient dans la grande vallée centrale, j'aurais beuglé : « Hourrah! Eurêka! » et je serais revenu avec la ferme et honnête conviction que j'avais tout réglé, sans nulle méprise. Au lieu de cela, je ne suis pas du tout certain de ne pas avoir suivi ce qui peut être le Congo.

25 juin. — Envoyé à Tabora pour qu'on m'achète une vache à des Bassakama, gens du nord, qui en ont amené cent et les ont mises en vente. J'ai eu deux bœufs, moyennant un rouleau de fil de laiton et quatorze brasses de cotonnade.

CHAPITRE VIII.

Des lettres arrivent enfin. — Nouvelle douloureuse. — Mort d'un vieil ami. — Sur le climat. — Prudence arabe. — Rareté des missions. — La traite de l'homme et ses horreurs. — Barbarie progressive. — Géologie de l'Afrique méridionale. — Les sources. — Éléphant d'Afrique. — Une pièce d'artillerie vénérable. — Sur le matérialisme. — Ben Nassib. — Départ des Bagannda. — Engagement d'un serviteur.

27 *juin* 1872. — Reçu une lettre d'Oswell, datée de Bagamoyo, 14 mai, et qui a éveillé en moi de la reconnaissance, une vive anxiété et un profond chagrin [1].

28 *juin*. — Été hier à Kouikourou pour m'occuper de mes porteurs. Nkasihoua était absent, parti pour Mfouto afin de prendre part à la grande attaque qui sera, dit-on, la dernière. Mais Ben-Saïd m'a promis d'arranger l'affaire avec le chef, dès le retour de celui-ci.

Nkasihoua, m'a-t-on dit, conservera la tête de Moroukoué dans une *Kirinedo*, grande boîte ronde faite de l'écorce intérieure d'un arbre; lorsque les gens de Moroukoué se seront remis de leur défaite, ils rachèteront la précieuse tête avec de l'ivoire et des esclaves, et l'enterreront dans la fosse où est le corps, ainsi que les gens d'Hébron déposèrent celle d'Isboseth dans le tombeau d'Abner.

L'homme de Dagàmmbé, qui était parti pour Oujiji, où il allait porter de l'ivoire, a été attaqué par des gens de Mirambo; il est revenu ce matin. Les Pagazis ont jeté leurs charges et

---

1. Le souvenir de l'aîné de ses enfants, de celui qui avait fait donner à mistress Livingstone, par les indigènes, le nom de *Ma-Robert* (mère de Robert), et qui eut le dernier regard de Sébitouané. Lui aussi était venu pour retrouver son père; mais il n'était reparti qu'après l'avoir cherché. N'ayant pas réussi dans cette entreprise, Robert se rendit à New-York, s'engagea dans l'armée du Nord; et, frappé d'une balle devant Richemond, il mourut de sa blessure.

(*Note du traducteur.*)

pris la fuite; pas un n'a été tué; mais toute la cargaison est perdue.

29 *juin.* — Reçu un paquet, par l'entremise de Cheik ben Nasib; il s'y trouvait une lettre pour lui, une *Pall Mall Gazette*, un *Overland Mail*, et quatre numéros du *Punch*. Une somme de trois cents livres a été donnée à ma fille par le gouvernement de Sa Majesté; je ne comprends pas bien la chose.

2 *juillet* 1872. — Écrit à M. Webb, consul américain à Zanzibar et au docteur Kirk. Après avoir donné à celui-ci les explications nécessaires, je le prie de faire une enquête, de punir les coupables et d'infliger le blâme à qui de droit. Écrit en outre à sir Bartle Frère, puis à Agnès, et envoyé un gros paquet d'observations astronomiques et de cartes à sir Thomas Maclear, par un indigène appelé Soliman.

3 *juillet.* — Reçu un billet d'Oswell, du mois d'avril, et qui m'annonce la mort de sir Roderick. Hélas! hélas! c'est la première fois de ma vie que je me sens disposé à me plaindre; mais le cri s'échappe d'un cœur brisé. Le meilleur ami que j'aie jamais eu — sincère, fidèle, chaleureux; — il m'aimait plus que je ne méritais, et veillait toujours sur moi. Je dois me résigner à la volonté divine; mais je regrette et me lamente.

4 *juillet.* — Fatigué d'attendre; et cependant les hommes que m'envoie Stanley ne peuvent être ici que vers le 25.

J'ai été bien empêché dans ce voyage; mais tout cela peut être pour le mieux. Je veux me fier à Celui auquel j'ai remis ma voie.

5 *juillet.* — Ennuyé! ennuyé!

7 *juillet.* — Attente douloureuse; et cependant j'ai l'espoir que le Père de tous les hommes, si bon, si aimant, me favorisera, et m'aidera à finir ma tâche avec promptitude et succès.

Température, à six heures du matin, 16° 1/9; sensation de froid. Le vent souffle régulièrement de l'est; s'il change et vire au nord-ouest, il couvre le ciel d'un épais manteau de nuages froids et gris. A Zanzibar, un typhon a causé de grands dommages, brisant les vaisseaux, détruisant les plantations : cocotiers, girofliers et tous les fruits; c'est arrivé cinq jours après que Saïd-Bârgache était revenu de la Mecque.

En 1860, nous avons rencontré, à l'embouchure de la Loanngoua de Zoumbo, un groupe de chasseurs d'hippopotames, appelés Makommboués ou Akommboués, et chez qui cette profession est héréditaire. Ils n'ont pas d'autre besogne; quand leur gibier diminue à l'endroit où ils se trouvent, ils gagnent une autre partie de la Loanngoua, du Zambèze ou du Chiré, et s'établissent temporairement dans une île où ils se construisent des huttes, et où leurs femmes cultivent quelques lopins de terre. Le produit de leur chasse est avidement recherché par les populations à résidence fixe et qui la leur payent avec du grain. Ils ne sont pas avares et sont bien accueillis partout. Je n'ai jamais entendu dire qu'ils aient mis de la fraude dans leur commerce ou qu'ils se soient rendus coupables d'avanies à l'égard des faibles, d'insultes envers les pauvres. Leur trait caractéristique est un grand courage.

Chacun de leurs canots est monté par deux hommes; c'est une légère embarcation de dix-huit pouces de large, sur dix-huit ou vingt pieds de long, et ayant à peine six lignes d'épaisseur; elle est construite pour la vitesse et présente un peu la forme de nos bateaux de régates.

Les deux chasseurs, que portent ces pirogues, ont chacun une large et courte pagaie; ils descendent lentement la rivière en se dirigeant vers un hippopotame endormi. Dans cette manœuvre, pas une ride n'apparaît à la surface de l'eau; on dirait que les pilotes retiennent leur haleine, et c'est uniquement par signes qu'ils communiquent entre eux.

Quand ils approchent de l'animal, celui qui est à l'avant du canot, le harponneur, dépose sa pagaie; il se lève lentement, et reste debout et immobile, tenant à bras tendu, au-dessus de sa tête, son arme à longue hampe. Arrivé près de la proie, il lance de toute sa force le harpon, qui plonge dans la région du cœur. Pendant ce fait émouvant, il faut qu'il conserve parfaitement l'équilibre, sous peine de faire chavirer la barque.

Au moment où l'arme est jetée, l'homme qui est à l'arrière, fait vite reculer le bateau; le harponneur s'assied, reprend sa pagaie, et active le recul. Il est rare qu'au premier instant l'hippopotame surpris retourne l'attaque; c'est la période suivante qui est pleine de péril.

Le fer barbelé du harpon est retenu par une forte ligne, qui est enroulée autour de la hampe. Il ne tient que légèrement à celle-ci, dont la violence du coup le détache; la corde se déroule, et le manche, fait d'un bois léger, flotte à la surface de l'eau [1]. Le chasseur vient alors le prendre et s'assurer de la profondeur de la blessure en tirant sur la ligne. Si la corde cède, il saisit l'instant où le monstre, la gueule ouverte, apparaît au-dessus de l'eau avec un grognement terrible, et il lui envoie un autre harpon. La fuite en arrière se répète; mais souvent l'hippopotame rejoint le canot et le broie entre ses mâchoires, aussi aisément qu'un porc le ferait d'une botte d'asperges, ou le brise d'une de ses ruades.

Les deux braves ne sont plus dans la barque; ils ont plongé, en voyant arriver la bête, et gagnent la rive en nageant sous l'eau; l'animal furieux les cherche à la surface, et, en ne se montrant pas, ils lui échappent.

Les hampes des harpons lancés à la bête sont saisies par les gens d'autres canots; et l'animal est traîné çà et là, jusqu'au moment où il succombe, épuisé par la perte de sang.

Cette chasse, qui demande une extrême adresse, exige un sang-froid et une intrépidité inimaginables, le « triple airain » ceint les cœurs de ceux qui la pratiquent.

Des hommes superbes que ces Makommboués, une race magnifique; des gens actifs, vigoureux et bien nourris, ce qui est la conséquence de leurs exploits; chaque muscle, chez eux, est parfaitement développé; leur taille est moins élevée que celle d'autres Africains, mais ils sont admirablement faits. Nul doute que leur profession, étant chose de famille, n'ait produit ce beau développement physique.

Bien que toutes les peuplades chez lesquelles j'ai séjourné apprécient la chair et les défenses incurvées de l'hippopotame, je n'ai trouvé nulle part de compétiteurs aux Makommboués, excepté parmi les Vouayiyi des bords du lac Ngami et des rivières voisines [2].

---

1. Voy. Livingstone, *Explorations du Zambèse*, p. 35, une gravure représentant le harpon des Makommboués. (*Note du traducteur.*)
2. Baker a trouvé chez les Hamerânes, tribu arabe qui demeure au sud de

CHAPITRE VIII.

J'ai vu nos officiers de dragons faire des armes et conduire leurs chevaux avec une habileté prodigieuse; tous les muscles paraissaient être en jeu et tendus à l'extrême. Mis en rapport avec les Makommboués, ils auraient sans doute égalé leur adresse et eu la même bravoure; mais excepté peut-être la chasse au tigre dans l'Inde, nous n'avons pas de sport qui demande autant de courage et de sang-froid que cette entreprise. Pour comprendre tout ce qu'elle a de périlleux, il faut se rappeler qu'à peine y a-t-il du sang répandu dans l'eau, tous les crocodiles qui sont en aval remontent immédiatement, prêts à jouer le rôle des voleurs dans une foule de Londres, et avec plus de danger pour l'assistance.

8 juillet. — Température, à midi, boule humide : 18° 8/9; boule sèche, 23° 3/9. Ces chiffres ont été donnés par des thermomètres suspendus à quatre pieds de terre, au midi de la maison (côté froid), et sous une toiture en pisé qui les mettait à l'abri du vent et de la radiation. Heure reconnue par la verticalité à peu près complète des ombres.

Thermomètre à quatre pieds du sol, abrité du vent par une palissade de roseau, mais exposé aux rayons un peu obliques du soleil.

Midi,	boule humide.	25°5/9	boule sèche	38°8/9
Deux heures,	—	25°	—	37°2/9
Trois heures,	—	25°5/9	—	38°8/9
Quatre heures,	—	22°5/9	—	31°1/9

(Température suivante, agréable pour la marche) :

Six heures,	—	16°8/9	—	25°.

9 juillet. — Ciel généralement clair ; le froid est pénétrant.

Les forces réunies à Mfouto ont quitté le village et bivaquent dans une enceinte fortifiée. La crainte de Mirambo domine tous ces Arabes; chacun d'eux souhaite anxieusement de ne pas mourir et l'avoue sans honte. « Dormir dans une peau intacte » est leur devise.

Parlé à Sineghéri des missionnaires dont on annonce l'arrivée; il a paru satisfait à la pensée d'être instruit et de

---

Cassala, des *houarts*, chasseurs d'hippopotames dont les prouesses sont analogues à celles des Makommboués. Voy. *Tour du Monde*, 1870. t. I, p. 142.

(Note du traducteur.)

voir ouvrir la contrée par la voie du Nil. Je lui ai dit que les Arabes confirmaient les rapports qui ont été faits des cruautés de Mtésé, et que les Bagannda étaient plus à blâmer que leur chef, criminel devant Dieu. Il en est pleinement convenu. « Mais quel est l'Arabe qui a été tué dans l'Ougannda? » a-t-il ajouté ; voulant dire que, puisqu'ils n'avaient pas souffert de la conduite du chef ou des autres, ils n'avaient pas le droit de se plaindre.

Température :

Six h. du mat., boule humide.	12° 7/9	boule sèche.	13° 3/9 m.	12° 7/9
Neuf h. —	—	23° 3/9	—	27° 7/9
Midi,	—	23° 3/9	—	35° 6/9

(Température suivante, trop chaude pour la marche) :

Trois h. trente, boule humide	23° 8/9	—	32° 2/9

10 *juillet*.

Six h. du mat.,	—	15°	—	18° 3/9 m. 12° 7/9
Midi,	—	19° 4/9	—	25° temps couvert
Trois heures,	—	20° 5/9	—	27° 2/9 — nuageux
Cinq heures,	—	18° 3/9	—	23° 8/9 id.

L'établissement d'une mission chrétienne, à cent milles environ de la côte occidentale, ne rencontrerait pas de difficulté sérieuse. Il faudrait être muni de l'autorisation du sultan de Zanzibar, dont se réclament les tribus les plus intelligentes ; les Banyamouézi et quelques autres se disent même ses sujets. Demandée respectueusement par notre consul, la permission serait promptement obtenue.

Les gens du Sahouahil ont trop d'indifférence en matière religieuse pour être considérés comme un obstacle. Leur parler avec politesse, être obligeants à leur égard ne serait pas perdu pour la mission, elle ne pourrait qu'y gagner ; mais il faudrait s'abstenir avec soin de discuter les croyances musulmanes, dont les Vouasahouali d'ailleurs savent peu de chose. Des émigrants de Mascate, de la Perse et de l'Inde, qui ne possèdent maintenant aucune influence, ne manqueraient pas de saisir la première négation de l'autorité du Prophète pour faire valoir leurs sentiments religieux, et pour éveiller le fanatisme des autres. Quelques-uns déjà prennent un air de supériorité à l'égard du culte, et se substitueraient volontiers aux mollahs, ou docteurs de la loi, en décidant de l'heure des prières, de la position à observer, des jours heureux ou malheureux, en faisant usage de signes cabalistiques, en prédisant l'avenir, en décrétant, d'après le Coran, ce qui doit être fait ou ne pas l'être; mais cette ingérence n'a lieu qu'en pays lointain; à Zanzibar, les mollahs dominent ces faux docteurs.

Nulle opposition ne serait faite à ce qu'on apprît aux indigènes à lire leurs propres langues écrites avec des caractères romains. Personne n'a jamais essayé de leur faire lire le Coran en arabe; ils sont qualifiés de *gouma*, c'est-à-dire ne comprenant pas la religion; ce qui n'a rien d'étonnant, puisque le Coran n'est pas traduit. Il faudrait avoir un désir extraordinaire d'apprendre pour se fourrer dans la tête des chapitres entiers, dont le sens est pour vous lettre close.

Un seul des chefs indigènes, Monyoungo, a envoyé ses enfants à Zanzibar afin qu'un jour ils sachent lire et écrire. On dit qu'il est admirateur passionné de la civilisation qu'il voit chez les Arabes.

C'est aux naturels que les missionnaires doivent consacrer leur temps; mais il serait fâcheux de ne pas répondre aux questions qui leur seraient adressées par les autres; on peut le faire en évitant les querelles. Des Arabes intelligents m'ont plus d'une fois demandé si je croyais en Mahomet; je ne les ai pas blessés en leur disant: « Non, je ne crois pas en lui; je suis un enfant de Jésus ben Miriam. » Je m'appliquais à ce que le ton n'eût rien d'offensant; et j'ajoutais souvent que Mahomet, qui avait trouvé leurs ancêtres agenouillés devant des arbres et des pierres, avait fait une bonne action en leur défendant l'idolâtrie, et en leur enseignant le culte du Dieu unique. Le fait est vrai; ils le savent, et ils étaient contents de le voir reconnu.

Il pourrait être d'une bonne politique de payer un Arabe respectable pour qu'il se chargeât d'engager des porteurs de conduire les missionnaires à l'endroit qui aurait été choisi, et d'obtenir du chef l'autorisation de construire une demeure provisoire. Si cet Arabe était suffisamment rétribué, cela pourrait permettre d'en trouver d'autres qui apporteraient les articles d'échange et les provisions étrangères au pays, telles que le sucre, le thé et le café.

On devra laisser partir les premiers porteurs, à l'exception de deux ou trois dont la conduite aura été particulièrement bonne. Pour les services généraux, aller chercher l'eau et le bois, cultiver le sol, faire la moisson, la charpenterie, la poterie, la vannerie, etc., employez les gens qui vous entourent.

Les hommes libres de race noire, élevés au loin, doivent être évités : ils sont dispendieux et trop gentlemen pour ce que vous avez à faire. Vous pouvez, en quelques mois, former des indigènes qui apprendront à lire aux autres beaucoup mieux que ne le feraient ces affranchis, et qui vous enseigneront à vous-mêmes infiniment de choses que ces derniers n'ont jamais sues. Une brasse de cotonnade et quelques perles de temps à autre suffiront pour les satisfaire ; tandis que la nourriture, les gages et la besogne, tout déplaît à ceux qui, amenés de loin, se regardent comme étant missionnaires eux-mêmes.

Il me semble indispensable que chaque mission choisisse son agence parmi les indigènes. Le manque de serviteurs étrangers implique, il est vrai, la nourriture grossière du pays ; mais cela ne serait rien pour des hommes qui, chez eux, s'amusaient à jeûner : beaucoup de force perdue pour l'Église. Jeûnes et vigiles sans objet, temps et peines gaspillées ; une gratification personnelle, à la place de ce qui devrait profiter aux autres. C'est comme le gémissement quand on souffre ; il y a des malades qui s'amusent à geindre, et à s'épuiser par une plainte inutile.

Ici, les quarante jours du carême pourront s'employer en visites chez les tribus voisines, et à supporter, avec bonne grâce, la faim et la soif, inévitables en pareille tournée. Considérant la grandeur de l'objet qu'ils ont en vue, des missionnaires peuvent très-bien vivre sans thé, sans café et sans sucre. Je n'en ai pas eu depuis le mois de septembre 1866 jusqu'en décembre 1868 ; à cette époque, j'étais alors chez Casemmbé, un traitant m'a envoyé un plat accommodé avec du miel, et cette sucrerie m'a donné des nausées par son affreuse douceur. Mais à cent milles de la côte, les provisions de tout genre s'obtiendraient facilement et avec peu de dépense. Des Arabes intelligents m'ont dit que pour se rendre

CHAPITRE VIII.

de Zanzibar chez Casemmbé, il ne leur fallait que pour trois mille dollars de marchandises. Avec cela, un traitant voyage pendant deux ou trois ans, paye ses frais de route, fait des cadeaux à tous les chefs, et remplit deux ou trois cents bouches; il fournit, en outre, des munitions à une cinquantaine de mousquets et peut ramener quatre mille livres d'ivoire et un lot d'esclaves; le tout avec une mise de fonds de six ou huit cents livres sterling. Si j'avais eu l'expérience que j'ai maintenant, j'aurais fait toute mon expédition avec pareille somme, au lieu des mille livres[1] au moins qu'elle m'a déjà coûtées.

12 *juillet*. — Deux hommes de Saïdé-ben-Habib rapportent que Mirambo est attaqué, mais à distance respectueuse.

Cheik Beute, le fils de Mohammed-ben-Séli, est convaincu d'avoir pris au Lihoualé une défense du poids de deux frasilahs et demi (quatre-vingt huit livres d'ivoire). Il a été envoyé, en disgrâce, rejoindre l'armée qui se bat contre Mirambo; son père naturellement est inconsolable; mais le Lihoualé a fait preuve d'indulgence.

Quand j'ai rendu compte de la traite de l'homme dans l'est de l'Afrique, je me suis tenu très-loin de la vérité, ce qui était nécessaire pour ne pas être taxé d'exagération; mais à parler en toute franchise, le sujet ne permet pas qu'on exagère : amplifier les maux de l'affreux commerce est tout simplement impossible. Le spectacle que j'ai eu sous les yeux, incidents communs de ce trafic, est d'une telle horreur que je m'efforce sans cesse de le chasser de ma mémoire, et sans y arriver. Les souvenirs les plus pénibles s'effacent avec le temps; mais les scènes atroces que j'ai vues se représentent, et la nuit me font bondir, horrifié par la vivacité du tableau.

Quelques-uns trouveront que c'est de la faiblesse, une plainte peu philosophique, tous les peuples, allégueront-ils, ayant passé par cette phase de développement. On peut comparer le cannibalisme à l'âge de la pierre, et la période d'esclavage à celui du bronze. L'esclavage est, dans le progrès humain, un pas aussi naturel que l'emploi du bronze précédant celui du fer.

---

1. Vingt-cinq mille francs.

A propos de l'âge de la pierre, je noterai qu'en Afrique je n'ai jamais été assez heureux pour trouver une pointe de flèche, une hache ou n'importe quel instrument de silex, bien que j'ai la vue aussi perçante et aussi active que celle des plus clairvoyants de mes voisins.

Il est vrai qu'ici on n'a pas fait de route, pas de terrassements, pas de drainage ; nulle carrière n'a été exploitée, aucun travail à la surface du sol qui ait pu mettre au jour des fragments de l'industrie primitive de la pierre. On ne pourrait pas non plus s'en rapporter au témoignage négatif des indigènes, s'il n'était accompagné de ce fait que le silex n'existe nulle part au midi de l'équateur. On a pu faire usage de quartz, mais il n'en reste pas d'autres vestiges que des meules à demi-usées, et des boules de la grosseur d'une orange, dont on se servait pour tailler et pour creuser la meule.

Les tuyaux vitrifiés et les creusets d'argile usités pour la fonte du mineral prouvent que l'emploi du fer remonte, en Afrique, aux temps les plus reculés. On a trouvé de ces fourneaux avec des fragments de poterie d'une texture plus fine, dans le delta du Zambèze et ailleurs, où ils étaient associés à des ossements fossilisés qui, touchés par la langue, dénotaient une absence de matière animale aussi complète que les fossiles les plus anciens que l'on connaisse en Europe. C'étaient des os d'hippopotame, de buffle, d'antilope, de crocodile et autres animaux d'espèces identiques avec les bêtes de même genre qui existent maintenant dans le pays[1].

Ces fossiles appartenaient à la faune primitive de l'Afrique, et si les vitrifications d'un nombre prodigieux de débris de fourneaux, dont cette région est couverte, se retrouvent mêlés aux témoignages des temps les plus reculés, les Africains sembleraient avoir eu le pas sur nous, et employé le fer à une époque où nos ancêtres fouillaient le sol pour y trouver le silex, avec lequel ils tuaient le gibier qui soutenait leur misérable existence.

L'esclavage paraît être contemporain du fer. Les monu-

---

[1]. Voy. *Explorations du Zambèze*, p. 405, le détail de la découverte de ces fossiles; et pages suivantes, les observations géologiques qui s'y rapportent.
(*Note du traducteur.*)

ments de l'ancienne Égypte montrent que ce fléau est d'une vénérable antiquité.

« Dès lors, disent certaines gens, pourquoi essayer de détruire un usage consacré par les siècles? » Très-bien; mais on a dit que le mal dont Job, le plus ancien des patriarches, avait été affligé était la petite vérole; pourquoi arrêter les ravages de cette maladie vénérable et lui opposer la vaccine?

Dans tous les cas personne n'attend rien de ceux qui épiloguent sur les efforts que font les gouvernements et les peuples pour guérir cette énorme plaie du monde. « Nous aimons mieux, disent-ils, donner notre obole pour les misères de nos compatriotes que pour celles des nègres. » Bien réellement une obole, et que, le plus souvent, ils oublient d'apporter, se l'adjugeant à eux-mêmes. Il est reconnu, c'est presque un axiome, que les hommes qui font le plus de sacrifices pour les païens du dehors sont également les plus généreux pour les païens de l'intérieur. C'est de leur côté que se tourne notre espérance; auprès des autres, tous les arguments sont inutiles; la seule réponse que j'aie cure de leur envoyer est cette remarque d'un matelot anglais, qui, voyant des négriers à l'œuvre, dit à un camarade : « J'en frémis dans toutes mes couples! si le diable n'emporte pas ces gens-là, nous n'avons que faire de lui. »

Causant avec moi, un prince de l'île d'Anjouan, l'une des îles Comores, saisit l'occasion de me vanter la sagesse dont les Arabes font preuve en surveillant leurs femmes avec rigueur. Je lui insinuai que leur extrême jalousie les transformait en geôliers plutôt qu'en amis de leurs épouses, et les ravalait au niveau de la brute, faisant ressembler chacun d'eux au mâle d'un troupeau, et que c'était non moins déraisonnable qu'avilissant : beaucoup de peine pour très-peu de profit. Il se récria, affirmant que rien au contraire n'était plus sensé, attendu que toutes les femmes sont vicieuses et donneraient dans le travers si on n'y mettait pas bon ordre. « Cela peut-être vrai des femmes arabes, répondis-je; ce n'est pas applicable en Angleterre; il y en a certainement qui se conduisent mal; mais la plupart méritent toute la confiance que leurs maris ont en elles. » Il m'assura que j'étais dans l'erreur ; que toutes les femmes, sans exception, étaient dépravées ; il ne croit pas qu'une seule femme puisse être honnête ; et les Anglais, en permettant à leurs épouses d'aller et de venir la figure découverte, montrent simplement leur ignorance et leur peu de sagesse.

L'esprit du siècle tend de plus en plus à des entreprises industrielles d'une telle grandeur, qu'il faut recourir aux capitaux du monde entier pour en assurer l'exécution : ainsi le canal de Suez, le grand chemin du Pacifique, le tunnel du mont Cenis, les railways de l'Asie occidentale, de l'Inde, de l'Euphrate, les câbles transatlantiques. L'extension des chemins de fer, des télégraphes, de la navigation à vapeur brise les nationalités et relie étroitement, sous le rapport commercial et politique, des peuples géographiquement éloignés les uns des autres. Tout cela unifie le monde ; et le capital, de même que l'eau, tend à un niveau commun.

Une aire réellement énorme du centre de l'Afrique australe est couverte de roches volcaniques, dans lesquelles sont englobés des fragments angulaires d'anciennes strates, peut-être de grès, et convertis en schiste. Bien qu'entraînés par la masse fondue, ces fragments schistoïdes ont conservé des impressions de plantes d'un ordre très-inférieur, probablement le plus inférieur de tous (silurien), et offrent des empreintes de rides et de gouttes d'eau marquées distinctement. Nulle trace d'animal n'a encore été observée.

Le peu de débris organiques trouvé dans ces rochers est dû à l'absence de routes, de tranchées, d'exploitation de carrières. Plus près du tropique, une végétation exubérante couvre entièrement le terrain.

Les seuls bâtiments en pierre que l'on rencontre au nord de la colonie du Cap, sont l'église et la mission de Kuruman. Dans les murailles de ces constructions, les fragments de roche portant la trace des empreintes de feuilles fossiles ont été enlevés d'une matrice qui fut autrefois une masse de lave en fusion.

L'aire couverte par ce basalte s'étend, au midi, des environs du Vaal jusqu'à un point situé à quelque soixante milles au delà des chutes de Victoria, et sur une largeur moyenne d'environ cent cinquante milles ; elle comprend un espace d'au moins cent mille milles carrés.

En différents endroits de cette étendue, s'élèvent des rochers de grès, véritables îlots ; mais tous sont métamorphosés. Des bras de la mer incandescente ont ruisselé dans les vallées et dans les gorges, et l'on peut aisément suivre l'action de la chaleur, de moins en moins forte, jusqu'à l'extrémité du courant où les roches sont simplement durcies.

Ces coulées égalent en dimension les collines et les rochers qu'elles entourent, ce qui justifie l'étendue minimum de cent mille milles que nous donnons à cette mer basaltique.

La masse fondue paraît s'être épanchée en nappes successives, qui, chaque fois, ont été recouvertes d'une écume vitreuse de teinte foncée, charriant des scories et des fragments anguleux. Cette écume forme au-dessus de chacun des épanchements qu'elle indique une strate de quinze à dix-huit pouces d'épaisseur, parfois davantage. En un endroit, soixante-deux strates sont mises à nu ; et aux grandes chutes de Victoria, où la roche est simplement déchirée, le basalte, aussi loin qu'on peut le voir, est stratifié à une profondeur de plus de trois cents yards[1].

Cette mer incandescente fut probablement aérienne ; car à la surface de chaque nappe de lave, l'écume renferme des bulles sorties du flot qu'elle recouvre. Parfois ces bulles ont crevé, laissant des anneaux dont les bords sont en relief, anneaux particuliers à tout fluide visqueux en ébullition. Très-souvent elles se sont refroidies en conservant leur forme globulaire, comme si une balle y était contenue. Quand on les brise, on en trouve l'intérieur garni de beaux cristaux d'argent, dont les sommets se dirigent vers le centre du petit globe qui, à part cela, est vide.

Ces bulles peuvent être observées encore dans les berges de la rivière de Kuruman, à huit ou dix milles du village ; et une montagne appelée Amhane, située à l'ouest-nord-ouest de

---

1. Trois cent dix-huit pieds anglais, en chiffres ronds : quatre-vingt-quatorze mètres.

celui-ci, a tout à fait l'apparence d'avoir été l'un des orifices par où le basalte en fusion a jailli, de même que l'eau ou la boue d'un geyser.

Les montagnes basaltiques, montagnes noires qui sont à l'est des Bamanngouato, nommés autrefois les Bakaa, prouvent également que l'éruption a été aérienne ; le basalte y est en colonnes sur beaucoup de points ; en d'autres endroits, les énormes cristaux constituent des groupes, et les sommets n'en sont pas aplatis, comme ils devraient l'être s'ils se fussent développés sous la pression d'un océan. A quelques milles au sud, jaillit une source thermale et saline qui parle de chaleur souterraine.

Loin de cet endroit, au sud-est, une autre source chaude, non salée, fait le même récit.

Après la période de cette action volcanique de proportions gigantesques, il y eut un écoulement d'eau douce chargée de calcaire, écoulement sorti des entrailles du sol, et qui paraît avoir été d'une immense étendue. La région maintenant si aride qu'en la parcourant en différents sens, notamment vers l'ouest où est le Kalahari, on meurt de soif comme en plein désert australien, fut jadis sillonnée dans toutes les directions par de nombreuses rivières, quelques-unes très-importantes, et qui allaient principalement au sud. Les indigènes appellent encore ces lits desséchés du nom de *mélapos*, ainsi que dans le nord on les appelle *ouadis*, deux termes signifiant : lits de rivière où l'eau ne coule plus.

Des fontaines en nombre immense versèrent pendant des siècles un tribut permanent à ces rivières disparues. L'œil de la source, quand il est visible, est un orifice oval ou oblong dont le canal est usé distinctement par l'eau ; usure, qui en diminuant d'étendue, montre qu'avec le temps le flux perdit de son pouvoir érosif, c'est-à-dire de son volume.

De bons spécimens de ces orifices érodés par l'eau se voient aux flancs du mont Amahne, déjà mentionné, et servent de retraite à des essaims d'abeilles efficacement protégés contre les voleurs par la dureté des roches basaltiques. Les points sur lesquels frappait l'eau tombante sont creusés par la chute, et l'espace qui les entoure, espace où l'eau rejaillissait, est recouvert d'un tuf calcaire, résidu de l'eau évaporée.

CHAPITRE VIII.

Un autre bon échantillon des sources anciennes existe près de Kolobeng, dans une caverne appelée Lipélolé, mot dont les habitants du lieu se servent quelquefois pour désigner la mer. La puissance érosive des eaux primordiales y est nettement indiquée ; et l'on en suit aisément l'action dans les deux voies que la fontaine s'est ouvertes. Le bras supérieur qui est le plus ancien, commence dans l'ovale caractéristique de l'orifice, où j'ai déposé un ticket de plomb de la Société de tempérance du Père Mathew. Le canal inférieur est beaucoup plus large, comme étant celui qui a reçu la plus grande quantité d'eau, et pendant une période beaucoup plus longue.

D'après les naturels, la caverne de Lipélolé était la demeure de l'Être suprême, et pas un de ceux qui avaient osé en franchir le seuil n'était revenu. Je l'explorai un jour pour me distraire d'un travail plus sérieux.

L'entrée a quelque huit ou dix pieds de haut sur cinq ou six de large ; elle s'ouvre dans une roche d'un gris rougeâtre ; roche de grès qui, dans sa texture renferme des bancs de galets bien arrondis. Toute la chaîne, et un grand nombre de collines adjacentes, du côté du sud, témoignent de l'extrême chaleur à laquelle elles ont été soumises par le contact de la lave. Dans cette trempe volcanienne, la roche a sué par endroits la silice qu'elle renfermait, et qui l'a couverte d'une belle efflorescence de cristaux bien formés.

Mais ces hauteurs, dont la chaîne est à huit ou dix milles au nord de Kolobeng, ne montrent pas seulement les effets de la force ignée ; elles mettent en évidence, sur le versant de l'est, le résultat de l'action neptunienne, action manifestée par un large *pot-hole*[1] du nom de Loï. Cette cavité, suivant les indigènes, a livré passage à tous les animaux qui se sont répandus dans le midi de l'Afrique, ainsi qu'aux progéniteurs de la race entière des Bétchouanas ; l'empreinte des pas de ce premier couple atteste la vérité de la croyance. J'ai eu l'hérésie de douter du fait, et de voir que l'énorme trace du pied de Matsieng, le père des Bétchouanas, était dirigé vers le susdit passage et n'en sortait pas.

---

1. Littéralement : *creux en forme de pot* ; cavité circulaire, forée dans une roche par un tournant d'eau, au moyen des galets que celui-ci fait tourbillonner.
(*Note du traducteur.*)

D'autres larges *pot-holes* se rencontrent partout dans le pays, et au flanc des montagnes, bien au-dessus du niveau des anciennes rivières.

Un grand nombre de fontaines sourdaient au fond du lit de ces cours d'eau ; elles s'épanchaient dans le même sens. Beaucoup de ces vieilles sources donnent encore, et forment les stations des voyageurs ; mais les eaux primitives semblent avoir été chargées de calcaire en solution, calcaire qui s'est déposé dans de vastes bassins, maintenant couverts de tuf. Un énorme lac d'eau douce, probablement habité par le dyconodon, fut desséché à l'époque où se fit, dans le basalte, la remarquable déchirure qui a donné lieu aux grandes chutes du Zambèze. Un autre lac paraît s'être écoulé dans la mer au moment où se produisit la faille du même genre, qui a occasionné les chutes de la rivière d'Orange.

C'est dans le tuf calcaire de ces lacs que gisaient les seuls fossiles animaux qui aient été recueillis[1].

On ne trouve pas de calcaire marin, excepté dans les bras de mer que l'élévation des deux rivages, au levant et au couchant, a rejetés au loin dans le Somâl, ainsi que dans le Coanza ; et ce calcaire renferme les mêmes coquilles que celles qui vivent actuellement dans les mers voisines.

Antérieurement au système fluvial qui semble avoir eu pour artère un grand Nil du sud, coulant des sources du Zambèze au midi de la rivière d'Orange, il y eut un mouvement d'eau beaucoup plus actif qu'il n'en existe maintenant en aucun endroit que je sache ; mouvement d'où résultèrent des lits prodigieux de galets et de gravier.

On ne saurait se faire une idée de la puissance et de l'étendue de ces couches. La Loanngoua traverse le lit d'un ancien lac, dont les côtes ont soixante pieds de hauteur, et sont entièrement formées de galets bien arrondis. Le Zambèze, au-dessus du Kébrabasa, passe entre de grands lits de même

---

1. Il faut probablement comprendre : *recueillis dans la roche ;* car les ossements de buffles, d'antilopes, d'hippopotames et autres, qui accompagnaient les scories et les tessons, dont il a été parlé plus haut, et qui provenaient de l'embouchure du Zambèze et des rives du Nyassa, ont été découverts dans une couche de gravier et dans un lit de sable, qui n'avaient sans doute rien de calcaire.

(*Note du traducteur.*)

formation; et ces galets, en général, sont des fragments de roches cristallines d'une grande dureté. Il est impossible d'imaginer quelle était la condition du pays à l'époque où les énormes *pot-holes* ont été creusés au flancs des collines, et où s'effectuait la prodigieuse attrition qui a pu arrondir tous ces galets.

Le pays ne semble pas avoir eu de submersion pélagique; l'absence de calcaire marin, ailleurs que sur les points exceptionnels cités plus haut en serait une preuve; et les lits de torrents qui coupent ceux des anciennes rivières, montrent des coquilles identiques à celles qui habitent aujourd'hui les eaux douces de la contrée.

De toutes les roches, le tuf calcaire paraît être la plus récente. Au point de jonction du grand Nil préhistorique du sud avec un ancien lac d'eau douce, situé près de Batchep, à quelques milles de Likatlong, une digue a été formée dans un tourbillon, occasionné par des rochers de lias coniques, rochers placés vers la rive orientale d'une déchirure que renfermait le lit du fleuve, et où les cadavres d'animaux saisis par le tourbillon, s'arrêtaient et sombraient. Leurs os font saillie hors du tuf et sont tellement bien conservés que même le tartre est resté sur les dents des zèbres et des buffles où il a gardé sa couleur noire.

Là, seulement, des fossiles de ces animaux ont été trouvés *in situ*. En 1855, j'ai observé les pareils *in transitu*, dans des bancs de gravier qui longent tout le Zambèze au-dessus du Kébrabasa; et en 1862, comme il a été dit précédemment, une quantité de ces mêmes fossiles furent découverts dans le gravier du delta, où les avait déposés le fleuve; mais d'où le Zambèze les avait-il arrachés? je l'ignore. Toutefois j'ai remarqué, dans son lit, des roches tufacées en aval des chutes de Victoria, et ces roches doivent avoir contenu les ossements; car, s'ils avaient été pris dans le grand lac de Sichéké, la traversée de la cataracte les aurait mis en poudre.

Dans le gravier du delta, ils étaient associés à des fragments de poterie grossière, exactement semblable à celle dont les indigènes se servent encore; parmi ces débris s'en trouvaient d'autres, d'une pâte beaucoup plus fine, appartenant à des vases que l'on ne voit qu'accidentellement chez les Africains de nos jours, et qui ont une étroite ressemblance avec les urnes cinéraires d'autrefois. Les objets les plus anciens que l'on découvre sont des meules de grès, de micaschiste, de granite, sortes de mortiers plats profondément usés; les boules de la grosseur d'une orange, dont on s'est servi pour les tailler et pour en ébaucher le creux, sont à côté de ces meules.

Pas une arme, pas un instrument de pierre n'a frappé mes regards, bien que je fusse très-désireux d'en découvrir, et que pendant de longues années j'aie soigneusement fouillé tous les anciens villages à cette intention. Le pays n'a pas de silex, mais le quartz et les roches se clivant par feuillets sont abondantes.

Ce n'est que pour les travaux les plus délicats que les indigènes se servent d'enclumes, de pinces et de marteaux en fer; et, avec leur pauvre outillage, ils obtiennent des résultats que les forgerons anglais ne veulent pas admettre qu'ils aient pu produire. Ils sont très-soigneux de leurs outils; en cela, tout à fait l'opposé des hommes de l'âge de la pierre qui parfois semblent n'avoir taillé leurs haches que pour les jeter. Les Romains, eux-mêmes, ne paraissent pas avoir connu le prix de leurs monnaies.

L'apprivoisement de l'éléphant paraît avoir eu lieu en Afrique à une époque au moins aussi lointaine qu'en Asie. Les monuments d'Égypte montrent les noirs amenant, dans le pays, des éléphants et des lions apprivoisés; et des sculptures d'une haute antiquité reproduisent la véritable espèce africaine, que l'artiste a dû nécessairement avoir vue. Des Africains refusèrent de vendre leurs éléphants domestiques à un commandant grec de troupes égyptiennes qui leur offrait en échange quelques marmites d'airain; et ils eurent bien raison : des animaux dont la capture et l'apprivoisement avaient donné tant de peine, et qui représentaient deux ou trois tonnes de bonne viande grasse, valaient beaucoup mieux que quelques marmites; surtout les femmes des possesseurs pouvant faire à ceux-ci autant de pots qu'ils en voulaient.

15 *juillet*. — On dit que vingt blessés, relevés sur le champ

CHAPITRE VIII.

de bataille, ont été portés à Mfouto. Le nombre d'hommes engagés, du côté des Arabes, est estimé à deux mille. Celui dont Mirambo dispose paraît être assez fort; et les assaillants, qui n'ont d'autre abri défensif que des fourmilières, des broussailles et la tranchée qu'ils ont faite, ont le désavantage de tirer contre une estacade.

Vu aujourd'hui les premiers milans; un de ces oiseaux avait sur l'abdomen des mouchetures blanches, annonçant le jeune âge. Ils venaient probablement du nord.

17 juillet. — Fait hier une visite à Sultan-ben-Ali. Très-gracieux comme toujours; il m'a donné des goyaves et un melon qui s'appelle *métannga*.

On rapporte que Soroura, l'un des lieutenants de Mirambo, a établi des fosses dissimulées, garnies d'épieux, qui remplissent le rôle des *craw-taes* de Bruce à Bannockburn, et qui ont blessé plusieurs des gens de l'ennemi, probablement ceux dont on a parlé. Ceci a déterminé les Arabes à envoyer chercher le canon qu'ils possèdent, afin de se battre à distance. Porté à bras, ce canon a passé ce matin devant notre demeure; c'est une pièce en bronze, pièce de 7, datée de 1679; époque où elle fut conduite en Chine par le commandant des forces portugaises, et qui, aujourd'hui, va être employée par des Arabes que la guerre intéresse fort peu [1].

Il y a deux jours, quelques maraudeurs de Mirambo ont tué un esclave. La lutte est moins près de finir que beaucoup ne l'avaient espéré.

Après les avoir retenus pendant six mois, et même plus, attendant, disait-il, que la paix fût rétablie, le Lihoualé renvoie les Bagannda, et s'empresse de leur chercher des porteurs. Cette hâte, bien que la guerre ne soit pas terminée, vient probablement de ce que le Lihoualé a entendu parler d'un missionnaire.

Mirambo ne tire plus maintenant sur l'ennemi que de l'intérieur de son estacade.

---

1. Ce qui signifie probablement que les Arabes semblaient prendre peu d'intérêt à cette guerre, par la mollesse qu'ils y apportaient; car, en elle-même, la lutte avec Mirambo, qui arrêtait les caravanes ou les obligeait à de longs détours, et les mettait en péril, était au contraire du plus haut intérêt pour les marchands de l'Ounyanyemmbé. (*Note du traducteur*.)

19 juillet. — Visité Sélim-ben-Siff; réception très-hospitalière. Il a paru tout désappointé de ce que je ne mangeais pas davantage. Ces Arabes vivent d'une manière très-large : du pain de froment, de la viande, des légumes, des fruits de toute espèce. Sélim me disait qu'à Zanzibar la chèvre est meilleure que le bœuf; tandis qu'ici, le bœuf est meilleur que la chèvre. C'est un homme robuste et un bon vivant.

20 juillet. — Prédominance d'un vent froid soufflant avec force. Température à six heures du matin, 12° 8/9. A midi, thermomètre posé par terre, 50°, peut-être davantage; mais j'ai eu peur de briser l'instrument qui ne va que jusqu'à 60°.

21 juillet. — Acheté, d'un Mtousi, deux vaches laitières, que j'ai payées avec leurs veaux, trente-quatre brasses de cotonnade.

Les Bagannda font leurs paquets pour retourner chez eux. Ils emportent une quantité considérable de gin et d'eau-de-vie, que leur ont vendus les musulmans; c'est pour Mtésé.

Température, à midi : 35° 5/9.

Une autre couvée de bergeronnettes a pris son vol; elle mange des miettes de pain.

Les veuves sont très-occupées; elles font de nouveaux nids.

Ce matin, le Lihoualé est revenu de Mfouto, pour vaquer à ses propres affaires, qui le rappellent à Kouikourou; le succès de leurs armes est pour eux tous d'un intérêt secondaire.

Je voudrais que mes hommes fussent arrivés pour sortir de cette longue et pénible attente.

Certaine philosophie est curieuse; elle représente notre Créateur formant la machine de l'univers, la mettant en mouvement, et ne pouvant rien faire en dehors de ses propres lois. Il aurait, pour ainsi dire, pondu l'œuf universel, et, comme l'autruche, il laisserait au soleil le soin de le couver. Nous pouvons dominer les lois, agir contre elles, mais Lui ne le peut pas. Le feu, prenant à cette maison, la consumerait; nous pouvons jeter de l'eau et éteindre le feu. Nous maîtrisons le feu et l'eau, et Celui qui est toute sagesse et toute connaissance n'a pas le même pouvoir. Il est certainement

CHAPITRE VIII.

au-dessus des lois qu'il a édictées. La civilisation est seulement ce qui a été fait avec les lois naturelles.

Certains raisonnements, à propos de moralité, ressemblent à celui d'un Mgannda qui me disait hier au soir, que si Mtésé ne tuait pas quelqu'un de temps à autre, ses sujets supposeraient qu'il est mort.

23 juillet. — Le départ des Bagannda est contremandé, dans la crainte que Mirambo ne saisisse leurs munitions. « Vous pouvez partir, leur a dit le Lihoualé, mais laissez votre poudre ici, parce que Mirambo vous la prendrait et s'en servirait pour nous battre. » Quelques-uns d'entre eux vont porter les nouvelles à Mtésé, ainsi qu'une partie des marchandises; et probablement un lot d'articles appartenant au gouverneur, pour le placer dans le Karagoué.

Les Bagannda sont furieux; tout leur bétail et beaucoup de leur avoir ont été dépensés. « Mais nous sommes étrangers, disent-ils, nous ne pouvons que nous soumettre. D'ailleurs les Banyamouézi, qui devaient porter leurs ballots, auraient pris la fuite à la première alerte.

On avait parlé d'un envoi de troupes de Saïd-Bàrgache, il y a déjà longtemps; mais ces troupes n'arrivent pas. Tout le commerce est arrêté.

24 juillet. — Les Bagohé se retirent de la guerre. Le mois de juillet est malheureux.

Visité le Lihoualé et Nkasihoua; mis un vésicatoire à celui-ci, à propos d'un bras paralysé, et pour lui être agréable.

Débandade complète des forces arabes; l'excuse est le manque de vivres.

Il se confirme que Zanzibar a beaucoup souffert d'un cyclone : cocotiers, manguiers, girofliers, maisons et navires ont éprouvé de grands dommages, cinq jours après la rentrée du sultan qui revenait de La Mecque.

Sofi me propose ses services, parce que Mohammed Bogharib ne lui a jamais rien donné, et que Bouana Mohinna lui a demandé de venir avec lui. J'ai accepté l'offre; quand je verrai Bogharib je lui expliquerai que c'est en raison de la promesse qu'il m'avait faite de me donner des hommes, promesse qui ne s'est pas réalisée.

27 juillet. — Au point du jour, un grondement s'est fait entendre du côté de l'est; peut-être le bruit d'un léger tremblement de terre; il n'y avait pas une seule nuée d'orage.

Ben-Nassib, un Arabe de grande taille, brun et poli, est venu me voir hier, avant de partir pour son pays natal, où il va retrouver sa propre maison. Il m'a dit qu'il avait reçu dernièrement, pour M. Stanley, un paquet de lettres, scellé dans une boîte de fer-blanc que lui adressait le consul américain; c'est le onzième paquet de dépêches qui arrive pour Stanley.

Des traitants indigènes, partis avec les Bagannda, ont rencontré des gens de Mirambo qui les ont attaqués, leur ont pris tout ce qu'ils avaient et leur ont tué un homme. Les fugitifs sont revenus ce matin, l'oreille très-basse. Une autre compagnie s'est mise en route il y a quelques jours pour le Karagoué; le chef est également revenu; il est seul et n'a aucune information à l'égard de ses vingt-trois porteurs. Un homme a été tué hier, de ce côté-ci de Mfouto, par l'ennemi. Donc, le pays est toujours horriblement troublé. D'après Ben-Nassib, les Arabes auraient défait cinquante-deux alliés de Mirambo.

28 juillet. — Retourné chez Nkasihoua; il a été fort content de son vésicatoire, qui l'a soulagé; je lui en ai mis un autre; j'espère qu'il s'en trouvera bien.

Vent d'est, vent froid; et tout le ciel couvert de nuées épaisses.

29 juillet. — Fait de la farine de riz pour le voyage. Été voir le fils de Mohammed-Ben-Séli qui a un violent accès de fièvre, et qui ne peut pas éviter d'aller se battre. Il a acheté un âne avec la défense qu'il a volée au gouverneur; l'âne est mort hier. « Rendez-moi ma défense », dit le Lihoualé; « Rendez-moi mon âne », répond l'autre. Mohammed payera la dent; mais son fils n'a pas moins perdu sa réputation que sa bête.

Ben-Nassib m'a donné du froment et des gâteaux.

30 juillet. — Rien encore; et le temps qui passe est le meilleur pour voyager.

Grand vent d'est tous les jours; il apporte du froid et donne la fièvre aux Arabes, qui sont légèrement vêtus.

CHAPITRE VIII.

Reçu la visite de Ben-Omari; il part pour Katannga, où il va faire du commerce avec les valeurs d'un autre.

31 *juillet.* — Sahib-Ben-Nassib nous a dit hier, que la caravane de son frère Kissessa était dans l'Ougogo. La mienne a pris une autre route. Si peu que ce soit, j'ai été heureux d'en entendre parler.

CHAPITRE IX.

Année des Bagannda. — Jeux des enfants. — Réflexions. — Arrivée des gens de Livingstone. — Reconnaissance. — Jacob Wainwright. — Préparatifs de voyage. — Maladie. — Grande chaleur. — Vers le Tanganika. — Frontières du Fipa. — Lépidosirènes et vautours. — Par monts et par vaux. — Caps et îles du Tanganika. — Montagnes plus hautes. — Large baie. — Invocation à la pluie. — Traces d'un nombre prodigieux d'habitants.

1*er* *août* 1872. — Une dizaine de chefs bagannda et leurs suites ont été envoyés par Mtésé pour voir ce qui empêche ses gens de revenir. Un Arabe, qui les a rencontrés dans l'Ousouï, a dit au commandant que la guerre était terminée. Soixante-dix hommes de la bande sont arrivés ce matin, et se sont vu réexpédier immédiatement dans l'Ousouï, avec mission de ramener tous les autres pour qu'ils aident à combattre Mirambo. On se propose de prendre une estacade près de l'estacade centrale, et d'y élever une plate-forme où sera établi le canon, mesure qui paraît assez sage.

Les arrivants, ceux du moins qu'on a vus aujourd'hui, sont de pauvres hères, à mine d'esclaves, vêtus de *mbouzou* (étoffe d'écorce) et portant des boucliers ronds, ayant une bosse au milieu, boucliers de la même grandeur que l'ancienne targe des Écossais, mais faits avec des roseaux. Les Bagannda, qui sont ici depuis longtemps, ceux qu'on vient chercher, prétendent que la plupart des nouveaux venus sont des esclaves, qu'on vendra pour de l'étoffe. Et à ce propos, causant de Mtésé, ils me dirent qu'il faudrait un an pour traverser son territoire. Comme je les plaisantais sur leur exagération, ils m'expliquèrent qu'une année était de cinq mois : trois mois de pluie, deux de sécheresse, et retour de la pluie.

3 *août*. — Été voir Sélim-ben-Siff, qui a la fièvre. Tous ces

Arabes sont très-hospitaliers. Fait une visite à Sultan-ben-Ali, et rentré chez moi. C'est ce dernier qui a provoqué la fuite de tous les porteurs des Bagannda, en faisant jeter la panique au milieu d'eux par un Mtousi, auquel il avait donné pour cela dix rangs de perles.

4 août. — Las d'attendre, pendant que le ciel est couvert à midi, et que chaque instant nous rapproche de la saison chaude; mais tout cela est peut-être pour le mieux.

5 août. — Visité Nkasihoua; il y a quatre jours je lui ai fait faire des lotions sur le cou, pour une plaie qui reste à la surface; l'état du fond est meilleur. Aujourd'hui, j'ai recommandé le massage avec de l'huile ou de la farine, sur le membre dont il ne peut pas se servir; il dit qu'il n'en souffre plus.

Des Bagannda nous arrivent en plus grand nombre que l'autre jour, et seront employés contre Mirambo.

En beaucoup d'endroits, on est frappé du peu d'amusements qu'ont les enfants. La vie, dans cette région, est une affaire sérieuse, et les jeux des petits sont l'imitation du travail des grands; ils construisent des maisonnettes, font des jardinets, trappent des souris, ont des linotes en cage et leur apprennent à chanter. Ce sont des gamins très-ingénieux que ces petits garçons; ils se fabriquent des boucliers, des lances, des arcs et des flèches, avec lesquels ils tuent de petits oiseaux; ils copient les armes à feu : un bout de roseau, auquel est adaptée une petite détente, qui fait partir un nuage de cendre, en guise de fumée. Quelquefois le canon est à deux coups; il se fait alors en argile, et la fumée est représentée par du duvet de coton. Avec ces petits fusils, ils tirent des sauterelles, et le font très-habilement.

Un couple d'hirondelles à tête brune, à robe rousse, tachetée de blanc sale sur la poitrine, a paru aujourd'hui, pour la première fois de l'année, et s'est posé à terre. C'est ici l'espèce qui, de même qu'à Choupanga, sur le Zambèze, et à Kuruman, attache son nid aux maisons.

Les souimangas ont visité ce matin un amas de jeunes araignées; ils prennent les petits des insectes de ce genre[1].

---

1. On sait qu'à partir de l'éclosion jusqu'à une certaine époque de leur développement, les petites araignées vivent ensemble, d'abord dans le nid jusqu'à

Le nectar des fleurs n'est qu'une portion de leur nourriture; les bestioles qu'il renferme ou qu'il attire ne pourraient pas en être séparés, et font partie essentielle du régime de ces oiseaux. Toutefois, en y regardant de plus près, je vois que les souimangas, tout en ayant l'air de cueillir les petites araignées, ce qu'ils font probablement, finissent par détacher du sac la toile extérieure qui le recouvre, et cela pour faire un nid entre les deux. L'enveloppe est d'un tissu très-lâche; le sac est fait d'une toile ou plutôt d'un papier résistant et imperméable, absolument pareil à celui des guêpiers, mais plus fort[1]. Ma femelle de souimanga apporte des fibres délicates et les met entre les deux toiles, dans une poche d'un pouce et demi de diamètre; elle les place autour de la paroi, et les arrange avec son corps, en tournant dans la nichette; puis elle va chercher du coton pour ouater cette première couche.

*** Quelle est l'offrande expiatoire du Christ? Lui-même. C'est la miséricorde permanente de Dieu, la clémence inhérente à sa nature rendue perceptible aux sens de l'homme. L'amour éternel nous a été révélé par la vie et la mort de Notre-Seigneur, qui ont prouvé que Dieu pardonne, parce qu'il aime à pardonner. Il agit par des sourires, quand le fait est possible; autrement il se montre en courroux; la douleur n'est pour lui qu'un moyen d'inculquer l'amour.

Si nous parlons de force, voyez! Lui, est fort, le Tout-Puissant, le Dominateur suprême, l'Esprit de l'univers. Le cœur tressaille à l'idée de sa grandeur.

---

la première mue, ensuite — au moins pour certaines espèces — dans une toile lâche remplie de filaments qui leur servent de promenoir, et qu'elles étendent peut-être, à mesure qu'elles grandissent. A la moindre vibration imprimée à la toile, toutes les petites araignées, éparses dans le filet, se réunissent au centre, où elles forment un noyau brun qui reste immobile jusqu'à ce que l'alerte soit passée. Il paraît ici que le groupe était encore dans le sac natal.
(*Note du traducteur.*)

1. Avec cette différence que le papier ou le carton de la guêpe est de nature végétale, fait de charpie de bois, travaillé par la bestiole, et n'a matériellement de celle-ci que le fluide employé par l'ouvrière pour délayer et pour coller la pâte, fluide qui est sa propre salive. Le papier-toile de l'araignée est au contraire d'origine animale, tiré exclusivement de la tisseuse, qui ne vit que d'insectes; il est formé par couches de fil mis en nappes et appliqué par une sorte de badigeonnement des filières. (*Note du traducteur.*)

Jeux d'enfants.

*** Tous les hommes de génie se sont fait remarquer à la fois par l'étendue et par le minutieux de leur savoir. Les grands astronomes semblent connaître chaque iota du connaissable. A la tête de son armée, le grand Duc donnait tous les détails de ce qui devait s'observer dans telle charge de cavalerie, et veillait lui-même à ce qu'il y eût des vivres pour tous les soldats.

Certains hommes s'imaginent que la grandeur consiste en une hautaine indifférence pour toutes les choses vulgaires. Le Grand Lama, dans son immuable contemplation du vide, est un bon exemple de ce qui serait alors l'idéal de la majesté; mais l'Évangile nous montre Jésus, manifestation du Dieu béni, veillant sur tous avec une attention minutieuse. Il a pour chacun de ses disciples une sollicitude plus entière, plus soutenue, plus intelligente que, dans le plus grand amour de soi, pas un d'eux n'aurait eu pour sa propre personne. Le tendre amour de Jésus est plus parfait que ne pourrait le sentir le cœur d'une mère.

6 *août*. — Les bergeronnettes commencent à renvoyer leurs petits qui se nourrissent eux-mêmes. — Je ne peux penser qu'à une chose : quand mes gens arriveront-ils? Ils devaient être ici au bout de soixante jours; en voilà quatre-vingt-quatre. Peut-être est-ce pour le mieux, dans la prévoyance du Très-Haut.

9 *août*. — Je remercie pieusement le Seigneur de la bonté qu'il a de m'amener mes hommes. Trois d'entre eux sont arrivés; je ne peux pas dire à quel point je suis reconnaissant. Les gens qui ont accompagné Stanley à Oujiji me reviennent. « Bénis le Seigneur, ô mon âme, et que tout en moi bénisse son saint nom. »

10 *août*. — Renvoyé mes trois hommes, rejoindre la bande, avec quatre dotis (seize brasses de cotonnade) et trois livres de poudre.

Fait une visite au Lihoualé pour lui dire la nouvelle : un brin de politesse, et appris que le vieux Nkasihoua a reçu une ruade d'un bœuf qui lui a brisé plusieurs côtes; à son âge, cela peut être grave. Nouvelle cause de retard pour la fin de la guerre. Ils n'y vont pas de bon cœur.

15 *août*. — Ma caravane est arrivée hier; elle a mis soixante-quatorze jours pour venir de Bagamoyo. Je suis on ne peut plus reconnaissant au Dispensateur de tous les biens. Quelques jours de repos à mes gens, et nous partirons.

16 *août*. — Un tremblement de terre, *kiti-ki-cha* des indigènes, m'a secoué dans ma kitannda, hier au soir, vers sept heures. Les vibrations étaient rapides, et ont été en s'affaiblissant; elles ont duré une cinquantaine de secondes. Beaucoup de personnes les ont remarquées.

17 *août*. — Préparatifs de voyage.

18 *août*. — Fanndo : chef à éviter pour ses extorsions.

Été faire mes adieux à Sultan-ben-Ali, et confié à sa garde des articles d'échange pour le voyage de retour; en outre une provision de cartouches pleines et vides, des clous pour le bateau, deux barres de fer, etc.

19 *août*. — J'attends des pagazis (des porteurs). Sultan-ben-Ali est venu me voir; il part pour Mfouto.

20 *août*. — Repésé tous les ballots; cinquante livres pour chaque pagazi, la moitié pour les Nassickais[1].

Mabrouki, l'ancien factotum de Speke, a été longtemps malade; il ne peut pas venir avec nous; je le laisse à Tabora, chez Sultan-ben-Ali.

21 *août*. — Donné un bœuf à mes gens, et une choukka à une femme répudiée, pour la préserver du froid, son mari ayant fait main basse sur tout ce qu'elle possédait. C'est la fille d'un personnage!

22 *août*, dimanche. — Tout est prêt; mais il nous manque dix pagazis.

23 *août*. — Pas moyen de trouver de porteurs; la plupart sont à la guerre.

25 *août*. — Mis en marche, et arrêtés au bout d'une heure et quart au village d'Youba ou Mannga, près d'une colline de granite. Il est important de faire d'abord de courtes étapes.

Belle journée, un temps clair, rafraîchi par le vent d'est.

---

1. La bande du docteur se composait alors de Souzi, de Chouma et d'Amoda qui étaient avec lui depuis 1864; de Mabrouki et de Gardner, deux Nassickais, loués en 1865; et des cinquante-sept hommes envoyés par M. Stanley, dont quelques élèves de Nassick, parmi lesquels se trouvait Jacob Wainwright, qui, sachant lire et écrire, a joué un rôle important après la mort de Livingstone.

(WALLER.)

CHAPITRE IX.

26 *août*. — Deux Nassickais, sur dix bêtes qu'ils avaient à garder, ont perdu une vache. Arrivé à Borna de Mayonnda, j'ai envoyé cinq hommes à la recherche de la bête; ils ne l'ont pas retrouvée. C'était notre meilleure laitière.

27 *août*. — Partis pour aller chez Ibouloua et chez Kasékéra de Mammba. Traversé des lits de torrents, maintenant à sec. Marché dans la forêt; fait halte dans un village d'Ibouloua; de là chez Kasékéra, trois heures et demie de route. Direction au sud-ouest.

28 *août*. — Gagné, en deux heures, le village de Mayolé, où nous avons fait halte. Même direction qu'hier. En face de nous, l'eau est rare. Remis en marche dans une forêt, dont le sol est plat; atteint une pièce d'eau marécageuse, au bord de laquelle on a dressé le camp après une nouvelle route d'une heure et demie, toujours au sud-ouest.

29 *août*. — A travers une forêt plate et sans eau. Aspect des bois en hiver : branches nues et feuilles mortes, herbe sèche; mais, où celle-ci a été brûlée, des fleurs apparaissent et l'herbe nouvelle commence à poindre.

30 *août*. — Les deux Nassickais ont perdu hier toutes les vaches, par leur indolence. On a retrouvé les bêtes après une longue course; mais il en manque une. Souzi a donné à mes deux négligents dix coups de baguette.

Loué des porteurs et fait halte.

31 *août*. — Kassa, un jeune Mogannda, nous avait suivis; je l'avais rendu à ses compatriotes. Il s'est échappé ce matin du village de Mayolé, et nous est arrivé à trois heures, les vêtements lacérés par une course de vingt-deux milles, course de onze heures à travers bois; il veut absolument venir avec nous.

Croisé le village de Kisaré, à un mille et demi de la dernière station, et gagné Pennta ou P'hinta, après trois heures de marche en forêt plane et au sud-ouest.

1ᵉʳ *septembre* 1872. — Toujours la même forêt, jusqu'au village de Tchikoulou; quatre heures vingt-cinq minutes de marche, et toujours au sud-ouest. Eu la visite de Manyara, qui, demain nous servira de guide.

Reçu de Djannghiannghé un cuisseau de taghetsé ou konngolo, antilope qui a sous l'orbite un bouquet de poils blancs.

Acheté des vivres, et distribué à mes hommes des rations pour dix jours. L'eau est rare et le grain s'obtient difficilement. Le pays est très-sec; les arbres sont dépouillés, l'herbe est morte; mais il y a des fleurs.

Aujourd'hui, pour la première fois, ciel tout couvert de nuages. A présent il fait chaud. Vu de petites hirondelles — première apparition, — toute une bande; elles ont le ventre blanc et semblent n'avoir pas de queue.

2 *septembre.* — Nos hommes broient leur grain pour dix jours. Deux porteurs ont pris la fuite avec quarante-huit brasses de calicot appartenant à mes gens. Fait courir après eux, mais sans beaucoup d'espoir de les rattraper.

3 *septembre.* — Poursuite infructueuse.

4 *septembre.* — Quitté Tchikoulou. Trouvé sur la route une grande vipère inflata; un seul coup sur la tête a suffi pour la tuer raide : elle n'a pas même fait un mouvement. Trois pieds de longueur environ, et de la grosseur du bras; la queue brève, la tête large et aplatie. Cette rencontre, d'après mes gens, est de très-bon augure pour notre voyage; néanmoins, si l'un d'eux avait marché sur l'heureux augure, il y aurait eu de la souffrance suivie de mort.

Arrivé au Zihouané. Grand arbre, et de l'eau. Quatre heures et demie de marche, au sud-sud-ouest.

6 *septembre.* — Repos, en vue des longues étapes que nous avons à faire pour éviter la tsétsé.

8 *septembre.* — Hier, prolongation de séjour, plusieurs des nôtres ayant la fièvre.

Aujourd'hui, en marche pour le N'gommbo. Très-grande chaleur, et des gens malades. Rencontre de la tsétsé.

Une femme d'Oujiji a suivi l'un des hommes de Stanley jusqu'à Bamagoyo; elle est revenue avec cet homme qui vient de l'abandonner. Un camarade l'a prise; malgré cela, elle ne paraît pas contente; mais il est possible qu'il y ait de sa faute; elle semble avoir le caractère trop excitable; par mégarde elle a mis le feu à sa case; et dans son émotion, elle a cherché querelle à tout le monde. C'est néanmoins une belle jeune femme, grande et bien découplée; elle devait être l'orgueil de ses parents.

9 *septembre.* — Tilikéza ou marche forcée; halte au bord

d'une expansion du noullah; puis deux heures de route; et bivaqué dans la forêt.

10 septembre. — Couché de nouveau dans les bois, près d'un étang, à deux milles du village de Mouéra.

11 septembre. — Étape de huit heures et demie. Soleil très-chaud; marche accablante.

Madjouara a dans la chambre antérieure de l'œil un insecte dont les mouvements le font beaucoup souffrir.

Nous apprenons que sur une ancienne route venant de Mouéra, on trouve de l'eau; nous partirons demain de bonne heure et nous suivrons ce sentier; il nous évitera de passer par Moréfou et nous épargnera deux jours de marche; ce qui, par la chaleur actuelle, est beaucoup pour nous.

On dit que Simmba est en guerre avec le Fipa.

Engagé deux Banyamouézi.

12 septembre. — Gagné l'eau, et fait halte jusqu'à deux heures et demie; puis la marche a été reprise. Demain nous atteindrons les villages.

Tué un buffle. L'eau est dans l'hématite.

Engagé quatre porteurs appelés Nsakousi, Motipatonnzé, Mouanamazoungou et Mayommbo.

15 septembre. — En marche vers des montagnes prochaines. Beaucoup de gros gibier. Je suis malade.

16 septembre. — Gravi une rampe d'environ deux cents pieds de hauteur; puis marché à l'ouest pour atteindre les villages fortifiés de Kamirambo, dont le territoire commence au M'toni [1].

17 septembre. — Arrivé au Métammbo, rivière marécageuse : une heure et quart de traversée. Au bord commence le territoire de Méréra, dont nous gagnons la résidence après trois heures quinze de marche dans une forêt où les strychnos sont en grand nombre.

18 septembre. — Séjour chez Méréra pour moudre le grain.

19 septembre. — Idem, pour cause de maladie; les entrailles vont mal. Je n'ai pas mangé depuis huit jours [2].

---

1. Lit de torrent, noullah.
2. D'après Chouma et Souzi, à dater de cette époque, les périodes de santé devinrent très-rares; le bien ne fut même plus que relatif. (WALLER.)

Simmba nous fait dire de passer par son village, et non par la route directe.

20 *septembre*. — Trois heures et demie au nord-ouest, et arrivés chez Simmba. Celui-ci nous fait un beau présent : une chèvre, des œufs, une poule, des fèves, du riz concassé, du sorgho et du sésame. Je lui ai donné six brasses d'étoffe supérieure.

21 *septembre*. — Séjour. Le mal se prolonge; il ne cède à aucun traitement; toutefois je mange un peu; c'est un bon symptôme.

Sous un arbre du village est un nid de milan brun (espèce ordinaire); il s'y trouve deux œufs d'un blanc pur, plus gros que des œufs de poule, et très-sphériques.

Les femmes banyamouézi, en général, sont très-laides; dans le nombre pas un joli visage, chose si commune parmi les Batouzi. Leurs traits sont grossiers, leurs formes épaisses, leur corps trapu : une race de porte-faix.

D'après la tradition, les Banyamouézi, en venant de la côte dans l'intérieur, ont taillé l'extrémité d'un coquillage (un cône) en forme de demi-lune, pour s'en faire une parure; cette forme est toujours celle de leur principal ornement. Ils ont en général les manières respectueuses; mais ils manquent de générosité; la maxime arabe : rien pour rien, est devenue la leur; ce sont en outre d'avides marchands d'esclaves.

Le palmier au pain d'épice de Speke est l'hyphénée.

Par sa forme double, le fruit du borassus a beaucoup de ressemblance avec le coco de mer des îles Seychelles; mais, bien qu'assez gros, il est très-petit en comparaison.

22 *septembre*. — Retenus par la préparation du grain et par un homme qui se prétend incapable de marcher. Envoyé chercher des pagazis pour qu'ils se chargent des ballots de ceux qui porteront le malade.

Reçu du chef une énorme quantité de bière.

23 *septembre*. — Après avoir demandé un prix exorbitant, les pagazis se sont en allés.

Longé une rivière aux berges rocailleuses; passé sur l'autre bord et dressé le bivac, ne devant trouver d'eau que fort loin d'ici.

CHAPITRE IX.

24 septembre. — Je vais mieux et suis reconnaissant ; mais je suis faible.

Traversé un large cours d'eau rempli d'herbes marécageuses et gagné le boma Misonnghi, par une marche ouest-quart-sud.

25 septembre. — Un m'djoré et un buffle ont été tués ; nous restons pour les manger. Je me rétablis, mais avec beaucoup de lenteur.

Le m'djoré, qui est un chéropotame ou cochon aquatique, a été dévoré cette nuit par les hyènes ; le buffle est intact.

26 septembre. — A travers bois, le long d'une vallée marécageuse ; traversé la branche supérieure des eaux qu'elle renferme, branche qui contient de l'oxyde de fer ; puis marché à l'ouest en inclinant au sud.

Beaucoup de tsétsés dans la forêt. Les zèbres appellent bruyamment ; et au point du jour, le jacana du Sénégal fait retentir notre bivac de son cri particulier : O-o-o-o-o-o-o-o-o.

27 septembre. — En route au lever du soleil. Nous ne pensions pas trouver d'eau, et nous en avons rencontré abondamment à trois reprises différentes. Beaucoup de gibier partout.

Je vais de mieux en mieux et j'en rends grâces.

Étapes de trois heures trois quarts, à peu près à l'ouest. Pas vu d'habitants, pas même leurs traces. Les fleurs s'épanouissent, dans l'attente de la pluie ; beaucoup d'endroits où le feu a détruit l'herbe sèche ; mais l'herbe nouvelle est encore très-courte.

28 septembre. — Bivaqué près de deux collines ayant, sur la pente occidentale, des arbres en forme de champignon.

Traversé un ruisseau de douze pieds de large ; de l'eau jusqu'au genou.

On voit paître des buffles.

Nous avons beaucoup de malades.

Un gros chat musqué est entré dans le camp, où il a été tué. Ce chat, n'gahoua des Banyamouézi, avait une robe blanche, rayée de noir, quatre pieds de long, du museau au bout de la queue ; un pied six pouces de hauteur.

29 septembre. — Marche à travers des bambous, et en gravissant des collines basses ; gagné les ruines du village de Mpokoua et la rivière du même nom, rivière qui coule dans une profonde déchirure d'un terrain alluvial. Poisson appelé sammbala, très-abondant.

Forte chaleur, et, par suite, beaucoup de malades. Course à l'ouest.

30 septembre. — Toujours parmi des collines basses, couvertes d'arbres et formées de granite et de grès. Les Ba'ngala ont attaqué le village où nous étions il y a quelques jours, et toute la population est en fuite. Nos hommes trouvent dans les jardins abandonnés des patates en abondance; ce qui est fort heureux, car ils ont tous grand' faim.

1er octobre 1872. — Traversé beaucoup de champs déserts établis dans un sol fécond et humide; des chaînes basses, couvertes d'arbres nous entourent. Vu quelques habitants; mais tous frappés de terreur.

2 octobre. — Obtenu une grande quantité de sorgho en échange de fil de laiton, et resté pour le moudre. Mes gens en étaient privés depuis quelques jours, et se réjouissent de cette abondance.

Légère ondée à cinq heures du matin; mais pas assez forte pour abattre la poussière.

3 octobre. — Marche au sud qui nous a conduits, par une descente rapide, dans une riche vallée où était beaucoup de maïs en épi, mais encore vert. Population amicale; malgré cela, n'ayant fait qu'une heure de route, nous avons poursuivi notre marche en pays montueux, dans la direction du sud-ouest.

Plusieurs de nos hommes brûlaient leur poudre sans motif; ils ont été punis.

Franchi le Katouma, rivulette qui passe au fond d'une vallée; douze pieds de large, de l'eau jusqu'au genou. Campés dans la forêt. Fardjila a tué un beau buffle.

Temps pénible, chaleur suffocante.

4 octobre. — Toujours en pays montueux. L'herbe est brûlée, mais les tiges sont désagréables. Passé dans une belle vallée où des zèbres paissaient tranquillement: de jolis animaux.

Étape seulement d'une heure et demie; nous avons un malade qu'il faut porter, et la chaleur est accablante; j'en suis très-éprouvé et je me réjouis de la lenteur de la marche.

CHAPITRE IX.

5 octobre. — En haut, puis en bas des montagnes; très-douloureux pour les jambes et les poumons. Voulant ménager mon âne, j'ai grimpé et descendu; après cela, à peine ai-je été sur la bête qu'elle s'est mise à courir de toutes ses forces; et elle ne sent pas la bride. La selle était lâche; mais j'ai tenu bon jusqu'à des bambous situés dans un creux où il y avait une source, et où l'on s'est arrêté.

6 octobre. — Une longue vallée remplie de bambous, et renfermant des girafes. A droite, une chaîne qui s'éloigne, tandis que celle de gauche va en diminuant. Des bambous de tous côtés et disposés par touffes, comme les autres herbes; les éléphants les mangent.

Direction de la marche, ouest-quart-sud-ouest; durée, deux heures trois quarts. Toujours de petites étapes en raison du malade qu'il faut porter.

7 octobre. — Beau pays ressemblant à un parc, avec de larges ceintures de bambous, et de grands arbres touffus, à cime ombreuse. Marche à l'ouest, nous conduisant à l'extrémité de la chaîne méridionale; puis quatre heures de route dans une forêt en terrain plat, contenant beaucoup d'hématite; arbres élevés, futaie ouverte. Peu de distance entre les eaux, et le gros gibier abonde. Notre compagnon a tué un zèbre, un rhinocéros et deux jeunes éléphants.

8 octobre. — Parti au point du jour, pour éviter la force du soleil; et après deux heures de marche, vu le Tanganika du haut d'une colline. Le sol est rocailleux, jonché de fragments de quartz. Le micaschiste, dont les roches sont formées, est soulevé comme s'il avait été rejeté par une force agissant selon le grand axe du lac; en divers endroits il est tout à fait de champ; ailleurs ses couches renferment du basalte, cristallisé en polygones de forme irrégulière.

Nous étions tous très-fatigués, lorsque nous arrivâmes à une estacade où l'on refusa de nous recevoir, parce que des Malongouanas l'avaient attaquée de fraîche date et, qu'une fois dans le village, nous pourrions en saisir les habitants. C'était vrai, et nous nous sommes assis à l'ombre d'un palmier solitaire, un borassus, pendant qu'on dressait le bivac.

9 octobre. — Séjour; tout le monde est fatigué et il y a plusieurs malades. Cette chaleur m'ôte toutes mes forces et me rend inutile; je suis là, gisant comme une bûche; et la fatigue n'est pas moins grande à l'intérieur.

Djanghiannghé a trouvé des canots pour se rendre à Oujiji et nous quitte demain.

10 *octobre*. — Tout le monde est las; en outre, c'est dimanche; et nous nous reposons. Donné à chacun de mes hommes un khété (rang de perles faisant deux fois le tour du cou).

Ponnda est le chef de l'Ousohoua.

11 *octobre*. — Atteint le district de Kaléma, après deux heures trois quarts de marche, sur une boue noire profondément craquelée, et déchirée par des lits de torrents maintenant à sec. Nous voyons le Tanganika, mais par échappées; une rangée de collines basses nous en sépare.

Bruits de guerre pour demain.

12 *octobre*. — Attendu jusqu'à deux heures; puis marche forcée vers le Fipa. Les habitants cultivent peu, dans la crainte de l'ennemi; d'où il résulte que les vivres sont rares.

Nous quittons une grande vallée traversée par un lit de sable, vallée où nous avons passé deux jours, et nous gravissons des collines dont la chaîne, parallèle au Tanganika et formé de gneiss et de micaschiste, a été repoussée à distance du lac.

Rencontré un buffle au sommet d'une rampe; il a été abattu, mais nous ne l'avons pas retrouvé.

Marche au sud-ouest.

13 *octobre*. — Route au sommet de la chaîne parallèle au rivage sur laquelle s'est faite en grande partie la marche d'hier. Ces montagnes s'élèvent à mille pieds (trois cents mètres) au-dessus de l'eau; elles sont boisées, mais d'arbres rabougris.

Au coucher du soleil, le lac prit l'aspect d'un océan d'or rutilant, et parut si voisin que beaucoup de mes hommes descendirent pour y aller boire; mais il leur fallut trois ou quatre heures pour l'atteindre.

Jusqu'à présent la fumée nous a empêchés de voir l'autre bord; mais aujourd'hui, trois caps étaient projetés de la côte, et le dernier, situé au sud-est de notre camp, semblait s'approcher de l'autre rive.

CHAPITRE IX.

Très-grande chaleur.

Demain, nous atteindrons le chef-lieu du Fipa. Course à peu près droit au sud. Bien que la température nous fasse beaucoup souffrir, grâce à elle, une foule de ruisseaux fréquemment vaseux, et la bourbe des chemins qui auraient bientôt fourbu mon âne, nous sont épargnés.

Ciel laiteux annonçant de la pluie. Tipo-Tipo, à ce que l'on rapporte, a pris la haute-main dans l'Itahoua et exige que tout l'ivoire de la contrée lui soit remis; c'est comme tribut qu'il le réclame, étant vainqueur de Nsama.

Notre tambour est, pour les Banyamouézi, l'objet le plus curieux que nous possédions.

Sur toute la rive du Tanganika, le coton est largement cultivé; c'est l'espèce de Fernambouc; les semences adhèrent entre elles; mais la soie est longue et forte; on en fait dans le pays une étoffe grossière qui est le vêtement général. Entre les cotoniers, laissés debout toute l'année afin qu'ils puissent grossir, les indigènes cultivent du grain et des arachides.

14 *octobre*. — Traversé deux noullahs profonds où se traînait une eau paresseuse; l'un d'eux entourait une ancienne estacade.

Campés sur un tertre qui domine une estacade moderne et qui nous fait avoir une belle vue du Tanganika. Nous aurions pu arriver ici hier, mais nous étions trop fatigués.

Le territoire de Mokemmbé a pour chef Kariaria; le nom du village est Mokaria. Mont N'Tammboué; village, Kafommfoué. Le M'Pemmboué, autre montagne, s'avance dans le lac. Kapoufi est le chef du Fipa.

Vu deux belles poules sultanes à cou d'azur.

Midi, à cinquante pieds environ au-dessus du lac, ciel couvert de nuages; température : 32° 8/9. Trois heures de l'après midi, 34° 6/9.

15 *octobre*. Séjour et tué un bœuf. Chaleur sèche, très-pénible; nous en sommes tous fortement éprouvés. Je suis content du repos; malgré cela, je ne m'arrête que lorsque je ne peux pas faire autrement. En donnant à mes ânes du sorgho et du maïs, et en ne les montant que de deux jours l'un, je suis parvenu à les garder en bon état; mais je souffre plus du soleil que si je marchais.

Kariaria est à la fois obligeant et poli.

16 *octobre*. — Quitté Mokaria, et marché au sud. Longé plusieurs baies du Tanganika ; le chemin serpente considérablement.

Aussitôt après notre départ, les indigènes ont mis le feu à notre bivac.

17 *octobre*. — Partis d'une baie et fait route vers le mont Mpimmboué. Sur notre passage, deux lions se sont mis à gronder avec fureur. Ici le gibier pullule ; mais nos gens ne savent tirer que pour faire du bruit.

Trouvé dans une mare fangeuse beaucoup de lépidosirènes que mangeaient des vautours. L'un de nos hommes prit un de ces poissons avec sa lance ; ce lépidosirène avait eu la queue rongée par un de ses frères ; il mesurait deux pieds de long, avait des écailles[1] ; sa chair était bonne.

Franchi une passe située à l'extrémité méridionale du Mpimmboué, et trouvé de l'eau dans une masse arrondie de la montagne.

18 *octobre*. — Toute la journée au milieu des monts ; presque droit au midi, jusqu'à une descente inclinant un peu vers l'ouest, et qui nous a fait retrouver le lac, à un endroit où il y a de gros villages, ayant de fortes estacades, et à demi entourés d'un noullah profond.

Nouvelle attaque de l'ancien mal.

Nous sommes ici dans le Kilanndo ; le chef s'appelle Boboué. Simmba a fait une razzia tout récemment ; et les vivres sont chers.

19 *octobre*. — Séjour pour broyer le grain et pour reposer les gens.

Deux îlots dans cette partie du lac : Nkoma et Kalenngé ; celui-ci est en face de nous.

20 *octobre*. — Un waterbock (*egoceros ellipsiprymnus*) et un gros buffle ont été tués. Passé toute la matinée à détailler la viande ; et mis en marche à deux heures de l'après-midi.

Croisé un bras du Tanganika, ayant une chaîne de collines

---

1. Qu'il eût des écailles n'avait rien d'extraordinaire ; ceci étant l'un des traits caractéristiques de cet ambigu qui doit à ce fait la première partie de son nom.
(*Note du traducteur.*)

CHAPITRE IX.

sur le bord extérieur. Gros gibier en extrême abondance. Rencontré deux bomas, et passé la nuit près du dernier.

Course d'abord au levant, puis au sud.

21 *octobre*. — Mokassa, le petit Mogannda, a un gonflement à la cheville qui l'empêche de marcher. On est allé chercher du bois à une heure du camp pour lui faire une litière.

Les estacades, qui entourent les villages, sont revêtues d'une couche de pisé, de manière à intercepter les balles ou les flèches. Tous les arbres sont abattus pour la construction de ces enceintes, que précèdent des tranchées profondes, énormes fossés remplis d'eau.

Il y a ici un bras du Tanganika, appelé Kafoungia. Le coton est largement cultivé.

Envoyé un doti au chef du village où nous avons fait la litière, et demandé à ce chef de nous donner un guide. Au lieu de nous rendre au Fipa, qui est à quatre jours d'ici du côté du levant, tout à fait en dehors de notre route, je voudrais aller directement au sud.

Tipo-Tipo est, dit-on, au bord du Moéro, à l'ouest du Tanganika.

22 *octobre*. — Rebroussé chemin du côté de l'ouest, traversé une chaîne de collines, descendu en face d'îlots importants, et campé dans un village détruit par Simmba.

Nombreuses cotonneraies, à trente pieds environ au-dessus du lac.

23 *octobre*. — Première partie de la marche au levant; croisé ensuite deux baies profondes; arrêté à l'une d'elles pour acheter des vivres.

Les bords du Tanganika sont formés d'une série de baies arrondies, correspondant aux vallées qui traversent les montagnes et qui descendent au rivage. Dans le lac Nyassa, les baies semblent résulter des vents qui prédominent et qui les ont faites.

Marche seulement d'une heure et demie, au sud-est quarts-sud. Il a plu probablement la nuit dernière, car on aperçoit la rive opposée. Les montagnes du Bannda s'affaissent en allant au sud.

Nous sommes maintenant dans le canton de Motochi. Aux approches de l'eau, des pièces de bois, armées d'un fer de lance, sont suspendues au-dessus du sentier à l'intention des buffles.

24 *octobre*. — Beaucoup de baies arrondies dans les montagnes du Fipa.

Pris deux heures de repos dans une vallée profonde et ombreuse; gravi ensuite le flanc d'une montagne, par un sentier très-glissant, et gagné un village entouré d'une estacade. Aujourd'hui, il a fait très-chaud et des coups de tonnerre ont retenti au loin du côté de l'est; ce sont les premiers de la saison.

Le village s'appelle Linndé.

25 *octobre*. — La côte se dirige au sud-sud-est vers un cap. Nous avons monté au sud-est, puis escaladé la pente très-raide d'une colline; viré de nouveau au midi, descendu dans une vallée du lac, remonté un versant rocailleux, et redescendu au fond d'une vallée étroite où il y avait un village.

La rive occidentale se voit distinctement; il faut qu'il ait plu de ce côté-là.

26 *octobre*. — Toujours par monts et par vaux; collines et montagnes. Croisé deux baies profondes, et gagné une large baie, dans laquelle se trouve un îlot proéminent, situé près de la côte méridionale du golfe, et nommé Kitannda, à cause du chef qui s'appelle ainsi. Il y a également du même nom une jolie rivulette dont l'eau est fraîche et pure.

27 *octobre*. — Resté pour acheter des vivres, qui sont très-chers; et tué une vache fatiguée, pour l'échanger contre du grain.

28 *octobre*. — Partis de Kitannda; fait le tour du cap, en allant au sud. La direction du cap précédent était nord-nord-ouest. Gagné trois villages, ayant de grands arbres à cime étalée. Le chef de ces villages nous a engagés à faire halte : la marche suivante, qui nous fera côtoyer le lac, devant être de longue haleine.

A peine étions-nous arrivés qu'un léopard fut apporté en grand triomphe; on lui avait enroulé la queue et lié les griffes et la gueule avec de l'herbe et des lanières d'écorce, sans doute pour plus de sûreté; avant de mourir, il a mordu au bras l'un des chasseurs. Tambourinage et cris de joie à profusion.

CHAPITRE IX.

Reçu la visite du chef qui s'appelle Mosiroua ou Kasamané; il me fait moudre du grain que je recevrai comme présent.

En face de nous, à peu de distance de la côte occidentale, près de l'embouchure du Lofouko, est une île appelée Morilo ou Molilo, où se rendent les Banyamouézi qui vont chez Casemmbé. Ici, par 7° 52' de latitude méridionale, le Tanganika a une largeur de douze à quinze milles.

Tipo-Tipo règne dans l'Itahoua; il a mis un chef dans les fers, mais lui a rendu la liberté à la requête de Saïd-ben-Ali.

Pour traverser le lac, d'ici à Morilo, il faut à peu près trois heures.

29 *octobre*. — Franchi le Themmboua, rivulette de vingt pieds de large; de l'eau jusqu'au genou. Passé la nuit sur l'autre rive.

Entre la montagne et le lac, il n'y a plus maintenant qu'un sentier, et sur lequel on ne peut pas porter les bagages. La prochaine étape se fera en gravissant, puis sur les monts : six heures de marche avant de retrouver l'eau. C'est pourquoi je me suis arrêté après une route tortueuse de moins de deux heures et demie. Nous sommes maintenant sur la frontière du Fipa; l'étape suivante nous conduira dans l'Ouroungou.

30 *octobre*. — Les points culminants de la montagne dominent la passe de cinq cents à sept cents pieds, et ont une altitude de treize cents à quinze cents pieds au-dessus du lac.

Chemin très-raboteux. Une vache est tombée et s'est cassé la jambe.

Les pierres, réunies en tas ou formant des lignes, annoncent que toutes ces pentes rocailleuses ont été mises en culture.

Arrivés à une bourgade située au bord du lac. L'îlot de Kirila est à peu près à un quart de mille du rivage. Ce sont les Méganndas qui autrefois cultivaient ces montagnes.

Roulements de tonnerre et quelques gouttes d'eau; la pluie soulagera les pieds des marcheurs; nos hommes lui adressent des appels fervents : « Viens, viens! nous te saluons! » et ils bâtissent leurs huttes en conséquence.

31 *octobre*. — Escaladé l'Ouinélao et suivi un long défilé. Arrivés à un îlot appelé Kapessa, îlot d'une longueur d'un mille et demi; puis entrés dans une longue passe.

La population doit avoir été prodigieuse, car toutes les pierres ont été enlevées des champs, et il n'est pas un pouce de sol arable qui n'ait été cultivé. On dit que toute cette population a été balayée par les Matoutas.

Marchant au sud, nous avons trouvé un grand bras du lac, ayant un village à son extrémité, village avec estacade. Ce bras a sept ou huit milles de long sur deux de large.

Aujourd'hui, fait tuer une de nos vaches. Le foie renfermait, dans sa substance, des vers plats particuliers et d'autres qui étaient ronds.

CHAPITRE X.

Guides infidèles. — Marche très-difficile. — Mort d'un âne par suite des piqûres de la tsétsé. — La famille de Kassonnzo. — Hospitalité d'un chef. — Le Lofou. — Un muscadier. — Famine. — Malade. — Arrivée à la ville de Tchama. — Une difficulté. — Énorme serpent. — Mort de Casemmbé. — Fleurs du pays des Babisa. — Arrivée au Lopopossi. — Au village de Tchitoufikoué. — Terrible marche. — Inondation.

1er *novembre* 1872. — Le bruit se répand que, dans l'Ouloungou, une invasion de Babemmba a détruit toutes les denrées. Nous cherchons ici à nous procurer des vivres ; mais tous ont été cachés dans la montagne, et il faut qu'on aille les prendre. Si nous les avons d'assez bonne heure, nous partirons dans l'après-midi.

Pluie dans la journée.

La traversée du Moulou nous a donné beaucoup de peine, en raison des plantes dont il est encombré ; il vient de Tchinngolao et se jette dans le Tanganika.

Marche au sud, puis au levant.

2 *novembre*. — Notre guide a sans doute eu peur de ses compatriotes ; toujours est-il qu'après nous avoir fait suivre un cap rocheux, et conduit à un port enfermé dans les terres, baie de trois milles de long sur deux de large, où se trouvait une estacade, il nous a faussé compagnie. Les gens du village nous dirent que si nous poursuivions notre route, il nous faudrait encore marcher pendant quatre heures avant de rencontrer de l'eau ; et comme nous avions déjà fait une étape de quatre heures et quart, nous nous sommes arrêtés chez eux.

3 *novembre*. — Gagné ce matin un village où l'on disait qu'il y avait des vivres. J'ai dû punir deux fainéants pour avoir crié : « Pocho ! pocho ! pocho ! » (rations) dès que la

bourgade a été en vue; l'un d'eux est un fumeur de chanvre consommé. On les a frappés légèrement; mais je leur ai dit que la prochaine fois les coups seraient plus rudes.

Les gens de Liemmba, craignant pour leur une ou deux vaches, leurs quelques moutons, leurs quelques chèvres, nous ont conseillé de nous rendre au village voisin : « Juste derrière cette colline et parfaitement approvisionné. » Quatre heures d'efforts sur les pentes les plus rocailleuses nous ont punis de notre crédulité. Ils cachent leurs provisions et choisissent les points les plus inaccessibles, afin de lasser l'ennemi.

Aujourd'hui atteint le Louazé après cinq heures et demie de route, pendant lesquelles nous avons vu deux fois le Tanganika à peu de distance.

4 *novembre*. — Nous sommes tous très-fatigués. J'essaye de me procurer des vivres; mais ils sont très-chers et très-difficiles à obtenir. Des marchandises sont probablement apportées du Fipa.

Un jour de repos serait nécessaire à toute la bande; mais l'absence de provisions nous condamne à marcher.

5 *novembre*. — Gagné le sommet d'une haute montagne; une vache n'a pas pu gravir la pente; j'ai envoyé des hommes la rejoindre, avec ordre de la tuer; pendant ce temps-là on est allé chercher de l'eau; j'ai attendu au faîte que tous mes gens fussent de retour.

6 *novembre*. — Croisé une baie profonde et étroite, et gravi une montagne escarpée. Trop de fatigue pour le meilleur de nos ânes.

Après une grimpée de quelques heures, nous avons eu sous les yeux les baies nombreuses du lac. Une lumière éclatante, éclat assoupissant, flotte sur elles. Plus loin, nous nous sommes trouvés sur la corniche d'une falaise, d'où nos regards tombèrent sur la nappe d'un vert sombre, que nous dominions d'une hauteur à pic de six cents pieds.

Vu ici trois zèbres, un jeune python et de belles fleurs.

7 *novembre, dimanche*. — Séjour; mais le chef défend à ses sujets de nous vendre des vivres. Nous l'invitons à venir s'entendre avec nous; il refuse et jette des clameurs de défi, comme s'il avait le désir de se battre. A la fin, voyant que

nous ne faisons pas attention à lui, il nous envoie un présent dont je lui paye trois fois la valeur.

8 *novembre*. — Le plus grand des deux ânes est très-malade et paraît incapable de gravir l'escarpement qui est en face de nous; je laisse auprès de lui des hommes pour l'entraîner en le flattant, et leurs efforts sont couronnés de succès. J'envoie ensuite à la recherche d'un sentier qui nous sorte des montagnes; car elles nous tuent. D'autres hommes sont expédiés pour acheter des vivres; mais en dehors du poisson, les riverains de cette partie du lac sont pauvres.

Des bandes de martinets rasent la surface de l'eau; nous les avons déjà vues à notre premier passage; depuis lors, il y a eu peu de migrations d'hirondelles.

Bien que nous soyons dans la saison la plus chaude, et que toutes les plantes aient disparu (effet de l'incendie) ou soient desséchées, les fleurs continuent à percer la croûte brûlante du sol; généralement elles n'ont pas de feuilles. Un gingembre pourpré, avec deux taches jaunes à l'intérieur, et d'un effet charmant, alterne avec un autre d'un jaune serin. Beaucoup d'arbres également sont fleuris.

La terre, calcinée par le soleil, est d'une telle chaleur, que sa réverbération est pareille à celle d'un four; elle brûle les pieds et les met hors de service. Une inflammation sous-cutanée des jambes est commune et paralyse les plus vigoureux de mes hommes. Cela nous impose une lenteur désolante; c'est bien contre mon gré que nous n'allons pas plus vite. Moi aussi, j'ai été malade; et je ne me suis mieux porté qu'en marchant. A âne, on subit toute l'influence du soleil; tandis qu'à pied, la transpiration modifie avantageusement l'extrême chaleur; c'est la même différence que par le froid, d'être en mouvement, ou bien endormi sur l'impériale d'une diligence.

Je connais dix sources thermales au nord de la rivière d'Orange; plus on remonte vers l'équateur plus elles sont nombreuses et plus elles sont chaudes.

L'esprit des missions, l'apostolat, est le véritable esprit du Maître, le vrai génie de sa religion. Une philanthropie diffusive est le christianisme même. Il exige une propagation constante pour attester sa pureté.

9 *novembre*. — Je n'ai pu avoir qu'une très-faible quantité de vivres; et j'ai fait abattre un de mes veaux pour nous emplir un peu la bouche.

Un sentier allant au levant paraît conduire hors des montagnes. Ce matin nous avons marché dans cette direction, à travers une forêt ouverte couvrant des hauteurs; puis une longue descente nous a fait gagner une vallée où il y avait de l'eau.

Beaucoup de jardins, mais les propriétaires (des Milenngas) se tiennent hors de vue.

Les hauteurs ont un manteau de pourpre qui leur vient des feuilles naissantes.

A ma grande joie, l'âne commence à manger.

Des hommes, que j'ai envoyés à la recherche d'un village, reviennent sans avoir rien vu; et il faut bivaquer. Je suis malade, et perds beaucoup de sang.

Sortis des montagnes du lac, nous suivons de hautes chaînes de grès et de dolomite.

Notre guide nous offre de conduire quelques-uns de nos gens à un endroit où l'on peut acheter des vivres; proposition très-acceptable.

L'âne va de mieux en mieux; c'était évidemment l'effet des piqûres de la tsétsé; car il y avait gonflement des paupières, des narines et de toute la bouche. Un autre est mort à Kouihara avec tous les symptômes que produit le venin du terrible insecte[1].

11 *novembre*. — Marche à travers un pays doucement ondulé; beaucoup d'anciens jardins et de logettes pour les guetteurs; certaines de ces loges sont placées à une grande élévation.

Atteint la rivière de Kalammbo, que je sais être un affluent

---

1. Cette note est d'une extrême importance. Jusqu'ici le Docteur avait toujours soutenu, d'après ses observations personnelles, que l'âne pouvait être emmené sans crainte dans tous les endroits où les bœufs, les chevaux, les mules et les chiens devaient certainement périr des attaques de la tsétsé. Avec la prévoyance d'un homme qui explorait l'Afrique dans le but de l'ouvrir à la race blanche, il attachait un grand prix à cette immunité de l'âne et s'appliquait à la constater. Il est certain que le fait cité plus haut, et qui diffère de tout ce que le Docteur avait observé jusque-là, intéresse vivement la question du parcours et des transports dans cette partie de l'Afrique. (WALLER.)

CHAPITRE X. 291

du Tanganika. Une branche la rejoint au village de Mosapassi ; branche profonde qui ne peut être passée qu'au moyen d'un pont, tandis que le Kalammbo est sans profondeur ; il n'a guère plus de vingt yards de large ; mais il couvre ses bords sur une grande étendue.

[Le 12 et le 13 novembre, la marche eut lieu sur des rampes de grès et d'hématite d'une faible altitude, elle fit croiser à la bande plusieurs villages protégés par de fortes estacades. Le ciel était nuageux, et il y eut des averses qui, après la chaleur dévorante des derniers temps, furent sans nul doute bien accueillies par les voyageurs. Ceux-ci atteignirent le Halotchéiché, cours d'eau rapide de quinze pieds de large, tributaire du lac, où l'eau monte jusqu'à la cuisse ; et ils arrivèrent à la ville de Dzommbé, qui avait été assiégée peu de temps auparavant ; Livingstone dit à ce sujet :]

Le camp de Mtoka entourait complétement l'estacade, et l'on se battait sans cesse à l'endroit où l'enceinte se trouvait affaiblie par l'écartement des pieux que nécessitait le passage de la rivière, celle-ci traversant la ville. Kassonnzo et Tchitimeboua vinrent au secours de Dzommbé, dont ils étaient frères ; et les assaillants levèrent le siége.

Mtoka avait obligé des Malonngouanas à s'unir à lui ; et, avec eux, il avait pillé de nombreux villages ; cet homme est un grand fléau. Il paraît aussi avoir attaqué une bande arabe à laquelle il enleva six ballots d'étoffe et un de verroterie, disant au chef de la bande que s'il voulait ravoir sa cotonnade et ses perles, il n'avait qu'à venir et à l'empêcher de battre Dzommbé.

Le siége durait depuis trois mois, lorsque les deux chefs cités plus haut, vinrent au secours de leur frère. Ce fut pour les assaillants une déroute complète ; d'abord les Malonngouanas, puis les gens de Mtoka prirent la fuite, et la plupart en jetant leurs fusils pour mieux courir. Il y a deux mois à peine que ces événements se sont passés ; moins de lenteur, et nous nous trouvions au milieu du conflit ; c'est donc une Providence bienfaisante qui nous a empêchés d'arriver plus tôt.

16 novembre. — L'âne était redevenu fort malade; il est mort ce matin, évidemment des piqûres de la tsétsé, et de la négligence de l'un de mes hommes qui l'a laissé quarante-huit heures sans boire. La pluie, sans nul doute, a contribué à ce triste résultat; c'est pour moi une grande perte.

17 novembre. — Longé la base d'une chaîne élevée qui côtoie le lac. Fait route au couchant, puis tourné au sud-est et gagné un village suspendu au bord d'un profond abîme où coule l'Aïzé.

18 novembre. — A peine en marche, nous avons été surpris par une averse torrentielle; et nous avions à gravir le sentier qui passe près du village de Mbetté, sentier ouvert dans une terre rouge et glissante. Un de mes gens a trouvé une petite fille abandonnée et l a prise; comme elle était engourdie par le froid et par la pluie, il l'a portée; mais à mon approche il l'a jetée dans l'herbe; je l'ai fait ramasser et nous l'avons donnée à une femme qui n'avait pas d'enfant. La pauvre petite peut avoir quatre ans, et n'a pas du tout l'air d'une négresse.

Marche au sud-ouest qui nous a conduits chez Kamepâmmba, fils de Kassonnzo; celui-ci est mort.

19 novembre. — Visité Kamepâmmba; il est toujours aussi aimable que lorsqu'il vint avec nous au Liemmba. Je lui ai fait présent de deux brasses d'étoffe. Son village est de bonne grandeur.

Nous avons maintenant de la pluie tous les jours et en abondance.

20-23 novembre. — Employé mes gens à enfiler des perles pour les besoins futurs; et donné à chacun d'eux (les délinquants exceptés), quatre brasses de cotonnade et une poignée de grains de verre. J'ai diminué considérablement le poids des ballots, ce qui les enchante. Nous avons maintenant trois charges et demie de cotonnade; et cent vingts sacs de perles.

Plusieurs de mes hommes n'ont pas de fardeau; à ceux-là incombent différents ouvrages, tels que soigner les malades et de faire toute corvée accidentelle. Les deux Nassickais n'ont reçu que deux brasses d'étoffe; la vache et le veau qu'ils ont perdus en avaient coûté vingt-huit. J'ai été obligé de laisser en arrière un des nôtres qui a la dyssenterie; mais je lui ai donné du calicot et des perles, et j'ai envoyé deux fois savoir comment il se trouvait.

24 novembre. — Quitté aujourd'hui Kamepâmmba; et, au sud-est du village, traversé une prairie dans laquelle le Mouanani prend sa source; c'est un affluent du Kaponndosi, qui porte ses eaux dans le lac.

Kiténéka, celui qui nous a accompagnés au Liemmba, en 1867, a fait route avec nous en qualité de guide. La marche a eu lieu dans un pays plat, autrefois boisé, et dont tous les arbres sont coupés à quatre ou cinq pieds de terre, probablement en vue de la culture, le sol étant très-fertile : sol rougeâtre.

De longues rangées de collines, formées par dénudation, se voient dans le lointain; elles se dirigent toutes vers le lac.

Nous nous sommes arrêtés au village du successeur de Kassonzo, village situé sur le Molouloué, qui peut avoir une largeur de trente yards, deux pieds et demi de profondeur, et qui se jette dans le Lofou.

Le chef m'a donné un mouton; présent bien accueilli; je n'avais pas mangé de viande depuis quatre jours. Kamepâmmba est loin d'avoir la générosité de son père.

25 novembre. — Une heure de marche nous a conduits à une rivulette appelée le Casemmbé, cours d'eau très-profond, qui va lentement rejoindre le Lofou. C'était à son embouchure que demeurait Kassonzo.

Notre sentier serpentait dans un bois où il y a beaucoup de têtards, fort désagréables pour les passants à cause de leurs rejets feuillus.

26 novembre. — En route au point du jour; l'herbe était couverte de rosée et un épais brouillard voilait toute chose. Passé dans deux villages d'où sortaient les habitants pour aller cultiver leurs terres fécondes, qu'ils amendent en y brûlant du bois.

Le Loïla coule en cet endroit; il va également s'unir au Lofou.

27 novembre. — Comme c'est aujourd'hui dimanche, nous séjournons au village de N'dari; demain, nous serons au delà du Lofou, en pays inhabité. Le chef nous a fait cuire six plats, et nous demande de rester encore pour qu'il nous fournisse plus de nourriture ; je la lui achète. Il m'a fait présent d'une volaille et d'une belle quantité de farine ; je lui ai donné en retour deux brasses d'étoffe.

Pluie très-copieuse et du vent par rafales ; nous sommes trempés.

28 *novembre.* — Gagné le Lofou après une course d'un mille : soixante pieds de large et une grande profondeur. Nous avons fait un pont et tranché les berges pour que l'âne et les vaches puissent entrer dans l'eau. Leur traversée nous a pris deux heures, pendant lesquelles nous les avons halés vers l'autre rive.

Ici notre guide a commis une lourde bévue ; il nous a fait prendre à travers un marais couvert de touffes d'herbes, entre lesquelles est une eau profonde qui ne tarit jamais ; et il y avait un sentier faisant le tour de cette fondrière.

De là, nous nous sommes rendus à un village, précédé d'un cours d'eau qu'il a fallu franchir. Ici pas d'estacade ; et le chef nous a permis de camper dans sa ville.

On voit de tout côté de longues rangées de collines basses.

Au pont du Lofou, un homme est venu réclamer le péage. Comme sa machine se composait d'une perche, ne pouvant pas nous servir, car elle était pourrie, je lui demandai de la mettre en état de porter toute ma bande qui est nombreuse, promettant de le payer ensuite ; mais, ajoutai-je, si je refais le pont et que je l'élargisse, vous me donnerez une chèvre pour mon travail. Il a filé sans répondre ; et nous avons mis de gros arbres où il n'y avait qu'une mauvaise perche.

29 *novembre.* — Traversé les deux bras du Loozi ; le premier, sur un pont naturel formé par un figuier dont la tige a pris une direction horizontale. Dans le second bras, nous avons eu de l'eau jusqu'à la ceinture. Après cela nous avons monté la pente douce de Malemmbé et atteint le village de Tchihoué, qu'antérieurement j'ai appelé Tchiboué, trompé que j'étais par le dialecte yao.

Un ruisseau, nommé Ilammba, arrose le village.

Le Loozi est encore un affluent du Lofou, rivière qui a sa source dans l'Isounga, à une montagne nommée Kouitetté.

CHAPITRE X.

Le Chambèze naît à la même place, du côté de l'est, et porte à sa naissance le nom de Loazoua.

Tchihoué m'a fait présent de farine d'éleusine, et d'une petite chèvre à jambes torses. La brasse de cotonnade que je lui ai donnée ne l'a pas satisfait; j'ai offert une seconde brasse et un paquet d'aiguilles; il n'a pas été content et m'a renvoyé l'un et l'autre. Sur ce, je lui ai rendu sa chèvre et je suis parti.

[La route continua à se dérouler parmi des collines jusqu'au premier décembre, où les voyageurs arrivèrent au bord du Lovou Katannta. Ils y trouvèrent un muscadier chargé de fruits; le même probablement que celui qui croît à l'état sauvage sur la côte occidentale, dans la province d'Angole, et qui diffère de l'espèce que l'on cultive aux Moluques. Dans tous les cas, le fait parut curieux au docteur; son carnet porte en deux endroits différents :

« Qui a planté le muscadier du Katannta[1] ? »

Poursuivant sa route sous une pluie diluvienne, Livingstone entra dans l'Ouemmba, dont les collines peu élevées et couvertes d'arbres, montrent çà et là un schiste à grain fin, et des roches pyrogènes de couleur rouge, blanche et verte.]

3 décembre. — Pas moyen d'avoir de vivres, par suite des razzias de M'toka et de Tipo-Tipo.

Un guide imbécile ou pervers nous a fait aller aujourd'hui au nord-ouest ou à l'ouest-nord-ouest. Les habitants n'ont pas voulu nous conduire au village de Tchipouité, où nous aurions pu acheter du grain, et qui est au sud-ouest, à une distance d'un jour et demi. Nous sommes à la merci du guide; et soit ignorance ou mauvais vouloir, il affirme que si nous allons au sud-ouest, nous resterons cinq jours sans rencontrer personne, partant sans avoir de vivres.

Traversé le Kañommba : quinze yards de large et de l'eau

---

1. La muscade sauvage se trouve dans l'Ousouï, au nord de l'Ounyamouézi: elle y est en assez grande quantité pour que les caravanes l'apportent dans cette dernière province, et probablement jusqu'au bord du Tankanika. Voy. Burton, *Voyage aux grands lacs de l'Afrique Orientale*, p. 504.

(*Note du traducteur.*)

jusqu'au genou. Ici a disparu notre guide, et le sentier a fait de même.

Passé deux fois le Lammpoussi, quarante mètres de large et un pied et demi de profondeur; dressé le camp, puis envoyé à la recherche d'un village où il y ait quelques denrées.

Notre course a été aujourd'hui de quatre heures et demie à l'ouest-nord-ouest. L'homme qui portait mon troisième baromètre (un anéroïde) est tombé en glissant dans le sentier argileux, et le baromètre est disloqué d'une façon irrémédiable.

4 *décembre*. — Toujours au bord du Lammpoussi, dans une vallée couverte d'arbres, un amas de verdure où nous attendons le retour de nos hommes. Ceux que j'ai fait partir hier sont revenus les mains vides; de faux renseignements les ont fait aller où il n'y avait absolument rien; les habitants eux-mêmes vivent de racines, de fruits sauvages et de larves d'insectes. Prise dans sa demeure d'argile, celle du sphex maçon est très-grasse et de fort bon goût.

Un homme est venu nous demander si nous avions vu sa femme et son enfant; ils se sont probablement cachés, à moins qu'ils n'aient été pris : la bande de Tipo-Tipo a fait de nombreuses captures. Un seul méchant détruit beaucoup de bonheur.

5 *décembre*. — Ici les habitants mangent des champignons et des feuilles. Vers cinq heures, mes gens sont revenus avec deux indigènes qui m'apportaient du grain de la part de Kafimebé; eux-mêmes en avaient acheté un peu; et demain matin nous nous remettrons en marche. Nous camperons deux fois sur la route, puis nous arriverons chez Kamifebé, qui est un frère de Nsama avec lequel il est en guerre.

6 *décembre*. — Retraversé le Lammpoussi, gravi une montagne, dont nous suivons la crête, et dont la descente nous mène à des ruines : cinq heures de route. Nouvelle course de deux heures et demie et arrivée à Sinetila. Nous nous pressons, marchant comme peuvent le faire des affamés qui vont où il y a des vivres.

Quatre hommes malades.

7 *décembre*. — En route à six heures quinze. Un léopard

est entré cette nuit dans le camp et a mordu une femme; celle-ci a crié, l'âne s'est mis à braire et le léopard a pris la fuite.

La route s'est faite d'abord entre deux rangées de collines basses. A l'extrémité des deux chaînes, nous avons trouvé un cours d'eau d'une largeur de trente yards ou à peu près ; et, entrant dans une vallée que nous avons descendue, nous sommes arrivés chez Kaflmebé.

8 décembre — Pluies torentielles. Visite à Kaflmebé. C'est un homme jeune, intelligent et d'une figure agréable. Attaqué à plusieurs reprises par Kitanndala, le successeur de Nsama, il a été contraint d'émigrer de Motononnga à l'endroit où nous le voyons maintenant, c'est-à-dire au bord du Motossi, rivulette qui va se jeter dans le Kisi, affluent du Moéro.

9 décembre. — Envoyé au loin chercher des vivres; conséquemment obligé d'attendre. Ici on ne peut rien avoir, ni pour amour, ni pour argent.

Aujourd'hui un homme du parti arabe, qui est en ce moment chez Kâmmb-Kâmmba, nous a apporté un présent de M'tchété et nous a amené une chèvre. Cet homme raconte qu'ils ont tué Cazemmbé, auquel leur approche a été dissimulée par ses propres sujets. N'ayant pas d'estacade, il est tombé promptement sous les coups de l'ennemi. Sa tête et ses parures sont maintenant au bout d'une perche ; sa belle femme s'est enfuie de l'autre côté du Mofoué, et les esclaves des Arabes font bombance dans le pays.

En retour de la chèvre et de ce qui l'accompagnait, j'ai envoyé deux dotis (quatre brasses) de calicot, un djorah de Kaniké, un doti d'étoffe de couleur, trois livres de perles et un paquet d'aiguilles.

10 décembre. — Quitté Kaflmebé. Il m'a donné trois hommes pour nous conduire au village de Tchama, et a fait avec nous une course d'un mille.

Marche sinueuse d'un petit village désert à un autre.

11 décembre. — L'eau étant éloignée, nous avons traversé une plaine émaillée de villages (deux heures de marche) pour atteindre le Makouboué, rivulette bourbeuse qui est un affluent du Moéro, et au bord de laquelle nous avons trouvé la résidence d'un neveu de Nsama. Ce jeune homme a été très-généreux dans ses dons; en retour, je lui ai offert quatre brasses d'étoffe.

Djouma-ben-Siff, un Arabe, m'a envoyé une chèvre. Lui et les autres ont mené rudement les indigènes; ils en conviennent.

12 *décembre.* — Marennza nous fait présent de farine de sorgho et d'un poulet, et nous demande un peu de beurre, qui lui servira de talisman. Il ne paraît pas vouloir nous donner de guide, bien que Kaflmebé l'y engage.

On rencontre beaucoup de Banyamouézi (gens de Garagannza). Ils font commerce d'anneaux de jambes, d'ivoire et d'esclaves.

Une course d'une demi-heure nous a fait gagner le Mokoé, rivière de trente yards de large, qui verse beaucoup d'eau dans le Malounda, tributaire du Moéro.

Quand on abat l'élaïs pour avoir du toddy, on le laisse couché pendant trois jours; puis on coupe le bourgeon terminal, qui est tranché net, et la séve commence à couler; cela dure pendant un mois ou six semaines, l'arbre toujours par terre.

[La note suivante est d'une main affaiblie; l'écriture ordinairement très-bonne, est inégale, parfois presque illisible, et révèle l'effort qu'elle a coûté. Un seul mot l'explique : « Malade ». Néanmoins, avec le courage et la persévérance habituels, les rivières franchies, la durée, la direction de la marche sont inscrites.]

13 *décembre.* — Route au couchant, inclinant un peu au sud; traversé le Mokoboué : trente-cinq yards. Après cela, au sud-ouest; et campés dans un village désert. Malade. Cinq heures de marche. Deuxième rivière passée : Mékannda; troisième, Méñommba, où nous sommes.

14 *décembre.* — Les guides ont viré au nord-ouest pour nous conduire chez un fils de Nsama, voulant lui jeter dans les mains le présent d'usage. Quand je leur ai vu prendre cette direction, j'ai protesté; ils ont répondu qu'en face de nous, le sentier faisait un détour, et que c'était pour le rejoindre, en évitant la courbe.

Nous avions longé, pendant un mille, le Méñommba, où il y a

beaucoup d'eau, lorsque Souzi nous a quittés pour courir au sud, et a trouvé un sentier allant au sud-quart-ouest, qui nous a conduits à un village où les vivres sont abondants.

Aussitôt que le camp a été dressé, j'ai envoyé rappeler les femmes qui s'étaient sauvées, nous pronant pour l'une des bandes de Kâmmba-Kâmmba.

Traversé le Loupéré qui va rejoindre le Mokoboué.

Ce matin, une sangsue qui se trouvait dans le village, et qui est venue à moi, a fait exprimer aux indigènes l'idée que ces annélides tombent des nuages ou du ciel (*moulou*). Ici on les appelle mossonnda-a-malouzé, ou sangsues de rivière; les Zanzibarites les nomment *louba*. A un endroit de la route, j'ai compté, sur le chemin, dix-neuf sangsues dans l'espace d'un mille. La pluie les fait sortir de leur cachette, et leur apparition subite a fait croire, ainsi que pour le poisson et pour la grenouille du tonnerre, à leur chute des nues.

Toujours de la pluie ou des nuages qui ne permettent pas d'observer les étoiles.

15 *décembre*. — Pays plat, couvert de têtards, dont les branches ont été prises pour faire de l'étoffe et des cendres. Beaucoup de villages abandonnés, très-peu d'oiseaux[1].

Traversé le Lithabo : trente yards de large, de l'eau jusqu'à la cuisse ; eau rapide coulant au sud-ouest, rejointe près d'ici par un ruisseau et allant se jeter dans le Kalonngouési.

Gagné le village de Tchipala, qui est au bord du Tchikatoula, affluent du Moïpannza.

16 *décembre*. — En route à six heures du matin; passé immédiatement le Tchikatoula; et, trois quarts d'heure après, franchi le Lopannza, d'une largeur de douze yards ; c'était à l'époque des crues, nous y avons eu de l'eau jusqu'à la ceinture. A moins d'une demi-heure, s'est trouvé le Lolila : huit yards de large et de l'eau jusqu'à la cuisse ; cours d'eau per-

---

[1]. Ce fait de la rareté des petits oiseaux dans les lieux abandonnés, prévu par l'auteur de l'*Esprit des Bêtes*, confirmé par Livingstone près du Zambèze et depuis lors par Schweinfurth, prouve que c'est leur attachement pour l'homme et la joie ressentie de son voisinage qui fixent autour de notre demeure ces doux compagnons, non moins utiles que charmants. Ils s'en vont alors que le jardin leur revient tout entier, rempli de graines et d'insectes, placé au bord de l'eau, offrant des retraites ombreuses et paisibles, mais d'où l'ami a disparu.

(*Note du traducteur.*)

manent, ainsi que le Lopannza ; et comme lui, enveloppé d'ombre par de grands arbres qu'il arrose avec amour. Tous les deux vont s'unir au Kalonngouési.

Arrivés ensuite à un groupe de villages où il y avait des vivres, nous y sommes restés, n'ayant pu, dans les deux dernières stations, nous en procurer que des chiquets.

Rencontré là deux Banyamouézi qui portaient du sel au Lobemmba de Moammbou. Ils l'avaient eu dans le Kabouiré, où ils étaient allés en faire provision, et ils le détaillaient le long du chemin.

Partis, après avoir acheté du grain, nous avons gagné à midi le village de Kasiané, qui est auprès de deux rivulettes : le Lopannza et le Lolilà [1]. Le chef, un parent de Nsama, nous a donné une quantité importante de farine de sorgho ; je lui ai fait présent de deux brasses de cotonnade.

Ainsi que nous le voyons aujourd'hui dans le Lopannza et le Lolila, les grandes eaux des rivières sont décolorées par ces pluies sporadiques.

L'herbe croît rapidement ; et la plupart des arbres sont en plein feuillage ; leur verdure est de nuances diverses ; la teinte foncée prédomine, surtout le long des cours d'eau. A l'horizon, les collines sont voilées d'azur ; ici, dans le Lobemmba, elles ont des pentes douces et une hauteur qui varie de deux cents à trois cents pieds. Le grès fait saillie à leur cime ; en quelques endroits apparaît le schiste argileux qui a l'air d'avoir été cuit ou mis en fusion par une chaleur intense.

L'humeur belliqueuse est une des nécessités de la vie ; quand un peuple ne sait pas se défendre, c'est l'abjection et la perte. Mes propres hommes, chez les gens pacifiques, entrent dans les cases, s'y installent sans demander la permission, insultent les propriétaires et prennent sans honte le manioc ou autre chose. Il me faut les menacer de les battre, et en venir là, pour les empêcher de voler ; tandis que dans les villages où la population est guerrière, mes gens ont la douceur et l'honnêteté des colombes. La paix de parti pris implique l'abaissement et la ruine de ceux qui l'adoptent, la violence et les

---

1. *Close to two rivulets, named Lopanza and Lolela.* Il est très-probable que ce sont les deux petites rivières dont il vient d'être question, mais il est possible que ce soient des homonymes. (*Note du traducteur.*)

torts chez ceux qui la rencontrent. Je fais toujours des présents aux chefs, et autant que possible je ménage leurs susceptibilités. Cette conduite est fort appréciée et donne lieu à beaucoup de battements de mains.

17 décembre. — La pluie menaçait; néanmoins, après une attente d'une demi-heure, nous sommes partis; et au bout d'une heure et demie, l'averse nous a contraints de nous réfugier dans un village. Le chef s'est montré obligeant et poli; il nous a donné deux paniers de manioc et un de sorgho; je lui avais d'abord fait un léger présent.

Le district s'appelle Kisinega et borde le Kalonnghouésé.

18 décembre. — Toujours la même contrée plate, couverte de têtards, jusqu'à ce que nous ayons atteint la rive droite du Kalonnghouésé, ce que nous faisons à un quart de mille à l'est de l'embouchure de la Louéna ou Kisaka. Ce côté de la rivière s'appelle Kisinega; l'autre, qui porte aussi le même nom, est le territoire de Tchama.

La Louéna vient de Djanghé, pays de Casemmbé, à l'ouest-sud-ouest d'ici. Le Kalonnghouésé arrive du sud-est et va au nord-ouest.

De temps à autre, mon âne met le pied sur le toit d'excavations pratiquées par les fourmis, du moins selon toute apparence, et enfonce de dix-huit pouces, même davantage, ce qui le fait presque tomber. Ces cavernes sont faites juste au milieu du chemin

19 décembre. — Un ciel tellement couvert et tant de pluie, que nulle observation ne peut être prise pour établir la latitude et la longitude de ce point réellement géographique.

A un mille de l'embouchure de la Louéna, le Kalonnghouésé a soixante ou quatre-vingts mètres de large et quatre de profondeur. Nous l'avons passé dans de très-petits canots, dont l'un a chaviré deux fois, mais pas d'homme perdu.

Marche d'une heure et quart dans la direction du sud.

20 décembre. — Ciel fermé par de gros nuages. Attendu pour voir s'il y aurait une éclaircie qui n'a pas eu lieu. Partis à sept heures quinze; une pluie fine est tombée comme nous approchions de l'estacade du chef, appelée Mozammba.

Un fils de Tchama a essayé de nous conduire à l'ouest; le chemin étant couvert d'herbe, je m'y suis opposé; peu de temps après, nous trouvions la route : un large sentier où le passage était libre. Le guide est allé en courant dire cela au fils du chef; nous avons continué comme si de rien n'était, et tous les deux nous ont suivis.

Rencontré un parti dont l'un des membres a voulu nous régaler de ses chants et de ses fanfares de corne d'antilope; mais j'ai décliné cet honneur par trop assourdissant.

Si j'avais accepté la fausse route qu'on voulait nous faire prendre, nous ne serions arrivés où nous sommes que demain dans l'après-midi.

Passé la nuit dernière dans le canot qui avait chaviré; lit très-humide; et il pleuvait tant qu'il n'y avait pas moyen de le sécher.

21 *décembre*. — Gagné la résidence de Tchama.

De gros nuages, poussés par le vent, couraient devant nous, et il tombait une pluie fine.

Ce n'est pas le fils du chef, mais le frère de celui-ci qui a voulu nous égarer. Quand il a vu que nous prenions la bonne route, il a couru au village et a dit aux femmes de se sauver; ce qu'elles ont fait, abandonnant leurs poules. Je ne lui en ai pas moins donné deux morceaux d'étoffe d'une brasse chacun : l'un pour lui, l'autre pour le chef, ajoutant que nous avions besoin de nourriture et que je la payerais. Ils sont accoutumés à ne recevoir que de mauvais traitements de la part des métis; et notre conduite, si douce qu'elle soit, les alarme. La place qu'il nous avait assignée étant dans un lieu découvert, sans nul moyen de défense, nous avons pris possession de l'estacade; mais cela s'est fait tranquillement. Ils sont partis, laissant leurs poulets et leurs pigeons. Cette fuite est causée par le frère, car il n'y a pas eu d'injures. Nos femmes se sont mises à broyer le grain, et vont et viennent sans bruit; mais maintenant que ma bande se voit maîtresse des lieux, il est difficile de l'empêcher de voler.

Le frère est revenu; il était ivre et a voulu prendre une grosse botte de flèches que j'ai saisie.

22 *décembre*. — Traversé la rivulette qui baigne l'estacade de Tchama. Dix-sept crânes humains décorent cette enceinte. La rivière a trente pieds de large et deux de profondeur. Une marche d'une heure et demie nous a fait arriver à un cours

d'eau marécageux, tellement encombré de plantes aquatiques, que c'est tout au plus si on peut le franchir; il fallut y traîner notre vache.

Continué à marcher au sud, à travers beaucoup de fougeraies.

23 *décembre.* — En route à six heures du matin, par le brouillard. Gagné, en une heure quinze, trois gros villages, au bord de trois ruisselets appelés Misanngoua; et beaucoup de ces marais décrits sous le nom d'éponge.

Toujours au sud; croisé d'autres villages et arrêtés à une estacade.

24 *décembre.* — Ciel gris, et nuages dérivant du sud et du sud-ouest. Très-humide; pluie fine.

Renvoyé à Tchama le paquet de flèches, son frère ne pouvant plus s'en servir contre nous; il y en a deux cent quinze dans la botte.

Passé le Lopopoussi; largeur d'environ sept yards; cours rapide sur des rochers, et parmi de fortes plantes aquatiques; se dirige à l'ouest pour gagner le Lofobou.

Ici les gens n'ont pas fui à notre approche et ne semblent pas même effrayés; nous espérons pouvoir acheter des vivres.

25 *décembre, Christmas day (jour de Noël).* — Je remercie le bon Dieu de nous avoir donné son fils Jésus-Christ, notre Seigneur.

C'est notre grand jour, nous nous reposons. Fait tuer un bœuf, et donné quinze rangs de perles à chacun de mes hommes.

Temps froid; il pleut nuit et jour.

Le chef est aimable et généreux; chose très-douce, comparée à la terreur des autres, à leur refus de vendre des vivres, de venir parler, ou de montrer le chemin.

Le Nil Blanc, charriant ses ondes quasi périodiques, oppose au Nil Bleu une masse d'eau, qui agit comme tampon à l'égard de celui-ci. Ayant une hauteur considérable, le Nil Bleu, lorsqu'il se précipite de ses escarpements, présente à ce frère rapide un coussin moelleux dans lequel plonge ce dernier, qui se trouve retenu par le *vis inertiæ* de la rivière plus lente; et réunis, ils vont ensemble former la grande inondation de la basse Égypte. La rivière Bleue apporte la partie la plus lourde du limon; tandis que le fleuve Blanc roule le noir terreau finement divisé de milliers de milles carrés des forêts du Manyéma, terreau qui est la matière fertilisante, de la vase annuellement déposée, et qui donne probablement au Nil le nom qu'il porte[1].

Quelques-unes des rivières du Manyéma, telles que le Louya et le Matchila, sont d'un noir d'encre, et rendent la principale artère d'une couleur très-nilotique. La connaissance que j'ai faite de ces rivières aux flots sombres, et de vingtaines de ruisseaux d'une teinte aussi brune qu'une forte infusion de thé, est toute ma récompense pour m'être plongé dans l'effroyable bourbe du Manyéma.

26 *décembre*. — Marché comme dans les étapes précédentes, parmi des collines boisées, formées de schistes rouges, jaunes et verts; chemins détrempés et glissants. Traversé le Lofouba; eau limpide et très-profonde, de quinze yards de large, qui va au nord-ouest rejoindre la Louéna ou Kisaka, et que nous avons franchie au moyen d'un pont. L'âne a passé à la nage, entre deux hommes qui le dirigeaient.

C'est en coulant à l'ouest, pour aller rejoindre le Lofouba, que le Lopopoussi acquiert la largeur que nous lui avons vue.

Sur la rive gauche du Lofouba, nous avons trouvé trois villages où la fonte du fer occupe de nombreux fourneaux. Nous étions mouillés, et bien qu'il fût de bonne heure, la pluie nous arrêta. Effrayé par notre bande, un troupeau de buffles prit la fuite, et abattit les arbres sur son passage; à part cela, nous n'avons pas rencontré de gibier, pas même vu de traces.

27 *décembre*. — Quitté les villages qui sont au bord du Lofouba. Une cascade tombe à notre gauche; le pays est très-accidenté; parfois les collines ont quatre cents pieds de hauteur; elles sont couvertes d'arbres rabougris. Beaucoup de scolopendre et de fougère commune.

---

[1]. *The black finely divided matter from thousand of square miles of forest in Manyema, which probably gave the Nile its name.* Nous avons fidèlement traduit ce passage, dont les termes n'offrent pas d'obscurité; mais nous avouons ne pas comprendre comment une matière noire a pu faire appliquer au Nil le nom de *Fleuve Blanc*. (*Note du traducteur.*)

CHAPITRE X.

Nous traversons une rivulette, affluent du Lofouba, et nous campons dans la jungle à côté d'un ruisseau. Il n'a pas plu aujourd'hui, chose étonnante; mais une ligne de nuages bas, venant du nord-ouest, flotte devant nous.

Tué ici un naïa hadjé de sept pieds de long; il se dressa devant moi, et voulut combattre.

La strate inférieure des nuages, celle qui vient du nord-ouest, est composée de légères masses cotonneuses, dont les bords s'étendent comme s'ils étaient sur une machine électrique. La couche supérieure, venant du sud-est, est formée de larges nappes striées ressemblant au pelage tigré d'un chat. La strate du nord-ouest file rapidement; l'autre marche avec lenteur, en se dirigeant vers le point d'où arrive celle d'en bas. A part quelques instants, il n'y a pas eu ce mois-ci d'observations possibles. On assure que la nouvelle lune amènera un temps moins pluvieux; les nuages se préparent à changer : la couche du nord-ouest deviendra sud-est et *vice versa;* et la strate du nord-ouest, aujourd'hui la plus basse, occupera l'étage supérieur.

Un homme malade, incapable de marcher, est resté toute la nuit dehors, à la pluie et sans feu. Je l'ai envoyé chercher avec un brancard. On est mouillé, et l'on a froid. Nous montons évidemment à mesure que nous approchons du Chambèze. Les nuages du nord-est sont venus ce matin à la rencontre de ceux du nord-ouest; puis du sud-est, il en est arrivé d'autres qui se sont jetés à la traverse et ont paru combattre ces derniers. Il est possible que la nouvelle lune qui paraîtra bientôt fasse changer le temps.

4 heures du soir. — L'homme qu'on vient d'apporter est fort mal.

29 *décembre.* — Tchipanngahouazé, notre malade, est mort la nuit dernière. C'était un brave homme doux et bon; sa maladie a commencé chez Kamepámmba. On l'a enterré ce matin.

Après avoir planté des branches de moriñga aux quatre coins de la tombe, nous sommes partis, prenant au sud-ouest. Une marche de trois heures et quart nous a fait gagner le Louonngo, rivière d'un fort courant, se dirigeant au sud-ouest, puis au sud, et enfin à l'ouest pour gagner le Loualaba.

A l'endroit où nous l'avons traversé, après l'avoir suivi pendant une heure, nous lui avons trouvé douze yards de large et il nous a monté jusqu'à la cuisse. Rencontré, près de ses rives, un indigène qui, avec quatre de ses parents, enlevait des écorces pour faire de l'étoffe; c'est lui qui m'a donné sur le Louonngo l'information précédente.

Nouvelle lune la nuit dernière.

30 *décembre*. — Je dois être en arrière de deux jours.

En marche à six heures du matin; il faisait très-froid. Depuis quelque temps, la pluie a cessé. Atteint le village de l'homme que nous avons rencontré hier. Comme, par suite de la maladie et de la mort de Tchipanngahouazé, nous n'avons pas pu faire de provisions, je m'arrête ici.

2 *janvier*. — Hier, mercredi, était le 1ᵉʳ janvier 1873; j'étais bien de deux jours en retard.

3 *janvier*. — Les gens du village désiraient vivement nous faire prendre à l'ouest et nous conduire à la résidence de Tchikammbi; mais j'ai refusé de les suivre.

Marche d'une heure et demie au sud, à travers bois, sans route aucune; puis dans une forêt plate; beaucoup de fougère et pas de gibier. Campé dans la forêt, au bord d'une petite rivière nommée Sitanngoula. Une petite pluie douce a tombé toute la nuit.

Partout la preuve d'un climat humide : des lichens sur tous les arbres, même sur les tiges qui n'ont que six pouces de tour.

Notre dernière vache est morte des suites de la traversée du Lofouba : coups et halage. Les indigènes nous l'ont demandée pour s'en nourrir; ils l'ont payée; tout n'est donc pas perdu.

4 *janvier*. — Une heure de marche, toujours au sud, nous a fait gagner le Lopopossi ou Lopopodzi, rivulette de vingt-cinq à trente pieds de large, où maintenant on a de l'eau jusqu'à la poitrine, et qui fuit rapidement au midi, pour atteindre le Chambèze.

Arrêtés à deux heures chez Kitibé, après avoir reçu une forte pluie. Le village est au bord d'une petite rivière appelée Kizima.

5 *janvier*. — Une femme de notre bande est très-malade; demain il faudra qu'elle soit portée.

6 janvier. — Kitibé ou Kapécha, très-poli et fort généreux. Il nous a donné trois hommes pour nous conduire chez son frère aîné, qui s'appelle Tchoungou. Des musiciens tambourinent et chantent continuellement pour lui; les voix sont très-rudes. Je lui ai fait présent d'une demi-livre de poudre; il s'est couché sur le dos, s'est roulé à droite et à gauche, a frappé dans ses mains, au bruit des acclamations de son entourage; puis il s'est mis sur le ventre et s'est livré au même exercice.

Son peuple est très-craintif, ce qui n'a rien d'étonnant, les bandes des Arabes se croyant tout permis. Lorsque, en dressant ma tente, mes hommes se sont mis à chanter, toutes les femmes ont pris la fuite.

Temps froid et couvert; forte bruine. Beaucoup de champs cultivés loin des estacades.

Ici, actuellement, les éponges sont pleines et débordent, par suite des pluies abondantes et continuelles. L'éleusine, le maïs, la cassave, le sorgho, le tabac, les fèves, les arachides, poussent rapidement. Autour de chaque carré est une plate-bande en relief, où se trouvait une haie; celle-ci a été brûlée pour amender la terre; et sur cette bordure on a planté du ricin, des giraumons, des gourdes, mis là afin qu'ils puissent dominer l'herbe.

7 janvier. — Une pluie froide nous retient dans un village très-pauvre, où nous restons bien malgré nous.

3 heures de l'après-midi. — La pluie cesse, et nous partons pour le Kamalopa, rivulette qui va rejoindre le Kamolozzi, affluent du Kapopozi.

8 janvier. — Retenus dans le village de Moenndji par des averses continuelles. Nous approchons du lac Banngouéolo, dans un pays noyé.

Remis en marche dans l'après-midi, par une pluie fine. Traversé un ruisseau: deux yards seulement d'une rive à l'autre, mais maintenant très-profond, et sur chaque bord de larges éponges : c'est le Kamalopa. Une heure après, nouvelle éponge; puis une rivière paresseuse de trente yards, traversant d'autres éponges, où l'on est mouillé jusqu'au-dessus des hanches, et où il y a beaucoup de sangsues.

Continué la route dans une forêt plate; et, comme toujours au sud-ouest et au sud.

[Nous appelons ici l'attention sur le changement de nature du pays, et sur l'importance des éponges[1]. Souzi et Chouma décrivent le voyage, à partir de ce point, comme une série de plongeons. Ils ne sortent d'un marais que pour tomber dans un autre; chacun des bourbiers, couverts d'eau, était traversé par une rivière, ne présentant de différence avec le reste que par la rapidité et la profondeur du courant, qui obligeaient à prendre des pirogues. On conçoit aisément l'effet que dut produire un tel milieu sur un homme épuisé par une dyssenterie chronique, dont partout les symptômes s'aggravaient de l'exposition aux intempéries. Il est probable que si Livingstone avait eu avec lui une centaine d'Européens, chacun de ses hommes n'eût pas résisté plus de quinze jours; et nous ne pouvons nous empêcher de penser à ceux qui l'accompagnaient, et à l'influence que le chef a dû avoir sur eux tous, pour leur faire soutenir une pareille marche; car rien n'abat le courage des Africains autant que la pluie.]

9 janvier. — Mosannga de Tchoungou.
Après une heure de marche, nous avons passé le Nkalamouna : cent pieds de rivière et deux cents mètres d'inondation; plus, deux cents mètres d'une éponge ruisselante.

Nouvelle marche d'une heure, qui nous a fait gagner le Lopopodzi. Une passerelle de quarante-cinq pieds de long indiquait le chenal; au bout de cette passerelle, cent mètres d'inondation — de l'eau jusqu'à la cuisse; puis trois cents mètres d'éponge. Après cela, deux ruisseaux appelés Linekannda, et leurs marais; dix ou douze pieds de large, deux ou trois de profondeur, pour chacun des ruisseaux.

Nous étions alors près de la résidence de Tchoungou; et ce dernier, qui sait à quel point les caravanes sont nuisibles, nous a envoyé un message pour nous dire de camper dans le bois, ce que nous avons fait.

Temps couvert. A midi, pluie copieuse du nord-ouest. Pas

---

1. Revoyez la description de cette forme de marais, vol. I, p. 353.

d'observations possibles, par suite de la pluie ou des nuages.

En recevant les quatre brasses d'étoffe que je lui ai fait porter, le chef a dit qu'il viendrait nous parler au sujet des vivres, et que demain nous aurions de sa nourriture.

10 *janvier*. — Mosammba de Tchoungou : séjour; et obtenu des renseignements sur le gué. Temps froid et pluvieux.

Au moment où je me préparais à faire ma visite à Tchoungou, celui-ci m'a envoyé dire qu'il allait voir ses plantations, et qu'il ne serait pas chez lui. Vers une heure, un messager est venu m'apprendre le retour du chef; mais en approchant de l'estacade, nous avons entendu un grand *kilélé* ou tumulte, et nous avons trouvé la porte close. J'ai parlementé, mais inutilement; et nous sommes revenus. Tchoungou prétend que nous voulons mettre sa tête au bout d'une perche, comme celle de Casemmbé. Nous partirons demain sans l'avoir vu. La terreur qu'inspirent les fusils est extrême.

11 *janvier*. — Reçu une chèvre et un grand panier de farine de la part de Tchoungou. Celui-ci nous donne de nouveau, pour excuse de sa conduite, le sort de Casemmbé, « que les fusils ont vaincu, et dont la tête est maintenant sur une perche. Ce sont, dit-il, les jeunes gens du village qui ont fait tout le bruit. » Nous restons pour acheter des vivres; car il y a disette en face de nous.

Temps froid et pluvieux; je n'ai jamais rien vu de pareil; mais nous sommes au milieu des éponges qui forment les sources du Nil, et près de la côte septentrionale du Banngouéolo.

12 *janvier*. — Un jour sans pluie nous a permis d'avancer. Au bout d'une heure, nous avons trouvé une éponge et une rivulette; mais en remontant celle-ci, jusqu'à sa source, nous avons marché à pied sec.

Nouvelle heure de marche, et arrivés à un cours d'eau plus large, nommé Pineda; une eau paresseuse, ayant de chaque côté cent yards d'éponge. A l'autre bord du marais, s'élevait une estacade, dont les habitants, pris de terreur, nous ont fermé la porte. Mes gens ont escaladé l'enceinte, qu'ils nous ont ouverte; toutefois j'ai donné l'ordre de continuer la marche, qui avait lieu dans une forêt en terrain plat, et nous avons gagné une eau rapide : vingt pieds de large seulement, mais cent mètres d'éponge de chaque côté. Le sable de couleur blanche avait été, comme à l'ordinaire, ramené par endroits à la surface, et montrait une fois de plus la nature du fond.

Ici, nous avons été reçus dans un village où nous avons passé la nuit. Vu en route de beau minerai de fer noir, *motapo* des indigènes ; ce fer est magnétique.

13 *janvier*. — Détenus par le froid et par la pluie dans un village situé sur une petite rivière appelée Kalammbosi, et près du Chambèze. Jamais je n'ai vu un temps pareil, excepté en allant au Loannda, en 1853.

Renvoyé au dernier village acheter des vivres.

14 *janvier*. — Deux heures de marche à pied sec, au sud-est, puis au sud, jusqu'au Mozennga : huit mètres de large, un de profondeur, cent cinquante mètres d'éponge sur la rive droite, cinquante sur la rive gauche. Suivi cette rivière jusqu'à sa jonction avec le Kazié.

Beaucoup de champs de maïs, de manioc, d'éleusine, de sorgho, d'arachide et de voandzéia dans la forêt ; tous amendés avec des cendres, et entourés de grandes haies habilement faites.

Une étape de quatre heures et demie nous a conduits au bord du Mpanndé, rivulette profonde que nous traverserons demain avec des pirogues.

La flore de la forêt est très-riche et très-abondante : des soucis, des clématites, des glaïeuls, des asclépias de nuances diverses, une fleur blanche qui ressemble à la jonquille, mais sans parfum ; beaucoup d'orchidées de différentes couleurs, des blanches, des jaunes, des roses ; la méthonique gloriosa, le polygala bleu et le rouge ; des touffes de lis, une herbe avec des capsules étoilées d'un blanc pur et des barbes d'un rouge brunâtre ; un grand nombre de belles plantes bulbeuses, à corolles bleues, et des fleurs nouvelles d'une forme délicate, mais presque sans odeur ; puis des composées d'un beau violet ou d'un rouge de sang, des balsamines, des tradescantias d'un bel azur ou d'une teinte jaune, ou couleur de rose ; des ombellifères superbes, jaunes et rouges ; de beaux aloès, également rouges et jaunes, de l'aneth, du panais sauvage, des papilionacées, et bien d'autres que je ne connais pas. Mais très-peu d'oiseaux et de gibier d'aucune sorte.

CHAPITRE X.

Les habitants sont des Babisa qui viennent de l'ouest. Dans ce moment-ci, leur grande occupation est la pêche, qu'ils font avec des nasses.

15 janvier. — Tchoungou nous a laissé prendre une mauvaise direction; nous nous sommes fourvoyés dans un angle que forment le Mpanndé et le Lopopossi; et nous voilà au milieu d'un lac, plein de rivulettes profondes, qu'il faut traverser en canot. Tchisapé, un chef qui demeure sur la rive gauche du Mpanndé, nous envoie un présent et nous dénonce Tchoungou comme un homme qui n'a pas de cœur. Il savait, en effet, que nous étions près du Chambèze, et nous l'a caché; il n'a pas même voulu nous voir : résultat de la peur des fusils.

Nous changeons de route, et allons d'abord au nord-est, puis à l'est; cela nous conduit au Mosinega, que nous traversons de nouveau à un endroit profond, où abondent les trous pleins d'eau chargée de rouille, et où l'on barbote, on plonge, on se débat sur une largeur de trois cents yards.

Avant d'atteindre la rivière, il avait fallu traverser une éponge où l'on enfonçait jusqu'à la cuisse. Après le Mosinega, nous avons passé dans une forêt plate, et gagné un village avec estacade : au total, la marche avait duré six heures, à peu près droit au levant.

16 janvier. — Route au nord-est et au nord, pour sortir de ce lacis de rivulettes et revenir au Lopopossi, qui maintenant est très-large et ne peut être passé qu'en bateau. Sa profondeur nous retient dans un village, où nous sommes obligés d'attendre les pirogues; et nous n'avons fait qu'une heure trois quarts de marche, presque au nord.

17 janvier. — Beaucoup de difficultés au sujet des pirogues, et il me faut traiter doucement les propriétaires, sans quoi ils prendraient la fuite, comme ils l'ont fait aux environs de Tchoungou, persuadés qu'ils sont que je dois aller retrouver leur imbécile de chef pour le punir.

La patience que nous avons montrée hier nous a valu ce matin une vingtaine de canots, mais tous trop petits pour emmener l'âne; et faire traverser à celui-ci, à la nage, une rivière d'une largeur de deux milles et remplie de roseaux, excepté au milieu du courant, n'était pas possible. Partout, la profondeur est grande; et, le pays étant très-plat, toutes les rivières, en approchant du lac, deviennent très-larges.

Franchi deux éponges, traversées chacune par un cours d'eau.

Beaucoup de cultures dans la forêt. Semés dans le même terrain que l'année précédente, le milésa et le maïs ont un aspect maladif, une teinte d'un blanc jaune. La première année, avec des cendres nouvelles, leur végétation est vigoureuse, et leur couleur d'un vert foncé. Une grande partie de la forêt est abattue pour l'amendement des terres. Les gens du pays semblent être des cultivateurs pleins de zèle.

18 *janvier*. — En allant trouver Tchoungou, ce malheureux chef terrifié, nous avons perdu huit jours. Il nous faut maintenant revenir au gué du Lopopossi, que nous n'avions traversé que pour obtenir de ce même Tchoungou des renseignements sur la contrée. Hier, après avoir examiné les canots et vu qu'ils ne pouvaient pas servir, nous avons remonté la rive pendant trois heures.

Saïd-ben-Ali revient, dit-on, de Katannga avec beaucoup d'ivoire.

19 *janvier*. — Mis en route après l'office; arrivés à un beau village, puis atteint le Mononnsé, dont l'eau profonde, coulant au sud, n'a que dix pieds de large, mais qui traverse quatre cents yards d'une éponge des plus détrempées, des plus fatigantes, qui se déploie dans une masse de roseaux bruns, comme s'ils avaient été brûlés, et qui renferme des quantités de sangsues dont nous avons beaucoup souffert.

Il y avait alors deux heures que nous étions en marche. Une course de deux milles nous conduisit à une autre éponge, mais que nous avons tournée à pied sec; puis une nouvelle marche de deux heures, et gagné l'éponge du Lovou. Forêt plate, comme toujours.

20 *janvier*. — Essayé vainement de faire des observations lunaires; des nuages partout, une couche épaisse.

Suivi le Lovou pendant un mille et demi; puis nous l'avons traversé au moyen d'un arbre jeté d'une rive à l'autre : six pieds de profondeur et cent cinquante yards d'éponge. Marche d'environ deux heures et demie; progrès très-peu satisfaisant.

21 *janvier*. — Hier, Fonndi s'est perdu, et nous l'avons

cherché. Il est arrivé à midi, après une ardente poursuite de deux troupes d'élans qui l'avaient égaré. Deux heures et demie de route nous ont amenés au Malalannzi, qui n'a pas plus de quinze pieds de large, mais qui nous a monté jusqu'à la ceinture, et a trois cents mètres d'éponge, sinon davantage.

Les hommes qui devaient nous conduire ne sont pas venus: Tchitounkoué, leur chef, ne le leur a pas permis. Nous sommes partis sans guide. Un naturel a couru après nous, et a essayé de nous faire prendre une fausse direction, mais sans y parvenir.

22 janvier. — Traversé beaucoup de jardins et de villages abandonnés; l'homme d'hier avait évidemment reçu l'ordre de nous détourner de la route que nous voulons suivre; dès qu'il a vu que je n'étais pas dupe de son artifice, il nous a quittés.

Passé un autre cours d'eau, peut-être le Lofou, maintenant large et profond; puis encore un autre, faisant partie d'un groupe de rivulettes d'une assez grande profondeur, mais n'ayant pour tout qu'une cinquantaine de mètres d'éponge. Arrêtés là, ayant marché toute la matinée sous la bruine.

Pas un habitant, par suite de la guerre de Tchétoka avec Tchitounkoué.

Impossible, depuis deux mois, de faire une observation astronomique ayant quelque valeur : toujours de la pluie ou des nuages.

Être le jouet des naturels, qui ne cherchent qu'à nous égarer par leurs mensonges, est irritant au delà de tout ce qu'on peut dire. Ils ont peur de nous, et à un degré qui réjouirait le cœur d'un anthropologiste. Leur mauvais vouloir est d'autant plus désolant qu'il n'y a pas moyen de s'orienter : partout des nuages, quand la pluie ne tombe pas nuit et jour. Le pays est couvert de fougeraies, et l'on ne marche pas une heure sans trouver un cours d'eau. Maintenant les rivulettes elles-mêmes sont profondes, et ont de larges bordures spongieuses.

La strate inférieure des nuages vient du nord-ouest et file rapidement; celle d'en haut, qui vient du sud-est, se meut avec lenteur et nous annonce une pluie prochaine.

23 janvier. — On ne m'avait pas dit que sur une étendue de trois jours de marche, la dépopulation était complète. Il me faut renvoyer aux villages de Tchitouñkoué pour avoir des vivres. Je ne sais pas où nous sommes ; les gens nous trompent, et sans motifs, car nous agissons bien avec eux.

De la pluie, de la pluie, de la pluie, comme si elle ne devait jamais cesser. Les averses n'augmentent pas sensiblement la quantité d'eau ; mais elles font que toute chose et tout endroit sont mouillés et bourbeux.

Nos hommes reviennent avec un misérable présent de Tchitouñkoué : une vieille poule et de mauvaise farine. Évidemment, c'est dans l'intention d'éprouver un refus. En retour, le chef me fait une demande exorbitante de poudre, et réclame le payement des guides qu'il me donnera. Je lui renvoie son présent et ne veux pas de ses guides ; nous irons seuls, bien que ce soit d'une extrême difficulté, en raison du nombre de cours d'eau.

24 janvier. — Marché à l'est et au nord-est pour éviter la partie profonde d'une grande rivière qui exige des pirogues, et nous n'en aurions pas eu ; les envoyés du chef auraient certainement fait cacher toutes celles de l'endroit.

Après une heure trois quarts de route, par une pluie battante, nous avons atteint un large cours d'eau, trois cents mètres au moins d'eau profonde, parmi des herbes marécageuses, et flanquées d'éponges de cent mètres. Puis une heure de marche nous a conduits à un ruisseau, — dix pieds de large, — mais de l'eau jusqu'aux aisselles ; il y avait un pont qui était brisé.

Me porter à travers ces nappes d'eau, remplies d'herbe, est réellement bien difficile. L'une d'elles avait plus de six cents mètres de large. Ce matin, dans la première section, l'eau montait jusqu'à la bouche de Souzi ; j'avais les jambes et le siége mouillés. Des hommes marchaient devant nous pour courber les herbes, afin d'assurer la passe au bord d'une piste d'éléphants. Quand l'un ou l'autre tombait dans un des trous de cette piste, il fallait se mettre deux pour le retirer. Les armes étaient portées derrière nous, à bras tendu. Tous les dix ou douze pas, nous rencontrions une eau vive qui fuyait dans son propre canal, tandis que, sur le tout, un large courant passait à travers les herbes. Mes gens me prennent tour

Dans l'eau.

CHAPITRE X.

à tour : Souzi d'abord, ensuite Faridjala, puis un homme robuste et de grande taille, qui ressemble à un Arabe; puis Amoda, Tchannda, et Ouadé-Sélé. A chaque relai, on m'enlève et l'on me replace sur d'autres épaules secourables. Au bout de cinquante yards, ils sont hors d'haleine; rien d'étonnant. Ce passage a été rude pour les femmes de notre bande. Tous se sont entr'aidés. Il nous a fallu une heure et demie pour sortir de là. L'eau était froide, ainsi que le vent; mais il n'y avait pas de sangsues.

Après la seconde rivière, comme la pluie menaçait de reprendre, on s'est hâté de faire les huttes; et quand, sur les quatre heures, l'averse est venue, averse diluvienne et froide, nous étions tous à l'abri.

Je suis très-inquiet au sujet de la nourriture; le lac est voisin; mais où aurons-nous des vivres? Notre marche est d'une lenteur désespérante. De l'eau, de l'eau, toujours de l'eau; de l'eau et de la fange; et pour toute observation, que le pays étant très-plat, toutes les rivières s'épanchent en larges nappes, bordées de marais. Les cours d'eau sont en si grand nombre, qu'il n'y a pas assez de désignations pour eux tous; les noms se répètent. Il y a ici une Louéna et un Loou; nous avions eu précédemment deux Loou et une Louéna.

25 janvier. — Retenus par la pluie. Un homme de l'Ounyanyemmbé s'est joint à nous ce matin; il raconte qu'il est resté en arrière de sa bande, parce qu'il était malade.

Nouvelles rivières, nouvelles éponges, et traversé une forêt plane, où, comme d'habitude, nous pouvons juger de l'inclinaison du sol par les feuilles que l'eau a mises en tas, en suivant sa pente.

Une heure et demie, à partir du dernier cours d'eau, et nous arrivons au Loou, dont le pont est détruit; je le fais réparer, et nous passons. La rivière est profonde et fuit rapidement au sud-ouest; elle inonde ses bords d'une eau transparente, qui coule, parmi de grandes herbes, sur un fond solide et sur une largeur de deux cents yards. Mes gens construisent leurs huttes, et, à trois heures, le camp est dressé. Bonne journée de travail, où l'on n'a pas été empêché par la pluie.

Dépopulation complète; nous ne pouvons rien acheter. Il y a eu ici des éléphants et des antilopes à une date récente.

26 *janvier*. — J'avais résolu de gagner la Louéna, celle qui est devant nous, et de la remonter jusqu'à l'endroit où elle serait assez étroite pour être franchie sans trop de peine ; elle a beaucoup de tinga-tinga ; sol très-spongieux. Mais un autre plan ayant été formé dans la soirée, on m'a prié de descendre le Loou. Ne voulant pas faire de despotisme, j'ai consenti, et deux heures de marche au sud nous ont placés en face de plusieurs milles d'éponges.

Nous nous sommes arrêtés dans un village de pêcheurs, dont notre arrivée a mis les gens en fuite, et où nous attendons nos malades. Les femmes, pendant ce temps-là, ramassent des champignons. Un indigène s'est approché de nous, mais refuse positivement de nous servir de guide.

Bien qu'il soit encore de bonne heure, les malades nous obligent à faire halte.

27 *janvier*. — Toujours des rivières, des marais, des ruisseaux, où l'eau nous monte jusqu'à la cuisse.

Vu des traces de gnou et de buffle.

Je perds beaucoup de sang ; mais c'est pour moi une soupape de sûreté ; je n'ai pas la fièvre, ni d'autre mal.

28 *janvier*. — Triste matinée : grande pluie ; et, dans les environs, nulle part de vivres que je sache. L'eau tombe, tombe, tombe, fouettée du nord-ouest. Il y a deux jours, nous avons abattu notre avant-dernier veau, pour que chacun de nous eût une bouchée.

Vers neuf heures et demie, le temps nous ayant permis de partir, nous avons pris au sud-est, marché pendant deux heures dans cette direction, et traversé un gros ruisseau : dix pieds de large seulement, mais de l'eau jusqu'à la ceinture, et cent cinquante mètres d'inondation profonde ; en outre, quarante mètres d'éponge ruisselante, — une eau rapide.

Campés à la rive d'une large bouga, prairie inondée.

29 *janvier*. — Il n'a pas plu cette nuit, chose étonnante. Marché pendant une heure et quart, et trouvé une éponge d'au moins trois cents yards, revêtue d'une eau limpide, coulant au sud-ouest, mais n'ayant pas le chenal habituel ; toute la nappe était courante, fuyant parmi les roseaux, et nous montant jusqu'au genou, plus loin jusqu'à la cuisse.

Puis toujours de même : rivulettes et marais encore et encore, jusqu'à une autre grande éponge, divisée en plusieurs branches, et au bord de laquelle je me suis arrêté pour envoyer à la découverte, au sud, au sud-est et au sud-ouest. La voix des oiseaux chanteurs, le roucoulement des tourterelles, le cri des francolins annoncent le voisinage de l'homme.

30 *janvier*. — Resté pour attendre les éclaireurs.

Manouaséra est de retour; il est arrivé à la nuit, après une course de huit heures, dans la direction du sud. Il a vu le lac, puis des îlots, et, dans le lointain, la fumée d'un village. Il est alors revenu, pendant que ses compagnons se rendaient à l'endroit où s'apercevait la fumée, pour y acheter des vivres.

Soirée pluvieuse.

CHAPITRE XI.

Pris dans les marais du Banngouéolo. — Grandes privations. — Retour au village de Tchitouñkoué. — A la merci du chef. — Surprise agréable. — Repartis. — Marche très-difficile. — Exposés au vol. — Nouvelle attaque de dyssenterie. — A la recherche d'un village. — Message envoyé à Tchirouboué. — Fourmis en expédition. — Attente pénible. — Perplexité. — Les bougas du Banngouéolo. — En haut, pluie constante; en bas, inondation. — Malade. — Souzi et Chouma sont envoyés à Matipa. — Gagné le Banngouéolo. — Arrivée à l'îlot de Matipa. — Village de Matipa. — Souffrances de l'âne. — Essayé de gagner le village de Kabinnga. — Démonstration du Docteur. — Solution de la difficulté du passage. — Souzi envoyé à Kabinnga avec un détachement. — Étendue extraordinaire de l'inondation. — Arrivée chez Kabinnga. — Naufrage. — Traversée du Chambèze. — Le Mouanakadzi. — Division de la bande, en marcheurs et en bateliers. — Lion en détresse. — Singulières chenilles. — Poissons. — Longé la côte méridionale du Banngouéolo. — Grave état de Livingstone.

1ᵉʳ *février* 1873. — Nos éclaireurs sont revenus; ramenés par la faim, n'ayant rien trouvé. Ils ont vu une très-grande rivière qui se dirigeait vers le lac, mais n'ont pas rencontré âme qui vive.

Tué notre dernier veau, et rebroussé chemin pour regagner le village de Tchitouñkoué : quatre jours de marche à reculons. J'ai envoyé une escouade en avant, pour qu'elle nous rapporte des vivres.

2 *février*. — Marche rapide vers notre camp du 28 de l'autre mois. Mes hommes supportent bien leur faim. Ils ramassent des champignons, des plantes sauvages; et se perdent souvent dans ce pays plat, dépourvu de traits : pas un point de repère.

3 *février*. — Retour à notre pont du Lofou; marche de cinq heures, qui nous en a pris six, nous étant égarés.

Observations astronomiques essayées en vain; lune ou soleil également dans les nuages.

CHAPITRE XI.

Au bord de la Louéna.

4 *février*. — Regagné hier le camp situé près d'une rivulette qui a une grande quantité de *méthonique gloriosa* sur ses rives. Nous étions là le 26 janvier.

Il nous a fallu aujourd'hui beaucoup de temps pour traverser la rivière suivante, bien que les pas d'éléphants soient maintenant remplis : c'est probablement le Koualé.

Campés dans des jardins déserts, qui nous approvisionnent de manioc et de patates; provision opportune. Les hommes que j'ai expédiés pour nous avoir des vivres ont couché là hier au soir, trompant notre attente en marchant, sans fardeaux, avec plus de lenteur que nous qui sommes chargés.

5 *février*. — Traversé deux ruisseaux profonds, gagné le Malalennzi, maintenant gonflé : deux cents yards d'inondation pour le moins, trois cents yards d'éponge; et atteint le village. Salués par une pluie battante. Nous sommes maintenant à la merci de Tchitounkoué.

Trouvé celui-ci plus courtois que je ne m'y attendais. Il me dit que chacun des chefs a son propre territoire et son propre caractère; et qu'il n'est pas responsable de la conduite des autres; si nous lui donnons deux brasses d'étoffe et de la poudre, il nous fournira des guides. Nous avons été sans le savoir près de Matipa et d'autres chefs.

Ces quarante et un milles de retour ont été faits en quinze heures et à travers beaucoup d'eau profonde. Nos envoyés nous ont trompés à la fois pour le temps et pour la dépense; ils ont été punis.

Obtenu par miracle des observations lunaires.

Fait une visite à Tchitounkaboué, comme il s'appelle lui-même. C'est un bel homme, à figure joviale, aux traits européens, ayant beaucoup de jugement et d'affabilité; je lui ai donné deux brasses d'étoffe dont il a paru très-reconnaissant. Il m'a promis de bons guides pour me conduire chez Matipa. Deux sujets de celui-ci, ayant entendu les coups de feu que nous tirions pour appeler un des nôtres, qui s'était égaré, nous ont suivis.

Il paraît que nous avons été fort près de lieux habités, mais nous ne l'avons pas su. Cette ignorance nous a fait errer pendant une quinzaine ; cela par suite de l'inimitié des uns et de la frayeur des autres.

J'ai demandé une route qui nous fît aller au nord, où l'eau est basse. Il est impossible de décrire la quantité d'eau qui est aux environs du lac : de petites rivières en nombre incalculable, et assez profondes pour éteindre la plus vive ardeur.

Vu, en allant faire ma visite à Tchitounkaboué, une araignée dont l'abdomen était rayé d'un vert jaunâtre, et qui avait deux mandibules formidables d'une teinte rousse, mandibules de la même forme que celles de la fourmi blanche à tête rouge. Elle paraissait manger une espèce de fourmi à tête de couleur claire et que je n'ai vue nulle part ailleurs. Un de mes hommes l'a écrasée ; tous les indigènes prétendent que cette araignée est des plus dangereuses.

Croisé des champs de sorgho : toutes les feuilles déchirées par la grêle ; celles des forêts sont toutes piquées par la même cause.

6 *février*. — Reçu de Tchitounkaboué une petite chèvre et un grand panier de farine, en retour de mon présent ; j'avais ajouté à la cotonnade huit onces de poudre.

7 *février*. — Le chef a montré le bout de l'oreille, en demandant que les guides fussent payés d'avance. Comme le payement anticipé implique la désertion, j'ai refusé, en lui faisant demander à mon tour ce que voulaient dire ses paroles. Il a nié le fait, disant que c'étaient les paroles de ses hommes, et que ces derniers avaient menti. Nous avons pris la dénégation pour ce qu'elle valait. Il viendra nous voir dans l'après-midi ; et demain matin nous aurons les guides.

8 *février*. Malgré toutes les promesses d'hier, nous n'avons personne. Tchitounkaboué rejette le blâme sur ses gens, qui n'ont pas préparé de grain à cause de la pluie. Le temps n'est rien pour eux. Encore un jour de halte. Rien de vexant comme d'être retenus par ces prétextes puérils ; et j'ai tant subi de pareils délais !

Enfin les guides sont venus ; ils emportent une quantité de grain qu'ils nous vendront en route.

Un Nassickais, chargé de ma selle, a été trouvé endormi près du camp.

9 *février*. — Passé la nuit dans un village en ruines et des

plus malsains ; tout le sol envahi par une végétation exubérante, et répandant une affreuse odeur.

Traversé une éponge, ensuite une rivulette; puis une autre éponge s'écoulant dans le Mihoualé. Après cela, franchi sur une jetée rocailleuse, une grande tinga-tinga, appelée Mofiri; fondrière revêtue d'une eau courant avec force et qui nous a monté jusqu'à la poitrine; seulement trente pieds de large ; mais beaucoup plus étendue en aval. Passé encore deux ruisseaux et une rivière : le Méthoñoua. Campés en amont de notre précédent bivac.

Les tiquets humains, que les gens du Sahouahil appellent *papasi* et les Portugais *carapatos*, font crier les indigènes eux-mêmes qui appellent au secours pour se défendre contre leur nombre et leur férocité.

10 *février*. — Revenu au pont du Lofou et à notre ancien camp.

En marche par une forte bruine qui a duré de quatre heures du matin à une heure de l'après-midi. Nous l'avons reçue pendant trois heures; et en arrivant au camp, après avoir traversé une inondation de deux cents yards, montant jusqu'à la ceinture, nous étions trempés; mais nous avions des vivres.

11 *février*. — Nos guides nous ont fait prendre à travers un pays où nous avons vu des empreintes de buffles, et, dans une prairie formant la tête d'une éponge, une harde de caamas.

La nuit a été pluvieuse et suivie d'une matinée froide, enveloppée de brouillard; mais nous avons gagné l'ancien camp en trois heures; il nous en avait fallu six la première fois, et cinq à notre retour, pour faire le même trajet.

Nous sommes au bord d'un cours d'eau profond, nommé Kiatchiboué; on y trouve une passerelle.

12 *février*. — Franchi le Kassasso, affluent du Mokisaya, que nous avons passé plus tard; et qui se dirige au nord-est; puis traversé le Mofoungoué. Partout les mêmes éponges.

13 *février*. — Quatre heures de marche nous ont fait gagner la Louéna et mis en vue du lac. Aperçu beaucoup d'éléphants et d'autre gibier, mais très-farouche. Les arbres de la forêt sont plus grands.

Habitués qu'ils sont à voyager en canot sur toutes ces rivières à berges plates, nos guides se trouvent plus embarrassés que nous.

Route d'abord à l'est, puis au sud-est, et viré au sud.

14 *février*. — Flagellation publique infligée à Tchiranngo pour un vol de verroterie : quinze coups. Réduit sa charge à quarante livres. Je lui ai donné des perles bleues à enfiler, ainsi que des blanches.

C'est Halima qui nous a dénoncé le voleur; celui-ci lui avait offert des perles en échange d'un morceau d'étoffe, marché avantageux; mais les perles étaient d'un genre qui n'avait pas encore été distribué; elle le savait, et nous a prévenu. Fidèle à ce point là; mais quel flot de paroles.

Il y a tant d'eau dans les sentiers qu'on ne marche jamais à pied sec; et dans les bougas ou prairies que nous avons à traverser l'eau nous monte jusqu'aux genoux. J'envoie donc aux premiers villages de Matipa deux de mes hommes afin de me procurer soit de grands canots pour nous embarquer sur le lac, soit un guide avec lequel nous puissions gagner le Chambèze et faire le tour à pied.

Je reste, à cause d'une perte de sang excessive : une hémorrhagie.

Si Dieu m'accorde de finir mon œuvre, je le bénirai, bien que ce soit au prix de fatigues sans nom; cette dernière course m'a blanchi tous les cheveux.

15 *février, dimanche*. — Office. J'attends les hommes que j'ai envoyés à Matipa. Tué notre dernière chèvre.

Dans la soirée. — L'un des messagers vient de revenir; les fondrières et les bougas l'ont arrêté; il s'est perdu, a passé une nuit dehors; et ses coups de fusil restant sans réponse, il a repris la route du camp; toutefois il a trouvé des chasseurs qu'il nous amène. Ces gens nous disent que Matipa est dans une île qu'on appelle Tchirabé, que c'est un brave homme; mais qui demeure loin d'ici.

16 *février*. — Envoyé, par le canot des chasseurs, quelques-uns de mes gens à Matipa, auquel je demande de nous faire traverser le lac, s'il a des pirogues; et, s'il n'en a pas, de nous le dire franchement; qu'alors nous nous dirigerons vers le Chambèze et que nous le franchirons à une place où il est

CHAPITRE XI.

étroit. Les hommes de Tchitounkaboué ont refusé d'attendre que nous ayons la réponse de Matipa et nous ont quittés. Ils nous ont trompés ; c'est pour cela qu'ils sont partis.

Ici l'eau est souterraine : à dix-huit pouces environ de la surface du sol.

17 février. — A minuit, attaque furieuse des fourmis rousses (*drivers* ou *sirafous*). Mon cuisinier fut le premier qui se sauva. J'allumai une bougie, et me rappelant l'assertion du docteur Van der Kemp, qu'il n'est pas d'animal qui attaque l'homme sans y être provoqué, je restai immobile. Une sirafou me grimpa tranquillement sur le pied et commença à ronger entre les orteils ; aussitôt le même pied fut envahi et mordu jusqu'au sang. Je m'élançai hors de ma tente ; immédiatement toute ma personne fut couverte de fourmis comme de boutons dans la petite vérole. Mes gens firent des tas d'herbes, y mirent le feu et essayèrent de me délivrer. Après un combat d'une ou deux heures, ils me portèrent dans une hutte qui n'était pas encore envahie et où je reposai un instant ; mais bientôt l'ennemi arriva et me mit en fuite. Éclata alors une averse qui a duré jusqu'à midi, comme pour mettre le comble à notre misère. Je ne suis rentré dans ma tente qu'à neuf heures du matin.

Les grosses sirafous ont des mandibules courbes, en forme de faucille et dont la pointe a la finesse d'un aiguillon d'abeille. Leur mission est de faire disparaître tous les débris animaux ; sous ce prétexte elles se jettent sur n'importe quelle proie ; elles m'ont enlevé toute ma graisse. Pas une créature qui ne les ait pour ennemi ; à leur apparition, les blattes sont terrifiées, les fourmis blanches et noires prises de panique. Chez l'homme, elles enfoncent leurs mandibules tranchantes, s'appuient sur leurs trois paires de pattes, tournent sur elles-mêmes pour faire agir leurs tenailles avec la force du levier, et emportent le morceau.

Dans le chemin, elles se rassemblent par groupes, se dressent, les mandibules ouvertes, comme pour vous défier au combat. Les grandes se tiennent ainsi, la menace aux dents ; tandis que les petites creusent un sillon d'un pouce de profondeur sur un et demi de large.

Elles sont restées avec nous jusqu'à une heure assez avancée de l'apres midi ; et nous jetions des cendres chaudes sur leurs hordes insatiables. Enfin elles se retirèrent pour aller jouir de leur butin, et revenir un autre jour.

18 *février*. — Nous attendions, affamés et transis, la réponse de Matipa, espérant que le bon Dieu nous accorderait de l'influence sur cet homme. Nos gens sont arrivés aujourd'hui sans avoir été jusque-là ; ils ont écouté des villageois qui leur ont dit de passer la nuit chez eux ; et croyant que l'île de Tchirabé était trop loin, ils ont acheté des vivres et sont revenus avec une histoire boiteuse.

Nous allons prendre au nord-ouest et nous rapprocher des îles, pour avoir des denrées, jusqu'à ce que nous puissions communiquer avec Matipa. S'il nous trompe, j'emploierai la force : nous saisirons les canots. J'ai traité toute cette population avec bonté, agi avec franchise ; je crains qu'il ne me faille maintenant user de rigueur. Quand ils apprennent que j'ai toléré la fraude, accepté l'injustice, ils en concluent que je peux être dupé par tout le monde, et ils en arrivent à des fourberies que, sans cela, ils n'auraient jamais tentées. Ce n'est pas dans ma nature, je peux le dire ; jamais je n'ai eu pour principe d'agir durement.

19 *février*. — Une matinée froide et pluvieuse nous retient dans ce misérable endroit. A la première éclaircie nous nous rendrons à une ancienne estacade, située près d'un îlot où nous pourrons acheter des vivres. Les habitants savent dans quel état de besoin nous sommes et ils nous exploitent.

Mis en marche à neuf heures du matin, sur une plaine étendue, couverte d'eau. Après m'avoir porté sur un espace de trois milles, on m'a déposé dans une pirogue et nous avons nagé pendant trois heures dans des branches de la Louéna, qui est très-profonde et se dirige au couchant. Ensuite on m'a reporté dans un autre canot (trois nouveaux milles) et nous nous sommes trouvés assez près du Banngouéolo pour l'entendre mugir.

Sur la plaine, quatre ou cinq pieds d'eau, et jusqu'à six ou sept ; des roseaux, des papyrus, des fougères et deux sortes de lotus en abondance. Beaucoup de chenilles d'un gris foncé, attachées à l'herbe, ont été abattues par les pagaies de nos rameurs.

CHAPITRE XI.

Campés dans un ancien village de Matipa, d'où nous voyons la Louéna entrer dans le Banngouéolo. Autour de nous, rien que prairies ou bougas submergées : des nappes d'eau courantes, eau rapide d'où s'élèvent quelques îlots, couverts de palmiers et d'autres arbres. De la pluie toute la matinée, pluie du nord-ouest.

Le village où nous sommes est en ruines ; des éléphants y sont venus faire bombance de la graine d'une sorte d'herbe, qui maintenant est à maturité ; cette herbe ressemble à l'éleusine, notre âne s'en régale. C'est avec la semence d'une autre herbe, la seule que j'aie vu manger à l'éléphant d'Afrique, dont les arbres, les tubercules et les fruits constituent le régime ; il aime également les fourmis et effondre leurs demeures pour se procurer cette friandise.

Une bande nombreuse est venue en pirogue nous apporter des vivres, dès que nous avons été installés ; les gens des environs ont entendu dire que nous sommes à la recherche de Matipa. Ils ont pour vêtement de l'étoffe d'écorce ou des peaux de bête, et sont avides de calicot ; mais ils n'ont en échange que du manioc à nous offrir.

Il est impossible d'aller nulle part sans embarcation ; de l'eau partout : de l'eau tombant du ciel, de l'eau montant d'en bas.

20 *février*. — Envoyé une requête à un chef bien disposé ; je lui demande un grand canot et des hommes, afin que j'aille moi-même trouver Matipa, il me fera savoir demain si la chose est possible.

Averse toute la nuit et bruine pendant le jour.

Pas encore de réponse ; mais nous avons des vivres. Matipa entendra bientôt parler de nous, ce qui lui est déjà arrivé lors de notre première venue et de notre retour au village de Tchitounkaboué.

Promesse d'un autre chef d'envoyer un message à Matipa ; je lui ai montré ce qu'il aurait en payement et ne le lui donnerai que quand on sera revenu.

21 *février*. — Les hommes, qui s'étaient engagés à porter notre message, refusent maintenant d'aller chez Matipa ; des gens sans honneur. Un autre individu, à qui on a parlé de la commission, dit que s'en charger serait courir le risque

d'être tué par la population hostile d'un îlot qui se trouve sur la route.

Il pleut tellement que je ne peux rien faire.

22 *février*. — Matinée pluvieuse. Hier, j'ai été malade toute la journée; mais l'hémorrhagie m'a fait échapper à la fièvre.

Tous les jours, de gros nuages venant du nord-ouest flottent au-dessus de nous : un voile épais; nulle observation astronomique ne peut être prise. Je n'ai jamais vu en Afrique un temps aussi couvert, ni aussi brumeux.

Vers neuf heures est arrivé un homme qui se charge de porter notre message. Souzi et Chouma vont avec lui. Que le Seigneur les accompagne; qu'il m'accorde son aide et me prête de l'influence !

23 *février, dimanche*. — Office. Temps pluvieux.

24 *février*. — Essayé avec persévérance de prendre une observation de lune; mais celle-ci était noyée dans un éclat de soleil.

25 *février*. — Par extraordinaire, il n'a pas plu avant quatre heures. Les indigènes nous apportent des denrées, mais ils veulent de l'étoffe, ce qui est un inconvénient.

Souzi et Chouma ne revenant pas, cela peut vouloir dire que l'on nous prépare des canots et des vivres.

26 *février*. — Retour de Souzi; il est arrivé ce matin avec de bonnes nouvelles : Matipa consent à nous transporter chez Kabenndé pour les cinq rouleaux de fil de laiton que je lui offre. Ce n'est pas dans une île du Banngouéolo qu'il demeure, mais au milieu des marais qui sont au nord du lac. Partout, d'immenses plaines marécageuses, excepté chez Kabenndé.

Matipa est en lutte avec ses frères, au sujet de la possession du pouvoir, et du produit des éléphants qui sont très-nombreux.

Je suis reconnaissant au Dispensateur de tous les biens de m'avoir fait arriver jusqu'ici; et j'espère qu'il continuera à me protéger.

Pas de moustiques à l'endroit où nous sommes; tandis qu'au Victoria Nyanza, d'après le rapport de Speke, l'herbe et les arbustes en sont littéralement couverts, et qu'ils vous fouettent la figure et les mains de la façon la plus désagréable.

CHAPITRE XI.

27 février. — Matipa nous envoie un canot; nous en attendons plusieurs autres. Ses gens me disent que le lac Banngouéolo ne reçoit au midi qu'une seule rivière importante, appelée Louommba. Ils connaissent les montagnes du sud-est, voire celles du couchant; mais ne savent rien du milieu de la ligne de faîte, et donnent leur jeunesse pour excuse de leur ignorance. Ils assurent qu'on peut se fier à Matipa, et me proposent d'emmener avec eux la moitié de mes hommes; mais je ne veux pas diviser mes forces.

28 février. — Il n'a pas plu cette nuit, chose étonnante.

Le 15 juin 1870, par 9° 26' de latitude septentrionale, Baker avait quinze cents hommes bien portants, cent soixante malades, beaucoup de morts. Sa flotte se composait de trente-deux embarcations; trois cents esclaves avaient été libérés; lui et sa femme allaient bien. Je souhaite de pouvoir le rejoindre.

Pas de nouvelles de Matipa; ses gens sont, dit-on, employés au transport d'un éléphant. Je me propose d'aller le trouver demain, avec toute ma bande : une partie en canot, l'autre à pied. Que le Seigneur nous soit en aide!

Nouvelle lune ce soir.

1ᵉʳ mars 1873. — Embarqué les femmes et les bagages et navigué au sud-est pendant trois heures. Fait halte sur un îlot, où des gens boucanaient du poisson. Une forte pluie venait de commencer et avait déjà trempé nos vêtements : des gouttes de la largeur d'une demi-couronne. Nous avions traversé des prairies ayant quatre pieds d'eau, et couvertes de plantes aquatiques, parmi lesquelles deux espèces de lotus ou lis sacré; toutes les deux servent d'aliments, ainsi que le papyrus.

Trois canots restés en arrière.

Mes gens ont très-peur; ils auraient quitté l'île, si je n'avais pas saisi les pagaies et les gaffes pour les en empêcher.

La quantité d'eau est prodigieuse : aussi loin que la vue peut s'étendre, une eau claire de quatre ou cinq pieds de profondeur couvre la plaine, et, sur un espace de vingt ou trente milles : le lac et les terres adjacentes se trouvent de niveau. Les buffles sont éperdus au milieu de cette inondation.

Notre îlot s'appelle Motovineza; îlot fangeux, misérable coin de pêcheurs; tout est mouillé. Autour de nous, sur des vingtaines de milles, un champ de roseaux et de lotus, mais pas de moustiques.

2 mars. — Sept heures et demie de gaffe, pour atteindre une île où est une estacade bien peuplée; il n'a pas cessé de pleuvoir depuis notre débarquement. La prairie a dix heures de canotage, environ trente milles.

L'îlot de Matipa renferme quatre bomas, villages à estacade. Une rivière, le Molonnga, passe au bord et sert de défense [1].

La coiffure des hommes est curieuse : coiffure en peau de bête ou en cheveux, avec deux larges ailes dressées.

3 mars. Les gens qui nous ont amenés ici ont été payés par Matipa. D'après ce dernier, cinq rouleaux de fil de cuivre suffiront pour aller chez Kabenndé, ce que j'espère bien. Ses canots sont partis, chargés de la viande d'un éléphant. Il y a dans le village un grand nombre de chiens, qui servent à poursuivre l'éléphant et à le mettre aux abois.

Je suis allé à midi voir Matipa; c'est un vieillard à la parole lente et d'un grand calme. Il m'a conseillé de traverser le lac, de me rendre chez son frère, qui a beaucoup de vaches, et qui demeure sur la côte méridionale; puis de longer cette côte, où il y a peu de rivières et beaucoup de nourriture.

Des Banyamouézi ont envahi dernièrement le territoire de Kabenndé; ils y ont fixé leur demeure, mais n'ont pas encore de denrées à vendre.

C'est un appelé Moannzabammba qui a fondé la tribu des Babisa, et qui a mis à la mode cette étrange façon de natter les cheveux en forme d'ailes, de manière à composer la singulière coiffure que nous voyons ici.

Je suis inquiet : j'ai peur d'être obligé de donner les cinq rouleaux de fil de cuivre pour une course beaucoup moins longue que je ne l'avais pensé; mais il vaut mieux tenir sa

---

1. Nous rappellerons que ces îlots sont en réalité des éminences de la terre ferme, entourés par l'inondation. L'eau profonde du lac se trouvait alors à droite des voyageurs. Comme nous demandions aux gens de Livingstone pourquoi celui-ci n'avait pas gagné directement la côte méridionale, en traversant le Banngouéolo, ils me répondirent que les canots dont ils disposaient, faits seulement pour être conduits à la gaffe sur les terrains inondés, n'auraient pas vécu une heure sur le lac. (WALLER.)

CHAPITRE XI.

parole, bien que j'y perde et qu'il y ait malentendu, que de paraître manquer à ses engagements.

Matipa a donné l'ordre de pêcher pour moi un *sammpa*, qui est le plus gros poisson du lac, et il a promis d'envoyer demain des canots chercher mes hommes. Jamais il n'a entendu dire qu'un de ses ancêtres ait vu un homme à peau blanche mais il est parfaitement renseigné à l'égard des visites que Péreira, Lacerda et Monteiro ont faites à Casemmbé, et il savait fort bien que j'étais allé à Mpabala. Aucune trace ne paraît exister de la marche du capitaine Singleton[1].

Le nom qui fut donné par les indigènes à Péreira est *Moinnda Monndo*; celui de Lacerda était *Tcharlie*; et la bande de Monteiro s'appela *Makabaloué*, ce qui veut dire hommes-ânes; en dehors de ceux-là, aucun nom d'Européens n'est connu dans cette région.

Un vieillard, désireux d'avoir quelques perles, est venu me voir. Il sembla prendre un vif intérêt aux caractères imprimés. Je lui demandai à ce propos s'il y avait, dans un endroit quelconque du pays, des marques faites sur les roches; cette question me valut le trait suivant de l'histoire des Babisa : Il y a très-longtemps, un homme de cette race, appelé Loukérennga, vint du couchant; l'homme avait avec lui un petit chien, et atteignit le Loualaba. Quand il voulut traverser la rivière, il y jeta sa natte, qui lui servit de radeau. A la place où il aborda avec son petit compagnon se trouvaient des rochers; et l'on voit encore sur la pierre, non-seulement l'empreinte de ses pas, mais celle d'un bâton qu'il avait coupé avec sa hache, et la marque des pieds du chien. La place qui porte ces empreintes s'appelle Outchéhoua.

4 mars. — Envoyé des canots chercher mes hommes. Dix de mes gens sont arrivés; mais l'âne ne pouvant pas marcher aussi longtemps qu'eux dans le marais, les autres l'ont remmené, dans la crainte qu'il ne lui arrivât malheur. J'ai demandé à Matipa d'expédier des canots en plus grand nombre; il y a consenti.

---

1. Allusion au livre de Defoe intitulé : *Adventures of Captain Singleton*; ouvrage qui ferait supposer que l'auteur a rencontré un individu ayant pénétré dans l'Afrique centrale, et qui lui aurait fourni les matériaux de son livre.
(WALLER.)

Je vais aller m'établir au dehors. La ville regorge de souris; les cases y sont les unes sur les autres et le séjour en est désagréable. J'y ai trouvé des moustiques.

5 *mars*. — Le temps passe, et mes hommes n'arrivent pas; Matipa est d'une extrême lenteur.

L'île s'appelle Masammbo ; elle est probablement située par 28° 43′ de longitude est, et 10° 11′ de latitude méridionale.

6 *mars*. — Installés dans notre camp, on y est beaucoup mieux qu'au village, sous le rapport du calme et de la propreté; et l'on n'y a pas de souris qui courent sur vous toute la nuit.

Le sommet de l'île est à vingt ou trente pieds au-dessus de l'eau. Vers trois heures, j'ai gagné le point culminant pour voir les alentours et jouir de la brise du lac.

Il a plu tout le temps, comme à l'ordinaire.

7 *mars*. — Mes hommes doivent arriver aujourd'hui; je tremble pour l'âne.

Le camp est propre, seulement il y a des moustiques; mais je suis complétement abrité par une moustiquaire; un grand luxe, inconnu des Arabes, auxquels cependant j'en ai parlé. Ebed, à qui j'en ai fait une, en est ravi; les autres sont accoutumés aux piqûres de ces petites pestes, de même que cet homme qui prétendait s'habituer à un clou de sa chaussure lui entrant dans le talon.

Mes gens sont arrivés à trois heures; huit sont restés, les canots étant trop petits. Il a fallu coucher l'âne et le lier solidement pour empêcher qu'il ne sortît de la pirogue; on a eu beaucoup de peine; il a mordu la main estropiée de Mabrouki Speke [1], et ses liens ont dû être si fortement serrés, qu'en arrivant, il ne pouvait plus se mouvoir. Nous lui avons massé le corps et les membres, mais il souffre beaucoup, et n'a pas pu manger, même de sorgho.

Souzi, dans toute l'affaire, s'est comporté à merveille, s'occupant des moindres détails; grâce à lui, il y a de la farine pour tout le monde.

Tchannza est près de Kabinnga; et ce dernier viendra me voir demain ou après.

1. Voy. dans Stanley, *Comment j'ai retrouvé Livingstone*, p. 35, l'horrible aventure qui avait estropié Mabrouki. (*Note du traducteur.*)

A Masammbo : Moustiquaire de Livingstone.

8 mars. — Je presse Matipa de réunir une flottille suffisante pour nous transporter tous ; mais il prétend que les rebelles lui ont volé ses canots. Il me dit que si Kabinnga, dont il est frère, n'avait pas perdu son fils, qui vient d'être tué par un éléphant, il serait venu il y a quelques jours ; qu'il est dans ses lamentations, mais qu'il arrivera bientôt. Kabinnga demeure de l'autre côté du Chambèze.

Dans tous les villages on est sûr de trouver au moins une bande de tambourineurs et de danseurs mâles et femelles. Ici le chef des mâles a exécuté pour moi de telles gambades que la sueur lui coulait de tout le corps ; je lui ai donné quelques rangs de perles. Aujourd'hui le ballet s'est renouvelé par une autre bande ; mais j'ai fait la sourde oreille et je les ai laissés gambader sans leur accorder la moindre attention.

Obtenu un mouton pour deux brasses de cotonnade, et par extraordinaire : on ne peut jamais acheter que du poisson et de la volaille ; mais Kabinnga a beaucoup de bétail.

Une espèce de carpe, à nageoire ventrale de couleur rouge, se prend ici en grande quantité, et entre pour une forte part dans l'alimentation publique ; on la nomme *pammbo* ; les indigènes la font sécher au-dessus du feu, pour la conserver comme provision.

Le sammpa est le plus gros poisson du Banngouéolo ; on le prend avec un crochet.

C'est à Molanndanngao que la Louéna se jette dans le lac.

Un msobé mâle a été tué : il avait le dos vaguement rayé de lignes blanches et transversales, et sur toute l'échine une bande de couleur jaune bien marquée. La hanche était faiblement tachetée de blanc ; mouchetures peu nombreuses signalées par plus de longueur du poil. Un faon de cette espèce avait le ventre blanc.

Ceux de mes hommes qui étaient encore à Motovineza viennent d'arriver ; toute la bande est maintenant réunie.

L'âne a beaucoup de plaies, faites par ceux qui l'ont amené, et qui pensent que l'on ne peut agir sur les animaux que par la force.

11 mars. — « Attendez, me répond Matipa ; Kabinnga va venir, et il a des canots. » Le temps n'a pour lui aucune valeur; sa femme lui brasse de la bière où il noie ses ennuis; mais les miens s'accroissent et me torturent.

Lui et sa femme m'ont envoyé une grande calebasse de pommbé; je n'en voulais qu'un peu, pour boulanger. Avec du levain qu'on a mis dans une bouteille, où il est resté d'une cuisson à l'autre, c'est-à-dire pendant trois jours, on fait de bon pain. Entourée de feuilles de bananiers ou de maïs, voire de feuilles d'arbres d'une texture solide et n'ayant pas de goût, ou simplement d'herbe, la pâte cuit dans un pot de fer, sans brûler. On a d'abord graissé l'intérieur du pot, on l'a tapissé de feuilles, puis on y a versé la pâte, qu'on a mise au soleil pour la faire lever.

Meilleures nouvelles : le fils de Kabinnga doit arriver ce soir, et nous nous concerterons.

12 *mars*. — La nouvelle était fausse; personne n'est venu de chez Kabinnga.

Mes gens ont enfilé des perles, et j'ai écrit une partie de ma dépêche à Lord Granville.

13 *mars*. — Je suis allé trouver Matipa et lui ai proposé de commencer, dès à présent, l'embarcation de ma bande, ses canots ne pouvant emmener à la fois qu'un petit nombre d'hommes. Il m'a répondu qu'une grande pirogue, montée par des gens qui vont récolter son éleusine, vient de partir, et que quand elle reviendra, elle sera mise à ma disposition, afin que j'aille moi-même voir ce qu'il est possible de faire. Je lui ai expliqué le danger qu'il y aurait à égarer mes hommes.

14 *mars*. — Les pluies ont cessé depuis quelques jours.

Été voir Matipa et fait son portrait, à cause de son curieux chapeau.

15 *mars*. — Terminé ma dépêche.

16 *mars, dimanche*. — Office. J'ai parlé à Matipa de sa duplicité et l'ai fait vertement. Il promet tout et n'accorde rien; le fait est qu'il n'a aucun pouvoir sur son peuple. Demain, dit-il, arrivera la grande pirogue, et, le jour suivant, des hommes seront envoyés chez Kabinnga. Peut-être y a-t-il là quelque chose dont je ne tiens pas compte; la mort du fils tué par un éléphant a pu donner lieu à des complications; il est possible que le blâme en soit rejeté sur Matipa, et que, vu

Matipa et sa femme.

leurs sombres esprits, il paraisse important à mon chef que l'affaire soit réglée avant de communiquer avec le père du défunt.

Souffert toute la journée de l'ancien mal.

17 mars. — Ce retard m'exaspère; et cependant j'en ai tant subi que cela aurait dû m'habituer à être patient.

Ainsi que je le pensais, le bruit court que Matipa a chez lui des Arabes dont le projet est d'attaquer tous les riverains du lac, en allant au sud. Matipa me l'a dit tantôt; et il voudrait que je fisse une traversée pour montrer à ceux qu'on effraye que nous sommes des gens paisibles.

18 mars. — Envoyé des hommes chez Kabinnga en éclaireurs et pour y établir un camp.

Après neuf jours d'arrêt, la pluie a recommencé. Vent du nord-ouest; mais le matin des masses de nuages flocohneux viennent du sud-est.

Matipa est un fourbe, et mes gens ont peur de lui; ce sont des lâches; ils disent qu'on a peur de moi; mais ce n'est qu'une excuse pour leur propre couardise.

19 mars. — Je rends grâce au Tout-Puissant Préservateur des hommes de m'avoir permis d'atteindre un point aussi avancé de la vie[1]. Puis-je espérer le succès final? Tant d'obstacles se rencontrent! Ne laisse pas Satan prévaloir sur moi, oh! Jésus, mon bon Seigneur!

8 heures du matin. — Envoyé vingt hommes chez Kabinnga, au sud-ouest du Chambèze; de là nous irons par la voie de terre.

9 heures. — Mes gens sont revenus : ils n'ont trouvé qu'un seul canot : encore une fourberie de Matipa. Cette fois, je me suis tranquillement emparé de son village, j'ai tiré un coup de pistolet dans la toiture de sa case et j'ai appelé mes hommes, n'en laissant que dix pour garder le camp. Matipa s'est enfui. Immédiatement, j'ai eu trois canots; et à onze heures mes vingt hommes s'embarquaient. Ils vont traverser le Chambèze et dresser un camp sur la rive gauche.

Toutes les vaches de Kabinnga, vaches et bœufs, sont dans une île située à l'embouchure du Chambèze et nommée Ka-

---

1. Ces lignes ont été écrites au dernier anniversaire du jour de sa naissance.

lilo. Le troupeau est complétement sauvage; quand on veut de la viande, on chasse quelques-unes des bêtes dans la rivière, et on les poursuit comme des buffles. Naturellement le lait n'est pas recueilli.

20 *mars*. — Temps froid; vent du nord-ouest; mais dans le jour, les nuages du sud-est forment la couche inférieure, et la pluie est peu de chose.

Matipa nous a envoyé deux grands paniers de cassave, un mouton et un coq. Il espérait nous faire rester jusqu'après l'inondation et avoir notre aide pour combattre ses ennemis; mais je lui ai expliqué mon désir de terminer ma tâche et de rejoindre Baker: ce qui me rend tout délai préjudiciable.

21 *mars*. — Grande pluie du nord-ouest, accompagnée de tonnerre, hier au soir et ce matin.

J'ai donné à Matipa un rouleau de fil de cuivre, un collier de grosses perles pour sa femme, et lui ai expliqué de nouveau le besoin que j'avais de partir. Il est maintenant toute promesse et toute franchise. Notre démonstration l'a effrayé; je suis heureux de n'avoir eu qu'à lui prouver ma force.

22 *mars*. — Souzi n'est pas encore revenu; j'espère qu'il obtiendra assez de canots pour nous emmener tous d'une seule fois.

Aussi loin que le regard puisse s'étendre on ne voit qu'inondation. L'eau a de quatre à six pieds de profondeur, parfois davantage; il y a trois espèces de roseaux, deux variétés de lotus, des papyrus, des arums, etc. On ne sait pas où finit la plaine, où commence le lac; des herbes terrestres prouvent seulement qu'il n'en est pas toujours ainsi.

23 *mars*. — Mes gens sont revenus dans la journée. Kabinnga pleure son fils, tué par un éléphant, et ne voit personne. Notre camp est formé sur la rive gauche du Chambèze.

24 *mars*. — Partis avec tous les bagages, et après avoir fait un présent, pour que le blâme ne coure pas derrière nous.

Poussé nos quatre pirogues avec des gaffes pendant six heures jusqu'à un îlot déboisé, où nous avons été reçus par une averse : un canot retourné nous a servi de refuge. Le vent nous a arraché la tente des mains; tous les ballots sont mouillés, et l'on a froid; situation très-misérable.

Mon lit a été placé dans le fond d'une pirogue, et personne

n'a crié : videz l'eau. Je comptais donc sur une nuit très-humide ; mais cela a mieux tourné que je ne pensais. A défaut d'herbe, nous avons fait un lit avec les bagages ; et, par bonheur, une couverture avait été mise dans un sac, où elle n'avait pas été mouillée.

25 *mars*. — Rien de terrestre ne me fera abandonner mon œuvre. Je me confie à mon Dieu, et j'avance.

Quitté à sept heures du matin notre misérable îlot de dix mètres. Rien qu'une mer remplie d'herbe, avec de petits îlots dans le lointain. Quatre variétés de roseaux, triangulaires et cannelés, s'élèvent d'un pied et demi à deux pieds au-dessus de la nappe. Des chenilles s'entre-dévorent, d'autres sont entourées d'une gaze ; les araignées, qui se voient en grand nombre, peuvent avoir été les fileuses du nid[1].

En passant dans les roseaux, le vent fait un bruit pareil à celui des vagues de la mer. L'inondation s'étend dans les bras légèrement déprimés du lac, sur un espace de vingt ou trente milles, et a beaucoup trop de largeur pour que l'œil la traverse. Le poisson abonde, et, seules, les fourmilières dominent : elles sont boisées.

Deux rivières, le Loukoutou et le Loubannseusé, coulent de l'est à l'ouest pour gagner le Chambèze.

Après six autres heures de poussée à travers cette prairie aquatique, nous entendons la voix joyeuse des enfants. C'est un grand village entouré de beaucoup de manioc, planté sur des monticules faits de main d'homme. Par endroits l'eau séjourne dans la bourgade ; mais nous y trouvons un terrain sec, où nous dressons la tente ; les gens nous offrent des cases.

En venant ici, lieu appelé Kasennga, nous avons croisé un îlot du nom de Louanngana ; et, comme à l'ordinaire, nous avons essuyé une forte averse.

26 *mars*. — Mis en route à sept heures et demie et gagné le Mabzihoua, large cours d'eau sortant du Chambèze. Un de

---

1. Nous ne pouvons rien dire à ce sujet ; mais nous rappellerons que les chenilles qui ont un nid se le font parfaitement elles-mêmes, et savent lui donner des dimensions considérables sans le secours des araignées : témoin nos processionnaires, qui, non-seulement se construisent de vastes communautés, où chacune a sa cellule, mais qui ne sortent pas sans se faire un tapis, d'après lequel se règle la marche de la procession, tapis qui s'allonge et s'élargit à mesure du défilé. (*Note du traducteur.*)

nos canots y a sombré, et nous y avons perdu une jeune fille, esclave d'Asmoda. On a repêché deux fusils et trois caisses de munitions, mais dont le contenu — des cartouches — est très-avarié; perdu en outre la selle de mon âne.

Ensuite, traversé le Loubannseusé près de son confluent avec le Chambèze : trois cents yards de large et trois brasses de profondeur; une eau languissante, mais limpide. Puis le Chambèze, large de quatre cents yards, profond également de trois brasses; ayant aussi une eau claire, mais un courant de deux nœuds à l'heure. Après cela, une grande digue, formée de plantes aquatiques. Le volume d'eau est énorme. Cinq heures d'efforts, et nous nous arrêtons.

27 *mars*. — J'envoie chercher les hommes qui sont restés au village de Matipa; je recommande de les faire embarquer immédiatement et sans rien dire.

Kabinnga se tient à distance, et les vivres sont rares. A midi, il envoie quelqu'un me saluer en son nom.

28 *mars*. — Fait un coussinet qui remplacera ma selle.

Kabinnga cherche à me vendre un mouton une somme exorbitante, sous prétexte qu'il pleure son enfant mort.

La hutte de Mabrouki Speke a pris feu cette nuit; sa boîte de cartouches a été brûlée.

29 *mars*. — J'ai payé le mouton cent fils de perles, je voulais me montrer généreux au début des échanges, et l'ai dit au messager. On m'a apporté alors une petite quantité de maïs; j'ai grogné de la vilenie du présent; il est inutile d'être discret avec des gens sans vergogne. L'envoyé a répondu que Kabinnga donnerait davantage après la récolte.

30 *mars, dimanche*. — Un lion rugit avec force. Chaque matin, l'aigle pêcheur fait entendre sa voix étrange, fausset fantastique qui s'élève comme pour appeler un ami lointain.

5 *heures du soir*. — Mes gens sont revenus; mais l'âne ayant brisé la grande pirogue, il faut retourner pour payer le dommage et pour ramener les vingt hommes qui restent encore. Matipa n'a rien donné à ses sujets du payement qu'il a reçu; il a tout gardé pour lui et nous laisse dans l'embarras : cinq autres jours perdus.

31 *mars*. — Redépart de mes hommes pour l'île de Matipa. J'envoie deux dotis en compensation de l'avarie du canot.

Tous les insulaires sont difficultueux, par suite de la sécurité dont ils jouissent dans leur fort, et qui les pousse à ne pas tenir leurs engagements.

Fait des étriers avec du gros fil de laiton mis en quatre; ils promettent un bon usage.

Envoyé à Kabinnga deux mètres d'étoffe et une requête pour avoir des vivres; mais il est évidemment aussi avare que Matipa; après tout, murmurer ne sert de rien: il faut le prendre tel qu'il est.

Sept de nos gens ont obtenu un canot, et viennent d'arriver; ce n'est pas Matipa, ce sont ses hommes qui le leur ont fourni.

Kabinnga paraît très-content de mon étoffe; il me répond qu'il va demander du maïs, et qu'il l'achètera pour moi; le riz de ses champs n'est pas encore mûr. Nous aurons un canot pour traverser la rivière prochaine.

3 *avril*. — Pluie très-copieuse la nuit dernière : six pouces d'eau en fort peu de temps.

Tous mes gens sont enfin réunis.

4 *avril*. — Fait demander une vache à Kabinnga, pour que ma bande festine avant de partir. Obtenu une bête grasse au prix de cinq brasses de cotonnade.

Un *kammbari*, poisson du Chambèze, nous a été apporté; il a trois pieds trois pouces de longueur. Deux autres, qui habitent le lac, le *poloué* et le *lopatakouao*, viennent frayer dans le Chambèze, et le remontent pour cela au commencement des pluies. Les gens de Casemmbé font du caviar avec les œufs du pammbo.

5 *avril*[1]. — Départ de chez Kabinnga. Embarqué avec tous les bagages; nos hommes suivent la voie de terre.

Gaffé en pleine inondation: six pieds d'eau; beaucoup de fourmilières éparses et couvertes d'arbres. Route au sud-est pendant cinq milles; puis, traversé le Lobinngéla, rivière paresseuse d'une largeur d'environ trois cents yards.

6 *avril*. — Partis de la même façon; mais des gens ont été

---

1. Cette note commence un nouveau carnet portant le numéro XVII. Les premières pages de ce carnet sont écrites avec une plume et de l'encre; après cela, un reste de crayon inséré dans la partie métallique d'un porte-plume, emmanchée d'un fragment de bambou, fut employé. (WALLER.)

envoyés par Kabinnga pour nous enlever les canots que j'ai payés un très-haut prix à son frère Mataïsa.

Un tambourineur stupide, battant l'alarme dans le lointain, nous a attirés et fait mettre pied à terre; pendant ce temps-là, nos gens ont continué leur marche; et maintenant la bande est séparée.

Poussé les canots, et gaffé au sud-ouest pendant six ou sept heures, avec la plus grande difficulté, les pêcheurs que nous avons vus ayant refusé de nous dire où était l'eau profonde. Au sud du lac, tout est submergé : une nappe émaillée de feuilles de lotus et de roseaux qui lui donnent un aspect verdâtre. Sur une carte on pourrait indiquer l'étendue de l'inondation annuelle par une ligne sinueuse, placée à trente ou quarante milles des rives permanentes du lac; cet espace serait coloré en vert tendre. Les larges estuaires, qui forment ensemble plus de cinquante milles, pourraient être marqués d'une teinte bleue; mais il est impossible, quant à présent, de rien délimiter : l'eau est partout et semble arrêtée dans son cours par l'étroitesse relative du Louapoula, dont les berges perpendiculaires sont taillées dans le nouveau grès rouge. C'est apparemment le Nil, débordant même à l'endroit de ses sources.

La quantité d'eau répandue dans le pays m'étonne constamment; c'est prodigieux. Beaucoup de fourmilières sont cultivées et couvertes de sorgho, de citrouilles, de fèves et de maïs. La nappe d'eau elle-même fournit des vivres en abondance, sous forme de poisson et de lotus. Il croît en outre une espèce de riz sauvage, mais qui n'est pas récolté, soit que les habitants n'en aient pas besoin, soient qu'ils ne le connaissent pas.

Des pêcheurs, toute une bande, qui en nous voyant s'étaient éloignés, finirent par céder à nos cajoleries, et nous montrèrent l'eau profonde. Ils nous désignèrent ensuite une île de trente yards carrés, et dépourvue de bois, où ils désiraient nous voir passer la nuit; nous avons continué notre route et ils ont pris la fuite.

Des averses battantes ont fondu sur nous sans pitié; mais vers le coucher du soleil, nous avons vu deux pêcheurs s'éloigner rapidement à la pagaie d'une fourmilière, où nous

CHAPITRE XI.

avons trouvé une hutte, du bois de chauffage et du poisson en abondance. C'est là que nous avons couché, faisant le guet tour à tour, de peur qu'on ne vînt prendre nos canots et nos bagages.

Très-grande averse. Une de nos pirogues a coulé bas ; naturellement tout ce qu'elle renfermait a été mouillé. Elle avait été calfatée avec de l'argile ; en dormant, un homme a dérangé ce frêle calfatage, et la barque s'est emplie.

Je ne devine pas d'où vient la frayeur des habitants à notre sujet, car nous ne touchons pas à leur poisson.

7 avril. — Marché au sud-ouest et rencontré deux hommes qui étaient à la chasse ; ils nous ont fait gagner le Mouanakadzi, rivière qui unit le Lotineghila au Lolotikila, vers la limite méridionale de l'inondation. Cela nous a fait passer près de grandes hardes d'antilope qui, dans leur fuite, plongeaient et bondissaient à travers les roseaux.

Un lion s'est égaré dans ce monde aquatique et rugit matin et soir, comme accablé de dégoût : je prends part à son ennui.

9 avril. — Près du Mouanakadzi, dont la rive constitue un haut-fond, il nous a fallu décharger et traîner les canots. Arrivés là, nos guides sont partis, très-satisfaits de ce que je leur ai donné.

Un tambourinage qui avait lieu du côté de l'est nous fit croire que c'étaient les gens de notre bande, d'autant mieux que plusieurs de mes compagnons pensaient avoir entendu deux coups de fusil. Nous prîmes alors du côté du levant, ce qui nous fit vaguer dans une forêt de papyrus, d'arums, de grandes herbes jusqu'à bout de force. N'en pouvant plus, nous nous sommes réfugiés sur une fourmilière, où nous avons passé la nuit. Notre marche à travers ces plantes raides, sur trois ou quatre pieds d'eau, avait été de cinq heures.

Le lion rugissait ; mais nos coups de feu demeurèrent sans réponse. Au point du jour, un petit canot fut expédié au village dont le bruit nous avait égarés ; deux indigènes revinrent avec mes hommes ; ils pensaient que notre bande était au sud-est : c'était probable, et nous suivîmes l'indication ; mais de ce côté, l'eau n'a parfois que quinze pouces de profondeur ; nulle part elle n'a plus d'un yard ; et toute la journée il fallut traîner la grande pirogue. A la fin, nous nous arrêtâmes dans un village situé sur une autre branche du Mouanakadzi, et dont la population était bienveillante.

Tous les bras appliqués à la grande pirogue ne la faisaient avancer que de quelques pieds. Après chaque effort, elle s'arrêtait en faisant un soubresaut et restait prise comme dans un banc de glaise.

Mesuré un papyrus : huit pieds de haut pour la tige, trois de diamètre pour la cime; la forme est celle d'un palmier.

Des centaines de grosses chenilles poilues et d'un gris foncé ont, en divers endroits, rongé presque tous les roseaux; maintenant elles s'entre-dévorent. Leur marche dans l'eau est très-bornée et se fait par une série de contractions et de détentes.

10 *avril*. — Après deux heures de pagayage dans le lit profond et extrêmement sinueux de ce bras méridional du Mouanakadzi, nous nous trouvâmes à l'endroit où nos marcheurs l'avaient passé, et nous poursuivîmes notre route vers la résidence de Ganndotchité, située au bord du Lolotikila. Mes gens n'en pouvant plus, je louai un homme pour qu'il allât demander à quelques-uns de ses amis de venir prendre nos ballots; mais il rencontra des gens de sa famille qui l'arrêtèrent, lui disant qu'il aurait dû être accompagné de l'un des hommes du voyageur. Il revint immédiatement sans dire pourquoi; ce n'est qu'aujourd'hui qu'il s'est expliqué, et je l'ai fait repartir sur-le-champ avec deux de mes hommes.

Je suis pâle, exsangue; les hémorrhagies, qui n'ont pas cessé depuis le 31 mars, m'ont enlevé toutes mes forces. Oh! qu'il me soit permis d'achever mon œuvre!

12 *avril*. — Traversé le Mouanakadzi, rivière profonde; largeur de cent à cent trente yards.

Une grande perte de sang m'a rendu si faible que je peux à peine marcher. Au bout de deux heures, je me suis couché, ne me soutenant plus.

Fait du café — les derniers grains — et nous sommes partis; une heure après, il a fallu me coucher de nouveau. J'ai cédé, bien malgré moi, aux instances de mes hommes qui ont voulu me porter; et nous avons gagné Tchinama, où nous sommes campés dans un champ de sorgho. Cultures très-étendues.

13 *avril*. — Découvert que nous avons passé la nuit sur la rive droite du Lolotikila, rivière passive ayant l'air d'un marais et très-sinueuse, qui prend ici une direction à peu près sud-ouest. Le pays est tellement plat que tous les cours d'eau sont nécessairement tortueux.

Abondance de poisson et d'autres denrées. Villageois polis et raisonnables. Ils partagent généralement le caractère du chef, et Gondotchité, celui d'ici, est d'une grande politesse.

Le ciel se nettoie; le vent du sud-est occupe maintenant l'étage inférieur; la saison sèche est commencée.

Jusqu'à présent, une chute d'eau de soixante-treize pouces[1] était la plus forte que j'eusse observée n'importe où, même dans le nord du Manyéma; ici, sur la ligne de faîte, bien plus méridionale, ce chiffre a été dépassé de plusieurs pouces. C'est la plus forte chute d'eau connue sous cette latitude, où le maximum est entre cinquante et soixante pouces[2].

On voit d'interminables prairies avec des rangées d'arbres, prairies d'une largeur d'un quart de mille, et qui cèdent la place à des bougas, autres prairies annuellement inondées, qui se reconnaissent à leur végétation terrestre. Viennent après cela, sur une étendue de quarante milles[3], à partir des bords du lac, des marécages que distingue leur flore aquatique : roseaux d'espèces diverses, lotus, arums, papyrus, et beaucoup de plantes submergées, dont les fleurs viennent s'épanouir au soleil, puis se replongent dans l'eau pour y mûrir leurs graines. D'autres, qui ont de grandes feuilles pareilles à celles de nos choux, semblent demeurer toujours au fond.

Des essaims de petits poissons nouvellement éclos vont et viennent parmi ces feuilles. Une sorte de mousse d'une texture moelleuse croît sur la plupart de ces plantes aquatiques, et constitue une pâture abondante pour des poissons dont le museau retroussé accroche ces mousses et les conduit dans la gueule.

Une espèce a la mâchoire inférieure tournée en bas et formant un crochet qui permet à l'animal de raser la plante,

---

1. 1^m,83 centimètres.
2. Entre 1^m,25 et 1^m,50.
3. Soixante-quatre kilomètres.

soit en montant soit en descendant le long de la tige, et d'en sucer la pulpe.

La surabondance de nourriture gélatineuse permet à ces légions de croître avec une rapidité extraordinaire, et la pêche est extrêmement productive, surtout maintenant que l'eau commence à baisser. Ne trouvant plus son élément en quantité suffisante, le poisson se retire de bouga en bouga, en se dirigeant vers le lac; des barrages sont établis dans des passes étroites, et le nombre de poissons pris dans les filets et dans les nasses est prodigieux.

Avec le vent du sud-est il vient une chaleur étouffante; c'est à peine si dans les heures les plus fraîches de la nuit on a besoin d'une couverture.

Dès que le coq et la tourterelle ont appelé les vigilants, l'aigle pêcheur se fait entendre; fausset aigu et sonore qui paraît s'adresser à quelqu'un de l'autre monde. Une fois entendue, cette voix qui n'a rien de terrestre ne s'oublie jamais; elle s'attache à vous pour la vie.

Avec nos quatre petites pirogues, il nous a fallu quatre heures pour passer le Lolotikila; puis deux heures de marche au sud-ouest, en descendant la rive, nous ont conduits au bord d'une autre rivière où le camp a été dressé.

J'ai envoyé un présent au chef; un homme est venu me dire que celui-ci était dans un autre village où le retenait la maladie; mais que sa femme nous enverrait demain des pirogues et nous ferait mettre sur la route qui va chez Mouanézamm-bamba, où je veux aller.

14 *avril.* — Arrêtés au bord d'une branche du Lolotikila.

15 *avril.* — Retraversé le Lolotikila en pirogue, à un endroit où il n'a que quinze yards d'un bord à l'autre, et marché au sud-ouest pendant une heure. Toujours très-faible; il a fallu me porter une partie du chemin. Je suis content de me reposer; l'hémorrhagie a été très-forte la nuit dernière.

Une femme, l'épouse du chef, m'a fait présent d'une chèvre et d'une certaine quantité de maïs.

16 *avril.* — Deux heures et demie au sud-ouest, et passé le Lommbatoua : cent yards de large; rivière profonde, cours rapide à travers des plantes aquatiques; va rejoindre le Lolotikila. Trois heures de marche en tout.

Aigle pêcheur et piége à hippopotame.

CHAPITRE XI.

17 avril. — Une averse effroyable, tombée à la nuit close, a mis les tentes en pièces. J'ai beaucoup souffert toute la nuit; et, parti à six heures trente-cinq, il a fallu me reposer après trois heures de marche.

Obtenu de l'eau, voisine de la surface, en creusant dans un sable jaune. Trois collines apparaissent dans le lointain. Notre course sud-ouest, de trois heures, nous a conduits à un village situé au bord du Kazaya.

Un homme du Nyassa m'a déclaré que son père avait attiré sur nous la forte pluie du 16.

Traversé trois éponges.

18 avril. — Passé à gué le Kazaya : soixante-dix yards de large, de l'eau jusqu'à la poitrine. En amont du passsage, la rivière était barrée par une digue, faite en vue de la pêche. A mesure que l'eau décroît, le poisson regagne le lac, et ces digues le font arriver dans les cônes de jonc qu'on a placés pour le prendre. Dans le Kazaya, beaucoup de papyrus et d'autres plantes aquatiques.

Franchi deux grandes éponges, et contraint de m'arrêter au premier village, au bout de deux heures de marche. Route au sud-ouest. Très-malade toute la nuit; mais je me suis rappelé que dans cette région le flux de sang, comme la plupart des maux, est une forme de la fièvre; j'ai pris quarante grains de quinine, et les accidents ont complètement cessé.

19 avril. — Brise fortifiante du sud-est, qui m'a fait rester à âne pendant une heure et demie. Traversé avec ma monture une large éponge, des plaines couvertes d'un sable blanc, et beaucoup de terres cultivées; puis arrêté dans un gros village, situé sur la rive droite du   [1]; et fait demander à Mouanézammbammba des canots pour traverser demain la rivière.

Je suis excessivement affaibli; sans mon âne je ne ferais pas cent yards. Ce n'est pas tout plaisir que cette exploration.

Les collines de Lavousi, qu'on aperçoit, sont un soulagement pour la vue dans ce pays plat. Leur forme dénote une

---

1. Le nom est resté en blanc; peut-être, dans sa faiblesse, a-t-il oublié de s'en informer.

origine ignée; le Kazaya y prend naissance et va directement se jeter dans le lac.

Pas d'observation maintenant, je suis trop faible; c'est à peine si je peux tenir mon crayon, et ma canne est un fardeau.

Tente détruite; mes hommes font une grande hutte pour moi et pour les bagages. Route sud-ouest d'une heure et demie.

20 *avril, dimanche.* — Office. Traversé l'éponge de Moïneda, pour avoir des vivres et pour nous rapprocher de Moanézammbammba, chef de ces parages.

Je suis excessivement faible. Au village du bord de l'éponge, à sept heures du matin.

25,88............ ⎱ 91°.
26,12............ ⎰ nuages élevés.
25,70............

Traversé le Lokoulou en canot. Rivière d'environ trente yards de large, très-profonde, coulant du sud-sud-est au nord-nord-ouest dans des marais; deux nœuds à l'heure; se jette dans le lac.

CHAPITRE XII.

Déclin rapide. — Dernières notes. — Explications données par les serviteurs de Livingstone, Souzi et Chouma. — Horribles souffrances. — A travers l'inondation. — Questions relatives aux quatre fontaines. — Bontés de Kaloungadjovou. — Pénible traversée du Molilamo dans le district d'Ilala. — Au village de Tchitammbo. — Visite du chef. — La dernière nuit. — Livingstone meurt en priant. — Récit de ce que les serviteurs ont vu. — Réflexions sur la mort de Livingstone. — La malaria d'Afrique. — Conseil tenu par la caravane. — Élection des chefs de la bande. — Noble conduite de Tchitammbo. — Préparation du corps. — Honneurs rendus par les indigènes. — Enterrement du cœur de Livingstone près de la résidence de Tchitammbo, dans l'Ilala des Vouabisa. — Inscription et monument. — Témoignages laissés au chef. Recommandations.

[Nous voici arrivés aux derniers mots du journal de Livingstone. Les deux pages du carnet qui les contient, pages reproduites par la photographie, sont placées sous les yeux du lecteur. A cette époque, tout ce que le malade a pu faire, a été d'inscrire les notes les plus brèves et de marquer sur sa carte les rivières traversées. Du 22 au 27 avril, Livingstone n'écrivit même que la date du jour. Nous y joignons les détails que Souzi et Chouma ont donnés de chaque incident de ces journées, ce qu'ils ont fait, comme dans tout leur récit, avec la plus grande précision et une entière concordance. Revenant au carnet du docteur, nous y trouvons écrit de sa main :]

21 *avril.* — Essayé de monter à âne; mais forcé de me coucher. Ils m'ont rapporté au vill. épuisé.

[Livingstone s'était fait mettre à âne, espérant avoir la force d'y rester; mais il n'avait franchi qu'une faible distance lorsqu'il tomba et s'évanouit. Souzi lui ôta immédiatement sa ceinture et son pistolet; tandis que Chouma, jetant son fusil, courait à l'avant-garde pour arrêter les hommes qui

20th April 1873 = S. service cross over these Moenda for food & to be near the head men of these parts Muanzabamba — I am excessively weak vil on Molendei 7 Ah.

25.88 ⎫ 66°
26.12 ⎬ clouds
25.70 ⎭ high

cross Lulolu in a canoe R. is about 30 yds broad very deep and flowing in marshes — 2 knots from SSE to NNW into Lake

21st tried to ride but was forced to lie down and they carried me back to vil. exhausted

22d carried in Kitanda over Buga SW 2 1/4

Fac-similé des dernières lignes écrites par Livingstone.

23? do 1½
24 do 1
25 do 2½
26 do

to Kalunga Mofue
Total 33' = 8 ¼

27 knocked up quite
and remain — recover
sent to buy milch
goats. We are on the
banks of R Molilamo

Fac-similé des dernières lignes écrites par Livingstone.

étaient en marche. Lorsqu'il revint, le docteur lui dit : « J'ai perdu tant de sang, que je n'ai plus de force dans les jambes; il faut me porter. » On le mit doucement sur les épaules de Chouma, et il fut ramené au village dans la hutte qu'il venait de quitter. Un messager fut aussitôt expédié au chef pour l'informer de ce retour; et Livingstone, croyant qu'il serait en état de se remettre en marche le lendemain, fit demander à Moanézammbammba un guide pour le jour suivant. Le chef répondit : « Restez ici tant que vous voudrez; quand il vous plaira de partir, je vous donnerai des hommes qui vous conduiront chez Kalounganndjovou. »

22 *avril*. — Porté en kitannda, à travers une bouga. S. O. 2 1/4.

[Voyant qu'au lieu de se remettre, le docteur s'affaiblissait de plus en plus, ses gens lui firent une kitannda. Deux pièces de bois parallèles de sept pieds de long, et des barres transversales d'une longueur de trois pieds, écartées d'environ quatre pouces, formaient la charpente de cette litière. Une couche épaisse d'herbe sèche, sur laquelle on étendit une couverture, constitua le matelas; et pour protéger le malade contre le soleil, une autre couverture fut posée sur la traverse à laquelle était suspendu le brancard, abri qui n'empêchait pas l'air de circuler. Ce jour-là, on attendit pour se mettre en route que la rosée eût disparu de la tête des grandes herbes.

La marche augmenta les tortures que la dyssenterie infligeait au malade, et ses gens furent heureux d'atteindre un village qu'ils trouvèrent à deux heures et quart de celui qu'ils avaient quitté; la direction avait été sud-ouest. Effrayés par l'arrivée du convoi, les indigènes prirent la fuite, et nos informateurs ignorent le nom du village où ils s'arrêtèrent. En entendant le bruit des tambours qui sonnaient l'alarme, Livingstone s'était écrié avec un soupir de soulagement : « Ah! nous approchons! » Sonngolo, Chouma, Choupéré, Adiammhéri, et de temps à autre Soféré, avaient été ses porteurs.]

23 d°. — 1 1/2.

[Il y eut une nouvelle marche d'une heure et demie, tou-

Les derniers milles.

jours dans la plaine submergée. La caravane passa près d'un grand nombre de barrages installés de manière à retenir le poisson ; mais elle n'aperçut aucun des propriétaires de ces pêcheries ; ils s'étaient cachés ou avaient pris la fuite. Un autre village abrita les voyageurs ; village désert et dont on ne sait pas le nom, personne n'ayant été là pour le dire.]

24 d°. — 1.

[Après une heure de marche, ils firent halte dans un hameau également inconnu. La faiblesse du malade était si grande, qu'à chaque instant il fallait s'arrêter, et que Chouma était obligé de rester près de lui et de le soutenir pour l'empêcher de tomber de la litière.]

25 d°. — 1.

[Une nouvelle heure de marche, au sud-ouest, les conduisit à un village où ils trouvèrent quelques personnes. Pendant qu'on se hâtait d'arranger la hutte qui devait le recevoir, le docteur, couché dans sa litière que l'on avait mise à l'ombre, se fit amener l'un des villageois. Le chef était parti avec un certain nombre d'habitants ; mais ceux qui restaient semblaient n'éprouver aucune inquiétude, et ils s'approchèrent pour entendre ce qu'on allait dire. Il leur fut demandé s'ils connaissaient une colline où quatre rivières prenaient leurs sources. L'un des assistants répondit qu'ils n'en avaient pas connaissance, que tous ceux qui avaient l'habitude d'aller trafiquer au loin étaient morts, et que dans le pays il n'y avait plus de voyageurs. Autrefois, poursuivit l'indigène, Koutchinyama, la ville de Malennga étaient le lieu de réunion des marchands vouabisa ; mais ces derniers ont été chassés par les Mazitous. Ceux qui n'ont pas été tués, en sont réduits à vivre comme ils peuvent dans les marais et les districts inondés qui entourent le lac. Avant ce temps-là, quand une expédition devait se rendre à la côte ou dans l'intérieur, les gens qui en faisaient partie se réunissaient dans la ville de Malennga pour discuter sur la route qu'il fallait suivre. A cette époque, dirent les villageois, on aurait eu des renseignements sur toute la contrée. Ici, Livingstone fut obligé de remercier les informateurs, leur expliquant qu'il était trop faible pour continuer l'entretien, et il les pria d'apporter toutes les denrées qu'ils auraient à vendre.]

26 d°. — 2 1/2. Chez Kalounganndjovou.
Total 33 = 8 1/4.

[Ce jour-là, ayant fait une étape de deux heures et demie, la caravane atteignit la ville de Kalounganndjovou. Le chef vint à sa rencontre; il portait le costume arabe et était coiffé d'un fez rouge. Pendant la halte, Souzi reçut l'ordre de compter les sacs de perles; il rapporta qu'il y en avait douze. Livingstone lui dit alors d'acheter deux grosses dents d'éléphant, si l'occasion s'en présentait, parce qu'il pourrait être à court d'étoffe lorsqu'il regagnerait Oujiji; et qu'arrivé là, il trouverait à échanger l'ivoire contre la cotonnade nécessaire pour revenir à Zanzibar.]

27. — Complétement épuisé, et je reste. — Mieux. Envoyé acheter des chèvres laitières. Nous sommes au bord du Molilamo.

Ces lignes sont les dernières qu'il ait écrites.

Solimané, Amisi, Hamsani et Laïdé, accompagnés d'un guide, remontèrent la rive du Molilamo[1] pour acheter des chèvres ayant du lait, et n'en trouvèrent pas. C'était toujours la même histoire : les Mazitous n'avaient rien laissé. Néanmoins le chef envoya trois paniers d'arachides et un chevreau; et les habitants donnaient volontiers des vivres en échange de verroterie.

Pensant qu'il pourrait manger un peu de sorgho broyé avec des arachides, Livingstone dit aux deux femmes M'sozi et N'toaéka de lui en préparer; mais quand on le lui apporta, il n'en put rien prendre.

Le 28 avril, d'autres membres de la caravane passèrent le

---

1. Nous avons conservé le nom de Molilamo; mais la carte de Livingstone porte Loulimala, et cette dernière forme est confirmée par les gens du docteur.

Molilamo, et allèrent près de l'embouchure pour essayer d'y trouver des chèvres ; ils ne furent pas plus heureux que les précédents.

Le lendemain, Kalonnganndjovou, escorté de la plupart des villageois, vint de bonne heure, et manifesta le désir d'obliger son hôte dans toute la mesure du possible. Il craignait que la caravane n'eût pas assez de canots pour traverser la rivière s'il ne s'en mêlait pas, et il annonça qu'il se trouverait à l'endroit du passage, situé à une heure de marche. « Tout ce qu'il pourrait faire, dit-il, serait fait pour son ami. »

Au moment de partir, Livingstone dit à Souzi qu'il était incapable de gagner la kitannda ; et la porte de la case n'étant pas assez large pour que la litière pût entrer, il fit abattre un pan de la muraille afin qu'on pût le prendre où il était.

Sortie du village, la caravane suivit le Molilamo jusqu'à un endroit où il y avait des îles nombreuses, formées en partie par la rivière, en partie par l'inondation. Tandis que le chef, assis sur une éminence, présidait à l'embarquement, Livingstone se fit porter à l'ombre pour y attendre que la plupart de ses gens eussent gagné l'autre bord, ce qui fut assez long.

Vint ensuite la tâche très-difficile de passer le docteur. Nullement large en temps ordinaire, le Molilamo s'épanchait dans toutes les directions ; et un faux pas, la chute de l'un des porteurs dans un trou invisible, aurait trempé la litière et le malade lui-même. On gagna l'eau profonde. Jusqu'alors, Livingstone avait pu s'asseoir dans la pirogue, mais il n'en avait plus la force, et pas un des canots n'était assez large pour recevoir la kitannda. Prenant le lit d'herbe, qui était sur la couchette, on le plaça dans le fond du plus grand canot, et l'on se mit en devoir d'y porter le malade ; mais il ne put supporter la douleur que lui causait le bras qui pesait sur ses reins. Il appela Chouma d'un signe, lui dit de se pencher au-dessus de lui, de telle sorte qu'il pût lui mettre les mains derrière la tête et les y croiser. Par ce moyen il fut soulevé, porté sans aucune pression sur la région lombaire, et déposé dans le canot. Souzi, Chouma, Faridjala, Choupéré le passèrent rapidement, et le recouchèrent sur la kitannda avec les mêmes précautions qui avaient été prises pour l'embarquer.

Courant alors au village de Tchitammbo, Souzi y fit construire une case en toute hâte.

Les derniers milles que devait faire le grand voyageur s'accomplirent d'abord à travers des marais, puis en terrain sec: marche si douloureuse pour lui que Chouma, l'un de ses porteurs, dit qu'à chaque instant il le suppliait de s'arrêter. Si grande était sa faiblesse qu'il n'essaya pas même de se mettre sur son séant, et qu'à un endroit où l'on fut obligé de le lever, à cause d'un arbre qui barrait le chemin, il tomba dans un assoupissement qui causa la plus vive alarme aux gens de son entourage. On le recoucha; il revint à lui; mais il était si faible qu'il pouvait à peine parler.

A quelque distance de là, il fut pris d'une grande soif, et demanda s'il y avait de l'eau; on n'en trouva pas une goutte. Pour ne pas être trop séparés des autres, ses porteurs pressèrent le pas, et à leur grande joie, virent arriver Faridjala, avec de l'eau que Souzi, toujours attentionné, envoyait du village.

Ils continuèrent leur route, croyant ne jamais finir l'étape. Arrivé dans une éclaircie, le docteur les pria de le déposer par terre et de l'y laisser; ils essayèrent de l'encourager en lui disant qu'on voyait les huttes du village, et qu'il serait bientôt dans la maison qu'on bâtissait pour lui. Ils avancèrent un peu; mais il fallut s'arrêter dans un jardin, situé hors de l'enceinte, et où le malade resta pendant une heure.

Enfin ils gagnèrent le bourg; la maison n'était pas achevée; et ils portèrent leur maître sous la projection d'un toit formant véranda.

Presque toutes les demeures étaient vides. Quand vient la saison où les grains mûrissent, les indigènes construisent dans les champs des cases temporaires où ils résident pour veiller sur leurs récoltes; et la caravane trouva facilement à s'abriter. Pendant qu'elle s'installait, beaucoup d'hommes, revenus du dehors, s'approchèrent de l'endroit où était celui dont ils avaient entendu faire l'éloge; et appuyés sur leurs arcs, ils le regardèrent en silence.

Une pluie fine tombait par instants, et l'on se hâta d'achever la maison. Le lit fut posé sur un échafaudage qui le préserva du contact du sol, et placé en travers du fond arrondi

Au village de Tchitammbo.

de la case. Dans la baie, dont il ferma l'ouverture, on plaça les ballots et les caisses, l'une de celles-ci faisant l'office de table. Il y eut un feu devant la porte ; et Madjouara, l'un des Nassickais, resta dans la chambre, où il coucha pour servir le maître pendant la nuit.

Le 30 avril, Tchitammbo vint dans la matinée faire sa visite au docteur ; mais celui-ci le pria de revenir le lendemain, espérant qu'il aurait plus de force pour le recevoir. Dans le courant du jour, Livingstone demanda son chronomètre et expliqua à Souzi comment il fallait le tenir, de manière qu'il l'eût dans la paume de la main, tandis qu'il tournerait lentement la clef.

Les heures s'écoulèrent. A la nuit tombante, ceux des hommes qui devaient faire le guet, allèrent s'asseoir autour des feux ; les autres se retirèrent en silence et regagnèrent leurs huttes avec la conviction que la fin était prochaine.

Vers onze heures, Souzi, dont la case touchait à celle du malade, fut appelé. De grands cris retentissaient dans le lointain. « Est-ce que ce sont nos hommes qui font tout ce bruit ? lui demanda Livingstone. — Non, dit le serviteur ; ce sont les villageois qui chassent les buffles de leurs champs de sorgho. »

Quelques minutes après, il dit d'une voix lente et évidemment en délire : « Cette rivière, est-ce le Louapoula ? » Souzi lui répondit qu'ils étaient dans le village de Tchitammbo, et que la rivière voisine était le Molilamo. Il garda le silence pendant quelque temps ; puis s'adressant encore à Souzi, mais cette fois dans le langage de la côte : « Sikoun' gapi kouennda Louapoula ? dit-il (à combien de jours sommes-nous du Louapoula ?).

— Je pense que nous en sommes à trois jours, maître, » répliqua Souzi.

Et une minute après, comme sous l'influence d'une douleur excessive, il fit entendre cette plainte : « Oh ! dear, dear ! » à demi soupirée, à demi parlée ; et il retomba dans l'assoupissement.

Au bout d'une heure, Souzi fut rappelé. Livingstone le pria de faire chauffer de l'eau ; quand celle-ci fut chaude, le docteur demanda la boîte à médicaments, où il choisit du calomel avec beaucoup de difficulté, car il semblait ne plus voir assez pour lire les étiquettes. Il fit poser le calomel auprès de lui, verser un peu d'eau dans une tasse, mettre une tasse vide à côté de l'autre, et murmura d'une voix faible : « C'est bien ; maintenant, vous pouvez vous en aller. »

Ce sont les dernières paroles qu'on lui ait entendu dire.

Il pouvait être quatre heures du matin, lorsque Madjouara vint de nouveau trouver Souzi : « Viens voir maître, lui dit-il ; j'ai peur, je ne sais pas s'il est vivant. »

Souzi réveilla Chouma, Choupéré, Mouanyaséré et Mathieu, et tous les six entrèrent dans la chambre. Le lit était vide. Agenouillé au bord de sa couche, Livingstone semblait être en prière ; et par un mouvement instinctif, chacun d'eux recula. « Quand je me suis réveillé, dit Madjouara, il était comme à présent; et puisqu'il ne remue pas, j'ai peur qu'il ne soit mort. » On demanda au Nassickais s'il avait dormi longtemps ; il répondit qu'il ne savait pas, mais probablement un temps assez long.

Les hommes se rapprochèrent. Une bougie collée sur la table par sa propre cire jetait une clarté suffisante pour le bien voir. A genoux, et penché en avant, Livingstone avait la tête dans ses mains, qui étaient croisées sur l'oreiller. Ils le regardèrent pendant quelques instants et ne virent aucun signe de respiration. Mathieu lui posa doucement le doigt sur la joue ; elle était froide. Livingstone était mort.

Ils le replacèrent religieusement sur son lit ; et après l'avoir étendu et recouvert avec soin, ils sortirent pour se consulter. Presque aussitôt les coqs chantèrent ; et comme il était près de minuit lorsqu'il avait parlé pour la dernière fois, nous pouvons dire avec une assez grande certitude qu'il expira le 1er mai, un peu avant l'aube.

. . . .

Peut-être à la lecture de ces pages douloureuses plusieurs questions se poseront-elles d'elles-mêmes. On s'étonnera de l'absence de toute disposition dernière : pas un mot d'adieu à sa famille, pas un souvenir à ses amis, nulle injonction à ses serviteurs au sujet de ses papiers.

Si depuis deux ans sa santé lui donnait de graves inquiétudes, il est probable néanmoins qu'il a été surpris par la mort. Mais, dira-t-on, ne devait-il pas à tout hasard, en pré-

Mort de Livingstone, au village de Tchitammbo.

CHAPITRE XII.

vision de son décès, recommander à ses gens de conserver ses livres de notes et ses cartes, leur dire ce qu'ils auraient à faire pour en assurer l'envoi ? Comment sa passion dominante ne lui a-t-elle pas suggéré ces précautions ?

Le fait s'explique ; celui qui vous l'expose se rappelle même avoir entendu Livingstone le lui signaler comme l'un des caractères spéciaux de l'intoxication due à la malaria d'Afrique.

J'ai dans mes souvenirs personnels et très-présents huit morts d'Européens arrivées au bord du Chiré et du bas Zambèze, et que n'ont accompagnées nul adieu, nulle recommandation testamentaire. Ni l'espérance ni le courage ne cèdent devant l'approche de la suprême agonie. Dans la plupart des cas, le malade épuisé tombe dans un état d'assoupissement, suivi d'insensibilité complète, qui presque toujours est le symptôme final.

Or, nous le voyons dans la note du 18 avril, Livingstone était convaincu que l'empoisonnement miasmatique est la base de toutes les maladies contractées dans l'Afrique tropicale, et il attribuait à cette fatale influence les douleurs dont il souffrait si cruellement.

Dans l'état où il y arrivait, un homme qui n'aurait pas eu sa force de résistance fût probablement mort dès la première semaine passée au milieu de l'inondation et sous le déluge qu'il rencontra au bord du lac. Tous ses gens, des Africains de ces mêmes latitudes, en furent plus ou moins éprouvés. Saturés du poison, ils ne tardèrent pas à en ressentir l'effet ; plusieurs y succombèrent. L'extrême vitalité de Livingstone retarda sans doute de plusieurs jours l'état comateux de la dernière période, et le rendit moins complet ; toutefois l'assoupissement dans lequel il tomba pendant les dernières marches fut très-voisin de la perte totale de connaissance que nous avons signalée plus haut.

Interrogé par nous à cet égard, l'un de ses hommes nous répondit que le docteur croyait se rétablir, comme il l'avait fait tant de fois ; mais le questionné revenait toujours, ainsi que les autres, sur l'assoupissement des dernières étapes.

Il est possible qu'à la dernière heure le sentiment de sa fin prochaine se soit fait jour en lui. Dès lors, quelle plus grande consolation pour ceux qui le pleurent que le récit fait par ses gens de ce qu'ils ont vu. Livingstone n'avait pas seulement croisé les mains, il s'était levé pour prier. A genoux, le front dans ses mains jointes, il leur sembla vivant; l'attitude était restée la même. En rendant son âme à Dieu, il n'avait fléchi ni à droite ni à gauche; la mort n'avait rien changé à la position qu'il avait prise : celle d'un homme doucement incliné et qui ne souffre plus. « Nous croyons qu'il parle encore », disent ses serviteurs. Peut-être sont-ils dans le vrai; le temps ne viendra-t-il pas où ses actes nous parleront plus haut et plus clairement que n'aurait pu le faire sa parole ou sa plume ?

Est-ce aller trop loin que de penser que la prière habituelle du voyageur a été dite une fois de plus, et que, dans un suprême effort, Livingstone a supplié de nouveau Celui pour lequel il avait tant travaillé de mettre un terme à l'oppression et aux malheurs du pays où il mourait?

. . . .

Aussitôt tous les gens de la caravane furent avertis à voix basse, chacun dans sa hutte, et appelés à se réunir immédiatement. Dès qu'il fit jour, Souzi et Chouma exprimèrent le désir que tous les hommes de la bande fussent présents à l'ouverture des caisses, afin que tout le monde fût responsable de leur contenu. Jacob Wainwright, qui savait écrire, fut chargé de prendre note des objets dont on allait faire l'inventaire, et les bagages furent sortis de la maison.

Livingstone avait reçu autrefois d'un vieil ami des caisses de fer-blanc excessivement bien faites; deux d'entre elles avaient résisté à tous ses voyages et se retrouvaient parmi les autres. Dans ces caisses les papiers et les instruments étaient à l'abri de l'humidité et des fourmis blanches, plus à craindre que tout le reste. Des lettres et des dépêches commencées, dépêches nombreuses, furent jointes aux livres de notes que renfermaient ces boîtes; et l'on ne saurait trop louer le bon sentiment qui, le maître étant mort, revêtit les moindres lignes de son écriture d'un caractère sacré aux yeux des serviteurs. Le même soin fut pris de ses armes, de sa montre, de sa Bible, de son livre d'église, de la boîte pharmaceutique, de tout ce qui lui avait appartenu, de tout ce qui lui avait servi.

Dans le carnet du docteur, à la suite de la dernière note

Souzi. Chouma. Jacob Wainwright.
L'Inventaire après la mort de Livingstone.

que celui-ci avait inscrite, nous voyons les lignes suivantes, de la main de Jacob :

« 28 avril, 11 heures du soir. »

« On a trouvé dans la première caisse à peu près un schilling et demi ; dans une autre caisse son chapeau, une montre et deux petites boîtes contenant des instruments pour mesurer ; un instrument dans chacune ; puis une boussole ; trois autres espèces d'instruments de mesurage ; quatre autres espèces d'instruments aussi pour mesurer. Et dans une troisième caisse, trois drachmes et un demi-scrupule. »

L'erreur de date que renferme la première ligne est facile à expliquer. Livingstone avait écrit sa dernière note le 27 avril ; Jacob, n'ayant pas d'autre indication du quantième, et supposant que cette note était de la veille, data la sienne du 28. S'il avait observé que les quelques mots écrits le 27 mentionnaient, pour ce jour même, l'arrivée chez Kaloungandjovou, l'erreur n'aurait pas été commise. Quant à l'heure marquée, onze heures du soir, elle indique le moment où Souzi fut appelé pour la dernière fois auprès du maître, et non celle de la mort, qui eut lieu quelques heures plus tard.

Ce ne fut pas sans effroi que les plus éclairés de la bande envisagèrent les obstacles qu'ils auraient à vaincre. Ils connaissaient l'horreur superstitieuse qu'inspiraient les morts aux tribus dont ils étaient entourés. Pour ces tribus, les défunts emportent dans la tombe un esprit de vengeance qu'ils exercent contre les vivants. L'invasion, la maladie, les accidents, tous les maux leur sont attribués ; et la religion du pays n'a d'autre but que d'apaiser leur colère. Cette croyance admise, il n'est pas étonnant que les chefs et les peuples fassent un mauvais parti aux étrangers qui perdent chez eux un des leurs : il y a là danger public ; l'avoir causé est une grave offense ; et qui pouvait dire ce qui résulterait de cette manière de voir ?

Réunissant de nouveau leurs camarades, Souzi et Chouma leur exposèrent la situation et leur demandèrent conseil. Il leur fut répondu sincèrement, et d'une voix unanime : « Vous êtes nos anciens dans les voyages et les fatigues, devenez nos chefs; nous promettons de vous obéir, quels que soient les ordres que vous nous donniez. »

A partir de ce moment, Souzi et Chouma doivent être regardés comme les chefs de la bande ; et c'est à leur connaissance du pays, à celle des peuplades dont ils traversèrent le territoire, surtout à la discipline et à l'union qu'ils surent maintenir dans la caravane, que l'on doit l'heureuse issue de l'entreprise.

Tous furent d'avis de cacher la mort du maître à Tchitammbo ; car elle pouvait leur faire imposer, à titre de dommages-intérêts, une si forte amende qu'ils n'auraient plus le moyen de se défrayer jusqu'à la côte.

Il fut ensuite décidé que le défunt, quoi qu'il pût advenir, serait rapporté à Zanzibar. Pour cela, on résolut de le déposer secrètement dans une hutte que l'on ferait à quelque distance du village, et où seraient prises les mesures nécessaires à l'exécution du projet.

Des hommes furent envoyés immédiatement pour couper du bois ; d'autres allèrent chercher de l'herbe, tandis que Chouma se rendait auprès de Tchitammbo et lui disait que, s'il voulait bien le permettre, leur caravane, n'aimant pas à vivre au milieu des cases, irait s'établir en dehors de l'enceinte.

Le chef donna son consentement ; mais dans le courant de la journée deux hommes de la caravane allèrent aux provisions et divulguèrent le secret. Tchitammbo en fut immédiatement informé ; il se rendit à l'endroit où se construisaient les huttes et, s'adressant à Chouma : « Pourquoi, lui demanda-t-il, ne m'avez-vous pas dit la vérité ? Votre maître, je le sais, est mort la nuit dernière. Vous avez eu peur de me l'apprendre ; mais ne craignez rien. Moi aussi j'ai voyagé ; je suis allé plus d'une fois à la côte avant que la route fût pillée par les Mazitous. Je sais que la mort frappe souvent les voyageurs, et qu'en voulant regagner votre pays vous n'avez pas de mauvaise intention. »

Rassuré par ces paroles, Chouma lui dit que leur projet était de préparer le corps et de l'emporter avec eux. Le chef répondit qu'ils feraient mieux de l'enterrer tout de suite, car ils entreprenaient une chose impossible. Mais ils persistèrent dans leur résolution, et le défunt, placé sur la kitannda et

CHAPITRE XII.

soigneusement voilé de cotonnade, fut porté à la nouvelle case.

Le lendemain, 2 mai 1873, Souzi alla trouver le chef et lui offrit un présent qui reçut un bon accueil. Il est juste de dire qu'ils parlent tous avec gratitude de la conduite de Tchitammbo à leur égard, et qu'ils dépeignent celui-ci comme étant un bel homme, au cœur généreux. D'après son conseil, il fut décidé que l'on rendrait au mort les honneurs funèbres usités dans le pays; et toutes les dispositions furent prises en conséquence.

Au moment voulu, Tchitammbo, accompagné de ses femmes et à la tête des gens du village, se rendit au nouvel établissement. Un grand morceau d'étoffe rouge lui couvrait les épaules, et la draperie blanche de cotonnade indigène, dont les naturels s'entourent les reins, lui descendait jusqu'à la cheville. Tous les hommes de sa suite avaient des arcs, des flèches et des lances, mais pas d'armes à feu. Deux tambours joignirent leur batterie aux lamentations des femmes, cris déchirants que n'oublie jamais celui qui les a entendus, et au milieu desquels, suivant l'usage des caravanes, se succédaient les volées de mousqueterie des gens du défunt.

Jusque-là on n'avait pas touché au corps. Après la cérémonie, une case de forme ronde fut bâtie à quatre-vingt-dix pieds de la maison. Construite de manière à défier les attaques des bêtes féroces, cette case resta découverte pour que l'air et le soleil pussent y entrer largement. Des pieux et des branchages, profondément plantés près à près, lui formèrent une enceinte. Les huttes des porteurs furent établies à côté de cette bâtisse, et une forte estacade entoura complétement le village.

Le même jour, on prit les mesures nécessaires pour que la dépouille pût être préparée le lendemain. Saféné, l'un des hommes de la bande, avait fait l'acquisition de beaucoup de sel chez Kaloungannndjovou. On le lui acheta moyennant seize rangs de perles. Il y avait un peu d'eau-de-vie dans les provisions du docteur; et avec cela ils espéraient conserver le corps.

Faridjala, qui, à Zanzibar, étant au service d'un médecin, avait eu l'occasion de voir faire des autopsies, fut chargé de l'embaumement; il y fut aidé, sur sa demande, par Carras, l'un des Nassickais.

Au moment où ils allaient commencer, il était de grand matin, arriva un pleureur de profession. Ce dernier avait aux chevilles des anneaux, portés en pareille circonstance, et formés d'un chapelet de capsules séminales remplies de petits cailloux. Ainsi paré, l'homme du deuil se mit à danser en chantant d'une voix lente et monotone, accompagnée du craquettement de ses anneaux :

> « Lélo koua Ennghérésé,
> « Mouana sisi oa konnda :
> « Tou kammb' tammb' Ennghérésé. »

Ce qui signifie :

> Aujourd'hui est mort l'Anglais,
> Qui avait des cheveux différents des nôtres :
> Venez tous à la ronde voir l'Anglais.

La cérémonie terminée, le pleureur et son fils, qui avait participé à la danse, se retirèrent avec un présent convenable.

On prit alors les restes émaciés du maître, et on les porta dans la case découverte. D'après ce que nous avons lu des souffrances du défunt, il est aisé de comprendre ce qui avait permis de garder sa dépouille jusqu'alors : ce n'était plus qu'un squelette recouvert de peau.

Les viscères furent enlevés avec soin et remplacés par du sel; au rapport de ses hommes, un caillot de sang de la grosseur de la tête fut trouvé dans le côté gauche[1]. Faridjala fit remarquer l'état des poumons, qui étaient complétement desséchés et couverts de taches blanches et noires.

Le cœur, ainsi que les autres organes, fut placé dans une caisse de fer-blanc qui avait contenu de la farine; puis cette boîte fut pieusement enterrée dans une fosse de quatre pieds de profondeur, creusée à l'endroit même de l'établissement de la bande; et, en présence de celle-ci tout entière, Jacob Wainwright lut l'office des morts.

---

1. Un docteur, qui a soigné Livingstone en Afrique de plusieurs maladies graves, présume que la cause effective de la mort a été une splénite aiguë.

Village improvisé, où fut préparé le corps de Livingstone.

Faridjala avait mis de l'eau-de-vie dans la bouche et sur les cheveux du défunt; et le corps avait été laissé dans la hutte, exposé au soleil.

Toutes les vingt-quatre heures, la précieuse dépouille, sur laquelle on veillait sans cesse, était changée de position; mais à tout autre moment il n'était permis à qui que ce fût d'en approcher.

Au bout de quatorze jours, pendant lesquels rien ne troubla la tranquillité de la caravane, le corps parut suffisamment sec. On l'enveloppa de calicot; un myonngo fut écorcé, et dans le cylindre qui en résulta on plaça les restes du maître. Autour de ce cercueil fut cousu un morceau de toile à voile, et on ficela au ballot une forte perche, afin qu'il pût être porté par deux hommes.

A la demande de Souzi et de Chouma, Jacob grava sur un gros mvoulé, au pied duquel reposait le cœur du maître, le nom de Livingstone et la date de sa mort. Il fut en outre érigé près de la tombe deux poteaux massifs, reliés au sommet par une traverse formant linteau; et cette porte fut badigeonnée avec le goudron qui avait été donné au docteur par M. Stanley, pour l'entretien de sa barque.

Au moment de partir, Souzi et Chouma recommandèrent au chef du village d'avoir bien soin de faire ôter l'herbe qui pousserait autour du mvoulé, porteur de l'inscription, pour que cet arbre fût préservé de l'incendie annuel qui, de proche en proche, gagne les bois. Enfin ils donnèrent au chef une grande caisse qui avait renfermé du biscuit, et y ajoutèrent quelques journaux devant lui servir à prouver aux voyageurs futurs qu'un homme blanc était venu dans son village.

Tchitammbo promit de veiller à la conservation de l'arbre et de la porte; mais il ajouta qu'il espérait que l'Anglais auquel il devait les montrer ne se ferait pas attendre, parce qu'une invasion des Mazitous, qui le menaçait toujours, l'obligerait de s'enfuir, que le mvoulé serait alors abattu pour faire un canot, et qu'il ne resterait plus aucun signe.

Tout maintenant était prêt pour le départ.

CHAPITRE XIII.

Départ d'Ilala. — Maladie de tous les membres de la caravane. — Décès. — Mouanamazoungou. — Le Louapoula. — L'âne est tué par un lion. — Accident de chasse. — Chirurgie indigène. — Réception inhospitalière. — Combat. — Prise de la ville de Tchahouinndé. — Remis en marche. — Au village de Tchihouaï. — Sur l'ancienne route. — Fabrication du fil de fer. — Arrivée chez Kâmmba-Kâmmba. — Disparition d'un Nassickais. — Recherche infructueuse. — Arrivée au Tanganika. — Départ du lac. — Traversée de la chaîne du Lamebalameflpa. — Énorme quantité de gibier. — Nouvelles de la côte. — Expédition à la recherche de Livingstone. — Confirmation des nouvelles. — La caravane atteint Baoula. — Envoi d'un message dans l'Ounyanyemmbé. — Chouma rencontre le lieutenant Cameron. — A Kouihara. — Départ pour la côte. — Triste fin du docteur Dillon. — Mesures de prudence. — Jeune fille tuée par un serpent. — Arrivée à la côte. — Conclusion. Funérailles.

Toutes les mesures étant prises, la caravane se mit en route dans la direction de l'ouest. Bien que nos informateurs aient une excellente mémoire, ainsi que nous nous en sommes assuré à mainte reprises en les questionnant au hasard, et en comparant leurs réponses avec les notes de Livingstone, aucun d'eux ne sait le chiffre exact du temps qu'ils ont passé dans les villages où la maladie les a retenus, ce qui rend la continuation du journal impossible, et nous fait donner leur rapport sous forme de simple récit.

Dès le premier jour de marche, ils virent que de nouvelles précautions étaient nécessaires pour la sûreté du précieux fardeau, et ils renvoyèrent au village chercher le baril de goudron qu'ils avaient laissé à la garde du chef. Le goudron apporté, ils en revêtirent d'une couche épaisse la toile qui enveloppait l'étui d'écorce; puis ils déposèrent le baril à la première bourgade avec ordre de le reporter à Tchitammbo, et poursuivirent leur route du côté du Louapoula.

Un regard jeté sur la carte fera voir la direction que prit

alors la caravane. Souzi et Chouma avaient accompagné le docteur dans l'exploration de la partie nord-ouest du Banngouéolo; et pour rejoindre cette ancienne route, d'où ils gagneraient la partie sud du lac Tanganika, il leur fallait continuer à marcher au couchant, prendre au nord, et traverser le Louapoula à peu de distance du lac.

Mais il y eut bientôt parmi eux de graves symptômes de maladie. L'un, d'abord, resta en arrière, puis un autre; la file s'égrena, et le soir du troisième jour la moitié de la caravane était hors d'état d'avancer. Quelques heures après, tous étaient plus ou moins affectés de douleurs dans la figure et dans les membres; douleurs accompagnées d'une grande prostration, qui, chez les plus malades, allait jusqu'à l'incapacité absolue de se mouvoir. Ils pensèrent que la maladie était due à la marche continuelle qu'ils avaient faite dans l'eau avant la mort du docteur; maladie qui avait couvé en attendant l'occasion de se produire, et que les deux dernières étapes, qui avaient eu lieu dans des marais après quinze jours de repos, avait fait éclater.

Chez Souzi, les douleurs étaient fixées dans les jambes; Songolo était à l'article de la mort; Kaniki et Bahéti, deux des femmes, expirèrent en quelques jours. Tous paraissaient être au plus mal; et ce ne fut qu'au bout d'un grand mois qu'ils purent se remettre en marche.

Heureusement que, dans l'intervalle, les pluies avaient cessé, et que les naturels apportaient chaque jour des vivres en abondance. Ils apprirent des indigènes que la contrée où ils se trouvaient alors était d'une insalubrité notoire, et que beaucoup d'Arabes y avaient perdu la vie. Une fois, cinq hommes de la bande firent une excursion du côté de l'ouest, et parlèrent à leur retour d'une grande rivière qui allait se jeter dans le Louapoula; malheureusement ils n'en savaient pas le nom, qui aurait été pour les géographes d'un intérêt considérable.

Repartis un matin, les voyageurs arrivèrent le même jour à l'un des villages frontières de l'Ilala; mais le lendemain, plusieurs d'entre eux étaient repris de douleurs, et il n'y avait pas à songer au départ; Souzi lui-même était parmi les impotents.

Mouanamazoungou, chez qui la caravane se trouvait alors, savait parfaitement tout ce qui s'était passé au village de Tchitammbo; il fut malgré cela d'une grande bonté pour les gens de la bande : pas de jour qu'il ne leur fît un cadeau sous une forme ou sous une autre. Quant aux villageois, ils montraient beaucoup de répugnance à entendre parler de la mort de Livingstone; mais ils n'en furent pas moins très-obligeants. Trois buffles tués par Faridjala aux environs du bourg permirent de reconnaître leurs services et augmentèrent leurs dispositions favorables. Dans toute l'Afrique, la viande et le bon vouloir marchent toujours de compagnie; il n'est pas de chasseur généreux qui ne puisse compter sur l'assistance des indigènes.

Quelques bracelets de fil de laiton et un peu de calicot procurèrent une vache à la caravane; et le vingtième jour de cette deuxième halte causée par la maladie, on se remit en route pour le nord.

Les eaux du Louapoula, si avidement cherchées, ne tardèrent pas à être en vue. Prenant alors un guide, les arrivants furent conduits au prochain village. Tchisalamalama, qui en était le chef, leur offrit des canots pour passer la rivière. Souzi et Chouma estiment que, pour un homme simplement chargé de son fusil, la distance du Molilamo au Louapoula est de cinq jours de route; ce qui, basé sur la marche des indigènes, représente de cent vingt à cent cinquante milles.

En écoutant ce qu'ils rapportent de la puissante rivière, on jette instinctivement les yeux sur le sombre fardeau que passait l'une des pirogues. Avec quelle ardeur il eût examiné cet émissaire du lac, celui dont la dépouille le traversait alors, et qui, dans les dernières heures de son séjour ici-bas, se préoccupait de l'atteindre, et lui envoyait sa pensée errante!

D'après Souzi et Chouma, ayant toute compétence pour établir cette comparaison, le Louapoula aurait, à l'endroit où ils l'ont franchi, le double de largeur du Zambèze à Choupannga, ce qui lui donnerait quatre milles d'une rive à l'autre. Ils traversèrent d'abord, à la gaffe, un espace couvert de roseaux; puis, à la rame, une eau profonde et transparente d'une largeur de quatre cents yards; ensuite une seconde

CHAPITRE XIII.

étendue herbeuse, suivie d'un autre chenal profond, auquel succéda, après une nouvelle bande de roseaux, un autre courant profond, moins large que le précédent; puis ils rencontrèrent, comme au départ, une eau basse où abondaient les grandes herbes. Juste en amont du point où ils passèrent, se trouvaient deux îles.

En somme, faisant tour à tour usage de la gaffe et de la pagaie, il leur fallut deux grandes heures pour franchir cette énorme rivière qui porte au nord le trop-plein du Banngouéolo.

Ils s'arrêtèrent de l'autre côté du Louapoula et, suivant leur habitude, construisirent à côté des leurs, une cabane pour l'âne, ce fidèle serviteur si éprouvé, qu'ils soignaient toujours comme du temps du maître. Au milieu de la nuit, un grand vacarme, auquel s'ajoutaient les cris d'Amoda, éveilla le camp. Tous les hommes se précipitèrent vers l'endroit d'où le bruit s'était fait entendre : l'écurie était effondrée et l'âne ne s'y trouvait plus. Une profonde obscurité les enveloppait; ils prirent à leur feu des tisons flambants, allumèrent les grandes herbes, et virent un lion à côté du pauvre animal, qui était mort. Ceux qui avaient leurs fusils les déchargèrent, et le lion prit la fuite. L'âne avait été saisi par les naseaux et tué instantanément.

Au point du jour, on eut la certitude que les coups de feu avaient touché le but : une large traînée sanglante annonçait que l'agresseur avait eu probablement les reins brisés et n'avait pu fuir qu'en rampant. Toutefois les empreintes d'un autre lion étaient trop visibles pour qu'il fût prudent de suivre la piste dans la retraite épineuse du blessé.

La victime fut laissée dans la forêt; mais deux pirogues étant restées près du bivac, il est probable que le corps du fidèle serviteur alla regaler, le jour même, les gens de Tchisalamalama.

L'étape suivante se fit dans l'eau et dans la bourbe; et les voyageurs s'estimèrent fort heureux de la rencontre d'une énorme fourmilière, une île dans ce marais inondé. Ils en creusèrent le sommet avec le pic et la pioche et y passèrent la nuit, comme un lièvre dans sa forme.

Le lendemain, tout joyeux de quitter cette place où ils

avaient couché sur la dure, ils gagnèrent un village appartenant à Kahouinega. D'après ce qu'ils racontent, celui-ci est un homme de grande taille, d'une couleur extrêmement claire, et possédant le seul fusil qu'ils aient vu dans ces parages, mais détérioré au point de ne pas pouvoir servir.

Ils arrivèrent ensuite chez N'kossou, dont la résidence était plus considérable. Les habitants, appelés Kahouinndés, possédaient autrefois une grande quantité de gros bétail, réduite maintenant à peu de chose par suite des incursions des Banyamouézi.

Nous ferons observer que la race bovine de cette région est complétement dépourvue de bosse, et a beaucoup d'analogie avec les races écossaises. Souzi et Chouma, se trouvant à une exposition d'agriculture, signalèrent avec étonnement la ressemblance que leur offraient les taureaux à courtes cornes et ceux d'Alderney avec les bêtes bovines des rives du Banngouéolo.

N'kossou fit présent d'une vache à la caravane; mais la recommandation de tuer l'ours avant d'en disposer paraît être de rigueur dans les prairies dudit chef. Le troupeau est tellement farouche qu'une chasse en règle est nécessaire chaque fois qu'on veut avoir du bœuf. Saféné et Mounyaséré prirent leurs fusils et se chargèrent de la bête. Chasseur habile, le second devait réussir et le faire sans accident; mais Saféné, au lieu de toucher la vache, sur laquelle il tirait comme un fou, atteignit un indigène et lui brisa la cuisse.

Que ce fût un malheur pur et simple ne faisait aucun doute; mais en Afrique cela ne suffit pas pour que le fait soit impuni. Le chef toutefois se conduisit à merveille; il dit aux voyageurs qu'une amende devait être payée au père du blessé, et qu'on devait la lui remettre; car c'était lui qui, de par la loi, devenait responsable, comme étant l'hôte de l'individu qui avait fait la blessure. Mais il admit qu'ayant ordonné à ses gens de ne pas se tenir à l'endroit où la vache était pourchassée, le malheur n'avait eu lieu que par suite de l'oubli de ses ordres; et les choses en restèrent là.

Le procédé chirurgical employé pour guérir la fracture mérite qu'on s'y arrête. Un trou de deux pieds de profondeur et de quatre pieds de long fut creusé de manière que le blessé

Mort d'un vieux serviteur.

pût y être assis, les jambes étendues. On banda la cuisse fracturée avec une grande feuille, que l'on assujettit par un lien, et le patient fut déposé dans la fosse qui venait d'être ouverte. Celle-ci fut ensuite comblée, de telle sorte que l'homme se trouva enterré jusqu'à la poitrine. Un lit de vase recouvrit la terre dont la fosse était remplie, et sur la couche humide on entassa de l'herbe et des bûchettes auxquelles on mit le feu, juste au-dessus de la fracture. Pour empêcher le blessé d'être suffoqué par la fumée, on dressa devant lui une natte en guise d'écran; puis on attendit. Bientôt la chaleur se communiqua aux membres enterrés. Beuglant d'effroi et inondé de sueur, le patient les suppliait de le sortir de la fosse; mais on ne le déterra que quand les autorités le jugèrent à propos. Enlevé du trou, le malheureux fut retenu par des mains vigoureuses, tandis que deux hommes tiraient de toutes leurs forces sur le membre fracturé. Des attelles, préparées avec soin, furent alors placées autour de la cuisse et liées solidement. Nous voudrions croire à l'heureuse issue de l'opération, mais nous doutons de sa réussite. Cependant les villageois dirent à Chouma que depuis l'époque où l'on venait chez eux avec des fusils, ils traitaient de cette manière toutes les blessures graves faites par les balles, et qu'ils le faisaient avec le plus grand succès.

Quittant la résidence de N'Kossou, les voyageurs allèrent coucher dans un autre village appartenant au même chef, et gagnèrent ensuite le territoire des Vouahoussi. Ils y reçurent mauvais accueil, n'obtenant d'autre réponse à leurs demandes qu'un : « Passez votre chemin » qui n'admettait pas de réplique. Nul doute que la nature de leur charge funèbre n'entrât pour beaucoup dans cette façon d'agir; car la nouvelle du transport du défunt se répandait dans toutes les directions avec une extrême rapidité.

Trois fois de suite ils campèrent dans la forêt, où, par bonheur, ils commençaient à trouver quelques endroits secs.

Le chemin, qui se déroulait parallèlement et à peu de distance de la rive du Banngouéolo, se rendait en ligne droite à la demeure de Tchahouinndé. Un Mnyamouézi, que la bande avait rencontré au village de Tchitannkof, où il avait été laissé, étant malade, s'était joint à nos voyageurs et leur servait alors de guide.

Quand ils approchèrent de la résidence de Tchahouinndé, Amoda et Sabouri, suivant l'étiquette indigène, furent expédiés au chef pour le prévenir de l'arrivée de la caravane, et pour lui demander qu'elle fût admise dans son village. Comme ils ne revenaient pas, Chouma partit avec Mouanyaséré, afin d'apprendre la cause du retard.

La nouvelle ambassade ne reparaissant pas non plus, les hommes reprirent leurs fardeaux et suivirent les traces des quatre messagers. Pendant ce temps-là, Chouma et Mouanyaséré trouvaient sur la route Amoda et Sabouri, qui revenaient avec cinq hommes, et qui leur disaient que la ville était grande, entourée d'une estacade, et qu'il y avait à côté deux gros bourgs d'une égale importance. Au moment où ils entraient dans la ville, on y faisait orgie de bière. En arrivant près du chef, Amoda avait posé son fusil contre le mur de la case principale, cela en toute innocence; mais le fils de Tchahouinndé, naturellement querelleur, et qui alors était ivre, l'avait pris de très-haut, et avait demandé insolemment au messager comment il osait faire pareille chose. Tchahouinndé avait arrêté la querelle et semblait disposé à accorder l'hospitalité qu'on lui demandait; mais il y avait des menaces dans l'air, et les deux envoyés étaient partis.

Les quatre hommes rejoignirent la bande, racontèrent leur insuccès, et l'on s'arrêta pour tenir conseil. Il n'y avait là aucun bois; se disperser pour aller chercher les matériaux d'un camp, c'était offrir aux villageois surexcités et pris de bière l'occasion de piller les bagages; bref, on résolut de gagner la ville.

Arrivés à l'estacade, les voyageurs s'en virent refuser la porte. « Descendez la rivière, leur criait-on, et campez sur le bord. » Ils répondirent qu'ils étaient fatigués, que le soleil baissait, et qu'ils ne trouveraient pas sur la rive de quoi s'abriter pour la nuit. La réponse fut toujours la même. Saféné dit à ses camarades : « Pourquoi discuter avec ces gens-là? Entrons d'une manière ou de l'autre. » Et repoussant les hommes qui se tenaient dans le passage, il traversa le couloir, tandis que Mouanyaséré et Chouma, esca-

Procédé chirurgical.

ladant l'enceinte, lui ouvrirent la porte qu'il franchit avec toute la bande.

Les gens de la caravane cherchaient des huttes pour y déposer leurs ballots, quand le même ivrogne qui avait engagé la querelle prit son arc et tira sur Mouanyaséré. Celui-ci appela les autres, qui s'emparèrent du tireur. Aussitôt le cri s'éleva que le fils du chef était en péril, et une lance, jetée par un indigène, atteignit Sabouri à la cuisse : ce fut le signal de la mêlée.

Tous les habitants quittèrent la ville; les tambours battirent le rappel dans toutes les directions, et des villages voisins accoururent des légions d'hommes armés de lances, d'arcs et de flèches. L'assaut commença immédiatement contre les voyageurs, qui étaient restés dans l'enceinte. N'tchisé reçut une flèche dans l'épaule, à travers la palissade, et N'tarou fut blessé à la main.

Les choses prenaient une tournure désespérée. Mettant le corps de Livingstone et tous les ballots au fond d'une case, les assiégés firent une sortie, dans laquelle ils tuèrent deux indigènes et en blessèrent plusieurs.

Il était à craindre que les habitants ne revinssent pendant la nuit avec de nouveaux renforts. Dans cette pensée, nos hommes les poursuivirent, s'emparèrent des villages voisins, mirent le feu à six autres, passèrent la rivière et tirèrent sur les canots qui se dirigeaient en toute hâte vers le lac, par le canal du Lopopoussi.

Après ce succès, nos gens revinrent dans la ville, où ils se barricadèrent, et où, trouvant des moutons, des chèvres, des volailles et une immense quantité de grains, ils prirent une semaine de repos.

Une ou deux fois pendant la nuit, des indigènes approchèrent de l'estacade pour jeter des brandons sur les huttes; mais à part cela, les voyageurs ne furent pas inquiétés. Le dernier jour, un villageois se présenta et leur cria du dehors de ne pas brûler la ville du chef; car tout le mal était venu de la faute du méchant fils de celui-ci; que le vieux père avait été dominé, et que tous les habitants regrettaient sa folle conduite.

On ne peut que déplorer cette affaire, qui coûta la vie à

un certain nombre d'hommes. Plus que jamais la caravane dut sentir en cette circonstance combien lui manquait le chef qui avait toujours su éviter la lutte; mais il faut reconnaître que cette perte, dont le bruit s'était répandu au loin, était pour elle une cause de faiblesse dont chacun aurait abusé, et qu'en usant de violence elle affirmait sa force. Il n'est pas en Afrique de signe de malheur plus certain que l'accusation d'avoir ensorcelé une case en posant un objet contre le mur. Ce reproche, ou tout autre du même genre, annonce toujours de graves difficultés, sinon la mort du coupable; et l'ivresse, là-bas comme ailleurs, envenime les querelles les plus futiles. Si le cortége, acceptant l'insulte, avait été d'humeur à passer la nuit au bord de la rivière dans les marais où on l'envoyait coucher, lorsqu'un village se trouvait là, il est à peu près sûr qu'elle n'aurait pas échappé à une attaque : que cela lui serve d'excuse. Peut-être aussi la nature de leur entreprise, dont ils ne se dissimulaient pas les périls, et qui exigeait une forte somme de résolution, avait-elle suscité, chez tous les membres du convoi, un esprit de lutte qui se manifesta dès qu'ils furent provoqués. Enfin, soit dit à leur décharge, les vaincus eux-mêmes, revenus à des sentiments plus calmes, reconnurent que les torts étaient du côté de leurs chefs.

Les trois marches suivantes eurent lieu à travers cette frange de prairies inondées qui entourent le Banngouéolo, sans offrir aux voyageurs d'autre endroit que la jungle pour y passer la nuit.

Le quatrième jour, les nôtres atteignirent le village de Tchama, où, la femme de Souzi étant prise par la fièvre, ils firent une halte de quarante-huit heures; la malade fut ensuite portée en litière. Ils rencontrèrent là un Mnyamouézi qui arrivait de chez Kâmmba-Kâmmba (province des Vouahoussi). Cet homme leur raconta qu'à deux reprises différentes les Banyamouézi avaient essayé l'assaut de la ville de Tchahouinndé, et avaient été repoussés chaque fois. Mais d'après la forte position que ces envahisseurs ont acquise dans ces parages, armés qu'ils sont, d'ailleurs, des fusils si redoutés, il est probable que la conquête du pays ne sera pour eux qu'une question de temps.

CHAPITRE XIII.

Après une seconde nuit passée dans la plaine, les voyageurs gagnèrent les huttes éparses de Ngammbou. Un groupe d'étrangers, de nations diverses, en majeure partie des Vouabisa, y abattaient des arbres et défrichaient le sol pour le mettre en culture. Ces colons firent bon accueil à la caravane, bien que la nouvelle de ce qui s'était passé au village de Tchahouinndé leur fût déjà parvenue ; et pour faire honneur aux arrivants, il y eut danse et tambourinade toute la nuit.

Le lendemain les voyageurs couchèrent de nouveau à la belle étoile, et le jour suivant ils gagnèrent le Mpammba, rivière importante, où ils eurent de l'eau jusqu'à la poitrine, et qui est un affluent du Lopopoussi.

Ils étaient alors près de la résidence de Tchihouaï, grand village avec estacade et fossé. Comme toujours, ils arrivèrent enseignes déployées, le drapeau anglais porté par Madjouara en tête de la caravane, et celui de Zanzibar à l'un des premiers rangs de la bande. Un indigène s'en formalisa, et une lutte allait s'engager, car nos hommes n'étaient pas d'humeur à baisser pavillon, lorsque survint un personnage influent qui arrangea l'affaire.

La bande alla s'établir en dehors du village et reçut la visite d'une foule d'indigènes, qui eurent pour elle beaucoup de bontés.

Trois nouvelles étapes la conduisirent chez un oncle de Tchihouaï. Elle campa ensuite deux fois dans la jungle, gagna la résidence de Tchoungou, et, le lendemain, à sa grande joie, elle atteignit le bourg de Kapécha, où elle s'était arrêtée avec Livingstone ; elle retrouvait là le sentier qui devait la conduire au Tanganika.

Il y avait alors au village de Kapécha des Banyamouézi qui, pour l'instant, faisaient du fil de fer et du fil de cuivre. Pour cela, ils étaient munis d'un gros morceau de fer en forme d'entonnoir, percé d'un trou, et fixé à l'enfourchure d'un arbre. Une tige de fer très-mince était enfoncée dans le trou conique ; lorsqu'ils étaient parvenus à faire passer de l'autre côté de l'ouverture quelques pouces de cette tige, les Banyamouézi attachaient à son extrémité une forte ligne sur laquelle tiraient beaucoup d'hommes, en chantant et en dansant, afin d'unir leurs efforts. La tigelle passait de la même façon dans une série de filières de plus en plus petites, et le résultat de l'opération était excellent.

A partir du Louapoula jusqu'au Lopopoussi, les voyageurs avaient marché à l'est, parallèlement à la côte septentrionale du Banngouéolo, qu'ils avaient alors à leur droite. Pour gagner la ville de Tchahouinndé, ils avaient tourné le dos au lac, et s'étaient dirigés vers le nord; direction qui les avaient conduits au village de Kapécha. Du Banngouéolo à ce village, la distance pour un homme chargé est de trois jours de route, en ligne directe.

Quittant la résidence de Kapécha, et allant toujours au nord, ils retraversèrent beaucoup de villages cités par Livingstone. A peu d'exceptions près, ils reçurent partout bon accueil; les habitants venaient les voir passer, et Kasonngo, d'abord assez grognon, finit par leur permettre d'acheter des vivres chez lui.

Ayant gagné la résidence de Tchama, ils s'établirent en dehors de l'enceinte, et reçurent un message bienveillant, par lequel le chef leur disait de transmettre ses ordres aux gens des bords du Kalonngouésé, afin qu'on les passât de l'autre côté de la rivière sans qu'ils eussent rien à craindre.

Tous les environs étaient ruinés et frappés de terreur par suite des razzias perpétuelles qu'y faisaient les bandes de Kâmmba-Kâmmba.

Pendant qu'ils se rendaient au village du fils de Msama, les voyageurs rencontrèrent quatre hommes qui allaient trouver Tchama de la part de ce Kâmmba-Kâmmba, afin d'en obtenir des troupes pour une attaque projetée contre les gens de Katannga. La requête devait être refusée; l'Arabe, qui le savait bien, s'en offenserait — histoire du loup et de l'agneau — et Tchama serait dévoré pour avoir eu l'audace de refuser quelque chose à un homme aussi puissant. Tel est souvent le cours de la politique suivie à l'égard des indigènes.

Le grand district d'Itahoua se trouvait déjà sous la coupe du bandit de Zanzibar. Des réquisitions étaient faites partout au nom de celui-ci, et les petits chefs, bien que tributaires de Nsama, se tournaient du côté du plus fort.

Toutefois les gens de Livingstone, arrivés chez Kâmmba-Kâmmba, furent bien accueillis par l'Arabe. John, un des

CHAPITRE XIII.

Nassickais, avait disparu la veille; tout d'abord on ne s'était pas beaucoup inquiété; mais le soir, ne le voyant pas revenir, on avait mis le feu à l'herbe et tiré des coups de fusil pour lui indiquer où était la caravane; il n'était pas revenu. Souzi avait envoyé à sa recherche, et l'on resta chez Kâmmba-Kâmmba pour attendre de ses nouvelles. Quelques-uns pensaient qu'il avait déserté; les autres craignaient qu'il ne lui fût arrivé malheur. Toujours est-il qu'on le chercha pendant cinq jours, battant le pays dans toutes les directions, et qu'on n'entendit jamais reparler du pauvre John.

Les gens de la ville s'entretenaient toujours de la mort de Casemmbé; on se rappelle que, peu de temps avant, celui-ci avait été tué par Kâmmba-Kâmmba et Pemmba-Motou; mais ce qui intéressait beaucoup plus la caravane, c'était d'entendre dire que des Anglais, ayant à leur tête le propre fils de Livingstone, avaient été vus à Bagamoyo à une époque récente.

Pendant les cinq jours que nos voyageurs passèrent chez lui, Kâmmba-Kâmmba eut pour eux toute espèce de bontés, et se montra plein de sollicitude pour la précieuse dépouille, recommandant bien à ceux qui en étaient chargés de prendre garde aux hyènes, surtout pendant la nuit. Il avait un grand magasin rempli de dents d'éléphant, qu'il fit voir aux chefs de notre caravane, et possédait en outre un nombre considérable d'esclaves : d'une seule fois, Souzi et Chouma virent cinq bandes de ces malheureux, enchaînés l'un à l'autre par le cou, et travaillant dans les jardins.

La marche était maintenant plus facile, et les voyageurs reconnurent bientôt qu'ils traversaient la ligne de partage : le Lovou courait devant eux vers le Tanganika, tandis que le Kalonngouésé prenait la direction contraire pour aller rejoindre le Moéro.

A mesure qu'ils avançaient, et probablement à leur grand avantage, nos hommes voyaient diminuer la terreur inspirée par Kâmmba-Kâmmba. Ils se trouvaient alors chez les Mouammbis, où l'Arabe n'avait pas fait d'incursion.

Tchoungou, un jeune chef, avait été fort impressionné par Livingstone, lorsque celui-ci avait exploré ses parages. Oubliant les préjugés de sa race à l'égard des morts, il ne vit dans les restes du défunt qu'un sujet de douleur, et donna à la caravane toutes les marques de bienveillance qui étaient en son pouvoir.

Assamani, généralement heureux à la chasse, tua un buffle près du village. D'après la loi, qui, à cet égard, est strictement observée dans toutes les parties de l'Afrique, Tchoungou avait droit à l'une des épaules. S'il se fût agi d'un éléphant, la dent qui se serait trouvée près du sol lui aurait appartenu sans conteste. Les voyageurs réclamèrent la totalité de la bête, faisant observer que la faim avait également ses lois ; et Tchoungou leur céda volontiers sa part.

Il faut espérer que ces fils de Tafouna, qui est le souverain des Amammboui-a-Lonngou, pourront conserver leur territoire. Ils semblent faire partie d'une race supérieure, et Tchoungou est dépeint comme un chef digne de l'être. Ses frères, Kasonnzo, Sommbé, Tchitimeboua, et leur sœur Mommbo, ont tous pour leur père une vénération qui leur a valu dans le pays une bonne renommée. L'abondance d'étoffe de couleur, tissée chez eux, qui se voit dans leurs villages, témoigne de l'industrie de leurs sujets, et le nombre considérable de chiens et de lances à éléphants qui s'y rencontre prouve que les habitants méritent leur réputation de grands chasseurs.

Bientôt la caravane eut gagné la pente rapide qui descend au Liemmba, et elle arriva chez Kasakalahoué. C'était à cette place que Livingstone avait été si malade et avait passé plusieurs mois lors de sa première venue au lac Tanganika. Le village n'avait plus qu'un petit nombre de ses anciens habitants ; mais ceux-là accueillirent les voyageurs d'une façon hospitalière et pleurèrent la perte de celui qu'ils avaient aimé.

Avançant de jour en jour, sans faire d'autre halte que celle du repas quotidien, la bande tourna l'extrémité du lac. Elle se souvint des difficultés de la route qui suit les hauteurs dont le Tanganika est bordé, et prenant cette fois beaucoup plus au levant, elle trouva sur son passage une quantité de hameaux déserts, qui, presque tous les soirs, lui offrirent un asile.

Comme elle arrivait au Fipa, deux hommes lui apprirent que le chef, appelé Kafoufi, tenait extrêmement à ce que le mort n'approchât pas de sa résidence. Bientôt en effet les voyageurs rencontrèrent un guide envoyé au-devant d'eux, et qui les mena hors du territoire, en leur faisant faire un détour considérable.

Kafoufi est en bonnes relations avec les Arabes de la côte; à cette époque, l'un de ces derniers habitait son village avec toute une bande d'esclaves. Ce traitant, appelé Ngommbésassi, avait recueilli, plus à l'ouest, une grande quantité d'ivoire; mais il n'osait pas se rendre dans l'Ounyanyemmbé, dans la crainte de rencontrer l'une des hordes de Mirambo.

La route du Fipa, qui traverse la plaine, paraît meilleure que l'autre; nos voyageurs n'y rencontrèrent nulle difficulté; et l'on ne peut que déplorer que Livingstone ne l'ait pas suivie, comme il en avait eu d'abord l'intention. Il est vrai que par cette route il n'aurait pas complété son relèvement du Tanganika, et ne nous aurait pas fait connaître les baies et les rivières de la côte sud-orientale de cette mer intérieure.

Les gens de Livingstone franchirent ensuite le Lamebalamefipa, chaîne de montagnes abruptes qui traverse le pays de l'est à l'ouest, et qui paraît avoir une altitude d'environ quatre mille pieds; ce trajet leur demanda trois jours.

Lorsque de la plus élevée des passes du Lamebalamefipa on regarde au pied des hauteurs, on aperçoit un grand lac qui s'étend vers le nord; mais lorsqu'on est descendu, au lieu d'une nappe d'eau, c'est une plaine brillante, couverte d'incrustations salines, que traverse le sentier. Toutefois la caravane n'y rencontra pas les difficultés que lui faisait craindre l'aspect du terrain. Il y avait là de petits villages, habités presque tous par des chasseurs d'éléphants; et, si elle était saumâtre, l'eau, du moins, n'était pas rare. Enfin le gibier pullulait, principalement la girafe et le zèbre, et les lions faisaient grande chère dans ces riches quartiers. Mouanyaséré et Faridjala tuèrent des buffles; si bien que la caravane eut abondance de viande.

C'est dans cette plaine que le tribut lui fut réclamé pour la première fois; mais le chef ne lui demanda que quatorze rangs de perles, et n'exigea pas d'étoffe.

Dans les villages, il fut dit aux voyageurs qu'à peu de distance, sur la droite, il y avait un lac salé, moins vaste que le Tanganika, et appelé *Bahari ya Mouarouli* ou mer de Mouarouli, nom du grand chef qui en habite les rives, et que nous croyons être le Miréré, qui, à plusieurs reprises, excita vivement l'intérêt de Livingstone.

Peu de temps après, les voyageurs devaient traverser le Likoua, dont l'eau saumâtre, fort peu agréable à boire, leur monta jusqu'à la poitrine, et qui est un affluent du Mouarouli. Comme ils en approchaient, ils virent en face d'eux une longue file d'individus qui se dirigeait également vers la rivière Dans l'ignorance où ils étaient des intentions de la bande, ils se divisèrent sur-le-champ en trois corps. Le premier groupe, précédé du drapeau arabe, alla au-devant des étrangers. Chouma, à la tête de la seconde division, resta à peu de distance de la première, pendant que Souzi, se jetant dans la jungle avec quelques hommes, fit rapidement une sorte de hutte où fut cachée la dépouille du maître.

Mais les craintes n'étaient pas fondées; c'était une caravane à destination du Fipa, où elle allait chasser l'éléphant, et acheter de l'ivoire et des esclaves. Elle dit à nos voyageurs que la mort de Livingstone était déjà connue dans l'Ounyanyemmbé, et ajouta, à la grande joie des nôtres, que le fils du docteur et deux autres Anglais étaient maintenant à Kouihara.

Le pays où la rencontre avait lieu ressemblait à une immense saline. L'un des gens de notre bande y recueillit une charge de très-bon sel qu'il espérait échanger dans l'Ounyanyemmbé contre une honnête quantité de perles.

Chemin faisant, la caravane eut à payer de légers tributs. Kammpana exigea quatre dotis, ou huit brasses d'étoffe, Kanonngo en demanda six avant de permettre qu'on entrât dans sa ville.

Celle-ci était voisine du Lonngoua, rivière rapide et tumultueuse, bondissant parmi les rochers et formant de profonds bassins, frais et limpides, qui hébergent de nombreux hippopotames. Nos informateurs, qui depuis leur descente du Lamebalamefipa n'avaient guère rencontré d'eau douce, font hautement l'éloge de celle du Lonngoua.

Un buffle tué par Mouanyaséré, au moment où la viande était rare, créa de bons rapports avec les gens de Kanonngo, et les voyageurs passèrent trois jours dans la ville. Sur ces

CHAPITRE XIII.

entrefaites, arriva une autre caravane qui confirma la présence des trois Anglais dans l'Ounyanyemmbé. La nouvelle fit partir les gens de Livingstone, qui pressèrent le pas jusqu'à fondre en une seule deux étapes du voyage précédent.

A Baoula, Jacob Wainwright, le lettré de la bande, fut chargé de mettre par écrit les circonstances douloureuses de la mort du maître; et Chouma, accompagné de trois autres, prit les devants pour aller porter ce récit à l'expédition anglaise. Le cortége les suivit à travers la jungle et atteignit le village de Tchilounda. A la lisière du territoire, nos gens avaient rencontré une bande de Vouagogo qui chassaient l'éléphant à la lance et avec des chiens; mais, bien que ces Vouagogo les eussent parfaitement traités, leur donnant du miel et d'autres provisions, ils avaient cru devoir leur cacher qu'ils rapportaient le corps de leur maître.

Après avoir traversé le Manyara, affluent du Tanganika, les gens du convoi se dirigèrent vers Tchikoulou. Laissant ce village derrière eux, ils poursuivirent leur marche jusqu'à l'Ougounda, territoire gouverné par Kalimanegommbi, fils de Mbéréké l'ancien chef, et ils arrivèrent à Kasékéra, qui, on se le rappelle, est voisin de l'Ounyanyemmbé.

Là ils attendirent Chouma, qui leur avait promis de revenir au plus vite, et qui avait gagné l'établissement arabe sans encombre, le 20 octobre. Le lieutenant Cameron fut alors mis au courant de tous les détails du décès, non-seulement par la lettre de Jacob Wainwright, mais par les réponses que lui fit Chouma, en présence du Dr Dillon et du lieutenant Murphy.

Ce fut pour les messagers un grand désappointement quand ils apprirent que la nouvelle de l'arrivée du fils de Livingstone était fausse; mais ils reçurent du lieutenant Cameron tous les témoignages d'une extrême bonté.

Après s'être reposés pendant un jour, les envoyés, chargés d'étoffe que le lieutenant leur voyait emporter non sans inquiétude, vu leur petit nombre, allèrent rejoindre les autres, qui ne tardèrent pas à gagner Kouihara. Tous les Arabes, suivis de leurs esclaves, se rendirent au-devant d'eux et accompagnèrent le corps, qui fut déposé dans ce même temmbé où les mois d'attente avaient paru si longs au grand explorateur. Puis les arrivants furent soumis à l'interrogatoire que subissent tous les gens des caravanes, et que, pour la plupart, ils sont très-capables de soutenir.

En retour des nouvelles qu'ils apportaient, les nôtres demandèrent celles du pays. La guerre avec Mirambo traînait toujours en longueur et la situation était à peu près la même qu'à leur départ, qui datait de quatorze mois.

Notre caravane trouva l'expédition anglaise à court d'objets d'échange; toutefois le lieutenant Cameron jugea que la première chose à faire était de pourvoir aux besoins de ces hommes qui venaient d'accomplir la tâche herculéenne de rapporter les restes de celui qu'il devait secourir.

Concevant des doutes sérieux sur la possibilité de faire traverser l'Ougogo à la précieuse dépouille, et pensant que l'illustre voyageur avait souhaité plus d'une fois de reposer sur cette terre d'Afrique où est la tombe de Mistress Livingstone, le lieutenant Cameron fit part de ses inquiétudes aux chefs de la caravane et leur proposa d'enterrer le corps dans l'Ounyanyemmbé. Mais plus que jamais les fidèles serviteurs persistèrent dans leur idée que tous les risques devaient être courus pour rapporter leur maître à son pays natal, et il ne fut plus question d'enterrement à Kouihara.

Aux objets qu'avait laissés Livingstone et qu'ils avaient soigneusement emballés, comme on l'a vu plus haut, Souzi et Chouma avaient joint tout ce qui pouvait offrir de l'intérêt, comme ayant été associé aux derniers moments du grand voyageur. Il est naturel que les membres de l'expédition aient voulu examiner les caisses qui renfermaient ces objets; et l'on comprend que les chefs de la caravane, simples indigènes, ne se soient pas opposés à ce désir des officiers anglais; mais il est regrettable que les instruments dont Livingstone s'est constamment servi pendant les sept années de ce dernier voyage : anéroïdes, boussoles, thermomètres, sextant et autres, soient exposés à tous les risques d'une nouvelle série d'explorations. Ils furent retirés des caisses, pour être emportés au centre de l'Afrique; et de tous les instruments de l'illustre voyageur, un thermomètre est le seul qui soit arrivé en Angleterre.

CHAPITRE XIII.

Nous n'avons pas à commenter la fin de l'expédition envoyée à la rencontre de Livingstone, et dont, par le fait, l'œuvre se trouvait terminée. On sait que le lieutenant Cameron, libre de ses mouvements, a continué sa route. Nos informateurs paraissent ne pas douter du succès de son entreprise, car il est généreux et brave en présence des indigènes; et il devra réussir où d'autres échoueraient.

La maladie avait frappé avec persistance parmi les gens de sa bande; et, à cette époque, ses deux compagnons avaient la fièvre sous ses diverses formes. Il dit aux serviteurs de Livingstone que le lieutenant Murphy retournait à Zanzibar, et leur demanda s'il pouvait se joindre à eux avec sa suite; que dans l'affirmative, les hommes de la caravane qui serviraient de porteurs recevraient six dollars par tête pour leurs services. Les conditions furent acceptées et la chose fut convenue.

Quatre ballots d'étoffe avaient été laissés à Kouihara par le docteur, en prévision du retour, et avaient été remis immédiatement à la caravane, qui maintenant pouvait partir.

Si des obstacles devaient lui être opposés quelque part, ce serait bien certainement chez les Vouagogo; et Souzi décida qu'on éviterait la route principale qui traverse le pays de cette peuplade agressive. En faisant un détour de dix journées de marche à Djoué-Sinnga, et en traversant la jungle de Poli-ya-Venghi par un sentier bien connu de l'un de ses membres, la caravane espérait éviter tout malheur et avoir assez d'étoffe pour suffire à toutes ses dépenses.

Enfin, elle se mit en route. Le docteur Dillon quitta également l'Ounyanyemmbé pour revenir à la côte. Le lendemain du départ, la femme de Choupéreh fut prise de maladie; et le séjour qui dura jusqu'à ce que la malade pût voyager fut assez long.

A Kasékéra, où ils arrivèrent à la fin de la seconde étape, les voyageurs virent que les habitants avaient de la répugnance à admettre chez eux le corps du défunt, et ils s'établirent en dehors du village. La nouvelle les précédant partout, il était certain que les dispositions deviendraient de plus en plus hostiles, et que leur précieux fardeau serait en danger. Ils tinrent conseil, et leur parti fut pris immédiatement.

Enfermés dans la hutte où le corps avait été déposé, ils le sortirent de son enveloppe, qu'ils enterrèrent dans le fond même de la case. Leur plan était de donner le change aux habitants du village, en leur faisant croire qu'ils avaient renoncé au projet de porter leur maître à Zanzibar, et qu'ils le renvoyaient à Kouihara. Pour cela, Souzi et Chouma allèrent dans la forêt, écorcer un ngommbé; dans ce nouvel étui, fait de moindre longueur, ils placèrent le corps, entourèrent le cylindre de calicot; et le tout fut empaqueté et ficelé de manière à offrir l'aspect habituel d'un ballot de cotonnade. Ils coupèrent ensuite des tiges de doura de cinq pieds et demi de long, les arrangèrent en fagot, bandèrent celui-ci avec de l'étoffe, en ayant soin de lui donner l'apparence d'un mort qui va être enterré. Quand ils eurent fini, ils plièrent un papier en forme de lettre, et le mirent dans un bâton fendu suivant la méthode qu'emploient dans le pays les porteurs de dépêches. Enfin, six hommes des plus fidèles furent chargés ostensiblement de transporter le corps du maître dans l'Ounyanyemmbé. Leur départ eu lieu avec toute la solennité convenable; et les villageois, fort contents d'être délivrés du défunt, ne soupçonnèrent pas la ruse. C'était vers le coucher du soleil. Les porteurs suivirent leur route jusqu'au moment où ils n'eurent plus à craindre d'être aperçus. Alors, ouvrant le paquet, ils dispersèrent dans la jungle les brins de sorgho, en enterrèrent l'enveloppe; et marchant dans l'herbe pour ne pas laisser de traces, ils revinrent pendant la nuit pour rejoindre la caravane, chacun isolément.

Ne craignant plus rien, les gens de Kasékéra invitèrent la bande à venir loger chez eux. Les voyageurs acceptèrent; mais un affreux événement devait graver dans leur mémoire le souvenir de cette halte, et ajouter un nom de plus à ceux des victimes du climat africain.

A peine la bande était-elle dans le village, qu'arriva le docteur Dillon. La fièvre, dont souffraient la plupart des membres de l'expédition anglaise depuis qu'ils étaient dans l'Ounyanyemmbé avait, chez lui, revêtu sa forme la plus grave, et quelques heures après son entrée à Kasékéra, il se tuait d'un coup de carabine. Ceux qui ont connu la bravoure et la générosité de son caractère, l'ardeur avec laquelle il s'était

CHAPITRE XIII.

joint au lieutenant Caméron, dans l'espoir de secourir Livingstone, comprendront qu'il ne mit fin à ses jours que par un acte étranger à sa nature, et dans un accès de délire. Il est enterré à Kasékéra.

Souzi et ses compagnons se remirent en route, veillant plus que jamais sur le précieux ballot, dont personne ne soupçonnait le contenu. Ils avaient fait plusieurs étapes depuis leur départ de Kasékéra, lorsqu'en passant dans un endroit rocheux, ils perdirent une petite fille de leur caravane, et de la façon la plus tragique. La pauvre enfant, qui s'appelait Losi, marchait gaiement, portant sur la tête un vase rempli d'eau, quand un serpent s'élança à travers le sentier, la mordit à la cuisse et rentra dans une cavité de la jungle voisine. Ce fut l'affaire d'un instant. On fit usage de tous les moyens dont on disposait; mais bientôt la pauvre petite eut l'écume à la bouche, et dix minutes après elle était morte.

Ce fait, bien avéré, est une preuve de la vérité de l'assertion des voyageurs, assertion qui se trouve d'accord avec celle des indigènes, à savoir : que dans maintes parties de l'Afrique, il existe un serpent qui attaque l'homme de propos délibéré; et qui par sa nature ombrageuse, unie à la force et à l'activité de son venin, rend très-dangereux les abords de sa retraite.

Quelques jours après leur arrivée à Zanzibar, les gens de Livingstone se virent accoster par un Arabe. Celui-ci leur raconta qu'il arrivait de l'Ounyanyemmbé, et que sur la route, juste au même endroit rocheux, un de ses hommes avait été mordu par le même serpent et d'une manière aussi fatale. Comme les gens de la bande cherchaient une place pour enterrer leur camarade, ils trouvèrent la tombe de Losi; et les deux victimes reposent côte à côte.

D'après Souzi, à qui il était déjà connu sous le nom de *boubou*, qu'on lui donne à Choupannga, ce serpent a douze pieds de longueur; il est d'une teinte foncée sur le dos, a le ventre d'un blanc sale, et porte sur la tête des marques rouges, pareilles aux barbillons d'un coq. Probablement les colons de Natal reconnaîtraient leur mammba dans ce serpent des bords du Zambèze, et de la route de l'Ounyanyemmbé. Il est tellement redouté chez eux, que les Cafres n'hésitent pas à quitter leur Kraal et à abandonner la place si un mammba est découvert dans le voisinage. Le double fait cité plus haut montre que cette précaution n'est pas sans motif[1].

Enfin nos voyageurs aperçurent Bagamoyo, ville de la côte ; peu de temps après, l'un des croiseurs de l'escadre anglaise amenait le capitaine Prideaux, consul britannique. Des mesures furent prises sur le champ pour transporter les restes du docteur Livingstone à Zanzibar, éloigné d'une trentaine de milles du rivage ; et peut-être fut-il trop douloureusement visible aux gens de la caravane que leur tâche était finie.

Des trente-six individus qui avaient quitté Zanzibar avec Livingstone sept ans auparavant, cinq seulement répondirent à l'appel : Souzi, Chouma et Amoda, qui étaient au service du docteur depuis 1864, et Abram et Mabrouki emmenés du collége de Nassick en 1865.

Citons également Ntoaéka et Halima, les deux servantes que Livingstone avait prises dans le Manyéma, et dont il a rendu si bon témoignage. On est surpris d'entendre dire qu'après l'avoir suivi jusqu'à la côte, il ne leur a pas été donné d'accompagner dans l'île celui dont elles se séparaient avec tant de peine.

Nous espérons qu'il est toujours temps de rappeler que tous ceux qui ont passé avec Livingstone les dernières années de sa vie, ont droit à notre reconnaissance. Oui, notre dette est considérable envers ceux qui l'ont servi jusqu'à la fin ; et nous ne saurions trop insister sur la gratitude qui leur est

---

[1]. Les Arabes vont jusqu'à dire que l'on a vu le boubou arrêter des caravanes. La queue enroulée autour d'une branche, il frappe à la tête chaque homme l'un après l'autre, et avec une fatale certitude. Le piége qu'on lui oppose en pareil cas est un vase rempli d'eau bouillante, placé sur la tête d'un homme qui va se mettre au pied de l'arbre ; le serpent plonge sa tête dans l'eau chaude et meurt du coup ; l'histoire est donnée pour ce qu'elle vaut.

Il paraîtrait qu'à Oujiji, ainsi qu'en d'autres lieux, les indigènes ne permettent pas qu'on tue les serpents. Le *tchatou*, une sorte de python, y est commun, et la haute faveur dont il jouit l'a rendu si familier, que le soir il entre dans les cases. Un peu de farine a été déposée à son intention sur un escabeau ; il l'avale et s'éloigne ; Souzi et Chouma, toutefois, disent que cela se raconte, mais qu'ils ne l'ont pas vu. Une autre espèce, ceci est authentique, profère un cri analogue à celui d'un jeune coq. Il y en a encore un autre qui a une épine au bout de la queue et dont la morsure tue rapidement. Ajoutons néanmoins que, prenant en considération le grand nombre de serpents qui se trouvent en Afrique, il est rare que des gens soient mordus par ces reptiles ; et quelques mois de résidence suffisent pour dissiper la crainte que la plupart des voyageurs en éprouvent tout d'abord. (WALLER.)

Funérailles de Livingstone à l'abbaye de Westminster.

CHAPITRE XIII.

due. Si le désir de connaître dans tous leurs détails les derniers moments d'un véritable grand homme, a pu être satisfait, si les derniers travaux de Livingstone fournissent aux géographes de nouveauu aperçus, de nouvelles théories, c'est à ces fidèles serviteurs que nous le devons, et principalement à Souzi et à Chouma; car sans l'intelligence et la fermeté qui présidèrent à la marche de la caravane depuis le village de Tchitammbo jusqu'à l'Océan, jamais les derniers écrits du grand voyageur ne seraient arrivés jusqu'à nous. Le succès d'une pareille entreprise ne semblera à personne aussi merveilleux qu'à celui qui connaît l'Afrique et les difficultés dont le cortège a dû être assailli à chaque pas de son énorme voyage. Ainsi, après sa mort, de même que pendant sa vie, Livingstone a témoigné du bon vouloir et des sentiments généreux qui existent chez les Africains.

C'est au mois de février 1874 que la dépouille de Livingstone atteignit Zanzibar. Elle fut remise aux soins de M. Arthur Laing, ainsi que les papiers et les effets du docteur, et arriva en Angleterre le 16 avril, à bord du *Malwa*, qui l'avait reçue à Aden. Transportée de Southampton à Londres, elle y fut examinée par sir William Fergusson et par les amis de Livingstone. La fausse articulation du bras gauche, résultat de la morsure d'un lion, qui, en 1842, avait broyé l'humérus près de l'épaule, ne laissa pas de doute sur l'identité du corps.

On sait que les restes de Livingstone ont été inhumés à Westminster-Abbey, le 18 avril 1874. Les coins du poêle étaient tenus par sir Thomas Steele et par M. Webb, anciens amis du voyageur, qui les avait reçus dans le midi de l'Afrique, où ils étaient allés chasser les redoutables animaux du désert; par M. Oswell, grand chasseur également, et qui fit avec Livingstone la découverte du lac Ngami; par MM. le Dr Kirk, naturaliste de l'expédition du Zambèze; Waller, membre de la mission du Haut-Chiré; Young, commandant de la première expédition envoyée à la recherche de Livingstone; Henry Moreland Stanley, qui le retrouva à Oujiji; et Jacob Wainwright, représentant de la caravane. Les quatre enfants de Livingstone, ses deux sœurs, la femme de son frère et le révérend Moffat, dont il avait épousé la fille à Kuruman suivaient le cercueil. Derrière eux, venaient le duc de Sutherland, lord avocat d'Écosse, les lords Shaftesbury et Houghton, sir Bartle Frère, tout un long cortége d'illustrations, toute la Société de Géographie, tout le monde savant de la Grande-Bretagne.

Au moment de descendre le cercueil dans la fosse, on enleva la couronne et les draperies dont il était couvert, et l'inscription suivante, gravée sur une plaque d'airain, fut mise à nu :

DAVID LIVINGSTONE,

NÉ A BLANTYRE, LANARKSHIRE, ÉCOSSE,

LE 19 MARS 1813;

MORT A ILALA, AFRIQUE CENTRALE,

LE 1er MAI 1873.

Tombeau de Livingstone dans l'abbaye de Westminster.

CHAPITRE XIII.

Sur la pierre du tombeau sont gravées ces lignes[1] :

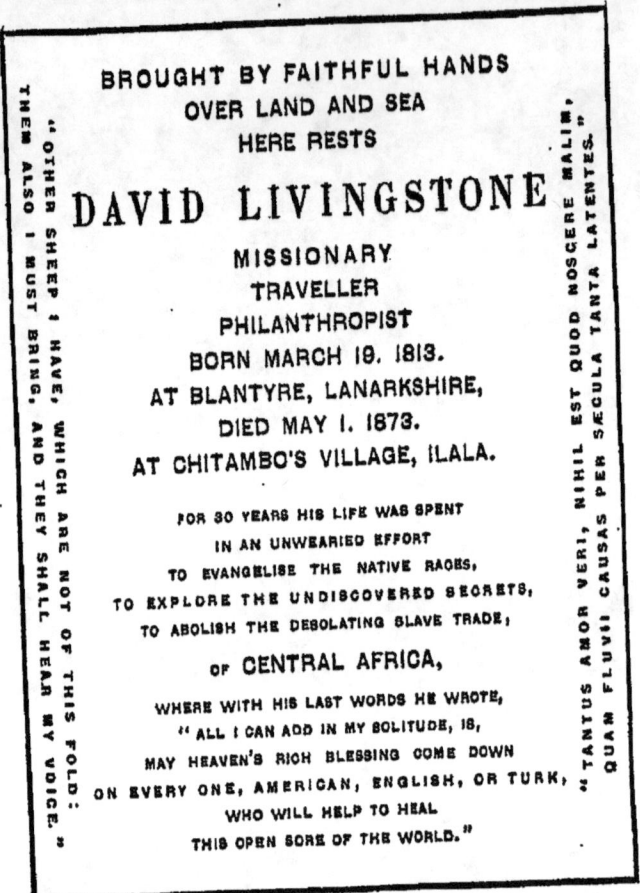

1. Rapporté par des mains fidèles sur terre et sur mer, ici repose le Dr Livingstone, missionnaire, voyageur, philanthrope ; né le 18 mars 1813, à Blantyre, comté de Lanark, mort le 1ᵉʳ mai 1873, au village de Tchitammbo, dans l'Ilala. Pendant trente ans, sa vie fut dépensée en infatigables efforts pour évangéliser les naturels, explorer les contrées inconnues, abolir le commerce d'esclaves qui désole l'Afrique centrale, où parmi ses dernières paroles il écrivit : « Puissent les bienfaits célestes descendre sur quiconque, Américain, Anglais ou Turc, aidera à guérir cette plaie saignante du monde. »

Sur le côté gauche, un verset de la Bible : « J'ai d'autres brebis qui ne sont pas de ce bercail ; elles aussi je dois les ramener, et elles entendront ma voix. »

Sur le côté droit, deux vers latins : « Ce que je voudrais le plus passionnément connaître, tant le vrai me tient à cœur, ce sont les sources de ce fleuve, inconnues depuis tant de siècles. »

FIN DU SECOND ET DERNIER VOLUME.

TABLE DES MATIÈRES

DU SECOND VOLUME.

CHAPITRE PREMIER.

Mauvais commencements de l'année. — Maladie dangereuse. — Bonté des Arabes. — Arrivée au Tanganika. — En canot. — Ilot de Kasannga. — Poules cochinchinoises. — Arrivée à Oujiji. — Provisions et articles d'échange. — Mains pillardes. — Lente guérison. — Correspondance. — Les Arabes ne veulent pas se charger des dépêches. — Thani-ben-Souélim. — Une caverne de Traitants. — Courant du Tanganika. — Envoi des lettres. — Projet de visiter le Manyéma. — Déprédation des Arabes. — Départ pour le Manyéma, le 12 juillet 1869. — Embarqué. — Kabogo de l'Est. — Traversée du lac. — Traversée du Logammbo. — Fâcheux effets de la dernière maladie. — Superstition des chasseurs d'éléphants. — Dagâmmbé. — Le Loualaba. — Les fils de Moïnékouss. — Premières nouvelles du soko. — Coutumes des Manyémas. — Maladie. — Fourmis noires et fourmis rousses (tchoungous et drivers). — Récolte de fourmis blanches. — Jours heureux et malheureux des Arabes.................................. 1

CHAPITRE II.

Le docteur se prépare à explorer le Loualaba. — Beauté du Manyéma. — Maisons des Manyémas, leur construction, leur solidité. — Irritation produite par les agissements des Arabes. — Ravages commis par Dagâmmbé. — Arrivée d'une horde de traitants. — Usurpation des défrichements par les grandes herbes. — Aucun arbre, excepté le bauhinia, ne résiste à l'incendie annuel. — Échelle de lianes pour aller dénicher les perroquets. — Huttes établies sur les arbres par mesure de sûreté. — Clôtures où les lianes remplacent les fils de fer. — Coiffures des Manyémas. — Dissimulation de l'entrée des villages. — Beaucoup d'albinos, cas de lèpre. — Fièvre grave. — Piège à éléphants. — Envahissement d'une vallée par le mouabé ou dattier sauvage. — Hospitalité d'une lépreuse. — Trop mouillé. — Le nyommbo. — Épuisement. — Mamohéla. — Effets bienfaisants du nyommbo. — Un éléphant ayant trois défenses. — Tous les gens de Livingstone désertent, excepté Souzi, Chouma et Gardner. — Départ avec ces trois fidèles pour le Loualaba. — Meurtre d'un Arabe. — Déception. — Retour à Mamohéla. — Plaies aux pieds. — Longues et cruelles souffrances. — Cannibalisme douteux. — Quatre rivières prenant leurs sources au même endroit. — Résumé des découvertes. — Explorateurs contemporains. — Le soko. — Ses habitudes. — Le docteur se sent défaillir............... 35

CHAPITRE III.

A propos des légendes sur Moïse. — Géologie du Manyéma. — Rayon consolateur — Souffrances prolongées. — Détention. — Ce qu'il en coûte de se fier aux théories. — Nomenclature de lacs et de rivières. — Meurtre et pillage. — Première sortie après quatre-vingts jours de réclusion. — Remède des Arabes pour guérir les ulcères. — Moinékouss cherchant le meurtrier de son fils. — Lettres annoncées. — Gravité de la perte des médicaments. — Retour des traitants d'ivoire. — Projets. — Reconnaissance pour l'expédition de Mister Edward Young. — Le calao phénix. — Délais fatigants. — Miréré. — Vente d'un petit garçon. — Oppresseurs et opprimés. — Envoi de lettres à Zanzibar. — Exaspération des Manyémas contre les Arabes. — L'oiseau sassassa (un stercoraire). — La maladie appelée safâra...................... 68

CHAPITRE IV.

Le perroquet et le lion sont gauchers. — Désespoir de la perte d'une dot. — Humeur sanguinaire des Manyémas. — Manque de matériaux pour écrire. — Graisse de lion, spécifique contre la tsétsé. — Le negghéri. — Renseignements sur Miréré. — Dimension des dents d'éléphant. — Remarque sur l'ivoire. — Epidémie. — Morts de chagrin. — Léopard ayant trois pattes brisées et se jetant sur un homme. — Nouvel an. — Retenu à Bambarré. — Goître. — Nouvelles du choléra. — Arrivée d'une caravane à la côte. — Défi de la plume du perroquet. — Meurtre de James. — Arrivée des serviteurs attendus. — Ils refusent d'aller au nord. — Lettres du docteur Kirk et du sultan de Zanzibar. — Doutes géographiques : est-ce le Congo? est-ce le Nil? — Présent d'un jeune soko. — Scénerie forestière. — Les Manyémas. — Horrible massacre. — Écœuré par la vue du sang. — Arrivée au Loualaba................... 95

CHAPITRE V.

La tchitoka ou place du marché. — Montre brisée. — Fabrication d'encre. — Une page du journal de Livingstone. — Construction d'une maison à Nyañgoué, au bord du Loualaba. — Le marché. — Cannibalisme. — Lac Kamolonndo. — Effroyable résultat de la traite de l'homme. — Nouvelles des pays situés au couchant du Loualaba. — Déception. — Les Bakouss. — Mauvaise santé. — Scène du marché. — Pas moyen d'avoir de canot. — Naufrage d'une pirogue de traitants. — Rapides du Loualaba. — Projet de visiter le lac Lincoln et le Lomamé. — Offres considérables pour avoir un canot et des hommes. — Méchante maîtresse. — Horrible massacre des femmes d'un marché. — Scène déchirante. — Morts sur terre et dans l'eau. — Meurtre, incendie et pillage. — Extermination continuée sur l'autre rive. — Abattement du voyageur. — Les chefs dont on a brûlé les villages viennent consulter Livingstone. — Il faut que le marché soit rouvert. — Deux cents personnes au lieu de trois mille.. 130

CHAPITRE VI.

Départ. — En marche pour Oujiji. — Voyage périlleux à travers la forêt. Les Manyémas reconnaissent la bonté de Livingstone. — Esclaves de Zanzibar. — Chez Kasonngo. — Grotte et stalactite. — Viande de perroquet, ses conséquences. — Malade. — Attaqué dans la forêt. — Pris pour Mohammed-Bogharib. — Échappé belle. — Objets perdus. — En lieu sûr. — Aveu de cannibalisme. — Cannibales de propos délibéré. — Malade. — Arrivée à Mamohéla. Vers le Louamo. — Marche pénible — Arrivée à Oujiji. — Déception. — Abattement. — Offre généreuse d'un Arabe. — Arrivée opportune de M. Stanley. — Joie et reconnaissance. — Résolution prise de visiter la partie septentrionale du lac. — Départ. — Au Loussizé. — Pas d'issue. — Le Loussizé, affluent du lac. — Fièvre grave de M. Stanley. — Retour à Oujiji. — Préparatifs de départ. — En marche pour l'Ounyanyemmbé avec M. Stanley. —

TABLE DES MATIÈRES. 415

Abondance de gibier et famine. — Attaqué par des abeilles. — M. Stanley est très-malade. — Arrrivée à Kouihara... 188

CHAPITRE VII.

Résolution inébranlable. — Route proposée. — Vols découverts. — Dons de M. Stanley. — Départ de M. Stanley. — Derniers messages. — Gens de Mtésé. — Géographie ancienne. — Causes de fièvre. — Vent d'est. — Tabora. — Description du pays. — Les Banyamouézi. — Acquisition de vaches laitières. — Population arabe de l'Ounyanyembé. — La guerre de Mirambo. — Sur la politique de Sir Samuel Baker à l'égard des noirs. — Serpents tués par le chat domestique. — Foi inébranlable. — Gent emplumée. — Veuves et bergeronnettes. — Erreur au sujet des mères indigènes. — Avenir des missions. — Halima. — Nouvelles d'autres voyageurs. — Ntaoéka. — Mariage de Chouma... 205

CHAPITRE VIII.

Des lettres arrivent enfin. — Nouvelle douloureuse. — Mort d'un vieil ami. — Sur le climat. — Makommboués, chasseurs d'hippopotames des bords du Zambèze. — Température; thermomètre avec boule humide, thermomètre avec boule sèche : comparaison. — Prudence arabe. — Conseils aux missionnaires. — Horreurs de la traite de l'homme. — Barbarie progressive. — Age de la pierre, âge du fer. — Géologie de l'Afrique australe. — Mer de basalte. — Sources et rivières. — Nil préhistorique du Sud. — Prodigieuse attrition. — Éléphant d'Afrique autrefois domestiqué. — Opinion d'un prince anjouannais sur les femmes. — Une pièce d'artillerie de 1679. — Sur le matérialisme. — Ben-Massib. — Départ des Bagannda... 243

CHAPITRE IX.

Année des Bagannda. — Jeux des petits Africains. — Réflexions. — Arrivée des gens de Livingstone. — Reconnaissance. — Jacob Wainwright. — Préparatifs de voyage. — Départ. — Maladie. — Grande chaleur. — Vers le Tanganika. — Frontières du Fipa. — Abondance de gibier. — Vautours pêchant des lépidosirènes. — Par monts et par vaux. — Caps et îles du Tanganika. — Montagnes plus hautes. — Large baie. — Invocation à la pluie. — Pays désert. — Traces d'un nombre prodigieux d'habitants... 266

CHAPITRE X.

Guides infidèles. — Marche extrêmement difficile. — On s'éloigne du lac. — Mort d'un âne par suite des piqûres de la tsétsé. — Le Lammpoussi. — Sangsues. — La famille de Kassonnzo. — Hospitalité. — Le Kalonnguézé. — Couleur de l'eau. — Le Lofou. — Un muscadier. — Famine. — Malade. — Arrivée à la ville de Tchama. — Une difficulté. — Énorme serpent. — Mort de Casemmbé. — Sa tête au bout d'une perche. — Fleurs du pays des Babisa. — Arrivée au Lopopossi. — Difficultés au sujet des guides. — Au village de Tchitounkoué. — Terrible marche. — Inondation.............................. 287

CHAPITRE XI.

Dans les marais du Banngouéolo. — Famine. — Obligé de revenir au village de Tchitounkoué. — A la merci du chef. — Remis en marche. — Route extrêmement pénible. — Nouvelle attaque de l'ancien mal. — A la recherche d'un village. — Message adressé à Tchirouboué. — Attaqués par les fourmis. — Anxiétés. — Les bougas du Banngouéolo. — Pluie et inondation. — Malade. — Souzi et Chouma sont envoyés à Matipa. — Arrivée au Banngouéolo. — Chez Matipa. — Village de Matipa. — Le docteur essaie d'aller chez Kabinega. — Démonstration de Livingstone. — Canots obtenus. — Souzi est envoyé chez Kabinega avec un certain nombre d'hommes pour y construire un camp. — Étendue de l'inondation. — Naufrage d'un canot. — Chez Kabinega. — Traversée du Chambèze. — Le Mouanakadzi. — La caravane se divise; une partie à gué, une partie en canot. — Un lion désolé. — Chenilles. — Poissons. — Au sud du Banngouéolo. — Aggravation de l'état de Livingstone. — Voix étrange de l'aigle pêcheur.. 320

CHAPITRE XII.

Dernières notes du journal. — Fac-similé des dernières lignes écrites par Livingstone. — Détails donnés par Souzi et par Chouma. — Tortures des dernières marches. — A travers l'inondation. — Questions relatives aux quatre fontaines. — Bonté de Kalounganndjovou. — Traversée du Molilamo. — Au village de Tchitammbo. — Visite du chef. — La dernière nuit. — Livingstone meurt en priant. — Remarques au sujet de sa mort. — Les gens de la caravane tiennent conseil. — Élection des chefs. — Noble conduite de Tchitammbo. — Village improvisé. — Préparation du corps. — Honneurs funèbres rendus à Livingstone par les indigènes. — Enterrement du cœur de Livingstone dans l'Ilala. — Inscription et monument. — Recommandations au chef....... 353

CHAPITRE XIII.

Le cortége se met en marche. — Maladies. — Morts. — Mouanamazoungou. — Le Louapoula. — L'âne est tué par un lion. — Vache donnée à la caravane. — Obligés de la tuer à coups de fusil. — Un indigène est blessé. — Traitement de la blessure. — La caravane approche du village de Tchahouinedé. — Réception inhospitalière. — Combat. — Les voyageurs prennent le village. — Départ. — Arrivée à la résidence de Tchihouaï. — La caravane reprend l'ancienne route. — Fabrication de fil métallique. — Arrivée chez Kâmmba-Kâmmba. — Disparition d'un Nassickais. — Recherche infructueuse. — Arrivée au Tanganika. — Traversée de la chaîne du Lamebalamefipa. — Énorme quantité de gibier. Nouvelles de la côte. — Les gens de la caravane entendent dire que le fils de Livingstone est dans l'Ounyanyemmbé. — La nouvelle se confirme. — Arrivée à Baoula. — Dépêche envoyée dans l'Ounyanyemmbé. — Chouma est reçu par le lieutenant Camèron. — Les serviteurs persistent dans leur résolution. — Départ pour la côte. — Suicide du docteur Dillon. — Précautions prises à l'égard du corps. — Jeune fille tuée par un serpent. — Le boubou. — Arrivée à la côte. — Ce qu'on doit aux serviteurs de Livingstone. — Arrivée du corps en Angleterre. — Funérailles... 380

FIN DE LA TABLE DES MATIÈRES DU SECOND ET DERNIER VOLUME.

16433. — Typographie Lahure, rue de Fleurus, 9, à Paris.

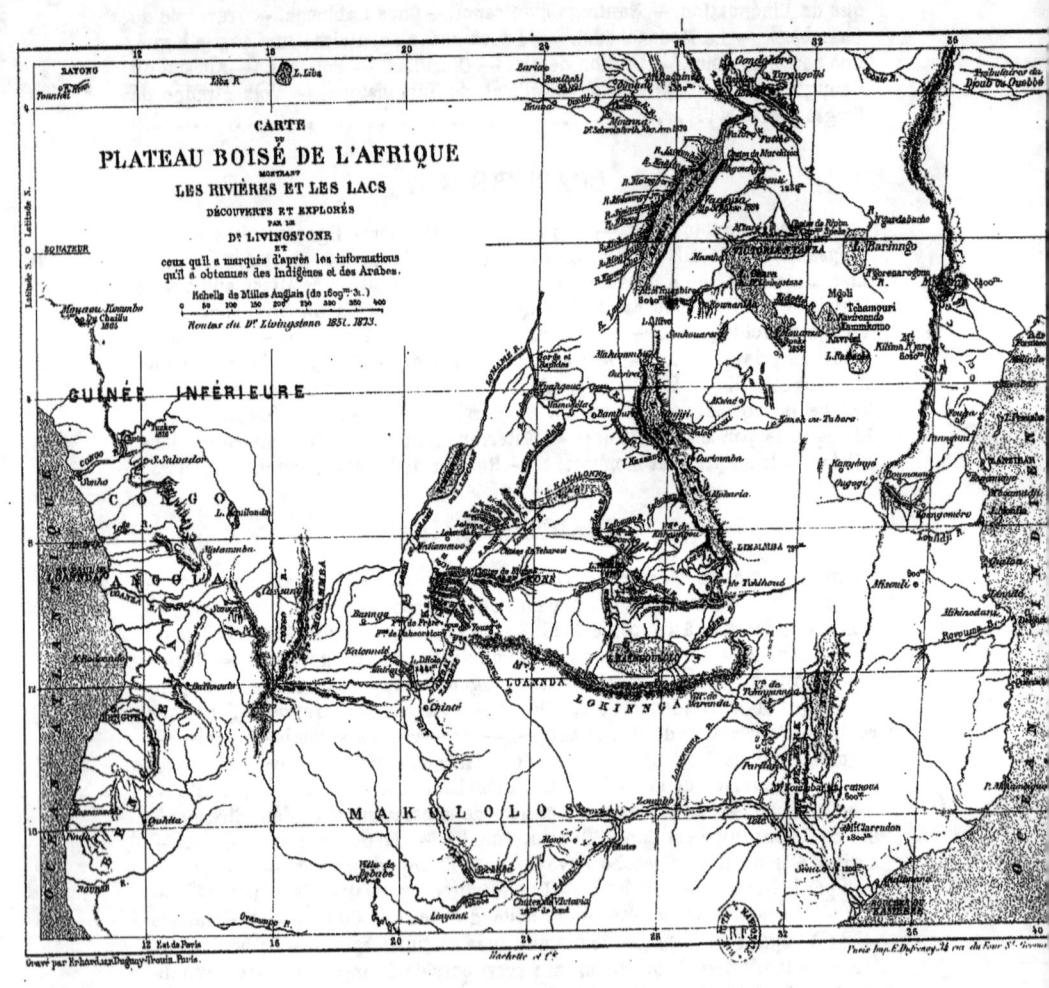

LIBRAIRIE HACHETTE ET Cⁱᵉ, BOULEVARD SAINT-GERMAIN, 79
A PARIS

NOUVELLE PUBLICATION

DICTIONNAIRE
DE LA
LANGUE FRANÇAISE

ABRÉGÉ DU DICTIONNAIRE

DE É. LITTRÉ
DE L'ACADÉMIE FRANÇAISE

CONTENANT TOUS LES MOTS
QUI SE TROUVENT DANS LE DICTIONNAIRE DE L'ACADÉMIE FRANÇAISE
PLUS UN GRAND NOMBRE DE NÉOLOGISMES ET DE TERMES DE SCIENCE ET D'ART
AVEC L'INDICATION DE LA PRONONCIATION, DE L'ÉTYMOLOGIE
ET L'EXPLICATION DES LOCUTIONS PROVERBIALES
ET DES DIFFICULTÉS GRAMMATICALES

PAR A. BEAUJEAN
PROFESSEUR AU LYCÉE LOUIS-LE-GRAND

Un volume d'environ 1,300 pages in-8 (voir le spécimen d'autre part)

PUBLIÉ EN 25 FASCICULES A 50 CENTIMES

Il paraîtra un fascicule par semaine, à partir du 8 mai 1875

PRÉFACE

L accueil que mon *Dictionnaire de la langue française* reçoit du public, et qui dépasse mes plus vives espérances, justifie la maison Hachette d'avoir songé à en préparer un Abrégé. Les amples développements qu'un grand dictionnaire comporte ont leur place sur les rayons des bibliothèques, chez les hommes d'étude, parmi les œuvres de savoir général; mais, à l'avance et quand l'essai n'est pas fait, on peut toujours croire que l'intérêt n'en dépassera pas le cercle que je viens d'indiquer, et que les en tirer ne vaudra pas la peine. Il n'en est plus de même quand ils se sont répandus beaucoup plus loin qu'il n'était naturel d'y compter ; alors il devient visible qu'il y a utilité, nécessité même de les abréger, et de les mettre sous une forme accessible à toutes les mains qui ont besoin de consulter un dictionnaire.

Quand j'arrivai au terme d'un aussi long labeur, j'arrivais aussi à l'extrémité de la vie; et, si la vieillesse me laisse aujourd'hui encore quelque répit pour goûter la paisible satisfaction de l'œuvre accomplie, elle ne m'en interdisait pas moins toute pensée pour me charger d'une tâche aussi lourde que la réduction d'un grand dictionnaire.

Dans la préface de ce même Dictionnaire, en 1865, il y a maintenant onze ans, j'écrivais : « Faire passer un ouvrage de l'état de manuscrit à l'état d'imprimé est toujours, on « le sait, une besogne rude, surtout s'il s'agit d'une aussi grosse masse qu'un dictionnaire. « C'est dans cette laborieuse opération que je suis d'abord et principalement aidé par « M. Beaujean, professeur de l'Université; il y est mon associé; il revoit la première et la « dernière épreuve de chaque feuille. Une tâche d'une aussi longue durée ne l'a pas effrayé; « et, comme moi, il ne la quittera que terminée. Je voudrais, si ce travail doit être un titre « pour moi, qu'une telle collaboration fût un titre pour lui. »

Elle en fut un du moins pour qu'on le chargeât et qu'il se chargeât de la rédaction de cet Abrégé. Grâce à la durable collaboration qu'il m'a donnée, nul, cela est manifeste, n'était plus que lui en mesure de procéder avec sûreté à une pareille opération. Familier avec le plan général et les plus menus détails de mon œuvre, il savait où conserver, où retrancher, et comment proportionner les parties aux exigences de la réduction. Conserver, retrancher, proportionner, voilà les trois grandes difficultés de tout abrégé fait consciencieusement. Beaucoup de sacrifices, souvent pénibles, sont imposés; il faut, avec une vigilance qui ne se dément en aucun article, les racheter par toutes les utilités essentielles.

Il s'agissait ici de mettre à la disposition de la jeunesse et du plus nombreux public, en un seul volume portatif, les principales notions accumulées dans les quatre tomes du grand Dictionnaire. Pour atteindre pleinement ce but, ce n'était pas trop de posséder une longue pratique de l'enseignement. M. Beaujean l'avait, cette longue pratique; l'expérience du professeur vint en aide à l'expérience du lexicographe; toutes deux sont nécessaires.

Cela dit, quelques mots suffiront pour exposer le plan de cet Abrégé.

Nomenclature. — On y trouvera tous les mots du Dictionnaire de l'Académie, sauf ceux, en très-petit nombre, que proscrivait notre désir de pouvoir être mis entre les mains de la jeunesse. Mais la nomenclature de l'Académie est devenue notoirement insuffisante; aussi est-elle augmentée ici d'un grand nombre de termes de science et d'art, et de néologismes recommandés par l'usage ou par l'autorité de nos meilleurs écrivains. Toutefois ces mots en plus ont été marqués d'un astérisque, pour qu'à première vue on les distingue de ceux qui appartiennent au Dictionnaire de l'Académie. Notre Abrégé en renferme plus de 8,500. Pour satisfaire aux besoins, aux exigences du public auquel il s'adresse, il fallut se garder également du trop et du trop peu. Bien plus riche que celle de l'Académie, moins abondante que celle de mon Dictionnaire, la nomenclature de l'Abrégé tient une juste mesure.

Prononciation. — Elle est indiquée à la suite du mot, entre parenthèses, toutes les fois qu'elle offre quelque difficulté, ou qu'elle peut être l'objet d'un doute; mais en cette matière si délicate, s'il faut écouter ceux qui parlent bien, il faut aussi tenir compte de la tradition et de ses règles. La prononciation est, de sa nature, chose changeante. Depuis quelques années, elle a subi de sensibles modifications, surtout en vertu de la tendance de plus en plus marquée à conformer la prononciation à l'orthographe et à faire sonner des lettres véritablement muettes; de là l's finale généralement prononcée dans les mots *fils, mœurs, sens,* etc., contrairement au bon et ancien usage. On ne sera donc point surpris, si, pour ces mots et autres semblables, c'est l'ancienne prononciation qui est indiquée, bien qu'elle soit aujourd'hui moins usitée; mais c'est surtout en prononciation qu'on peut espérer par l'école de rectifier les défauts. Enfin l'Abrégé n'a pas cru devoir marquer la prononciation des mots qui offrent deux consonnes redoublées, et protester contre la mauvaise habitude croissante de les faire sonner en parlant. Mais, en revanche, il note soigneusement la pro-

...onciation des termes empruntés aux langues étrangères, et qui, à cause de leur origine, s'éloignent des règles ordinaires de notre idiome.

Étymologie. — Chaque mot est suivi de son étymologie. On a dû se contenter d'indiquer seulement le mot dont le terme français est dérivé plus ou moins directement, écartant tout ce qui est sujet à discussion. Quant aux détails et aux preuves, c'est au grand Dictionnaire qu'il faut avoir recours.

Grammaire. — Pour la désignation des espèces de mots, pour les différents termes de grammaire, on s'est conformé à l'ancien vocabulaire. Ainsi on a conservé les dénominations de *verbes actifs*, *verbes neutres*, etc. Semblablement, on renvoie aux grammaires pour les verbes irréguliers, ne voulant pas grossir le volume de toutes ces formes qu'on trouve dans les livres élémentaires. Exception n'a été faite à cette règle que quand il y a eu lieu de protester, au nom des écrivains les plus autorisés, contre les décisions trop rigoureuses des grammairiens, ou encore quand l'occasion s'est présentée de signaler, dans l'usage du public ou même chez certains écrivains, des formes barbares qu'il serait désirable de voir disparaître de la langue.

C'est aussi à la grammaire qu'ont été renvoyés les changements orthographiques que les verbes en *eter*, *eler*, subissent conformément à certaines règles, ainsi que les changements de l'accent dans d'autres verbes au futur et au conditionnel; toutes les règles de ce genre sont laissées aux livres élémentaires. Un grand dictionnaire peut empiéter sur le domaine de la grammaire, un dictionnaire abrégé ne le peut pas.

Définitions; classification des sens. — La meilleure, la plus grande place a été réservée à la nomenclature, aux définitions et aux différents sens des mots. L'Abrégé, cela va sans dire, n'a rien changé à cette classification des sens dont le grand Dictionnaire a donné le premier l'exemple en français, et qui procède du sens simple et primitif pour arriver par les intermédiaires aux significations les plus éloignées et les plus métaphoriques. Dans la série, aucunes significations n'ont été supprimées que celles qui semblaient trop archaïques, ou trop peu usitées, ou enfin trop particulières à tel ou tel écrivain, à telle ou telle science.

Quelque tentation qu'ait inspirée la richesse d'exemples qui fait un des principaux avantages du grand Dictionnaire, l'Abrégé a été contraint d'y résister. Aussi n'a-t-il cité d'exemples à l'appui que quand la définition paraissait avoir besoin d'être éclaircie, ou quand une signification demandait à être confirmée par l'autorité d'un bon auteur.

Les mêmes raisons qui ont fait conserver dans son intégrité la filiation des sens, ont fait également conserver tous ces vieux gallicismes, toutes ces locutions figurées, tous ces proverbes dont le grand Dictionnaire abonde, et qui constituent une des difficultés de notre langue. Non-seulement le sens général et usuel en est donné, mais aussi, partout où les renseignements le permettent, l'origine et l'explication pour ainsi dire littérale; de telle sorte qu'on puisse se rendre compte de ces locutions qui semblent parfois fort étranges, et dont la singularité disparaît d'ordinaire quand on en peut suivre la filière.

Telles sont en résumé les principales parties de ce travail. Rien n'y manque de ce qui doit ou peut s'y trouver. L'innovation qui a fait l'intérêt de mon œuvre a été de donner à l'histoire la prééminence pour étudier les mots dans leurs formes et dans leurs significations. Ce trait essentiel a été soigneusement retenu par M. Beaujean. De la sorte, le petit Dictionnaire et le grand marchent côte à côte, se soutenant l'un l'autre, porteurs de la même doctrine, et propageant dans l'étude et la connaissance de notre langue la méthode d'observation et d'expérience que le succès montre ne pas déplaire au public, même sur ce terrain, livré longtemps aux méthodes de pur raisonnement et d'abstraction.

É. LITTRÉ.

★ **AORTIQUE**, *adj.* Qui tient à l'aorte; qui a rapport à l'aorte.

★ **AORTITE**, *s. f.* Inflammation qui affecte la tunique externe de l'aorte, la seule qui soit vasculaire.

AOÛT (où. Lat. *augustus*), *s. m.* Le huitième mois de l'année grégorienne. || La mi-août, le quinze du mois d'août, l'Assomption de la Vierge. || L'août, la moisson. Remuez votre champ dès qu'on aura fait l'août, LA FONT. On a promis telle somme à ce valet pour son août, pour son travail pendant la moisson.

AOÛTÉ, ÉE, *p. p.* d'aoûter. Mûri par la chaleur. Melons aoûtés. || En jardinage, se dit des jeunes branches dont le bois s'est endurci avant l'hiver.

AOÛTEMENT, *s. m.* Action de s'aoûter.

AOÛTER (a-oû-té), *v. a.* Rendre mûr. || Peu usité, excepté au participe. || *V. n.* ou *r.* Devenir mûr. Les bourgeons aoûtent, ou mieux s'aoûtent, se fortifient.

AOÛTERON (oû-te-ron), *s. m.* Ouvrier loué pour les travaux de la campagne dans le mois d'août.

★ **AP...** ou **APO...** Préfixe qui indique écartement, séparation, distinction, intervalle, et qui est le grec ἀπό.

APAISÉ, ÉE, *p. p.* d'apaiser. Où la paix a été mise. La sédition apaisée.

★ **APAISEMENT**, *s. m.* Action d'apaiser, état de ce qui est apaisé. Apaisement des troubles du cœur, CHATEAUB.

APAISER (à et *paix*), *v. a.* Mettre la paix, faire cesser l'émotion, la colère, en parlant des personnes ou des choses personnifiées. || Faire cesser; rendre moins violent, moins agité, en parlant des choses. Apaiser une sédition, des querelles, des souffrances, etc. || S'apaiser, *v. r.* Être en paix, n'être plus en colère, en parlant des personnes ou des choses personnifiées. || Devenir moins violent. La douleur physique s'apaise. Le vent s'apaise.

APALACHINE, *s. f.* Arbrisseau qui croît particulièrement sur les monts Apalaches, en Amérique, et dont les feuilles se prennent en infusion comme le thé.

APANAGE (lat. *ad* et *panis*), *s. m.* Terres ou certaines portions du domaine royal qu'on donne aux princes pour leur subsistance, mais qui reviennent à la couronne après l'extinction de leurs descendants mâles. || Le droit ou le pouvoir exercé. Dans ce sens on disait avoir apanage sur une contrée. || Fig. Ce qui est le propre de quelqu'un, de quelque chose. Le présent seul est de notre apanage, VOLT.

APANAGÉ, ÉE, *p. p.* d'apanager. Monsieur si prodigieusement apanagé, ST-SIM.

APANAGER, *v. a.* Donner un apanage.

APANAGISTE, *adj.* Qui possède un apanage. Prince apanagiste. || *S. m.* et *f.* Un, une apanagiste.

★ **APAPELARDIR** (S'), *v. r.* Devenir papelard.

APARTÉ (lat. *a parte*), *adv.* Ce vers doit être dit aparté par l'acteur, c'est-à-dire à part, de manière que les autres personnages ne l'entendent pas. || *S. m.* Un aparté, des apartés, ce qu'un acteur dit aparté.

APATHIE (ἀπάθεια), *s. f.* En philos. État d'une âme qui ne se laisse émouvoir à aucune passion. L'apathie du sage des stoïciens. || Indolence à agir, à sentir.

APATHIQUE, *adj.* Qui est insensible à tout.

APEPSIE (ἀπεψία), *s. f.* En méd. Mauvaise digestion; défaut de digestion.

★ **APERCEPTIBILITÉ**, *s. f.* Qualité de ce qui est aperceptible. || Faculté de percevoir les impressions.

★ **APERCEPTIBLE**, *adj.* Susceptible d'être aperçu, perçu.

★ **APERCEPTIF, IVE**, *adj.* Qui a la faculté d'apercevoir, de percevoir.

★ **APERCEPTION**, *s. f.* Opération de l'esprit quand il se considère comme le sujet qui perçoit ou sent une impression quelconque.

APERCEVABLE, *adj.* Qui peut être aperçu.

APERCEVANCE, *s. f.* Faculté d'apercevoir.

APERCEVOIR (à et *percevoir*), *v. a.* Commencer à voir, découvrir. Les objets qu'on peut apercevoir. || Fig. Saisir par l'esprit, remarquer. Apercevoir ce qu'il y a de vrai dans chaque chose. Si vous apercevez qu'il manque d'un mot, MOL. || Suivi d'un infinitif, voir. Mais j'aperçois venir sa mortelle ennemie, RAC. || Absol. En métaphysique, recevoir des perceptions. Apercevoir est un des degrés de la connaissance. || S'APERCEVOIR, *v. r.* Se voir imparfaitement. Je me suis aperçu dans la glace. || S'apercevoir de, remarquer, connaître. L'ennemi s'aperçut du départ. || Être aperçu. Il ne se passe nuit que les morts ne s'aperçoivent avec des formes étranges, BALZ.

APERÇU, UE, *p. p.* d'apercevoir. Aperçu de loin. || Aperçu, *s. m.* Une première vue, une vue rapide sur un objet. || Estimation au premier coup d'œil. Un aperçu de la dépense. || Exposé sommaire. Un aperçu de la cause.

APÉRITIF, IVE (lat. *aperitivus*), *adj.* En méd. Qui ouvre les pores, qui rend les humeurs plus fluides et facilite le mouvement des liquides. || *S. m.* Les apéritifs.

★ **APERTEMENT** (lat. *apertus*), *adv.* D'une façon ouverte.

★ **APERTISE** (anc. fr. *apert*, manifeste, éclatant), *s. f.* Preuve d'adresse, de force, de courage.

APÉTALE ou **APÉTALÉ, ÉE** (à priv. et *pétale*), *adj.* Qui n'a point de pétales et par conséquent point de corolle. || *S. f. pl.* Nom donné à un groupe de plantes dicotylédones qui manquent de pétales.

★ **APÉTALIE**, *s. f.* Absence de pétales.

APETISSÉ, ÉE, *p. p.* d'apetisser. Rendu plus petit.

APETISSEMENT, *s. m.* Diminution.

APETISSER (à et *petit*), *v. a.* Rendre plus petit. Apetisser un manteau. On dit plus ordinairement rapetisser. || *V. n.* Devenir plus petit. Ce tas apetisse tous les jours. || S'apetisser, *v. r.* Devenir plus petit, se raccourcir.

APHÉLIE (ἀπό, ἥλιος), *s. f.* Point de l'orbite d'une planète où celle-ci est le plus éloignée du soleil. L'aphélie est l'opposé du périhélie. || *Adj.* La terre est aphélie, au point de son orbite le plus éloigné du soleil.

APHÉRÈSE (ἀφαίρεσις), *s. f.* Fig. de gram. par laquelle on retranche une syllabe ou une lettre au commencement d'un mot. || Action de retrancher; partie de la chirurgie qui traite des opérations dans lesquelles on retranche du corps une partie quelconque.

★ **APHLOGISTIQUE** (à priv. et *phlogistique*), *adj.* Lampe aphlogistique, lampe qui brûle sans flamme, inventée par Davy.

★ **APHONE** (ἄφωνος), *adj.* Qui n'a pas de son; qui n'a pas de voix.

APHONIE (ἀφωνία), *s. f.* Perte plus ou moins complète de la voix.

APHORISME (ἀφορισμός), *s. m.* Sentence renfermant un grand sens en peu de mots.

★ **APHORISTIQUE**, *adj.* Qui tient de l'aphorisme.

APHTHE (a-ft'. Ἄφθαι), *s. m.* Petite ulcération qu'on observe sur les membranes muqueuses, et qui affecte particulièrement l'intérieur de la bouche.

★ **APHTHEUX, EUSE**, *adj.* Qui tient des aphthes. || Maladie ou fièvre aphtheuse, chez les animaux, maladie éruptive et contagieuse.

APHYLLE (ἄφυλλος), *adj.* Qui n'a pas de feuilles.

API (lat. *appianum malum*), *s. m.* Petite pomme d'un vert tendre, ordinairement colorée d'un côté d'un rouge très-vif. Une pomme d'api.

★ **APICULTEUR** (lat. *apis* et *cultor*), *s. m.* Qui élève des abeilles.

★ **APICULTURE** (lat. *apis* et *cultura*), *s. f.* Art d'élever des abeilles.

APITOIEMENT, *s. m.* Action de s'apitoyer.

★ **APITOYÉ, ÉE**, *p. p.* d'apitoyer. Apitoyé par les souffrances de ces pauvres gens.

APITOYER (à et *pitié*), *v. a.* Toucher de pitié. || S'apitoyer, *v. r.* Être ému de pitié, compatir.

APLANI, IE, *p. p.* d'aplanir. Rendu plan, uni. Terrain aplani. || Fig. Difficulté aplanie.

APLANIR (à et *plan*), *v. a.* Rendre plan ou uni ce qui ne l'était pas. Aplanir un terrain. || Fig. Et leur ôtent du chemin aplanir le chemin, RAC. || S'aplanir, *v. r.* Devenir uni, facile.

APLANISSEMENT, *s. m.* Action d'aplanir; résultat de cette action.

APLATI, IE, *p. p.* d'aplatir. Rendu plat. || Fig. Abaissé. Des caractères aplatis.

APLATIR (à et *plat*), *v. a.* Rendre plat. || S'aplatir, *v. r.* Devenir plat.

APLATISSEMENT, *s. m.* Action d'aplatir, état de ce qui est aplati. L'aplatissement de la terre aux pôles.

www.ingramcontent.com/pod-product-compliance
Lightning Source LLC
Chambersburg PA
CBHW070928230426
43666CB00011B/2353